초성으로 찾아가는 재미있는

상식여행

초성으로 **찾아**가는
재미있는 **상식**여행

펴 낸 날 2014년 07월 31일

지 은 이 이수은
펴 낸 이 최지숙
편집주간 이기성
편집팀장 이윤숙
기획편집 윤은지, 김송진, 주민경
표지디자인 신성일
책임마케팅 임경수
펴 낸 곳 도서출판 생각나눔
출판등록 제 2008-000008호
주 소 경기도 고양시 덕양구 화중로 130번길 24, 한마음프라자 402호
전 화 031-964-2700
팩 스 031-964-2774
홈페이지 www.생각나눔.kr
이 메 일 webmaster@think-book.com

• 책값은 표지 뒷면에 표기되어 있습니다.
ISBN 978-89-6489-299-2 13030

• 이 도서의 국립중앙도서관 출판 시 도서목록(CIP)은 서지정보유통지원시스템 홈페이지(http://seoji.nl.go.kr)와 국가자료공동목록시스템(http://www.nl.go.kr/kolisnet)에서 이용하실 수 있습니다(CIP제어번호: CIP2014020679).

탐색으로 즐거움을 더한
취업대비 알짜상식

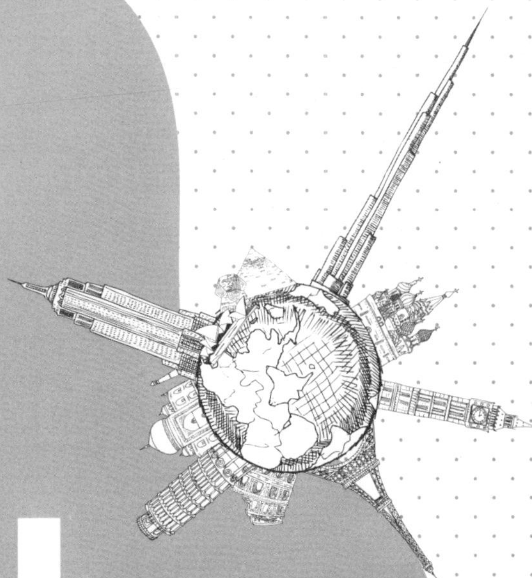

초성으로 찾아가는 재미있는 상식여행

이수은 지음

경제 / 시사 / 우리말 / 사자성어 / 한자 상식 수록

생각나눔

머리말

"상식을 알면 세상이 열린다"

하루가 다르게 새로운 지식과 정보를 마주하며 21세기 정보화 시대를 살아가는 우리는 시대적 요구에 맞춰 자신의 능력을 키워나가는 지혜가 필요합니다.
기업의 인재 채용에 있어서도 전공뿐만 아니라 직무와 관련된 다양한 분야의 풍부한 지식을 고루 갖춘 사람을 필요로 하고 있습니다.
상식의 바다는 끝이 없습니다.
그래서 더욱 여행하는 맛이 즐겁고 행복할 수 있는 것입니다.

"이제 스마트폰을 손에서 놓지 말라"

스스로 찾은 지식과 경험은 훨씬 교육적 효과가 뛰어나 그 기억도 오래 남게 됩니다.
학습에 흥미를 느끼면 목표설정과 노력이 뒤따르는 법입니다.
인터넷과 IT 기술은 현대를 살아가는 우리에게 없어서는 안 될 삶의 일부가 되었지만, 가족과 친구들의 대화가 줄어드는 부작용도 가져다 주었습니다.
이 책은 자신의 기존 지식을 먼저 떠올린 후 직접 검색해 봄으로써 학습의 효율성을 높이고, 혼자가 아닌 여럿이 함께하는 탐구과정을 통해 더 많은 즐거움을 가져다줄 것이라 생각합니다.

갈수록 치열하고 좁은 취업과 여러 자격 취득을 목표로 준비하고 있는 우리 청소년들에게 작은 길라잡이가 될 수 있기를 기대합니다.

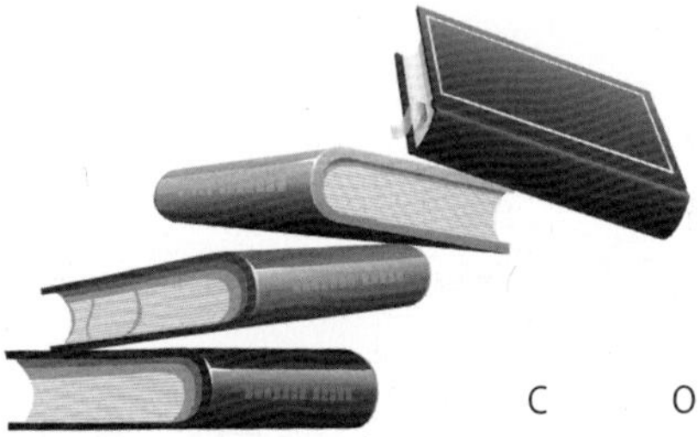

C O N T E N S

경제상식
economy

CHAPTER 01

초성으로 찾아가는 재미있는 상식여행

economy 경제상식

1. 세계 각국에 자회사나 지사·합병회사·공장 등을 확보하고, 생산과 판매활동을 국제적으로 수행하는 세계적인 대기업을 무엇이라 하는가? (ㄷㄱㅈㄱㅇ)

2. 우리나라의 조선 산업, 자동차 산업, 섬유 산업 등과 같이 한 나라 산업발달의 토대가 되며, 개발도상국에서는 경제성장의 중요한 우선과제가 되는 핵심 산업은?

(ㄱㄱㅅㅇ) 또는 (ㄱㅊㅅㅇ)

3. 노동자가 업무상 사유로 발생해 입는 사망, 부상, 질병 따위의 재해를 무엇이라 할까?

(ㅅㅇㅈㅎ)

4. 노동조합이 사업자에게 요구한 사안이 해결되지 않을 때 집단적으로 노동을 거부하는 행위는 무엇일까? (ㅍㅇ) (S_____)

5. 소비자가 생산자나 소매점에 대하여 항의하는 소비자운동, 또는 노사 관계를 수립하거나 특정기업에 대하여 항의하기 위한 수단으로, 해당 기업의 제품을 조직적이고 집단적으로 구매하지 않도록 배척하는 노동행위는 무엇일까? (ㅂㅁㅇㄷ) (B______)

6. 불완전한 제품을 만들거나 재료를 필요 이상으로 소비하는 등, 노동자가 직장을 이탈하지 않는 대신 불완전한 노동으로 사용자에게 손해를 주어 그들의 요구를 관철시키고자 하는 노동행위는? (ㅌㅇ) (S_______)

7. 파업의 보조 수단으로, 배반자나 파업을 파괴하는 자를 막기 위하여 직장 입구 등에 파수꾼을 두어 작업을 저지하고 일반인들에게 호소하는 노동행위는?

(ㅍㅋㅌ) (P________)

8. 사용자가 할 수 있는 유일한 노동쟁의 수단으로, 노사의 주장이 대립되는 경우 사용자가

그의 주장을 관철하기 위하여 노동자를 공장으로부터 내쫓고 노동자의 노무수령을 거부하는 행위를 무엇이라 하는가? (ㅈㅈㅍㅅ) (L______)

9. 소비자의 생명이나 신체 및 재산상의 위해를 끼치거나 끼칠 우려가 있는 결함이 발견된 제품에 대하여 그 제품을 생산·판매한 기업이 자발적으로, 또는 정부의 강제 명령에 의해 소비자에게 그 내용을 알리고 무상으로 점검해 주거나 제품을 교환해주는 보상제도는?

(ㄹㅋ) (R_____)

10. 타인의 위촉에 의하여 기업의 회계에 관한 감사, 감정, 증명, 계산, 정리, 입안 또는 법인 설립에 관한 회계와 세무대리를 수행하며, 회계 감사, 세무 조정 계산서 작성, 국세 심판 청구 대리, 경영 진단 및 경영제도의 개선, 원가 계산 등을 주요 업무로 하는 전문인은 무엇일까? (ㄱㅇㅎㄱㅅ)

11. 소비자가 사전에 구체적인 구매계획 없이 물건을 구매하는 것으로, 일상적인 습관이나 패턴을 벗어나 필요하지 않은 것을 디자인이나 광고 등 여러 가지 자극에 끌려 즉석에서 구매하는 행위는? (ㅊㄷㄱㅁ)

12. 1999년 IMF 총회에서 G7과 12개의 신흥국 및 유럽연합(EU) 의장국이 참여하는 기구를 만들기로 합의해 창설되었다.

지구촌에서 가장 경제적으로 영향력 있는 국가들의 모임으로, 2010년 11월 11일 서울에서 정상회의가 개최되기도 했던 국가모임을 무엇이라 하는가? (ㅈㅇㅅ) (G____ of 20)

13. 30~40%대의 고금리를 부담하는 서민들의 이자 부담을 줄여주기 위해 10%대의 저금리로 대출해주는 따뜻한 금융을 말하는데, 보증부 서민대출이라고도 부르는 이것은 무엇일까? (ㅎㅅㄱㅇ)

14. 증권거래소가 특정 기업의 주식에 대하여 거래소 시장에서 매매 거래될 수 있는 자격을 부여하는 것은? (ㅅㅈ)

15. 증권거래소에 자기 회사의 주식이 매매되고 주식의 소유가 공개되어 있는 기업을 무엇이라 부를까? (ㅅㅈㅎㅅ)

16. 우리나라 유가증권시장 본부(증권거래소)에 상장된 종목들의 주식 가격 변동을 1980

년 1월 4일을 기준으로 종합적으로 비교하여 주식가격에 주식수를 가중 평균한 시가총액지수를 무엇이라 할까? (㉠㉧㉬㉨㉧)

17. 첨단 벤처기업을 중심으로 한 증권시장인 미국의 나스닥(NASDAQ)시장을 본떠 만든 주식시장으로, 코스피시장과는 별도로 특정한 거래장소 없이 컴퓨터와 통신망을 이용해 주식을 매매하는 전자거래 시장이다. 1996년 5월 설립된 우리나라 '제2시장'은 무엇인가?

(㉪㉧㉢㉧㉨)

18. 코스닥시장의 상장요건은 갖추지 못하였으나, 우수한 기술력을 보유하고 있는 벤처기업과 중소기업이 주식시장을 이용해 원활한 자금조달을 할 수 있도록 2013년 7월 1일 설립된 중소기업 전용 주식시장은? (㉪㉡㉧㉧㉨)

19. 유가증권시장이나 코스닥시장에 상장되지 않은 비상장주권의 매매거래를 통해 해당 주식에 유동성을 부여하기 위하여 2000년 3월 27일 개설한 장외주식의 호가중개시장으로, 경쟁매매가 아닌 상대매매로 거래가 이루어지므로 정해진 시장가가 없는 특징을 가지고 있다. 우리나라 주식거래의 '제3시장'을 새롭게 부르는 이 명칭은 무엇일까? (㉬㉣㉥㉢㉧㉨)

20. 우리나라 방송법 시행령에 의하면 프로그램 광고는 전체 방송 시간의 100분의 10을 넘을 수 없으며, 중간 광고는 할 수 없으나 토막 광고나 자막 광고는 허용하는 등 방송 광고시간과 형식과 횟수 등을 규제하고 있다. 이와 같이 방송 광고의 전체 허용량을 법으로 규정하고, 방송사가 광고의 유형·시간·횟수·길이를 자율적으로 집행하는 방식을 무엇이라 할까?

(㉠㉠㉩㉣㉨)

정답

1. 다국적 기업(Multinational Corporation) **2.** 기간산업 또는 기초산업 **3.** 산업재해 **4.** 파업(Strike) **5.** 불매운동(Boycott) **6.** 태업(Sabotage) **7.** 피켓팅(Picketing) **8.** 직장폐쇄(Lockout) **9.** 리콜(Recall) **10.** 공인회계사(CPA) **11.** 충동구매(Inpulse Buying) **12.** G20(Group of 20) **13.** 햇살금융 **14.** 상장(上場) **15.** 상장회사 **16.** 코스피지수(KOSPI) **17.** 코스닥 시장(KOSDAQ) **18.** 코넥스 시장(KONEX) **19.** 프리보드 시장(Free Board) **20.** 광고총량제

CHAPTER 02

초성으로 찾아가는 재미있는 상식여행

economy 경제상식

1. 세계의 경제발전과 무역촉진을 위해 개방된 시장경제와 다원적 민주주의라는 가치관을 공유하는 국가 간의 경제사회 정책협의체로서, 1960년 12월 유럽과 미국 등 20개국이 창설하였으며, 1996년 12월 12일 우리나라도 29번째 회원국으로 가입하였다. 파리에 본부를 둔 이 국제경제기구는 무엇일까? (㉠㉧㉭㉣㉠㉥㉠㉠)

2. 여러 가지의 재화 가운데 하나의 재화를 선택했을 때, 그 선택으로 인해 포기해야 하는 다른 재화의 가치는? (㉠㉭㉥㉦)

3. 경기가 불황일 때 저가 제품을 선호하는 추세가 강해지는데, 특히 경제여건이 좋지 않을 때 여성 소비자에게 저렴한 가격으로 만족할 수 있는 제품이 인기를 끄는데 이러한 현상을 무엇이라 하는가? (㉣㉦㉬㉭㉠) (L_ _ _ _ _ _ _ E_ _ _ _ _)

4. 실체가 없음에도 가격이 상승하면 그것이 많은 사람의 투기를 유발하여 가격이 급등하지만, 얼마 지나지 않아 거품이 꺼지듯이 급격히 원상태로 돌아가는 현상은? (㉥㉥㉭㉦)

5. 사업자가 계약이나 협정 등의 방법으로 다른 사업자와 짜고 가격을 결정하거나 거래 대상을 제한함으로써 그 분야의 실질적인 경쟁을 제한하는 행위를 무엇일까? (㉢㉭)

6. 불황에 빠졌던 경기가 단기간(3~6개월) 일시적으로 회복 조짐을 보이다가 다시 침체 국면으로 빠져드는 이중 침체 현상을 무엇이라 할까? (㉢㉥㉢) (D_ _ _ _ _ D_ _)

7. 금융기관이 방만한 운영으로 인해 위기에 처한 경우 해당 금융기관이 소유하고 있는 부실채권이나 자산을 취득하여 별도로 관리하면서 이를 전문적으로 처리하는 구조조정 전문기관은? (㉥㉢㉥㉪) (B_ _ B_ _ _)

8. 유가증권 시장에 상장된 주식 가운데 재무 구조가 건전하고, 수익성과 성장성 등이 매우 높다고 판단되는 우량 기업의 주식을 무엇이라 하는가? (ⓑⓡⓒ)(B___ C___)

9. 정체나 침체를 뜻하는 스태그네이션(Stagnation)과 물가 상승을 뜻하는 인플레이션(Inflation)의 합성어로, 경기 불황 속에서도 오히려 물가가 상승하는 현상은 무엇인가?

(㉦㉫㉠㉬㉣㉧㉦)

10. 농산물 가격이 상승하면 어떠한 경로로든 물가 전반에 영향을 미쳐 국가 전체의 물가가 상승하게 되는데, 농업(Agriculture)과 인플레이션(Inflation)의 합성어로 만들어진 용어는? (㉧㉠㉬㉣㉧㉦)

11. 호황을 뜻하는 붐(Boom)과 인플레이션(Inflation)의 합성어로, 호경기 가운데 물가가 상승하는 현상을 무엇이라 하는가? (㉥㉬㉣㉧㉦)

12. 지구 온난화 현상이나 자주 발생하는 가뭄, 산불, 허리케인 등으로 제품의 제조원가가 상승하고 결국 소비재 가격의 상승으로 이어져 물가가 상승하는데, 환경(Ecology)과 인플레이션(Inflation)의 합성어로, 환경적 요인으로 발생하는 인플레이션은 무엇일까?

(㉧㉪㉬㉣㉧㉦)

13. 철강(Iron) 가격의 상승으로 관련 제품 및 다른 산업 제품의 가격이 덩달아 상승하게 되어, 그것이 물가 전반으로 확장되는 현상은? (㉧㉧㉧㉬㉣㉧㉦)

14. 개인의 소비행동이 사회 일반 소비수준의 영향을 받아 타인의 소비행동을 모방하려고 하게 되는데, 이처럼 '남의 소비행동을 모방하려는 사회심리학적 소비성향'을 뭐라고 부를까? (㉨㉦㉭㉠)

15. 시장 원리에 의하면 퇴출되어야 함에도 불구하고 정부예산이나 보증기금의 지원으로 연명하면서, 덤핑 등으로 다른 정상적인 기업들에 피해를 주는 기업을 무엇이라 할까?

(㉥㉬㉧㉧㉠㉧) 또는 (㉠㉦㉠㉧)

16. 선진국이 개발도상국에 제공한 경제 원조나 자본 투자의 결과 개발도상국에서 제품의

생산이 이루어지고, 그 제품이 현지 시장수요를 초과하게 되어 선진국에 역수출됨으로써 선진국의 당해 산업과 경합하게 되는 현상은? (ㅂ ㅁ ㄹ ㅎ ㄱ) 또는 (ㅇ ㅅ ㅊ ㅎ ㅅ)

17. 계약자의 경제적인 여건, 필요에 따라 보험금의 납입과 중지, 보험금의 중도인출을 자유롭게 할 수 있으며 납입한 보험료가 어떤 방법으로 운용되고 있는지 투명하게 보여주는 선진형 보험상품을 무엇일까? (ㅂ ㅇ ㅇ ㄴ ㅂ ㅅ ㅂ ㅎ)

18. 대형 유통업체가 1,000~3,000㎡ 규모로 운영하는 소매점으로, 대형 마트보다는 작으나 일반 동네 슈퍼마켓 보다는 큰 유통매장은? (ㄱ ㅇ ㅎ ㅅ ㅍ ㅁ ㅋ)

19. 현대 사회의 기술 혁신에 따른 대규모 신제품 개발과 대량소비의 추세에 의해 일어난 소비자 보호 사상으로, 소비자의 힘을 집결시켜 왜곡된 현상을 시정하고 소비자의 권리를 수호하려는 소비자 보호운동을 무엇이라 하는가? (ㅋ ㅅ ㅁ ㄹ ㅈ) (C__________)

20. 부동산을 제외한 기계·설비자산을 구입하여, 일정 기간 그 자산을 사용자에게 대여하고 그 대가로 사용료를 받는 산업은 무엇일까? (ㄹ ㅅ ㅅ ㅇ)

정답

1. 경제협력개발기구(OECD) **2.** 기회비용(Opportunity Cost) **3.** 립스틱 효과(Lipstick Effect) **4.** 버블현상(Bubble Phenomenon) **5.** 담합 **6.** 더블 딥(Double Dip) **7.** 배드 뱅크(Bad Bank) **8.** 블루 칩(Blue Chip) **9.** 스태그플레이션(Stagflation) **10.** 애그플레이션(Agflation) **11.** 붐플레이션 (Boomflation) **12.** 에코플레이션(Ecoflation) **13.** 아이언플레이션(Ironflation) **14.** 전시효과(Demonstration Effect) **15.** 뱀파이어기업 또는 강시기업 **16.** 부메랑 효과(Boomerang Effect) 또는 역수출 현상 **17.** 변액 유니버셜 보험 **18.** 기업형 슈퍼마켓(Super Supermarket:SSM) **19.** 컨슈머리즘(Consumerism) **20.** 리스산업(Lease Industry)

CHAPTER 03

초 성 으 로 찾 아 가 는 재 미 있 는 상 식 여 행

economy 경제상식

1. 금융기관이 일정 기간이 지난 후 확정 금리를 가산하여 다시 매입하는 조건으로 발행하는 채권으로, 단기자금을 조달하는 금융 거래 방식의 하나이다. 중앙은행과 시중은행의 유동성 조절 수단으로 발행하며, 일반 고객에게는 만기를 지정하여 판매하기도 하는 이 채권을 무엇일까? (ⓗⓜⓩⓖⓑⓒⓖ)

2. 은행이 정기예금에 대해 발행하는 일종의 무기명 예금증명서로 소지인에게 원금 및 약정이자를 지급하는 확정이자 증권이다. 중도해지는 불가능하나 금융시장에서 자유로운 매매가 가능한 이 예금증서는? (ⓞⓓⓢⓞⓖⓩⓢ)

3. 안정적인 재무구조와 높은 수익성을 가지고 있어 신용도가 우수한 우량 기업이 투자자로부터 직접 단기 자금을 조달할 목적으로 발행하는 무담보 어음을 무엇이라 할까? (ⓖⓞⓞⓞ)

4. 금융기관이 고객들의 자금을 모아 금리가 높은 양도성 예금증서나 기업어음 등과 같은 단기금융상품에 집중 투자하여 얻은 수익을 고객에게 되돌려주는 실적배당상품으로, 단기 실세금리의 등락이 수익률에 신속히 반영될 수 있는 초단기 공사채형 금융상품은? (ⓜⓝⓜⓚⓟⓓ) (M____ M_____ F___)

5. 생산의 3요소는 무엇일까? (ⓝⓓ) (ⓣⓩ) (ⓩⓑ)

6. 노년층 인구의 증가나 연금제도의 확충 등에 따라 노년층의 서비스 이용 인구가 증가하고 있는데, 이러한 고령자를 대상으로 하는 상품이나 서비스를 제조·판매하는 것을 목적으로 하는 산업을 무엇이라 할까? (ⓢⓑⓢⓞ)

7. 두 나라 사이의 협정을 통해 일정 기간 서로 수출을 균등하게 하여 무역 차액을 없앰으로써 결제자금이 필요 없는 국가 간의 무역 거래는 무엇인가? (㉠㉦㉤㉧)

8. 투자한 자본의 회수불능이나 가치상실 등을 염려하여 다른 나라에 자본의 도피처를 구함으로써 자금의 유출국과 유입국 쌍방에 경제적 혼돈을 야기시키는 국제부동자금은?
(㉭㉤㉡) (H_ _ M_ _ _ _)

9. 같은 업종을 가진 기업들이 서로의 경쟁을 피하고 보다 많은 이익을 얻기 위해서 자본의 결합을 축으로 한 독점적 기업형태로, 이에 속한 각 기업의 독립성이 상실된 기업결합 형태를 무엇이라 하는가? (㉫㉣㉦㉫) (T_ _ _ _)

10. 기업 상호 간의 경쟁 제한이나 완화를 목적으로, 동종 또는 유사업종 가맹기업들의 협정으로 성립되는데, 일부 활동에는 제약을 받지만, 법률적인 독립성을 유지하게 되는 기업결합 형태의 명칭은? (㉪㉣㉫) (C_ _ _ _ _)

11. 법률적으로 독립성을 가지고 있는 서로 다른 업종의 기업이 출자나 주식소유와 같은 자본을 공유하거나 인적자원을 파견하는 등, 자본적 방법에 따른 지배·종속 관계를 유지하기 위해 형성되는 기업 결합 형태를 무엇이라 할까? (㉪㉩㉣) (K_ _ _ _ _ _)

12. 가격이나 판매량의 경쟁을 피하기 위해 동일한 시장 내의 여러 기업이 출자하여 공동판매회사를 설립하여, 독점적 시장 지배력을 행사하고자 하는 기업조합 형태로 카르텔과 트러스트의 중간 형태이다. 제품의 생산 측면에서는 독립성을 유지하지만, 판매는 공동판매회사를 통해서만 이루어지는 기업결합 형태는? (㉦㉢㉪㉧㉫) (S_ _ _ _ _ _ _ _)

13. 다른 회사의 주식을 전부 또는 지배 가능한 한도까지 취득함으로써 기업합병에 의하지 않고도 종속회사(자회사)의 경영활동을 지배하는 것을 주된 사업목적으로 하는 회사를 무엇이라 부르는가? (㉨㉩㉭㉦) (H_ _ _ _ _ _ C_ _ _ _ _ _)

14. 가격통제의 한 방법으로, 정부가 어떤 특정 제품에 대한 가격의 상한선을 정함으로써 더 이상 가격을 올릴 수 없도록 하는 정책은 무엇인가? (㉠㉠㉦㉭㉨)

15. 주택자금이 필요한 수요자가 금융기관으로부터 저리의 장기자금을 차입하면 금융기관이 그 주택을 담보로 주택저당증권(MBS)을 발행하여 중개기관에 매각하고 대출자금을 회수하는 장기주택자금 대출제도는 무엇인가? (ⓜⓖⓙⓡ)

16. 인구분포와 소득분포와의 관계를 나타내는 수치로서, 소득분포의 불균형 정도를 나타내는 수치는 무엇이라 부르는가? (ⓙⓝⓖⓢ)

17. 은행과 보험회사가 상호 업무를 제휴하고 협력하여 종합금융서비스를 제공하는 새로운 금융결합 형태는? (ⓑⓚⓢⓡⓢ) (B____________)

18. 19960년대 말부터 급속한 경제성장을 거듭하고 있는 「브라질, 러시아, 인도, 중국, 남아프리카공화국」 등의 신흥경제 5개국을 일컫는 말은? (ⓑⓡⓢ) (B____)

19. 풍부한 인구와 자원, 젊은 층이 많아 경제 성장에 유리한 인구 구조, 교역에 유리한 지리적 이점과 같은 고성장 잠재력을 가지고 있는 「멕시코, 인도네시아, 나이지리아, 터키」 등의 2014년 신흥경제 4개국을 부르는 명칭은 무엇일까? (ⓜⓣ) (M____)

20. 한 국가가 특정 국가에 대해 직·간접적인 교역과 투자, 금융거래 등 경제 부문의 모든 거래를 중지하는 금수조치, 혹은 저널리즘 영역에서 취재원과의 합의를 통하여 보도시점을 조절하는 관행을 무엇이라 하는가? (ⓞⓑⓖ) (E______)

정답

1. 환매조건부 채권(환매채, Repurchase Agreement: RP) **2.** 양도성 예금증서(Certificate of Deposit: CD) **3.** 기업어음(Commercial Paper:CP) **4.** 머니마켓펀드(Money Market Fund: MMF) **5.** 노동, 토지, 자본 **6.** 실버산업(Silver Industry) **7.** 구상무역 **8.** 핫 머니(Hot Money) **9.** 트러스트(Trust: 기업합동) **10.** 카르텔(Cartel: 기업연합) **11.** 콘체른(Konzern: 기업결합) **12.** 신디케이트(Syndicate) **13.** 지주회사(Holding Company) **14.** 가격상한제 **15.** 모기지 론(Mortgage Lone) **16.** 지니계수(Gini's Coefficient) **17.** 방카슈랑스(Bancassurance) **18.** 브릭스(BRICS) **19.** 민트(MINTs) **20.** 엠바고(Embargo)

CHAPTER 04

초 성 으 로 찾 아 가 는 재 미 있 는 상 식 여 행

economy 경제상식

1. 소득이 낮을수록 총 생계비 가운데 음식비가 차지하는 비율이 높아진다는 법칙을 무엇이라 하는가? (ⓞⓖⓑⓒ)

※ 가계의 지출 총액에서 식료품비로 지출한 금액이 차지하는 비율을 엥겔계수[(식료품비 ÷ 지출 총액 × 100)]라고 한다. 예를 들어 가계의 지출 총액이 ₩ 1,000,000이고, 이 가운데 식료품비가 ₩ 300,000이라면 엥겔계수는 30%가 된다.

2. 주식회사의 주권을 소유하고 있는 주주가 회사에 이익이 발생한 경우 그에 대한 이익배당을 청구할 수 있는 권리는 무엇일까? (ⓞⓞⓑⓓⓒⓖⓖ)

3. 아시아 태평양 지역의 경제 협력과 무역자유화 촉진을 목표로 대한민국, 미국, 일본, 호주, 뉴질랜드, 캐나다와 동남아시아국가연합(ASEAN) 6개국 및 중국, 대만, 홍콩, 멕시코, 파푸아뉴기니 등으로 구성된 범정부 간 협력기구는?

(ⓞⓢⓞ ⓣⓟⓞ ⓖⓙⓗⓡⓒ) (A_ _ _)

4. 유럽 내의 통화를 단일화하고 단일시장을 구축하여 공동경제·사회·안보 정책을 실행하기 위해 대다수 서유럽 국가들이 창설한 국제기구의 명칭은? (ⓞⓡⓞⓗ)

5. 임금·이자·이윤 등과 같이 재화나 용역의 생산에 기여한 소득이 아니라, 실업수당·생활보조금·연금·유족 원호금·공무 재해보상비·학교급식비 등과 같이 아무런 반대급부 없이 생기는 소득을 무엇이라 할까? (ⓞⓙⓢⓓ)

6. 기업이 보유하고 있는 매출채권을 신속히 현금화함으로써 경영활동을 원활하게 할 수 있도록 돕기 위하여, 금융기관이 기업의 매출채권을 구입하고 그 채권의 관리와 대금 회수를 집행하는 기업금융의 일종은? (ⓟⓣⓡ ⓖⓞ) (F_ _ _ _ _ _ _ _)

7. 흔히 말하는 인프라(Infra)란 Infrastructure(사회기반시설)의 앞부분만을 따서 하는 말인데, 도로, 항만, 철도 등과 같이 생산 활동에 직접적으로 사용되지는 않지만 경제 활동을 원활하게 하기 위해서 꼭 필요한 사회기반시설을 일컫는 말은? (ⓢⓗⓖⓙⓙⓑ)

8. 특허권, 실용신안권, 의장권, 상표권 등 산업상 이용가치를 갖는 발명 등에 관한 권리를 일컫는 말은 무엇일까? (ⓢⓞⓙⓢⓖ)

9. 효과적인 마케팅을 위한 네 가지 핵심요소(4P)란 무엇을 말하는 것일까?
*(ⓙⓟ : P______) *(ⓖⓖ : P____) *(ⓞⓣ : P____) *(ⓒⓙ : P________)

10. 보통예금, 당좌예금 등과 같이 예금주가 원하면 언제든지 조건 없이 지급해야 하는 예금은 무엇일까? (ⓞⓖⓑⓞⓖ)

11. 정기예금이나 정기적금 등과 같이 만기가 정해져 있어 그 전에 인출이 불가능한 예금을 무엇이라 하는가? (ⓙⓒⓢⓞⓖ)

12. 본래 군사전략에서 비롯된 용어로, 작전지에서 인명 및 장비의 피해를 최소화하면서 철수하는 전략을 말하는데, 경제에서는 경기부양을 위해 취했던 정책을 원상태로 정상화하는 것을 일컫는 용어는 무엇일까? (ⓒⓖⓙⓡ)

13. 처음에는 사채로 발행되었으나, 일정한 기간이 지나면 사채권자의 청구에 의해 사채를 발행할 때 미리 정한 가격에 따라 발행한 회사의 주식으로 전환할 수 있는 권리가 부여된 사채를 일컫는 말은? (ⓙⓗⓢⓒ)

14. 제조 기업이 해외 진출을 하는 경우 가격이 싼 현지의 부품을 사용함으로써 제품의 단가를 낮추려고 하는 것이 일반적이다. 이처럼 기업의 구매활동 영역을 전 지구촌 범위로 확대하여 외부조달 비용의 절감을 시도하는 구매전략을 무엇이라 하는가?
(ⓖⓡⓑⓢⓢ) (G_____ S_______)

15. 급속한 기술의 진보와 심화된 경쟁으로 인해, 기업의 프로젝트나 제품의 생산, 유통, 용

역 등에 소요되는 비용을 절감하고 서비스를 향상시키기 위하여 이를 기업 내부에서 처리하지 않고 외부의 제3자에게 위탁하여 처리하는 경영전략 방식은 무엇인가?

(ⓞⓞⓢⓢ) (O__ S_______)

16. 급등하는 전셋값을 감당하느라 소득 대부분을 지출하여, 저축의 여력도 없을 뿐 아니라 경제적으로도 여유가 없이 사는 사람들을 일컫는 말은? (ⓡⓣ ⓟⓞ) (R___ P___)

17. 북한의 핵확산 금지조약(NPT) 탈퇴 후 1994년 10월 제네바에서 체결된 미국과 북한 간의 합의문 이행과 북한에 대한 한국형 경수로 지원 및 대체에너지 제공을 위해 1995년 3월 9일 한국·미국·일본 3개국이 설립한 국제 컨소시엄을 무엇이라 할까?

(ⓗⓑⓓ ⓞⓝⓙ ⓖⓑⓖⓖ)

18. 미래의 충격(1970), 제3의 물결(1980), 권력이동(1991), 부의 미래(2006) 등 디지털 혁명, 통신 혁명, 사회 혁명, 기업 혁명과 기술적 특이성 등에 대한 저작으로 유명한 미국 태생의 작가이자 미래학자는 누구일까? (ⓞⓑⓣⓟⓡ)

19. 인터넷상에서 특정 사안이나 집단을 무조건 옹호하거나 비판하는 사람들을 일컫는 말로, 정보 통신망이 제공하는 새로운 공간에서 활동하는 사람을 지칭하는 네티즌(Netizen)과 1960년대 초 영국의 빈민층과 실업자들이 축구장에서 난동을 부리던 사람을 지칭하는 훌리건(Hooligan)의 합성어는 무엇일까? (ⓝⓣⓖ) (N______)

20. 정년까지는 고용을 보장하되 일정 연령이 되면 생산성 수준에 따라 임금을 줄여가는 제도로, 정년을 존중하되 정년 후의 임금을 줄이는 이 제도는? (ⓞⓖⓟⓚⓙ)

정답

1. 엥겔법칙 **2.** 이익배당청구권 **3.** 아시아 태평양 경제협력체(APEC) **4.** 유럽연합(EU) **5.** 이전소득 **6.** 팩터링 금융(Factoring) **7.** 사회간접자본(Social Overhead Capital: SOC) **8.** 산업재산권 **9.** 제품(Product), 가격(Price), 유통(Place), 촉진(Promotion) **10.** 요구불예금 **11.** 저축성예금 **12.** 출구전략 **13.** 전환사채(Convertible Bond: CB) **14.** 글로벌 소싱(Global Sourcing) **15.** 아웃 소싱(Out Sourcing) **16.** 렌트 푸어(Rent Poor) **17.** 한반도 에너지 개발기구(KEDO) **18.** 앨빈 토플러(Alvin Toffler) **19.** 네티건(Netigan) **20.** 임금 피크제

CHAPTER 05

초 성 으 로 찾 아 가 는 재 미 있 는 상 식 여 행

economy 경제상식

1. 노동자가 헌법상의 기본권으로 가지는 세 가지 권리는 무엇일까?

(ⓓⓖⓖ), (ⓓⓒⓖⓢⓖ), (ⓓⓒⓗⓓⓖ)

2. 건전한 노사관계를 유지하기 위하여 국가에서 정한 노동 3법은?

(ⓖⓡⓖⓙⓑ), (ⓝⓓⓙⓗⓑ), (ⓝⓓⓙⓞⓙⓒⓑ)

3. 백화점이나 슈퍼마켓 등의 판매장에 직접 가지 않고 집에서 텔레비전이나 인터넷 등으로 상품 정보를 보고 물건을 사는 것을 말하는데, 쇼핑 시간이 절약되고 여러 상품을 비교해 볼 수 있어 효율적이지만 상품을 직접 확인이 없어 다소 신뢰도가 떨어질 수 있는 단점도 있다. 그것은 무엇일까? (ⓗⓢⓟ) (H___ S_______)

4. 정부가 강남의 집값 상승을 막기 위해 아파트 재건축 규제를 강화하자 주택 수요가 일반 아파트로 몰려 집값이 상승하는 것을 빗대어 사용한 말로 「어떤 부분에서 한 가지 문제가 해결되면 다른 부분에서 새로운 문제가 발생하는 현상」은 무엇인가? (ⓟⓢⓗⓖ)

5. 각국의 개인이나 기업으로부터 특허기술을 사들인 뒤 로열티를 챙기는 기업을 말하는데, 특허권을 침해한 기업을 상대로 무더기 소송을 제기해 막대한 수익을 올리는 회사를 비꼬는 말이다. 영어로는 'patent troll'이라 하는데 그 명칭은? (ⓣⓗⓖⓜ)

6. 주행 거리에 따라 사고 확률이 달라진다는 논리를 토대로 미리 약정한 주행 거리보다 적게 운전하면 일반 자동차보험보다 낮은 보험료를 내는 상품이다. 가입자가 늘고 있지만, 도덕적 해이 논란이 일기도 한 이 보험상품은? (ⓜⓞⓡⓙⓑⓗ)

7. 모든 국가가 자국으로부터 시작되는 외환거래에 대하여 일정 세율의 거래세를 부과하는

것으로, 노벨 경제학상 수상자인 미국 경제학자 제임스 토빈이 처음 제안한 세금이다. 국제 투기자본이 통화위기를 촉발시키는 것을 막기 위한 규제의 한 방법으로, 국경을 넘는 단기성 외환거래에 부과하는 세금을 일컫는 말은? (ⓣⓑⓢ)

8. 장·단기 차입금 및 사채에 대한 대가로 이자비용의 합계에서 이자수익을 차감한 잔액을 무엇이라 할까? (ⓖⓞⓑⓞ)

9. 도저히 일어날 것 같지 않은 일이 일어나는 것을 얘기하는 것으로, 극단적으로 예외적이어서 발생 가능성이 없어 보이지만, 일단 발생하면 엄청난 충격과 파급효과를 가져오는 사건을 가리키는 말이다. 투자분석 전문가인 나심 니콜라스 탈레브가 2007년 출간한 책에서 소개한 이 용어는? (ⓑⓡⓢⓞ) (B____ S___)

10. 개인의 기본적 인권을 보호하고, 인간의 존엄성과 가치를 구현하며, 민주적 기본 질서 확립에 이바지할 목적으로 2001년 11월 출범한 독립기구로서, 인권침해 및 차별행위 등에 대한 진정을 접수하고 조사하여 관계기관에 대한 시정을 권고하거나 인권교육 프로그램 개발 등을 수행하는 국가 기관은 무엇이라 하는가? (ⓖⓖⓞⓖⓞⓞⓗ)

11. 정부가 특정 수혜자에게 복지 서비스를 구매하는 비용을 직접 보조해줄 목적으로 지급하는 일종의 쿠폰이다. 교육, 주택, 의료 등 다양한 분야에서 활용 가능한 이것은?(ⓑⓞⓒ)

12. 기업이나 정부기관 내에 근무하는 내부자가 조직의 부정부패를 외부에 고발하는 '내부고발자'를 가리키는 말로, 조직의 비리에 대해 눈 감지 않고 경고의 호루라기를 분다는 뜻에서 생긴 이 용어는 무엇일까? (ⓗⓢⓑⓡⓞ) (W______ B_____)

13. 자유무역협정(FTA) 체결 이후에도 값이 내려가지 않아 'FTA 무용론'의 표적이 되기도 했던 이 나라의 와인이 최근 국내 판매가 인하를 결정하기도 했다. 2004년 우리나라의 첫 FTA 체결국인 이 나라는 어디일까? (ⓒⓡ)

14. 주식투자에서 위험을 줄이고 투자수익을 극대화하기 위해 여러 종목에 분산 투자하는 방법을 말한다. 흔히 "계란을 한 바구니에 담지 말라"라는 말로 상징되는 이것을 무엇이라

부르는가? (㉽㉺㉽㉣㉧) (P________)

15. 경기가 단기간에 급속히 침체됐다가 완만하게 회복되는 형태를 가리키는 말이다. 이런 추세를 곡선으로 그리면 스포츠 용품업체의 로고를 닮았다고 해서 붙은 이름이다. 무엇일까? (㉡㉧㉪㉪㉥) (N___ C____)

16. 어음 또는 수표와 같은 지시증권의 권리자가 그것을 타인에게 양도하기 위해 그 증서의 이면에 필요한 사항을 기재하고 서명하는 행위를 무엇이라 할까? (㉥㉦)

17. 전 세계를 대상으로 채무상환능력을 종합평가하여 국가나 기업별로 신용등급을 매기는 '세계 3대 신용평가회사'는 어디일까? (**영국의** ㉤㉢㉦), (**미국의** ㉧㉦㉧㉽), (**미국의** ㉽㉩)

18. 국제 무역거래나 금융거래에서 결제 수단으로 이용되는 기본통화로, 통상 미국의 달러화나 영국의 파운드화를 가리키는 용어는? (㉠㉩㉺㉾) (K__ C_______)

19. 고의적으로 불만 섞인 민원을 제기하여 기업을 대상으로 부당한 금전적 보상을 요구하는 사람을 뜻하는 말이다. 전파력이 높은 인터넷을 활용하는 이런 사람들이 늘면서 기업이 곤경에 빠지기도 하는데 이런 '악성 소비자'를 부르는 말은?

(㉥㉣㉪㉦㉤) (B____ C_______)

20. 1812년 미국 매사추세츠 주지사가 소속 당에 유리하도록 선거구를 분할한 데서 유래한 말로, 특정 정당이나 특정후보에게 유리하도록 선거구를 자의적으로 나누는 행위를 무엇이라 하는가? (㉠㉣㉤㉢㉣) (G____________)

정답

1. 단결권, 단체교섭권, 단체행동권 **2.** 근로기준법, 노동조합법, 노동쟁의조정법 **3.** 홈 쇼핑(Home Shopping) **4.** 풍선효과 **5.** 특허괴물 **6.** 마일리지 보험 **7.** 토빈세(Tobin's tax) **8.** 금융비용 **9.** 블랙 스완(Black Swan) **10.** 국가인권위원회 **11.** 바우처(Voucher) **12.** 휘슬 블로어(Whistle Blower) **13.** 칠레 **14.** 포트폴리오(Portfolio) **15.** 나이키 커브(Nike Curve) **16.** 배서 **17.** 무디스(Moody's), 에스앤피(Standard & Poor's: S&P), 피치(Pitch IBCA) **18.** 기축통화(Key Currency) **19.** 블랙 컨슈머(Black Consumer) **20.** 게리맨더링(Gerrymandering)

CHAPTER 06

초성으로 찾아가는 재미있는 상식여행

economy 경제상식

1. 소유하고 있는 주식의 수량이나 비율에 관계없이, 단 1주만 가지고 있더라도 주주총회의 중요한 결의사항에 대해 거부권을 행사할 수 있는 권리를 가진 주식을 말하는데, 대부분의 지분을 매각한 이후에도 핵심 의사결정권을 유지할 수 있게 해주는 이 주식의 명칭은?

(㉭㉠㉨) (G_____ S____)

2. '집을 보유한 가난한 사람'을 가리키는 말로, 주택가격이 오를 때 저금리로 대출을 받아 집을 마련하였으나 금리인상으로 인한 이자 부담과 주택가격 하락으로 빈곤에 허덕이는 사람을 뜻하는 용어는 무엇일까? (㉭㉧㉦㉬㉧) (H____ P___)

3. 법률이나 규제의 효력이 일정 기간 지나면 자동적으로 사라지도록 하는 제도다. 각종 정책이 시대 흐름의 변화를 따라가지 못하고 계속 남아 있는 폐단을 줄이기 위한 이 제도는 무엇인가? (㉧㉤㉨)

4. 중고차 판매상은 차의 상태를 정확히 알고 있지만 소비자는 그렇지 못한 것처럼, 경제 행위 과정에서 거래 당사자들이 가진 정보의 양에 차이가 있는 불균등한 정보 구조를 뜻하는 경제용어는? (㉨㉥㉧㉥㉢㉩)

5. 청소년의 인터넷 게임 중독을 예방하기 위해 마련된 제도로, 신데렐라법이라고도 한다. 2011년 5월 19일 도입된 청소년보호법 개정안에 따라 신설된 조항으로, 16세 미만의 청소년에게 심야의 인터넷 게임 제공을 제한하기 위해 2011년 11월 20일부터 시행된 이 제도의 명칭은? (㉦㉢㉧㉨) (S_______)

6. 풍부한 노동력과 가격 경쟁력을 가지고 있으며, 높은 경제성장률로 신흥시장으로 떠오르고 있는 중국과 인도의 일컫는 말이다. 중국은 시장과 기업의 규모에서, 인도는 정보 및 생명공학

기술에서 강점을 갖고 있는데 이들 두 나라를 합쳐 부르는 말은? (㉩㉢㉧) (C______)

7. 부상하는 신흥 대국인 중국과 인도에, 값싼 노동력의 조달이 가능하고 중국과 인도 시장을 겨냥한 거점으로 유망한 베트남과 태국을 합친 말은 무엇일까? (㉥㉧㉫㉦) (V____)

8. 금화나 금괴 등 금을 직접 사고팔거나, 금 통장, 금 보유 증서 등을 거래한 후에 투자이익과 원금을 현금으로 지급받는 방식으로, 「은행이 고객들을 상대로 금을 사고팔 수 있는 제도」를 무엇이라 할까? (㉠㉢㉥㉪) (G___ B______)

9. 근로를 제공한 대가로 받는 봉급·상여금·보수·임금·수당·급료·연금 등과 같이 원천징수를 하는 근로소득에 대하여 부과하는 직접세를 부르는 명칭은? (㉠㉨㉠㉣㉦㉢㉦)

10. 각종 의무의 불이행에 가해지는 벌과금적인 성격을 가지는 것으로, 세법에서 규정하는 의무의 성실한 이행을 확보하기 위하여 그 세법에 의하여 산출한 세액에 가산하여 징수하는 금액을 무엇이라 하는가? (㉠㉦㉦)

11. 외국인 투자 유치정책의 일환으로서 외국자본과 기술의 활발한 국내유치를 유도하기 위해 각종 인프라 제공은 물론, 세제 및 행정적 특혜 등을 주기 위해 선정된 특정지역 또는 공업단지를 일컫는 말은? (㉠㉨㉫㉠)

12. 부가가치세, 주세, 특별소비세, 인지세, 증권거래세 등과 같이 세금을 납부하는 사람(납세의무자)과 실제로 부담하는 사람(조세부담자)이 다른 세금을 무엇이라 할까? (㉠㉨㉦)

13. 소득세, 법인세, 상속세, 증여세 등과 같이 세금을 납부하는 사람(납세의무자)과 실제로 부담하는 사람(조세부담자)이 일치하여 조세부담이 전가되지 않는 세금의 명칭은?(㉠㉨㉦)

14. 대학 졸업장 없이 '컴퓨터 황제' 자리에 오른 빌 게이츠나 '쥐라기 공원' 등의 영화를 만들어 세계적으로 문화적 영향력을 행사하고 있는 스티븐 스필버그 감독과 같이, 자발성과 창의성을 가지고 스스로 좋아하는 일에 새로운 가치를 창출해내는 사람을 일컫는 말로, 정보사회를 이끌어 가는 인재들을 무엇이라 하는가? (㉠㉢㉪㉣) (G___ C_____)

15. 운동경기를 방송할 때 운동장 내 관중에게는 보이지 않지만, 시청자에게는 보이는 광고처럼, 컴퓨터그래픽을 이용해 실제 현장에는 없는 가상의 이미지를 만들어 이를 프로그램에 삽입해 상품을 광고하는 텔레비전 광고기법은? (ㄱㅅㄱㄱ)

16. 중앙은행이 금융기관을 상대로 유가증권을 매매하는 방식으로 시장에 참여함으로써 시중의 통화량을 조절하는 정책을 말하는데, 금리정책 및 지급준비율제도와 함께 금융정책의 주요 수단으로 사용되고 있는 이 정책수단을 무엇이라 할까? (ㄱㄱㅅㅈㅈㅈ)

17. 정부가 특정한 목적을 달성하기 위한 특별법에 따라 설립한 은행은 무엇인가? (ㄱㅊㅇㅎ)

※ ㄱㅊㅇㅎ에는 한국은행, KDB산업은행, 한국수출입은행, IBK기업은행, NH농협은행 등이 있다.

18. 철강, 자동차 산업 등 전통적인 1차 제조 산업을 일컫는 말로, 이러한 산업이 그들의 영업활동을 위해서 커다란 굴뚝을 가진 데서 유래되었다. 정보통신(IT) 산업과 대비되는 개념을 가진 이 말은? (ㄱㄸㅅㅇ)

19. 금융거래의 정상화와 합리적 과세기반을 마련한다는 데 그 목적을 두고, 은행예금이나 증권투자 등 금융거래를 할 때 반드시 본인의 이름(실명)으로만 거래해야 하는 제도이다. 우리나라에서는 1983년 8월 12일 오후 7시 이후의 모든 금융거래에 도입되었는데 이 제도는 무엇일까? (ㄱㅇㅅㅁㅈ)

20. 증권거래법 등의 규정에 따라 주식회사가 발행한 주식을 일반투자자에게 균일한 조건으로 공모하거나, 대주주가 소유하고 있는 주식의 일부를 매각해 다수의 주주가 주식을 분산, 소유토록 개방하는 것을 무엇이라 하는가? (ㄱㅇㄱㄱ)

정답

1. 황금주(Golden Share) **2.** 하우스 푸어(House Poor) **3.** 일몰제 **4.** 정보의 비대칭 **5.** 셧다운제(Shutdown) **6.** 친디아(Chindia) **7.** 브이틱스(VTICs) **8.** 골드 뱅킹(Gold Banking) **9.** 갑종근로소득세 **10.** 가산세 **11.** 경제특구(Special Economic Zone) **12.** 간접세 **13.** 직접세 **14.** 골드 칼라(Gold Collar) **15.** 가상광고(Virtual Advertising) **16.** 공개시장조작(Open Market Operation) **17.** 국책은행 **18.** 굴뚝산업 **19.** 금융실명제 **20.** 기업공개

CHAPTER 07

초성으로 찾아가는 재미있는 상식여행

economy 경제상식

1. 베이징에 사는 작은 나비의 날갯짓이 상승 작용을 일으켜 미국에서 폭풍우를 일으킬 수 있는 것처럼, 작은 변화가 결과적으로 엄청난 변화를 초래할 수 있음을 주장하는 이론을 무엇이라 하는가? (ⓛⓑⓗⓖ)

2. 원래는 호두를 양쪽에서 눌러 까는 호두까기 기계를 말하는데, 한 나라가 선진국에 비해서는 기술과 품질 경쟁에서, 후발 개발도상국에 비해서는 가격 경쟁에서 밀리는 현상을 지칭할 때 쓰는 말은 무엇일까? (ⓛⓚⓡⓚ) (N__ C______)

3. 농·어업의 경쟁력 강화와 농·어촌 산업기반시설의 확충에 필요한 재원에 충당하기 위하여 과세하는 목적세로 유효기간이 2014년 6월 30일에서 2024년 6월 30일까지 10년 연장되었다. 조세감면액, 증권거래금액, 취득·등록세 등에 부과되는 이 세금은?

(ⓛⓞⓒⓣⓑⓢ)

4. 미국·일본 등에서는 신용판매회사, 신용카드회사, 소비자 금융회사, 슈퍼마켓, 백화점에서 고객들에게 현금서비스를 하고 있는데, 은행이 아니면서 소비자에게 대출해주므로 논뱅크(Nonbank)라고도 한다. 은행법의 규제를 받지 않고, 일요일에도 영업한다 하여 지어진 이름은? (ⓢⓓⓞ ⓞⓗ) (S_____ B___)

5. 보험회사는 계약자에 대한 보험금 지급의무를 이행하기 위하여 보험료의 일정금액을 적립해야 하도록 법률로 규정하고 있다. 이를 무엇이라 하는가? (ⓒⓞⓑⓗⓖ)

6. 70m짜리 24롤 화장지, 7kg 용량 세제, 5천cc짜리 아이스크림과 같이 홈플러스나 E마트 등과 같은 할인점에서 포장단위를 대형화한 상품으로, 값에 비하여 쓰기에 편하고 이익이 많은 상품의 명칭은? (ⓓⓞⓢⓟ)

7. 기업 재무구조의 건전성을 나타내는 대표적 지표로서, 높을수록 재무구조가 건전하다고 할 수 있다. 총자산 중 자기자본이 차지하는 비중을 나타내는 비율을 무엇이라 할까? (ⓩⓖⓩⓑⓑⓞ)

8. 주식회사가 회사채의 원리금을 보장하기 위해 부동산 등의 담보물을 신탁회사에 맡기고 이를 근거로 발행하는 회사채, 즉 물적 담보가 있는 사채를 일컫는 말은? (ⓓⓑⓑⓢⓒ)

9. 국제무역에서 잉여분을 처분하거나 해외 경쟁의 우세를 점하기 위해, 또는 제품이 국내 시장에서 수용되기 어려울 때 국내시장보다 훨씬 낮은 가격으로 해외에 재화를 판매하는 부당염가 투매행위를 무엇이라 하는가? (ⓓⓟ) (D______)

10. 1994년 12월에 발생한 멕시코의 금융위기가 아르헨티나와 브라질 등 중남미국가에 영향을 준 것에서 비롯되었는데, 한 국가의 금융위기가 주변국에 영향을 미쳐 실물 및 금융 부문을 침체시키는 것은? (ⓓⓚⓡⓗⓖ)

11. 각국의 노동입법, 적정한 노동시간, 임금, 노동자의 보건·위생 등에 관한 권고나 지도를 하고, 국제노동기준을 제정하여 가입국이 그것을 준수하도록 감독하며, 노동자의 생활에 관한 조사연구를 하는 등 국제적인 협력을 통해 노동자의 노동조건 개선 및 지위향상을 꾀하기 위해 설치된 국제연합의 전문기구는 무엇일까? (ⓖⓩⓝⓓⓖⓖ)

12. 마약, 밀수, 무기 거래와 같은 각종 범죄나 뇌물 등 부정·비리로 조성된 불법자금을 금융기관을 통해 합법적인 돈으로 가장하거나, 기업이 비자금을 불법적으로 조작해 자금출처를 은폐함으로써 추적을 어렵게 하는 행위는 무엇인가? (ⓓⓢⓣ)

13. 대기업과 중소기업 간의 사회적 갈등문제를 발굴하고 논의하여 민간부문의 합의를 도출하는 등 대기업과 중소기업의 동반성장 문화를 확산시키는 구심체 역할을 수행하기 위해 2010년 12월에 설립된 민간 위원회의 이름은? (ⓓⓑⓢⓩⓞⓞⓗ)

14. 좁은 의미로는 아랍에미리트에서 생산되는 석유를 말하지만, 흔히 중동산 원유를 말하는데, 중동 지역을 대표하는 유종으로 유황 함량이 많고 질이 떨어져 서부 텍사스 산이나

브렌트유보다 가격이 낮게 형성되며, 우리나라 원유 도입량의 70~80%를 차지하고 있다. 아시아에서 거래되는 석유 가격은 모두 이 원유 가격을 기준으로 얼마 비싸고 얼마 싸다는 식으로 표기되는데 그것은 무엇인가? (ⓓⓑⓞⓞ)

15. 한 나라의 화폐를 가치의 변동 없이 모든 은행권 및 지폐의 액면을 동일한 비율의 낮은 숫자로 표현하거나 이와 함께 새로운 통화단위로 화폐의 호칭을 변경시키는 것은?

(ⓓⓝⓜⓝⓞⓢ) (D___________)

16. 채무자가 공·사채에 대한 이자지불이나 차입금에 대한 원리금의 상환이 불가능해진 상태, 혹은 한 나라가 외채를 상환기간 내에 갚지 못하게 되는 경우를 무엇이라 할까?

(ⓒⓜⓑⓞⓗ) 또는 (ⓓⓟⓣ) (D______)

17. 돈을 빌려서 투자해 조달금리보다 높은 수익을 얻음으로써 수익을 극대화하는 투자 방법을 일컫는 말로 '지렛대'라는 의미를 가지고 있는데, 경기가 호황일 때 효과적인 이 투자 방법은 무엇인가? (ⓡⓑⓡⓙ) (L_______)

18. 소유권자에게 지불되는 특허권이나 저작권 또는 공업소유권 등의 사용료로, 타인에게 자신의 소유권을 이용할 수 있도록 허락하는 데서 얻는 생산의 몫이나 이익의 몫을 무엇이라 부르는가? (ⓡⓞⓣ) (R______)

19. 정부가 어떤 효과를 기대하고 정책을 펴지만, 실제 경제현실은 예측한 방향으로 움직이지 않는데, 이는 정부의 정책이 과거 자료를 가지고 만든 것인 반면 사람들은 그러한 정책이 몰고 올 변화까지 예측하여 반응하기 때문이다. 1995년 노벨경제학상을 수상한 경제학자의 이름에서 따온 이 이론은? (ⓡⓚⓢⓗⓙ)

20. 런던 금융시장에서 우량은행 간 단기자금을 거래할 때 적용하는 금리로, 뉴욕 채권시장을 제외한 대부분의 국제금융 거래에 기준으로 사용되고 있는 이 금리의 명칭은?

(ⓡⓑⓖⓡ) (L____)

정답

1. 나비효과 **2.** 넛 크래커(Nut Cracker) **3.** 농어촌특별세 **4.** 선데이 은행(Sunday Bank) **5.** 책임보험금 **6.** 덕용상품 **7.** 자기자본비율 **8.** 담보부 사채 **9.** 덤핑(Dumping) **10.** 데킬라 효과(Tequila Effect) **11.** 국제노동기구(International Labour Organization:ILO) **12.** 돈세탁(Money Laundering) **13.** 동반성장위원회 **14.** 두바이유(Dubai Oil) **15.** 디노미네이션(Denomination) **16.** 채무불이행 또는 디폴트(Default) **17.** 레버리지(Leverage) **18.** 로열티(Royalty) **19.** 루카스 함정 **20.** 리보 금리(LIBOR)

MEMO

CHAPTER 08

초 성 으 로 찾 아 가 는 재 미 있 는 상 식 여 행

economy 경제상식

1. 상품이나 용역의 대가 일부를 다시 되돌려주는 행위나 금액을 뜻하는 말로, 상거래에서 오랫동안 인정되던 일종의 관행이다. 그 정도가 지나치지 않고 적당할 경우에는 적법한 경품 제공의 성격을 지니고 있지만 지나치면 뇌물이 될 수도 있다. 특히, 우리나라의 제약회사가 의사에게 주는 뇌물을 지칭하기도 하는데, 공정거래법은 정상적인 거래 관행에 비추어 과도한 제공을 '부당고객 유인행위'로 금지하고 있다. 그 용어는? (㉣ ㉥ ㉧ ㉫) (R_ _ _ _ _)

2. 카드 회원의 이용대금에 대해 매월 대금 결제 시 카드사와 회원이 미리 약정한 청구비율이나 청구액만큼 만 결제하는 제도로서, 미결제 잔액은 다음 달로 이월되고 잔여 이용 한도 범위 안에서 카드를 쓸 수 있도록 하는 이 제도의 명칭은?(㉣ ㉥ ㉥) (R_ _ _ _ _ _ _ _)

3. 제품을 직접 사용해보고 온라인상의 블로그나 게시판에 품평을 올려 다른 사람들의 소비 결정에 큰 영향을 미치는 소비자 집단을 일컫는 말은?(㉣ ㉥ ㉦ ㉤) (R_ _ _ _ _ _ _ _ _ _)

4. 멕시코, 호주, 베트남, 인도네시아. 나이지리아, 남아프리카공화국 등 아프리카 북중미와 동남아를 대표하는 자원부국을 지칭하는 용어이다. 넓은 영토와 높은 인구 증가율, 풍부한 자원을 갖고 있으며 브릭스(BRICS)의 뒤를 이을 것으로 예상되는 이 나라들을 지칭하는 용어는 무엇인가? (㉤ ㉥ ㉦) (M_ _ _ _ _)

5. 수표의 발행 당시 자금이 없거나 제시기간을 연장하기 위하여 발행일자를 실제 발행일 이후의 날로 기재하고 수표상의 발행일에 지급을 약속한 수표를 무엇이라 할까?

(㉦ ㉧ ㉨ ㉦ ㉬)

6. '대중(Mass)'과 '명품(Prestige Product)'을 합성한 신조어로, 대량으로 판매되지만 품질은 고급인 상품, 또는 명품의 대중화 현상을 말하는 용어는?(㉤ ㉦ ㉫ ㉨) (M_ _ _ _ _ _ _)

7. 한 사람(man)이 하루 8시간씩 한 달(month) 25일 근무하는 것을 기준으로 전산이나 소프트웨어 사업의 대가를 계산하는 방식을 무엇이라 할까? (ⓜⓜⓢ) (M__ M____)

8. 교통세나 농어촌특별세, 교육세처럼 특정 경비에 충당할 목적으로 세금징수 단계에서부터 재원의 사용처를 미리 정해 놓은 세금을 지칭하는 용어는? (ⓜⓙⓢ)

9. 대한민국은 세계 경제에 밝은 미래를 가져다줄 수 있는 국가이며, 신흥국 가운데 첫 G20 정상회의 의장국으로서 그만큼 기대를 준다며, 미국 의회 수석 이코노미스트인 브라이언 웨스버리가 2009년 말 처음 사용한 용어는 무엇일까? (ⓜⓢⓣ ⓢⓢⓞ) (Mr. S_______)

10. 기업의 지분 가운데 상당 부분을 인수하거나, 아예 기업 자체를 인수한 후 대상기업의 정상화나 경쟁력 강화를 통해 기업 가치를 제고시키는 것, 또는 탤런트나 작가, 감독 등에게 지급하는 1회 광고방송의 보수를 무엇이라 부르는가? (ⓑⓞⓞⓞ) (B__ O__)

11. 빛이나 사진 판독장치를 지니고 있는 레이저빔을 통해 상품에 관한 제반 정보를 검색하기 위한 것으로 좁은 막대기 모양의 도안을 지칭하는 단어는? (ⓑⓚⓓ) (B__ C___)

12. 어음의 발행인이나 인수·배서인 등 어음거래를 하는 당사자가 기명날인이나 서명 이외에 어음에 기재해야 하는 요건의 전부 또는 일부를 기재하지 않고, 그 공란을 후일 어음의 취득자로 하여금 보충시킬 의사를 가지고 타인에게 교부하여 유통되는 미완성 어음을 무엇이라 할까? (ⓑⓙⓞⓞ)

13. 은행의 지급불능 위험을 예상한 예금자가 예금을 인출하기 위해 쇄도하는 상태나, 예금 인출이 쇄도하는 상태에서 은행이 지급준비금이 부족해 예금지급을 정지하는 경우를 무엇이라 하는가? (ⓑⓚⓡⓢ) (B___ R___)

14. 서울 강남·서초·송파구와 양천구 목동, 경기 성남시 분당 신도시·안양시 평촌 신도시·용인시 등 부동산 가격에 거품이 끼어 가격 붕괴가 시작될 것이라고 예상한 7개 지역을 일컫는 말은? (ⓑⓑ ⓢⓑ) (B_____ S____)

15. 금융기관이 업무처리 과정에서 발생하는 미결제·미정리된 일시적 자금이나 타 계정으로 처리하기 곤란한 예금 등을 처리하기 위해 설정한 일시적·편의적 계정을 무엇이라 할까? (ㅂㄷㅇㄱ)

16. 북경(Beijing), 서울(Seoul), 도쿄(Tokyo)를 중심으로 하는 동북아시아의 경제·문화권 지역을 일컫는 말이다. 유럽 연합(EU), 나프타(NAFTA)와 함께 세계 경제 질서를 위해 한·중·일 3국이 합심하여 만든 이것은? (ㅂㅅㅌ) (B_____)

17. 투자의 귀재로 불리는 워렌 버핏의 이름에서 따온 세금으로, 빈부격차의 해소와 사회복지 확충을 위한 재원 마련을 위해 일정액 이상의 재산을 보유한 사람에게 비례적 혹은 누진적으로 부과하는 세금은? (ㅂㅇㅅ) (B______ T__)

18. 자연인(개인)에게 소득세를 부과하는 것과 같이 주식회사나 합자회사 등 법인체도 하나의 인격으로 간주하여 소득에 대해 세금을 부과한다. 이 세금의 이름은? (ㅂㅇㅅ)

19. 기업들이 주변에서 뛰어나다고 생각되는 상품이나 기술을 배워 자사의 생산방식에 합법적으로 응용하는 것처럼 '쉽게 아이디어를 얻어 새 상품 개발로 연결하는 경영기법'을 지칭하는 말은? (ㅂㅊㅁㅋ) (B___________)

20. 사용자들에게 지금은 할 수 없는 일이 가능하다는 환상을 심어주고 당장 구할 수 있는 경쟁업체의 제품을 사지 못하도록 하는 전략으로, 소프트웨어 분야에서 아직 개발되지도 않은 가상제품을 미리 발표하는 것을 무엇이라 하는가? (ㅂㅇㅍㅇㅇ) (V________)

정답

1. 리베이트(Rebare) **2.** 리볼빙(Revolving) **3.** 리뷰슈머(Reviewsumer) **4.** 마빈스(MAVINS) **5.** 선일자수표 **6.** 매스티지(Masstige) **7.** 맨먼스(Man Month) **8.** 목적세 **9.** 미스터 선샤인(Mr.Sunshine) **10.** 바이아웃(Buy Out) **11.** 바코드(Bar Code) **12.** 백지어음 **13.** 뱅크 러시(Bank Rush) **14.** 버블 세븐(Bubble Seven) **15.** 별단예금 **16.** 베세토(BESETO) **17.** 부유세(Buffet Tax) **18.** 법인세 **19.** 벤치마킹(Benchmarking) **20.** 베이퍼웨어(Vaporware)

CHAPTER 09

초 성 으 로 찾 아 가 는 재 미 있 는 상 식 여 행

economy 경제상식

1. 상류층 소비자들의 과시욕이나 허영심 등으로 인한 소비 행태처럼 가격이 오르는 데도 수요가 줄어들지 않고, 오히려 증가하는 현상을 무엇이라 할까?

(ㅂㅂㄹㅎㄱ) (V_ _ _ _ _ E_ _ _ _ _)

2. 고도의 전문지식과 새로운 기술 또는 노하우를 가지고 창조적·모험적 경영을 하는 기술 집약적 회사로, 혁신적인 아이디어를 상업화하여 높은 수익을 기대하고 설립한 신생 기업을 일컫는 말은?

(ㅂㅊㄱㅇ)

3. 자사 또는 계열회사의 경쟁사업자를 배제하기 위하여 자기가 공급하는 상품 또는 용역의 제조나 제공에 소요되는 비용보다 현저하게 낮은 대가로 계속하여 상품 또는 용역을 공급하는 행위를 말하는데, '독점규제 및 공정거래에 관한 법률'에서 불공정 거래행위로 지정·규제되고 있는 이러한 매매행위를 뜻하는 명칭은 무엇인가?

(ㅂㄷㅇㅁ)

4. 부동산 매매 시 거래 당사자 또는 중개업자는 계약체결일로부터 30일 이내에 실제 거래가격을 시장·군수·구청장에게 공동으로 신고해야 하는데, 부동산 매수인의 취득세와 등록세, 매도인의 양도세 탈세를 방지하기 위하여 2006년 1월 1일부터 시행된 이 제도의 이름은?

(ㅂㄷㅅㅅㄱㄹㄱㅅㄱㅈ)

5. 집이나 주식 등의 가격이 올라갈 경우 사람들은 소득이 증가하지 않더라도 소비를 늘리게 되는데, 이처럼 자산의 가치가 증대되는 경우 그 영향으로 소비가 늘어나는 효과를 지칭하는 말은?

(ㅂㅇ ㅎㄱ)

6. 불황기에 이익을 가공적으로 크게 계상 하여 기업의 재무 상태나 경영 성과를 양호하게 보이기 위해, 재무 상태표나 손익 계산서상의 수치를 부풀려 계산하는 왜곡 행위를 무엇이라 하는가?

(ㅂㅅㅎㄱ)

7. 기업 브랜드에 대한 소비자의 인지도를 1백 점 만점을 기준으로 수치화한 것이다. 소비자들이 자주 접할수록, 상품의 품질이나 평판이 좋을수록 높게 나타나는데 이것을 무엇이라 할까? (ⓑⓡⓒ ⓟⓞ) (B____ P____)

8. 아파트 분양가를 산정할 때 택지비와 기본형 건축비, 가산비 등에 연동시켜 책정함으로써 수요자들이 일정 부분 원가를 알아볼 수 있도록 하는 방식을 말하는데, 건설사들의 폭리를 막아 아파트값을 진정시키기 위해 2007년 하반기부터 시행되고 있는 이 제도의 이름은?

(ⓑⓞⓖ ⓢⓗⓙ)

9. 일용직, 임시직 등의 단기간 근로자와 같이, 추가적으로 일할 의지와 능력은 있으나 일자리를 얻지 못해 주당 근로시간이 17시간 이하인 취업자를 부르는 말은? (ⓑⓞⓙ ⓒⓞⓙ)

10. 핀란드 오울루시를 모델로 성균관대학교가 경기도 평택시 도일동 일대에 4조 2천억 원을 투입해 2013년까지 도시를 건설하기로 하였다. 이처럼 대학이 과학 인재를 길러 내고, 이들이 도시의 핵심 기능을 담당하는 대학 중심의 도시를 뜻하는 단어는 무엇인가?

(ⓑⓡⓞ ⓢⓣ) (B____ C___)

11. 특정 상인에게 종속되지 않은 독립된 제3자로서, 타인의 상행위를 중개하고 쌍방으로부터 수수료를 받는 전문 직업인을 일컫는 말인데, 우리나라에서는 자신의 경험이나 지식을 이용하여 부당한 이익을 취하는 부정적인 의미로 널리 인식되고 있다. 우리말로 '거간'이라고도 하는 이 사람을 무엇이라 하는가? (ⓑⓡⓚ) (B_____)

12. 무역과 계약 등의 거래에서 관례적으로 발생하는 리베이트(사례금)나 커미션 또는 회계처리의 조작으로 생겨난 부정한 돈을 세금추적이 불가능하도록 특별관리 해둔 자금을 뜻하는 말은? (ⓑⓙⓖ)

13. 세계적으로 물의 가치가 점점 높아질 것으로 예측되는데, 검은 황금(black gold)'으로 불리는 석유에 비교하여 물을 일컫는 용어는 무엇일까? (ⓑⓡ ⓖⓓ) (B___ G___)

14. 목욕을 해서 때를 씻어낸다는 뜻으로, 기업이 과거의 부실요소를 한 회계연도에 모두 반영하여 손실이나 이익규모를 있는 그대로 회계장부에 드러내는 것을 말한다. 장부를 조작

하여 이익규모를 부풀리는 분식회계 (window dressing)와 대비되는 개념인데, 이를 무엇이라 할까? (ⓑⓑⓢ) (B__ B___ A_________)

15. 근로기간이 정해져 있지 않은 상시근로자와는 달리 근로기간이 정해져 있는 계약직, 일용직, 해당 사업주의 사업장에서 근무하지 않는 파견, 도급직, 상시근로를 하지 않는 파트타임 근로자를 일컫는 말은? (ⓑⓙⓖⓙ)

16. 미국에서는 합법적인 상행위로 간주되지만 우리나라에서 불법으로 규정하고 있는데, 원도급자가 도급 가격을 낮출 목적으로 다른 하도급자에게 입찰가격을 사전에 알려주는 것을 무엇이라 하는가? (ⓑⓓ ⓢⓟ) (B__ S_______)

17. 비즈니스(Business)와 스쿨(School)의 합성어로, 중소기업특별위원회와 중소기업진흥청이 청소년 창업 마인드를 키우기 위해 2002년에 마련한 창업교육 프로그램의 명칭은? (ⓑⓙⓚ) (B______)

18. 자기의 의사와는 무관한 실업상태. 즉, 구직활동을 하지만 그의 기술과 능력에 알맞은 적당한 직장을 구하지 못하는 것을 부르는 말은? (ⓑⓙⓑⓙ ⓢⓞ)

19. 증권시장의 선물가격이 전일 종가와 대비하여 현저하게 급등하거나 급락하여 현물시장에 파급되는 효과가 큰 상태가 1분간 지속될 경우 주식시장의 프로그램 매매 호가를 5분간 정지시키는 것을 무엇이라 할까? (ⓢⓞⓓⓚ) (S______)

20. 연말에 보너스가 집중되고 소비가 늘어나면서 기업의 매출이 증가되는 이유로 크리스마스를 전후한 연말과 신년 초에 주가가 강세를 보이는 현상을 뜻하는 말은 무엇일까? (ⓢⓣ ⓡⓡ) (S____ R____)

정답

1. 베블렌 효과(Veblen Effect) **2.**벤처기업 3.부당염매 **4.** 부동산 실거래가 신고제 **5.** 부의 효과 **6.** 분식회계 **7.** 브랜드 파워(Brand Power) **8.** 분양가 상한제 **9.** 불완전 취업자 **10.** 브레인 시티(Brain City) **11.** 브로커(Broker) **12.** 비자금 **13.** 블루 골드(Blue Gold) **14.** 빅 배스(Big Bath Accounting) **15.** 비정규직 **16.** 비드 쇼핑(Bid Shopping) **17.** 비즈쿨(Bizcool) **18.** 비자발적 실업 **19.** 사이드카(Sidecar) **20.** 산타 랠리(Santa Rally)

CHAPTER

초성으로 찾아가는 재미있는 상식여행

10

economy 경제상식

1. 서로 다른 사업철학을 가진 경영진이 모인 집단회의로서, 이 회의에서 기업의 현재 상황을 타개할 수 있는 새로운 아이디어가 표출되기도 하고 기업정책이 개발되기도 한다. 이 회의의 목적은 억압된 분위기를 배제하고 아무런 거리낌 없는 기분으로 독창적인 생각을 창출하는 데 있는데, 아이디어는 수정되거나 결합할 수는 있지만 아이디어에 대한 어떠한 비판도 있을 수 없다. 이러한 회의의 명칭은? (ⓑⓡⓞⓢⓣⓜ) (B____________)

2. 한 나라의 국민소득은 만들어서(생산), 나누어 가지고(분배), 쓰는(지출) 양이 모두 같게 되는데 이를 무슨 원칙이라 하는가? (ⓢⓜⓓⓖⓞ ⓞⓒ)

3. 정부의 섣부른 경제정책이 경기 변동의 폭을 오히려 크게 만들 수 있듯이, 정부의 즉흥적인 시장경제 개입이 오히려 시장의 혼란을 초래하는 현상을 우회적으로 비판하기 위해 노벨경제학상 수상자인 밀튼 프리드먼이 비유적으로 사용한 용어는 무엇일까? (ⓢⓞⓢⓞ ⓑⓑ)

4. 1960년 원유 가격의 하락을 방지하고 국제석유자본에 대한 발언권을 강화하기 위해 이라크·이란·사우디아라비아·쿠웨이트·베네수엘라 등 5대 석유 생산·수출국 대표가 모여 결성한 협의체로, 현재는 알제리·앙골라·나이지리아·리비아·에콰도르·카타르·아랍에미리트를 포함하여 총 12개국이다. 세계 원유의 60% 이상을 생산하는 이들 국가 협의체를 부르는 말은? (ⓢⓞ ⓢⓒⓖ ⓖⓖ) (O___)

5. 장래의 일정 시점에 수량·규격·품질 등이 표준화되어 있는 특정 대상물을 계약체결 당시에 정한 가격으로 인도·인수할 것을 약속하는 계약으로, 미래의 가치를 사고파는 이런 거래를 무엇이라 할까? (ⓢⓜⓖⓡ)

6. 일반채권은 10년, 상사채권과 공법상의 채권은 5년, 기타 재산권은 20년 등과 같이, 일정

기간 권리를 행사하지 않을 경우 그 권리가 소멸되는 것을 인정하는 제도는? (ㅅ ㅁ ㅅ ㅎ)

7. 선박회사와 화주 간의 운송조건을 결정한 운송계약서로서, 송하인(送荷人, shipper)의 요청으로 선박회사가 탁송화물에 대하여 발행하는 화물대표증권을 뜻하는 말은?(ㅅ ㅎ ㅈ ㄱ)

8. 기업의 재무회계에서 계상한 당기순이익에서 세법에서 규정한 손금 및 익금의 산입과 불산입 항목들을 더하거나 빼서 세금부과의 기초가 되는 과세소득을 산정하는 과정을 무엇이라 하는가? (ㅅ ㅁ ㅈ ㅈ)

9. 수권자본제도에 의하면 주식회사는 자본금의 최대한도를 정관에 규정해 놓고 필요에 따라 이사회의 결의에 의해 분할 발행하여 자본금을 조달하는데, 이때 회사의 발행예정 주식 총수를 일컫는 말은? (ㅅ ㄱ ㅈ ㅅ)

10. 외국인이 우리나라 주식을 사들이는 것과, 반대로 외국인이 보유하고 있던 우리나라 주식을 시장에 내다 파는 것을 각각 무엇이라 할까?

(ㅂ ㅇ ㅋ ㄹ ㅇ) (B_ _ K_ _ _ _) (ㅅ ㅋ ㄹ ㅇ) (S_ _ _ K_ _ _ _)

11. 직장인의 경우 50대 중반에 은퇴해 60세에 연금을 수령할 때까지 대략 3 ~ 5년 정도의 공백 기간에 소득 없이 생활하게 되는데, 이처럼 직장에서 은퇴해 국민연금을 받을 때까지 소득이 없는 일시적인 기간을 의미하는 명칭은? (ㅅ ㄷ ㅋ ㄹ ㅂ ㅅ)

12. 상시 근로자(근로소득이 신고되는 종업원)가 9인(제조업, 건설업, 운수업 등) 또는 4인(도소매업, 서비스업 등) 이하인 규모를 가진, 규모가 작은 기업이나 생업적 업종을 영위하는 자영업자를 뜻하는 단어는? (ㅅ ㅅ ㄱ ㅇ)

13. 청구금액 2,000만 원 이하인 민사사건에서, 단 한 번의 재판으로 배상을 결정하는 재판 제도를 무엇이라 하는가? (ㅅ ㅇ ㅅ ㅍ)

14. 일정 기간 매출액과 같은 기간의 총비용이 일치하여 이익도 손실도 생기지 않는 경우의 매출액을 말하는데, 순이익과 순손실의 갈림길이 되는 매출액을 무엇이라 할까? (ㅅ ㅇ ㅂ ㄱ ㅈ)

15. '무점포 사업' 즉, 개인이 자기의 집 또는 작은 사무실을 사업장으로 이용해 운영하는 소규모 아이디어 사업체를 뜻하는 단어는? (ⓢⓗ) (S_ _ _)

16. 근로계약에 따라 정상적인 근로조건 하에서의 노동의 대가를 기본급이라 하는데, 이 기본급에 덧붙여서 근무조건이나 생활조건의 차이에 대응하여 지급되는 것은? (ⓢⓓ)

17. 한 나라의 경제가 외국으로부터의 수입에 의존하고 있는 정도를 나타내는 지표로써, 국민소득 혹은 국민 총생산 중 차지하는 수입액의 비율을 의미하는 말은? (ⓢⓞ ⓞⓙⓓ)

18. 미국이 불공정 무역 관행국에 대한 보복조치와 절차를 규정한 조항으로, 우루과이 라운드의 다자간 협상 정신에 위배되며, 자유무역의 토대인 GATT의 기본 정신과도 어긋난다는 비판을 받고 있는 이 조항을 무엇이라 할까? (ⓢⓟ ⓢⓑⓞⓙ)

19. 상품개발에서 부품·소재의 생산, 제조, 판매와 A/S로 이어지는 일련의 과정에서 각 단계의 부가가치를 그려보면, 최고의 부가가치는 핵심 부품과 소재의 생산 및 마케팅 서비스에서 나오고, 그 중간단계인 제조의 부가가치는 가장 낮게 나오는데, 이러한 제품의 연구개발에서 생산·판매에 이르기까지의 부가가치를 나타내는 곡선을 무엇이라 부르는가?

(ⓢⓜⓞ ⓚⓑ) (S_ _ _ _ C_ _ _ _)

20. 돌려 조인다는 뜻의 '스크루(screw)'와 '인플레이션(inflation)'을 합성한 말로, 물가상승과 실질임금 감소 등으로 중산층의 가처분 소득이 줄어들어 사회·경제 전반적으로 가장 어려운 상황을 맞게 되는 현상을 무엇이라 하는가? (ⓢⓚⓡⓟⓡⓞⓢ) (S_ _ _ _ _ _ _ _ _ _ _)

정답

1. 브레인스토밍(Brainstorming) **2.** 삼면등가의 원칙 **3.** 샤워실의 바보 **4.** 석유 수출국 기구(OPEC) **5.** 선물거래 **6.** 소멸시효 **7.** 선하증권(Bill of Lading: B/L) **8.** 세무조정 **9.** 수권주식 **10.** 바이 코리아(Buy Korea), 셀 코리아(Sell Korea) **11.** 소득 크레바스 **12.** 소상공인 **13.** 소액심판 **14.** 손익분기점(Break Even Point: BEP) **15.** 소호(Small Office Home Office: SOHO) **16.** 수당 **17.** 수입의존도 **18.** 슈퍼 301조(Super 301) **19.** 스마일 커브(Smile Curve) **20.** 스크루플레이션(Screwflation)

CHAPTER 11

초 성 으 로 찾 아 가 는 재 미 있 는 상 식 여 행

economy 경제상식

1. 기업합병으로 얻은 경영상의 상승효과 즉, 2 + 2 = 5와 같은 경영상의 효과를 나타내는 작용을 가리켜 무엇이라 하는가? (ㅅㄴㅈ ㅎㄱ) (S______ E_____)

2. 파티가 절정에 달한 밤 12시에 신데렐라가 집으로 돌아가듯, 실적 기대가 최고조에 달했을 때 시장에서 빠져나오는 투자전략을 말하는데, 과도한 기대로 인한 투자 실패를 막고 수익을 극대화할 수 있는 이 전략은? (ㅅㄷㄹㄹ ㅈㄹ)

3. 대출·지급보증·시설대여·사채·어음·납세 등에 대하여 담보 능력이 미약한 중소기업의 신용도를 심사하여 신용보증서를 제공함으로써 금융기관으로부터 대출을 받을 수 있도록 해 주는 기관은 어디인가? (ㅅㅇㅂㅈㄱㄱ)

4. 금융기관 대출금이나 신용카드 이용대금 등을 정당한 사유 없이 약정된 기일에 갚지 못하여 일정 기간 대출이나 카드 발급과 같은 각종 금융거래에서 제한을 받게 된 사람을 일컫는 말은? (ㅅㅇㅂㄹㅈ)

5. 무역거래의 대금 지불 및 상품 수입의 원활을 기하기 위해 수입업자의 요청에 따라 수입업자의 거래은행이 수출업자가 발행한 환어음의 결제를 보증하는 증서는? (ㅅㅇㅈ)

6. 국가권력의 지나친 시장 개입은 경제의 효율성과 형평성을 오히려 악화시키므로, 정부의 시장개입을 비판하고 시장의 기능과 민간의 자유로운 경제활동을 중시하는 사상을 무엇이라 할까? (ㅅㅈㅇㅈㅇ)

7. 중소기업이 재화나 용역의 판매대금으로 받은 어음에 대하여, 부도처리시 보험금을 지급받을 수 있도록 보험에 가입하는 제도를 무엇이라 할까? (ㅇㅇㅂㅎ)

8. 혼자서는 일상생활이 불편한 노인을 도와주는 도우미를 말하는데, 급격히 늘어나는 노인 인구를 보살피는 서비스에 대한 수요가 지속적으로 늘어남에 따라 유망 직업으로 부상할 것으로 예상되고 있다. 이 직업은? (㉦㉥ ㉦㉫) (S_____ S_____)

9. 정부에서 실직 근로자를 지원하기 위해 1995년에 도입한 고용보험 정책 중 하나이다. 고용보험 가입 사업장에서 실직 이전 18개월 가운데 180일 이상 근무하다 회사의 폐업, 도산, 구조조정 등 본인의 의사와 관계없이 퇴직한 근로자에게 지급되는 급여를 무엇이라 하는가? (㉦㉧㉠㉧)

10. 정부의 정책이나 기업 경영전략의 연구에서 각 분야 전문가의 두뇌를 조직적으로 결집하여 조사·분석 및 연구개발을 수행하고, 그 성과를 제공하는 것을 목적으로 하는 두뇌집단 조직을 의미하는 단어는? (㉦㉪ ㉫㉪) (T____ T___)

11. 정부가 시장가격보다 비싼 값에 쌀을 구매해주는 추곡 수매 제도를 2005년 폐지하면서 새로 도입한 제도이다. 쌀을 재배하는 농가의 소득을 일정한 수준으로 보장하기 위하여 쌀의 생산지 가격이 목표가격보다 낮으면 그 차액의 85%를 현금으로 보전해 주는데 이 보조금의 이름은 무엇인가? (ⓢⓢ ㉦㉢㉥㉨ ㉨㉥㉠)

12. 몇 세대를 거쳐 수집하고 소장해 온 미술품, 가구, 골동품 등을 가문의 이름을 걸고 경매에 내놓거나, 유명 수집가 자신이 평생 모은 작품을 한 자리에서 선보이고 판매하는 경매를 일컫는 말은? (㉭㉧㉦ ㉦㉧) (H____ S___)

13. 은행에서 보험상품을 판매하는 '방카슈랑스'의 반대개념으로, 보험사가 은행과 제휴하여 보험설계사 등 풍부한 인력을 활용해 은행의 금융상품을 판매하는 것을 무엇이라 할까? (㉧㉦㉣㉥㉪) (A___________)

14. 한 장의 증권을 여러 개의 소액증권으로 나누는 것을 말하는데, 예컨대 5천 원권 주식 1장을 5백 원권 10장으로 분할하는 것이다. 증권의 가격이 너무 비싸서 매매가 어려워질 경우 이를 잘게 쪼개 소액으로 매매할 수 있도록 하기 위해 실시하는데 이를 무엇이라 하는가? (㉧㉤㉥㉭)

15. 원래는 5년마다 실시하였던 전국적인 인구조사를 의미하였으나, 오늘날은 인구·농업·공업 등 집단의 구조나 크기를 알기 위한 대규모 전체 통계조사를 뜻하는데 이것의 명칭은 무엇인가? (ㅅ ㅅ ㅅ) (C_ _ _ _ _)

16. 출판물의 보호를 위해 저자에게 배타적인 권리를 부여함과 동시에 저작권의 기간을 28년으로 한정했던, 1710년 영국에서 제정된 세계최초의 저작권법은? (ㅇ ㅇ ㅇ ㅂ)

17. 개싸움에서 밑에 깔린 개(underdog)가 이겨주기를 바라는 것처럼 경쟁에서 뒤지는 사람에게 동정표가 몰리는 현상을 무엇이라 할까? (ㅇ ㄷ ㄷ ㅎ ㄱ)

18. 일반적으로 기존협정에서 합의된 내용의 뜻을 명확히 제정하거나, 기존협정의 후속조치를 위해 체결하는데, 국가 또는 민간기업 간에 체결하는 합의에 따라 조약과 같은 법적 구속력을 갖는 문서를 의미하는 단어는? (ㅇ ㅎ ㄱ ㅅ)

19. 영업이익이나 순이익처럼 회사의 이익을 나타내는 지표 중 하나로 기업이 영업활동을 통해 벌어들이는 현금 창출능력을 나타낸다. 이자비용·세금·감가상각비를 계상하기 전의 순이익, 즉 영업이익에 감가상각비를 합한 것으로 '세전 영업 현금흐름'이라고도 하는 이것은 무엇일까? (ㅇ ㅂ ㅌ) (E_ _ _ _ _)

20. 집값보다 대출금이 더 많아 현 시세 대로 집을 팔 경우 대출금을 완전히 갚을 수 없고 별도로 돈을 더 마련해야 빚을 청산할 수 있는 것처럼 집값보다 대출금이 더 많은 상태를 무엇이라 하는가? (ㅇ ㄷ ㅇ ㅌ) (U_ _ _ _ _ _ _ _ _) 또는 (ㄲ ㅌ ㅈ ㅌ)

정답

1. 시너지 효과(Synergy Effect) **2.** 신데렐라 전략 **3.** 신용보증기금 **4.** 신용불량자 **5.** 신용장(Letter of Credit: L/C) **6.** 신자유주의 **7.** 어음보험 **8.** 실버 시터(Silver Sitter) **9.** 실업급여 **10.** 싱크 탱크(Think Tank) **11.**쌀 소득보전 직불금(쌀 직불금) **12.** 하우스 세일(House Sale) **13.** 아슈르뱅킹(Assurbanking) **14.** 액면분할 **15.** 센서스(Census) **16.** 앤 여왕법(Statute of Anne) **17.** 언더독 효과 **18.** 양해각서(Memorandum Of Understanding: MOU) **19.** 에비타(Earnings Before Interest, Taxes, Depreciation and Amortization: EBITDA) **20.** 언더워터(Underwater) 또는 깡통주택

CHAPTER 12

초성으로 찾아가는 재미있는 상식여행

economy 경제상식

1. 기업홍보업체가 유망 벤처기업의 홍보를 대행해주고, 돈이 아니라 사업지분을 받는 광고 방식을 무엇이라 하는가? (ⓞⓩⓖⓖ) (A____ PR)

2. 상당수 여성이 20대 초반에 노동시장에 참여하다가 20대 후반에서 30대 중·후반 사이에 임신·출산·육아로 인해 경제활동 참가율이 급격히 떨어지고, 자녀 양육시기 이후 다시 노동시장에 입성하려는 현상을 가리키는 말이다. 무엇일까? (ⓞ ⓚⓑ ⓗⓢ)

3. 한 나라의 통화당국, 즉 정부와 중앙은행이 보유한 대외지급준비 외화자산을 일컫는 말은? (ⓞⓗ ⓑⓞⓖ)

4. 금융기관이 일시적 달러 부족상태에 빠질 경우 이를 해소하기 위해 사용하는데, 금융기관이 다른 금융기관으로부터 빌리는 만기 하루짜리의 초단기 외화 콜거래를 무엇이라 할까? (ⓞⓑⓝⓞⓣ) (O________)

5. 종업원이 자신이 근무하는 회사의 주식을 소유하는 이른바 종업원 지주제도를 확립하기 위해 도입된 제도로서, 특정 기업의 종업원들이 자신이 고용되어 있는 회사의 주식을 사들이기 위해 조직한 조합의 명칭은? (ⓞⓡⓢⓩⓩⓗ)

6. 취업 여성 수가 늘어남에 따라 이들의 소득수준이 높아지면서 여성을 대상으로 하는 상품이나 서비스 시장이 확대되는 것을 뜻하는 용어로, 여성이 경제를 주도해 나가는 경제현상을 말한다. '우먼(Woman)'과 '이코노믹스(Economics)'의 합성어이기도 한 이 말은? (ⓞⓜⓝⓜⓢ) (W_________)

7. 일반적으로 부채는 채무금액이나 채권자 등이 확정되어 있다. 그러나 회사가 지급해야 할 금액이나 채권자뿐 아니라 회사가 지급해야 할 의무 그 자체도 불명확하지만, 장래에 일

정한 조건이 발생할 경우 채무가 될 수 있는 불확정 채무를 무엇이라 하는가? (ⓞⓑⓒⓜ)

8. 기업의 종업원이 그 회사에 결성돼 있는 노동조합에의 가입 여부를 자유의사에 따라 결정할 수 있는 제도를 무엇일까? (ⓞⓟⓢ) (O___ S___)

9. 회사와 노동조합과의 단체협약에 의하여 사용자가 조합원이나 비조합원을 불문하고 자유롭게 노동자를 고용할 수 있으나, 일단 고용된 노동자에 대해 일정한 기간 내에 반드시 노동조합에 가입하도록 하는 제도는? (ⓞⓝⓞⓢ) (U____ S___)

10. 고용주가 노동자를 채용할 때 노동조합의 조합원이어야만 채용할 수 있고, 노동조합이 제명하거나 노동조합으로부터 탈퇴한 자는 해고해야 하는 노사 관계 유형은 무엇인가? (ⓚⓡⓒⓓⓢ) (C_____ S___)

11. 배당 가능한 이익이 발생했을 때나 잔여 재산이 분배될 때 보통주에 우선해 소정의 배당이나 분배를 받을 수 있는 주식으로, 의결권은 없으나 보통주보다 높은 배당을 받을 수 있는 주식이다. 자산소득에 관심이 있는 투자자를 대상으로 회사자금 조달을 위해 발행되는 이 주식의 이름은? (ⓞⓢⓒ)

12. 원래는 기업의 도산이나 파산을 피하기 위해 채무자와 채권자가 해결 방법을 모색하는 행위를 말하는데, 기업이 도산이나 파산을 피하고자 금융기관의 지원을 받아 진행하는 기업개선 작업을 뜻하는 이 말은 무엇인가? (ⓞⓚⓞⓞ) (W______)

13. 부도나 파산 위기에 놓인 기업이 법원에 신청하여 회생을 모색하는 제도를 말하는데, 기업이 현시점에서는 재무적 어려움으로 경영이 침체상태에 있지만 장래에 회생 가능성이 있다고 인정되면 모든 채무가 동결되고 법원이 지정한 제3자가 기업의 경영활동 전반을 관리하게 된다. 이를 무엇이라 할까? (ⓑⓒⓖⓡ)

14. 일하는 빈곤층이라는 뜻으로, 소득은 최저생계비에도 못 미치거나 간신히 웃도는 수준이며, 직장은 있지만 아무리 일을 해도 가난을 벗어나지 못하는 저소득 빈곤층을 가리키는 이 용어는? (ⓞⓚ ⓟⓞ) (W______ P___)

15. 국가 간의 협정으로 노동력이 부족한 나라에서 여행 중인 외국 젊은이들에게 1년간의 특별 비자를 발급하여 입국을 허락하고 취업 자격을 주는 이 제도는 무엇인가?

(ⓞⓚ ⓗⓡⓓⓞ) (W______ H______)

16. 근로소득세, 이자·배당소득세, 퇴직소득세, 복권포상금, 주민세 등과 같이 납세자에 소득을 지급하는 사용자가 사전에 납세자의 소득에서 세금을 차감하여 이를 대신 납부하고 나머지만을 지급하는 것을 무엇이라 하는가? (ⓞⓒⓙⓢ)

17. 특정 공무원의 청탁 비리가 드러날 경우, 해당 공무원 직위를 바로 해제하거나 퇴출시키고, 단 한 번이라도 입찰과정에서의 부정이 드러나면 입찰자격을 영구히 박탈하는 등 공무원이나 기업의 도덕적 해이를 막기 위해 2009년 2월부터 서울시가 처음으로 도입하여 시행하고 있는 이 제도는? (ⓞ ⓢⓣⓡⓞⓚ ⓞⓞⓙ) (O__ S_____ O__)

18. 뉴욕의 브로드웨이에서 이스트 리버에 이르는 지역의 일부로 미국 금융계의 중심지를 말한다. 증권거래소를 비롯해 어음교환소, 뉴욕연방은행, 시티뱅크, 체이스맨해튼, 모건스탠리 등 초대형 금융기관들이 집중되어 있다. 흔히 미국 주식시장이나 세계 금융 자본의 대명사로 통하는 이 말은 무엇일까? (ⓞⓖ) (W___ S_____)

19. 전체 소비자 중 상위 0.1%를 차지하는 소비자를 말하는데, 이들은 웬만한 명품족은 엄두도 낼 수 없는 고가 제품을 찾는다. 두바이 7성 호텔, 88,300달러의 다이아몬드로 장식된 Vertu 핸드폰 등과 같이 상품과 서비스의 접근 통제도 엄격한 쪽을 선호하는 이들을 일컫는 말은? (ⓞⓑⓟⓡⓜⓞⓙ) (U___ P______)

20. 사채나 장기차입금 등의 비유동부채 중 1년 내에 상환해야 할 부채를 무엇이라 할까?

(ⓞⓓⓢⓙⓖⓑⓒ)

정답

1. 엔젤광고(Angel PR) **2.** 엠 커브 현상(M-Curve) **3.** 외환 보유고 **4.** 오버나이트(Overnight) **5.** 우리사주조합 **6.** 우머노믹스(Womenomics) **7.** 우발채무 **8.** 오픈 숍(Open Shop) **9.** 유니언 숍(Union Shop) **10.** 클로즈드 숍(Closed Shop) **11.** 우선주 **12.** 워크아웃(Workout) **13.** 법정관리 **14.** 워킹 푸어(Working Poor) **15.** 워킹 홀리데이(Working Holiday) **16.** 원천징수 **17.** 원 스트라이크 아웃제(One Strike Out) **18.** 월가(Wall Street) **19.** 위버 프리미엄족(Uber Premium) **20.** 유동성 장기부채

CHAPTER 13

초 성 으 로 찾 아 가 는 재 미 있 는 상 식 여 행

economy 경제상식

1. 2010년 11월 28일 과거 3년간 미 국무부가 한국을 포함한 전 세계 270개 해외공관과 주고받은 외교전문 25만여 건을 공개함으로써 전 세계인들의 주목을 끌고 있는데, 정부나 기업의 비리, 불법 행위를 고발하는 사이트로 2006년 12월 호주 출신 줄리언 어샌지가 설립한 이것은? (ⓞ㉪㉣㉪㉦)(W________)

2. 1995년 12월 마드리드 정상회담 때 최종 확정되어 사용되고 있는 유럽연합(EU)의 단일 통화 이름은 무엇일까? (ⓞ㉣) (E___)

3. 휴대폰 USIM 칩에 현금카드를 탑재하여 은행 CD/ATM기에서 조회, 이체, 입출금 등 금융 거래를 할 수 있는 모바일 현금카드 서비스를 말한다. 한국은행이 은행권과 표준화한 것으로 금융결제원이 은행 공동으로 서비스하고 있는 이것의 명칭은?

(ⓞ㉥㉫㉧) (U_______)

4. GM을 비롯한 포드, 크라이슬러 등 미국의 자동차 '빅 3'가 합의한 것처럼, 회사가 종업원뿐 아니라 퇴직자, 그리고 그 가족의 평생을 위해 부담하는 의료보험과 연금 비용을 무엇이라 하는가? (ⓞ㉦㉥ⓞ) (L_____ C___)

5. 단시간 근로, 시차출퇴근제, 집중근무시간제, 요일근무제, 재택근무제 등 육아 및 가사노동을 직장일과 병행해 수행하려는 근로자를 위한 탄력적 근무 형태를 일컫는 말은?

(ⓞⓞ㉠㉣㉨)

6. 한 나라의 산업 중 장래의 성장잠재력은 있지만 최초의 실험단계에서 벗어나지 못하여, 국제 경쟁력이 뒤처져 있거나 금융 방면에 어려움을 겪고 있는 산업을 무엇이라 할까?

(ⓞ㉧㉦ⓞ)

7. 유가증권이나 건물 등의 물건에 관해 채권이 있는 사람이 돈을 받을 때까지 그 물건을 점유하고 타인에게 내주지 않을 수 있는 권리는? (ⓞⓒⓖ)

8. 상거래에 의해 발행되는 진성어음과는 달리, 기업이 인건비 등의 순수 운전자금을 조달할 목적으로 발행하는 어음을 무엇이라 하는가? (ⓞⓔⓞⓞ)

9. 경제위기를 맞은 기업들이 업무 자동화나 생산설비 이전을 통해 인력이 더 이상 필요하지 않은 시스템으로 전환하였으나, 경기가 회복된 이후에도 고용이 원래대로 되돌아가지 않는 현상을 뜻하는 말은 무엇인가? (ⓞⓡⓗⓢ) (H_________)

10. 우리나라를 비롯해 러시아, 동유럽국가, 브라질, 중국 등 개발도상국 가운데 상대적으로 경제성장률이 높고 산업화가 빨리 진전되고 있는 나라의 증권시장을 일컫는 말은? (ⓞⓜⓙⓜⓚ) (E_______ M_____)

11. 대기업과 협력사가 판매수입을 나누는 판매수입 공유제, 순이익을 나누는 순이익 공유제, 연초 설정한 이익목표초과분을 나누는 목표초과 공유제 등과 같이 대기업의 이익 중 일정 부분을 떼어서 협력업체와 나누는 게 골자인데, 2011년 2월 23일 동반성장위원회가 제시한 이 개념은 무엇인가? (ⓒⓖⓞⓞⓖⓞⓙ)

12. 회사의 정상적인 영업활동, 즉 손익거래에서 발생한 이익 중에서 현금배당으로 사외유출된 금액과 주식배당이나 무상주발행을 통해 자본 전입된 금액을 제외한 유보이익을 무엇이라 할까? (ⓞⓞⓞⓞⓖ) (E_____ S______)

13. 국민건강보험공단은 의사가 하루 75건을 기준으로 이를 초과하여 진료하면 정상 보험수가의 일정률을 삭감해 차등 지급하고자 하는데, 의사의 하루 진료건수를 제한하고 이를 초과할 경우 불이익을 줌으로써 진료의 질을 유지하려는 이 제도는? (ⓞⓓⓙ)

14. 발행인(금융기관)이 자기를 지급인으로 정하여 발행한 수표로, 발행한 은행이 도산하기 전에는 지급이 보장되므로 보증수표라고도 한다. 무엇일까? (ⓙⓖⓞⓢⓟ)

15. 번호를 바꾸기 어려운 휴대폰 단말기를 싸게 공급하거나, 상품을 무상 또는 저가에 제공하여 고객을 확보한 후 유료로 전환하는 것처럼, 기존의 제품 및 서비스보다 더 뛰어난 것이 나와도 이미 투자된 비용이나 기회비용, 혹은 복잡함이나 귀찮음으로 인해 타 제품 및 서비스로 옮겨가지 못하게 되는 것을 뜻하는 말은? (ⓙⓜⓢⓗⓖ)

16. 일할 의사는 있으나 현재의 임금수준 등이 낮다고 생각하여 스스로 일하지 않고 있는 상태를 무엇이라 하는가? (ⓙⓑⓙⓢⓞ)

17. 아직 기업인수 시도의 대상이 되진 않았지만, 잠재적으로 아주 유망한 인수대상 기업을 말한다. 이런 기업들은 거대한 현금자산, 저평가된 부동산 및 기타자산, 낮은 부채비율 등의 특징을 가지고 있어 아주 매력적인 인수대상으로 평가되는데 이런 기업을 비유하는 말은? (ⓙⓙⓝⓜⓝ)

18. 풀타임 일자리 하나를 2명 이상의 파트타임 근로자가 나누어 하는 것처럼 근로자 1인당 근무시간을 단축하는 대신 여러 사람이 함께 그 일을 나누어 처리하는 노동 형태는 무엇인가? (ⓙⓢⓞⓡ) (J _ _ S _ _ _ _ _ _)

19. 대기업 개혁 방안의 일환으로, 새로운 세금을 신설하는 것이 아니라 대기업이 계열사를 많이 거느릴 경우 과세 부담을 대폭 늘려 징수하고자 하는 세금의 명칭은? (ⓙⓑⓢ)

20. '자유시장경제의 창달과 건전한 국민경제의 발전을 위하여 올바른 경제정책을 구현하고 우리 경제의 국제화를 촉진'할 목적으로 1961년 설립된 순수 민간종합경제단체의 이름은 무엇인가? (ⓙⓖⓖⓙⓞⓞⓗⓗ)

정답

1. 위키리크스(Wikileaks): (http://www.wikileaks.org/) **2.** 유로(Euro) **3.** 유비터치(Ubitouch) **4.** 유산비용(Legacy Cost) **5.** 유연근로제 **6.** 유치산업 **7.** 유치권 **8.** 융통어음 **9.** 이력현상(hysteresis) **10.** 이머징 마켓(Emerging Market) **11.** 초과이익공유제 **12.** 이익잉여금(Earned Surplus) **13.** 인두제 **14.** 자기앞수표 **15.** 자물쇠 효과 **16.** 자발적실업 **17.** 잠자는 미녀 **18.** 잡 세어링(Job Sharing) **19.** 재벌세 **20.** 전국경제인 연합회(전경련)

CHAPTER 14

초성으로 찾아가는 재미있는 상식여행

economy 경제상식

1. 생산, 판매, 자재, 인사, 회계 등 기업 전 부문에 걸쳐 있는 인력, 자금, 정보 등 모든 경영자원을 하나의 체계로 통합, 계획, 관리함으로써 기업 생산성을 높이는 종합경영 관리시스템을 무엇이라 하는가? (ⓙⓢⓙⓙⓞⓖⓡ) (E _ _)

2. 공공의 목적상 그 필요성이 인정될 경우 국가기관이 보유하고 있는 정보를 국민이면 누구나 열람할 수 있게 하는 제도로서, 행정기관의 게시의무를 명시함과 동시에 국민의 '알권리'를 보호하는 제도는? (ⓙⓑⓖⓖⓙⓓ)

3. 중저가 상품을 구매하던 중산층이 품질이나 감성적인 만족을 위해 새로운 명품 브랜드를 소비하는 상향구매 현상을 일컫는 말은 무엇인가? (ⓣⓡⓞⓓ ⓞ) (T _ _ _ _ _ _ U _)

4. 기업의 사용자가 경영악화 방지, 생산성 향상을 위한 구조조정과 기술 혁신, 사업 부문의 일부 폐지 및 기업 인수·합병(M&A) 등 긴박한 경영상의 이유가 있는 경우 종업원을 해고할 수 있도록 합법화한 제도는? (ⓙⓡⓗⓖ)

5. 은행을 전형적 금융기관으로 보는 관점에서 그 밖의 보험회사, 신탁회사, 증권회사, 종합금융회사 등을 통틀어 가리키는 말은 무엇일까? (ⓙⓞⓖⓞⓖ)

6. 경영성과가 배당을 할 만큼의 이익을 남기지 못했음에도 불구하고, 자산처분이나 재평가차익 또는 분식회계를 통해 배당하는 것을 뜻하는 말은? (ⓙⓚⓡⓑⓓ)

7. 승자의 득점과 패자의 실점을 더하면 항상 제로(0)가 되는 게임을 일컫는 말이다. 승자의 이익과 패자 손실의 합이 항상 제로(0)가 되므로 극심한 경쟁을 야기하게 되는데 이런 게임을 무엇이라 할까? (ⓙⓡⓢⓖⓞ) (Z _ _ _ S _ _ G _ _ _)

8. 개인이나 조직의 이해관계자들이 협력을 통해 시장가치를 증가시킴으로써 구성원들이 모두 이익을 얻고자 하는 것처럼, 게임에 임하는 양측 모두 승자가 되는 게임이론을 뜻하는 말은 무엇일까? (ㅍㅈㅌㅂㅅㄱㅇ) (P_ _ _ _ _ _ _ S_ _ G_ _ _)

9. 인건비를 성과향상을 위한 효율적 인센티브로 활용하고, 성과중심의 정부조직 운영을 위해 도입된 것으로, 정부의 각 기관이 총액 인건비 내에서 조직의 정원, 보수, 예산을 각 기관특성에 맞게 자율적으로 운영하되 그 결과에 책임을 지는 제도는 무엇인가?

(ㅊㅇㅇㄱㅂㅈㄷ)

10. 국민들이 소득 중에서 얼마만큼을 세금으로 부담하느냐를 나타내는 지표로, 한 나라의 국민총생산(GNP) 또는 국민소득에서 국민이 낸 세금(국세+지방세)이 차지하는 비율을 일컫는 말은? (ㅈㅅㅂㄷㄹ)

11. 회생 가능성이 크지 않은데도 불구하고 정부나 채권단의 지원으로 간신히 파산을 면하고 있는 기업을 일컫는 말이다. 실질적으로 지원이 필요한 기업에 제공되어야 할 자원을 빼앗아 가기 때문에 경제회복에 걸림돌이 되기도 하는 이러한 기업을 무엇이라 할까?

(ㅈㅂㄱㅇ)

12. 개인에게 귀속되는 각종 소득, 즉 이자소득·배당소득·부동산소득·사업소득·근로소득·기타소득 등을 종합해 하나의 과세단위로 보고 부과하는 세금은? (ㅈㅎㅅㄷㅅ)

13. 땅을 많이 가진 사람에게 세금부담을 늘려 토지의 과다보유를 억제하고 토지투기를 통한 불로소득을 막아 토지가격의 안정과 과세형평을 추구하기 위해 도입된 세금으로, 전국의 토지를 소유자별로 합산하여 누진과세하는 지방세는 무엇인가? (ㅈㅎㅌㅈㅅ)

14. MBC, KBS, SBS와 같은 지상파 방송사처럼 뉴스를 비롯해 영화, 드라마, 쇼·오락, 음악, 교양 등 모든 분야에 걸친 다양한 종합 프로그램을 한 방송에 편성할 수 있는 채널을 무엇이라 하는가? (ㅈㅎㅍㅅㅊㄴ)

15. 일반적으로 해당 사업연도에 발생한 당기순이익을 발행 보통주 주식수로 나눈 수치를 일컫는 말이다. 주식회사가 발행한 보통주 주식 1주가 1년간 벌어들인 순이익을 나타내는 것으로, 주식투자의 중심지표가 되는 것은?(ㅈㄷ ㅅㅇㅇ) (E______ P__ S____)

16. 특정 주식의 시가에서 주당 순이익을 나눈 수치를 일컫는 말로서, 주가가 1주당 순이익의 몇 배가 되는지를 나타내는 지표이다. 주당 순이익에 대한 주가의 상대적 수준을 나타내므로 투자판단의 지표가 되기도 하는데 이것은 무엇인가?

(ㅈㄱㅅㅇㄹ) (P____ E______ R____)

17. 주식회사의 합병, 영업양수·양도 등 주주총회의 특별 결의사항이 주주의 이익과 중대한 관계가 있는 경우, 이에 대해 반대 의견을 가진 주주가 보유주식을 공정한 가격으로 매수할 것을 회사에 청구할 수 있는 권리는? (ㅈㅅㅁㅅㅊㄱㄱ)

18. 벤처기업 등에서 유능한 인재를 확보하기 위하여, 일정 기간이 지나면 시세보다 낮은 금액으로 당해 기업의 주식을 매입하고 임의로 처분할 수 있도록 부여한 권리를 무엇이라고 하는가? (ㅈㅅㅁㅅㅅㅌㄱ) (S____ O_____)

19. 주식회사가 주주들에게 이익배당을 시행하면서, 필요자금의 사내유보를 위하여 배당액의 일부 또는 전부를 현금 대신 신주를 발행하여 교부하는 것은? (ㅈㅅㅂㄷ)

20. 상법상 회사의 종류 5가지는 무엇일까?

(ㅎㅁ 회사), (ㅎㅈ 회사), (ㅇㅎㅊㅇ 회사), (ㅈㅅ 회사), (ㅇㅎ 회사)

정답

1. 전사적 자원관리(Enterprise Resource Planning: ERP) **2.** 정보공개제도 **3.** 트레이딩 업(Trading Up) **4.** 정리해고 **5.** 제2 금융권 **6.** 제꼬리배당 **7.** 제로섬 게임(Zero-Sum Game) **8.** 포지티브섬 게임(Positive-Sum Game) **9.** 총액 인건비 제도 **10.** 조세부담률 **11.** 좀비기업 **12.** 종합소득세(종소세) **13.** 종합토지세(종토세) **14.** 종합편성채널(종편채널) **15.** 주당 순이익(Earning Per Share: EPS) **16.** 주가수익률(Price Earning Ratio: PER) **17.** 주식매수청구권 **18.** 주식매수선택권(Stock Option) **19.** 주식배당 **20.** 합명회사, 합자회사, 유한책임회사, 주식회사, 유한회사

CHAPTER 15

초성으로 찾아가는 재미있는 상식여행

economy 경제상식

1. 조세는 아니지만, 실질적으로 조세와 같은 성질의 법정부담금이나 기부금·성금 등과 같은 모든 금전적인 의무를 일컫는 말은? (ⓩⓩⓢ)

2. 주식회사의 이익 배당은 결산 이후에 지급하는 것이 일반적이다. 그러나 1998년 상법의 개정에 따라 이사회의 결의에 의해 결산 이후가 아닌 회계연도 중간에 1회에 한하여 주주에게 이익을 배당할 수 있는데, 이때는 반드시 현금으로 배당해야 한다. 이러한 배당을 무엇이라 할까? (㉧㉠㉥㉢)

3. 사망이라는 원인에 의하여 무상으로 이전된 재산에 부과되는 세금을 상속세라고 하는데, 이와는 달리 생전에 무상으로 이전된 재산에 대하여 수증인에게 부과되는, 국세이고 보통세이며 직접세인 이 세금의 이름은? (㉧㉦㉦)

4. 채무자가 보유하고 있는 금전이 부족하여 정상적인 영업활동에서 만기에 재무적인 부채의 전부 또는 중요한 일부를 상환하지 못하게 된 객관적인 상태를 뜻하는 말은 무엇인가? (㉧㉠㉥㉡)

5. 채무자가 상환해야 할 채무를 변제할 수 있는 능력이 없음을 명시적 혹은 묵시적으로 채권자에게 표시하는 주관적인 행위는? (㉧㉠㉨㉨)

6. 예금주의 예금 인출에 대비하고, 중앙은행이 통화량 조절정책의 주요 수단으로 활용하기 위하여, 은행이 고객으로부터 받은 예금 중에서 중앙은행에 의무적으로 적립해야 하는 비율은 무엇인가? (㉧㉠㉨㉥㉦)

7. 중앙정부가 정책을 집행하는 데 필요한 세입부족을 보충하고 자금을 조달하기 위하여 발

행하는 만기가 정해진 채무증권을 무엇이라 하는가? (ㄱⓒ)

8. 특별시·광역시·도 등 광역자치단체와 시·군 등 기초자치단체가 공공사업, 재해복구, 공영시설의 건설 등 지방개발사업에 소요되는 자금을 조달하기 위해 발행하는 만기가 정해진 채무증권은 무엇일까? (ⓩⓑⓒ)

9. 주식회사가 이사회의 결의에 의해 불특정 다수인으로부터 거액의 장기 자금을 조달하기 위하여 발행하는 만기가 정해진 채무증권은? (ⓢⓒ)

10. 본점을 지방에 두고 그 지역의 기업이나 일반인 등과 밀접한 관계를 맺으면서 금융활동을 하는 일반은행을 말하는데, 업무의 내용은 시중은행과 유사하지만 영업 구역은 본점이 소재한 행정구역과 서울 지역에만 국한되어 있는 은행은 무엇인가? (ⓩⓑⓞⓗ)

11. 산업상 발명·상표·디자인 등에 관한 산업재산권과 문학·음악·미술작품 등에 관한 저작권을 아우르는 말로, 예전에는 지적재산권 혹은 지적소유권이라 불렸으나 최근 법률 명칭이 변경됐다. 무엇일까? (ⓩⓢⓩⓢⓖ)

12. 개인 소득자가 1년 동안 받은 총급여액에 따른 근로소득세액을 소득세법에 따라 계산한 뒤, 매월 급여 지급 때 간이세액표를 바탕으로 이미 원천징수한 세액과 비교하여 다음해 1월분 급여를 지급할때 차액을 환급해주거나 추가로 징수하는 절차는? (ⓞⓜⓩⓢ)

13. 채무자가 계약기간 내에 계약상의 의무를 이행하지 못한 때에 계약불이행에 대한 보상성격으로 채권자에게 지불하는 금액을 뜻하는 명칭은 무엇인가? (ⓩⓒⓑⓢⓖ)

14. 마약매매, 매춘, 도박 등 위법행위에 의해 이뤄지는 것과 정상적 경제활동이면서도 세무서 등 정부기관에서 포착하지 못하는 것과 같이, 과세의 대상이나 정부의 규제를 피하고자 갖은 수단이 동원되어 이루어지는 숨은 경제를 일컫는 말은 무엇일까? (ⓩⓗⓖⓩ)

15. 직급별로 정년 나이를 정해 놓는 제도로, 특정 직급에서 정해진 정년 나이가 될 때까지 상위 직급으로 승진하지 못하면 당사자가 일할 의사가 있다 해도 승진자격을 박탈해 승진이

이뤄지지 못하게 하는 규정은 무엇인가? (ㅈㄱㅈㄴㅈ)

16. 동일노동, 동일임금 원칙에 근거하여 직무의 상대적 가치와 난이도를 분석 평가하고, 그 가치에 알맞게 급여 지급률을 결정하는 임금제도를 무엇이라 하는가? (ㅈㅁㄱ)

17. 카드 회원이 자신의 예금 잔액 한도 내에서 상품이나 서비스를 구입하고 카드를 사용하는 즉시 그 가맹점에 설치된 단말기를 통해 사용 금액이 자기의 은행예금계좌로부터 가맹점의 예금계좌로 자동 인출되게 한 카드의 이름은? (ㅈㅂㅋㄷ)

18. 직불카드와 신용카드의 기능을 혼합한 형태의 대금 지급 결제 수단으로서, 결재방식은 직불카드와 같으나 예금 잔액이 없더라도 사용자의 신용도를 고려하여 50만 원의 한도 내에서 대출방식으로 사용할 수 있게 한 카드는 무엇일까? (ㅊㅋㅋㄷ)

19. 최저생계비 대비 120% 이내의 소득이 있는 잠재빈곤층과, 소득은 최저생계비 이하지만 고정재산이 있어 기초생활수급 대상에서 제외된 비수급 빈곤층을 합쳐서 이르는 말은?
(ㅊㅅㅇㄱㅊ)

20. 그동안 값싼 제품을 생산해 세계 각국의 물가 안정에 기여했던 중국의 저임금시대가 끝나고, 중국 제품의 수출단가가 오르면서 전 세계의 상품 가격이 올라 각국의 물가를 인상시키는 현상, 즉 중국발 인플레이션을 뜻하는 이 단어는 무엇인가?
(ㅊㅇㄴㅍㄹㅇㅅ) (C___________)

정답

1. 준조세 **2.** 중간배당 **3.** 증여세 **4.** 지급불능 **5.** 지급정지 **6.** 지급준비율 **7.** 국채 **8.** 지방채 **9.** 사채 **10.** 지방은행 **11.** 지식재산권 **12.** 연말정산 **13.** 지체보상금 **14.** 지하경제 **15.** 직급정년제 **16.** 직무급 **17.** 직불카드 **18.** 체크카드 **19.** 차상위계층 **20.** 차이나플레이션(Chinaflation)

CHAPTER 16

초성으로 찾아가는 재미있는 상식여행

economy 경제상식

1. 불법적인 금융거래나 비자금 관리, 로비활동, 탈세 등의 행위에 사용할 목적으로 다른 사람의 이름을 빌리거나 도용하여 개설한 불법 금융거래 계좌는 무엇인가? (ⓒⓜⓖⓙ)

2. 금융실명제 시행 이후 이론적으로 불가능한 것으로, 실제 존재하지 않는 가공의 인물 이름으로 개설한 불법 금융거래 계좌의 명칭은? (ⓖⓜⓖⓙ)

3. 다수의 고객을 보유한 기업이나 금융기관이 자금의 입금과 출금의 편의를 도모하고자 고객에게 부여하는 입금확인 계좌번호, 혹은 증권회사에서 투자자가 지급결제 서비스를 받을 수 있도록 발행하는 입출금 은행 계좌를 무엇이라 할까? (ⓖⓢⓖⓙ)

4. 중국과 일본, 인도 이들 세 나라에 전 세계 인구의 약 40%를 차지하는 26억 명이 몰려 있으며, 국내총생산(GDP) 규모도 일본이 세계 2위, 중국이 세계 3위, 인도가 세계 10위권을 기록하고 있다. 중국과 인도가 만나 친디아(Chindia)를 구축한 데 힘입어 일본이 가세해 새로운 협력체계를 만드는 형국을 뜻하는 이 용어는? (ⓒⓟⓓⓞ) (C________)

5. 개인소득에서 세금, 사회보장 분담금, 이자비용 등의 비소비성 지출을 차감하고 개인이 소비나 저축으로 자유롭게 처분할 수 있는 소득을 말하는 것으로, 국민경제에서 소득분배의 평등 정도를 측정하는 데 이용하는 국민소득 통계상의 용어는 무엇일까?

(ⓒⓑⓖⓝⓢⓓ) 또는 (ⓖⓒⓑⓢⓓ)

6. 기업 등의 법인이나 조합이 해산 절차에 의해 모든 법률관계를 종료시키고, 그 재산관계를 정리하여 분배함으로써 기업의 실체를 없애는 것을 뜻하는 말은? (ⓒⓢ)

7. 매년 정기국회에서 통과되는 본예산과는 별도로 예산이 성립된 이후에 대내외 경제여건

변화 등 부득이한 이유로 인해 추가적으로 자금집행이 필요할 때 편성하는 예산을 무엇이라 하는가? (㉪㉠㉠㉨㉧㉦)

8. 물가상승이 강하게 나타날 때 인플레이션을 규제하고 소비자를 보호할 목적으로, 일정가격 이상으로는 판매할 수 없게 정부가 가격을 통제하는 정책을 이르는 말은? (㉪㉠㉠㉠㉨)

9. 농가에서 안심하고 영농에 종사할 수 있도록 배추·무·고추·마늘·양파 등 주요 채소 품목에 대하여 1998년 10월부터 정부가 최저보장가격을 예시하고, 출하 시의 가격이 그보다 하락할 경우 정부가 수매함으로써 농가의 소득을 보장해 주는 제도를 무엇이라 할까?
(㉪㉨㉠㉠㉥㉦㉨)

10. 1인당 GNP, 신생아 사망률, 문맹률, 산업 내 고용비율 등의 지표를 기준으로 3년마다 유엔(UN)의 경제사회이사회가 지정하는데, 방글라데시·우간다·앙골라·콩고·네팔·소말리아 등 아시아 및 아프리카의 극빈국가 50개국을 지칭하는 말은 무엇인가? (㉪㉥㉠㉢㉠)

11. 국민이 생계를 유지하는 데 필요한 최소한의 비용으로 정부가 생계를 보장하는 극빈층(기초생활보장 수급자)을 선정하고 그들에 대한 정부의 지원 금액을 결정할 때 기준으로 삼는 소득 수준을 말하는데, 2014년도에는 1인 가구 603,403원, 4인 가구 1,630,820원으로 책정되었다. 무엇일까? (㉪㉨㉦㉠㉥)

12. 영세, 저소득 근로자를 보호하기 위해 사업주가 근로자에게 의무적으로 지급하도록 정부가 정한 1시간당 최소한의 임금으로, 시간급·일급·월급으로 정해져 종업원 10인 이상 사업장에 적용된다. 2012년 4,580원, 2013년 4,680원에서 2014년에는 5,210원으로 인상되어 책정된 이것은? (㉪㉨㉧㉠)

13. 금융기관이 부실기업의 재무구조를 개선하기 위해 대여금을 주식으로 전환하는 것으로, 기업은 부채를 줄이고 금융기관은 주주로서 경영에 참가하여 부실기업을 정상화한 뒤 주식을 되팔아 빌려준 돈을 회수하게 되는데 이것은 무엇인가? (㉪㉨㉨㉭)

14. 발행된 신용장이 일단 수익자에 통지된 이상 그 신용장의 이해관계자(발행의뢰인·발

행은행·통지은행·수익자) 전원의 합의가 없는 한 취소나 변경이 불가능한 신용장은 무엇인가? (ㅊㅅㅂㄴㅅㅇㅈ)

15. 불황 때 저가라는 강점에 품질·디자인·브랜드 이미지 등을 강화함으로써 시장점유율을 확대하는 것처럼, 싼 가격에 품질이나 세련된 디자인 등 핵심 가치를 두루 갖춘 상품이나 서비스를 의미하는 용어는 무엇일까? (ㅊㅅㅋ) (C____ C___)

16. 유통업체가 손님을 유인하기 위하여 가격을 원가 이하로 책정하여 한정된 기간에 판매하는 상품을 말하는데, 세일 등 특별 판매 행사를 할 때 손님을 매장으로 유혹하는 상품을 일컫는 말은? (ㅁㄲㅅㅍ) (L___ L_____)

17. 철저한 고객중심 운용, 조직 하부로 권한 이양, 관리 인력 대폭 축소, 신속한 조직운영, 소규모 사업 단위의 조직 문화 등을 통하여 고객의 요구 등 외부환경의 변화에 따라 유연하게 변신하는 기업을 일컫는 말은 무엇일까? (ㅋㅁㄹㅇㄱㅇ)

18. 대기업이 경영의 효율성을 제고하고 비주력 사업부문을 분할할 목적으로 자회사를 만든 후 이를 증권시장에 상장시키는 기업공개 방식은? (ㅋㅂㅇㅇ) (C____ O__)

19. 한 잔에 4,000원 정도 하는 커피 값을 모으면 한 달에 12만 원을 절약할 수 있음을 뜻하는 경제용어이다. 4,000원을 30년간 저축하면 물가상승률과 이자 등을 포함해 약 2억 원의 자금을 마련할 수 있다는 원리로, 소액이라도 장기적으로 투자하면 큰 이익을 볼 수 있다는 의미의 이 용어는 무엇인가? (ㅋㅍㄹㄸㅎㄱ)

20. 기업 자체의 아이디어로 만든 창의적인 제품이 아니라, 인기 좋은 다른 회사의 제품을 그대로 모방하여 만든 제품을 비하하여 일컫는 말은? (ㅋㅍㅋ) (C______)

정답

1. 차명계좌 **2.** 가명계좌 **3.** 가상계좌 **4.** 차팬디아(Chapandia) **5.** 처분가능소득 또는 가처분소득(Disposable Income: DI) **6.** 청산 **7.** 추가경정예산 **8.** 최고가격제 **9.** 최저가격보상제 **10.** 최빈개도국 **11.** 최저생계비 **12.** 최저임금 **13.** 출자전환 **14.** 취소불능 신용장 **15.** 칩 시크(Cheap Chic) **16.** 미끼상품(Loss Leader) **17.** 카멜레온 기업 **18.** 카브 아웃(Carve Out) **19.** 카페라떼 효과 **20.** 카피 캣(Copycat)

CHAPTER 17

초 성 으 로 찾 아 가 는 재 미 있 는 상 식 여 행

economy 경제상식

1. 원래에는 보유한 주식을 담보로 자금을 차입한 후 보다 수익성 높은 주식에 투자하여 차입비용을 상환하고도 추가 수익을 실현하는 투자행위를 말하는 용어로 사용됐다. 이처럼 금리가 낮은 국가에서 자금을 차입하여 높은 수익률이 예상되는 다른 나라의 주식이나 채권에 투자하는 기법을 지칭하는 용어는 무엇일까? (ㅋㄹ ㅌㄹㅇㄷ) (C_ _ _ _ T_ _ _ _)

2. 구매자가 사용한 신용카드 금액의 일정 비율을 적립한 후 일정 시점에 현금으로 전환하거나 결재수단으로 사용하도록 하는 서비스를 말하는데, 이것은 포인트를 적립하여 사은품으로 돌려주는 서비스 방식과는 다르다. 기업의 마케팅 수단으로 활용되고 있는 이 서비스의 이름은? (ㅋㅅㅂㅅㅂㅅ) (C_ _ _ _ _ _ _ S_ _ _ _ _ _)

3. 해당 상품의 시장 성장률은 낮으나 현재의 시장 점유율이 높아, 상품의 계속된 반복 구매를 자극할 만큼 친밀감 있고, 잘 다져진 브랜드로 인해 지속적으로 수익을 창출하는 상품이나 사업을 무엇이라 하는가? (ㅋㅅㅋㅇ) (C_ _ _ C_ _)

4. 1월 효과, 4월 효과, 서머랠리, 산타랠리 등과 같이 해마다 일정한 시기에 따라 주식시장의 흐름이 좋아지거나 나빠지는 현상은? (ㅋㄹㄷㅎㄱ) (C_ _ _ _ _ _ _ E_ _ _ _ _)

5. 상대 은행이 거부하면 자금 조달이 중단되는 크레디트 라인과는 달리, 금융시장이 불안한 경우 외화 확보를 위해 금융기관 간에 일정액의 수수료를 부담하고 외화를 우선적으로 공급받을 수 있는 법적 권리는 무엇인가? (ㅋㅁㅌㄷ ㄹㅇ) (C_ _ _ _ _ _ _ _ L_ _ _)

6. 금융기관이 신용으로 발행하는 일반 채권이지만, 조달 금리를 낮추기 위해 부동산 담보대출과 같은 담보자산에서 우선적으로 변제받을 수 있는 권리가 부여된 장기 유동화 채권을 이르는 말은 무엇인가? (ㅋㅂㄷ ㅂㄷ) (C_ _ _ _ _ _ B_ _ _)

7. 시장의 변화를 관찰하고 자신의 소비내역에 대한 정보를 기업에 제공하는 등 기업에 고용되어 유행을 이끌어가는 소비자를 무엇이라 하는가? (㉪ ㉭㉬) (C___ H_____)

8. 남북관계로 인한 지정학적 불안요인과 회계의 불투명성, 노동시장의 경직성 등과 같은 원인으로 우리나라 기업의 주가가 비슷한 수준의 외국기업의 주가에 비해 낮게 형성되어 있는 현상을 지칭하는 말은? (㉪㉣㉧㉢㉦㉪㉧㉬) (K____ D_______)

9. 국제 금융시장의 대표적 기준금리인 리보(LIBOR)를 벤치마킹하여 한국은행에서 개발한 국내 은행 간 단기기준 금리를 말하는데, 2004년 7월부터 7개 시중은행(국민, 신한, 우리, 하나, 외환, SC제일, 씨티), 2개 특수은행(농협, 기업), 3개 외국은행 지점(씨티, HSBC, JP모건), 2개 지방은행(대구, 부산) 등 모두 14개 은행이 제시하는 기간별 금리를 통합하여 산출한다. 무엇일까? (㉪㉣㉥) (K______)

10. 우리나라 정부·기업·금융기관 등이 해외에서 발행하여 외국 금융시장에서 거래되는 전환사채(CB)·주식예탁증서(DR)·기업어음(CP)·외국환평형기금채권 등과 같은 증권을 이르는 말은? (㉪㉣㉧ ㉫㉧㉫) (K_____ P____)

11. 노동비용, 원자재비용, 이윤, 환경보전 등 사회적 비용의 상승을 기업이 제품가격에 전가함으로써 생기는 물가상승을 무엇이라 하는가?
(㉪㉦㉬ ㉧㉫㉣㉧㉦) (C___ I________)

12. 한국식 기업 경영방식이 글로벌 시장에서도 성공을 거두며 새로운 글로벌 스탠더드로 확산되어가고 있는데, 이러한 현상이나 과정을 일컫는 말은 무엇인가?
(㉪㉥㉣㉧㉨㉧㉦) (K___________)

13. 광고의 홍수 속에서도 새로운 브랜드나 상품에 관심을 기울이지 않고 기업의 마케팅 활동에 무감각해진 소비자를 뜻하는 말은?(㉪㉪㉣㉬ ㉪㉦㉤) (C_______ C_______)

14. 부실 은행의 모든 자산과 부채를 인수하는 홀 뱅크(Whole Bank)와는 달리, 부실 은행이 갖고 있는 우량자산과 부채만을 인수하여 자산건전성이 높아진 은행을 무엇이라 할까?

(ㅋㄹ ㅂㅋ) (C____ B___)

15. 기업이 인터넷 포털사이트 등에 질문을 올린 후 이에 대한 네티즌들의 답변 중 마음에 드는 것을 채택하고, 이에 따른 비용을 지불하는 것과 같이, 인터넷을 통해 아이디어를 얻고 이를 기업 활동에 활용하는 방식은? (ㅋㄹㅇㄷ ㅅㅅ) (C_____________)

16. 경쟁업체들 사이에서 기업들이 유리한 시장에만 선택적으로 상품이나 서비스를 제공하거나, 진입하려고 경쟁을 벌이는 현상을 무엇이라 하는가?

(ㅋㄹ ㅅㅋㅁ) (C____ S_______)

17. 불특정 다수를 상대로 하는 배너(banner)광고와는 달리, 검색 사이트에서 검색어를 입력하면 검색 결과 페이지에 광고를 보여주는 기법의 광고방식을 지칭하는 말은?

(ㅋㅇㄷ ㄱㄱ) (K______ A___________)

18. 회사 업무가 아닌 노동조합과 관련된 일만 담당하는 노조 전임자에게 회사 측이 임금을 지급하지 않는 제도는 무엇일까? (ㅌㅇ ㅇㅍㅈ) (T___ O__)

19. 우리나라를 포함한 주요 20개국(G20)의 경기 동향을 종합한 것으로 세계경제의 회복 정도를 파악하는 지수로 사용되는 것은? (ㅌㅇㄱ ㅈㅅ) (T____ I____)

20. 선진국 형태의 산업클러스터를 벤치마킹해 만든 벤처·중소기업을 위한 복합단지를 무엇이라 할까? (ㅌㅋㄴ ㅍㅋ) (T_____ P___)

정답

1. 캐리 트레이드(Carry Trade) **2.** 캐시백 서비스(Cashback Service) **3.** 캐시 카우(Cash Cow) **4.** 캘린더 효과(Calender Effect) **5.** 커미티드 라인(Committed Line) **6.** 커버드 본드(Covered Bond) **7.** 쿨 헌터(Cool Hunter) **8.** 코리아 디스카운트(Korea Discount) **9.** 코리보(KORIBOR:Korea Inter Bank Offered Rate) **10.** 코리아 페이퍼(Korea Paper) **11.** 코스트 인플레이션(Cost Inflation) **12.** 코벌라이제이션(Kobalization) **13.** 콘크리트 컨슈머(Concrete Consumer) **14.** 클린 뱅크(Clean Bank) **15.** 클라우드 소싱(Crowdsourcing) **16.** 크림 스키밍(Cream Skimming) **17.** 키워드 광고(Keyword Advertising) **18.** 타임 오프제(Time Off) **19.** 타이거 지수(TIGER Index) **20.** 테크노 파크(Techno Park)

CHAPTER 18

초성으로 찾아가는 재미있는 상식여행

economy 경제상식

1. 환율변동에 따른 위험을 피하기 위한 통화옵션상품으로, 기업과 은행이 환율 상·하단을 정해 놓고 그 범위 내에서 지정환율로 외화를 거래하는 파생금융상품은?

(ㅋㅋ) (K_ _ _ _ I_, K_ _ _ _ O_ _)

2. 주 5일 근무제의 확산에 따라 주말에만 사용할 수 있는 쿠폰을 제공하거나 세일을 하는 등, 상품 및 서비스를 특정 요일이나 시간대에만 할인혜택을 제공하는 저가 마케팅 방식을 이르는 말은? (ㅌㅇ ㅁㅋㅌ) (T_ _ _ M_ _ _ _ _ _ _ _)

3. 교토의정서에 따른 온실가스 감축의무 대상국이 개발도상국 등에 온실가스 배출 저감 설비 등을 설치 하고 온실가스를 추가로 더 배출할 수 있는 권리를 살 수 있는데, 이러한 권리를 무엇이라 할까? (ㅌㅅㅂㅊㄱ)

4. 인터넷이나 TV, 휴대폰 등을 이용해서 자택 또는 원거리에 있는 노약자의 신체징후나 일상 활동을 모니터링하면서 문제를 예방하는 사회복지 시스템은 무엇인가?

(ㅌㄹ ㅋㅇ) (T_ _ _ C_ _ _)

5. 선진국이 개발도상국 내의 금융기관에 대출을 하고, 금융기관은 이를 중소규모의 농업이나 제조업 등에 대출하여 개발도상국의 경제 육성에 기여하는 우회적인 원조형태를 지칭하는 말은 무엇인가? (ㅌ ㅅㅌ ㄹ) (T_ _ S_ _ _ L_ _ _)

6. 금융기관들이 공동출자한 '한국자금중개주식회사'가 중개거래업무를 담당하고 있는데, 전체 금융기관의 단기자금수급을 조절하는 시장의 명칭은?(ㅋ ㅅㅈ) (C_ _ _ M_ _ _ _ _)

7. 증권시장에서 소수 종목의 시세 변동에 따른 주가 등락을 빠르게 포착하고, 인터넷 등을

이용해 매매하는 초단기 투자를 무엇이라 하는가?(ㄷㅇ ㅌㄹㅇㄷ) (D__ T______)

8. 사회 전체적으로 막대한 영향을 미치는 발명품을 말하는데, 판매 초기에 경쟁 상품을 몰아내고 시장을 완전히 재편하는 제품이나 서비스를 뜻하는 것은?

(ㅋㄹ ㅇ) (K_____ A__)

9. 소비자 개인의 만족뿐만 아니라 사회 전체의 혜택을 위하여 자신의 의견을 개진하고 관철시키는 사회활동가로서의 소비자를 무엇이라 할까? (ㅅㅅㅅㅁ) (S__________)

10. 우리나라 한국은행권과 같이, 발행자인 정부나 중앙은행이 금·은과 같은 본위화폐와의 교환을 보증하지 않고 발행한 화폐를 지칭하는 용어는? (ㅂㅎㅈㅍ)

11. 미국의 달러와 같이, 발행인이 화폐의 소지자가 요구하는 대로 즉시 본위화폐와의 교환을 보증하고 발행한 화폐를 일컫는 용어는 무엇인가? (ㅌㅎㅈㅍ)

12. 가격비교 사이트에서 가격을 비교하거나, 다른 구매자들의 사용 경험담을 읽어본 후 신중하게 구입을 결정하는 등 가격 대비 최고 가치의 상품을 구입하기 위해 끊임없이 정보를 탐색하는 소비자를 무엇이라 하는가? (ㅌㄹㅈ ㅎㅌ) (T_______ H_____)

13. 초우량 고객에게 집중적인 서비스를 제공해 매출을 올리는 마케팅 기법으로, 의상이나 보석 등 신제품이 출시되었을 때 소수의 상위소비자 (VVIP)를 위해 개최하는 소규모 패션쇼를 이르는 명칭은? (ㅌㄹㅋ ㅅ) (T____ S___)

14. 경제가 완전고용 상태에 근접하면 물가가 필연적으로 상승하고, 반대로 물가상승이 둔화되면 이에 수반해서 실업이 증대하는 것과 같이, 두 개의 정책목표 중 하나를 달성하려 하면 다른 하나의 목표 달성이 저해 받는 이율배반적인 관계를 무엇이라 할까?

(ㅌㄹㅇㄷ ㅇㅍ) (T____ O__)

15. 소비자가 자사의 제품을 타사의 제품과 구별하고 광고상품에 친근감을 느끼며 오래도록 기억하도록 하기 위해 사용하는 것으로, 상품이나 광고주를 인격화한 가공의 인물이나

의인화한 동물 또는 그 밖의 미생물 등을 가리키는 말은 무엇일까?

(ⓣⓡⓞⓒ ⓚⓡⓣ) (T____ C________)

16. 채권, 통화, 주식 등과 같은 기초자산의 가치 변동에 따라 가격이 결정되는 금융상품은 무엇인가? (ⓟⓢⓢⓟ)

17. 1898년 처음 시작된 세계 최초의 자동차 전시회로, 매년 개최되다가 1976년부터는 격년제로 바뀐 전시회의 명칭은? (ⓟⓡ ⓜⓣ ⓢ) (P____ M____ S___)

18. 세계 5대 모터쇼는 무엇일까?

(ⓟⓡ), (ⓟⓡⓚⓟⓡⓣ), (ⓙⓝⓑ), (ⓓⓣⓡⓞⓣ), (ⓓⓚ) 모터쇼

19. 일정한 구매목적을 가진 고객들로 하여금 어느 한 점포에서 단시간 내에 상품을 구매할 수 있도록 염가판매를 전문으로 하는 점포들로 구성된 새로운 형태의 쇼핑센터는 무엇인가?

(ⓟⓞ ⓢⓣ) (P____ C_____)

20. 개인이나 투자자들이 재무적인 문제와 관련하여 심리적·육체적 고통을 느끼는 증상을 지칭하는 말은? (ⓟⓞⓝⓢ ⓟⓑⓞ) (F________ P_____)

정답

1. 키코(Knock In, Knock Out: KIKO) **2.** 타임 마케팅(Time Marketing) **3.** 탄소배출권 **4.** 텔레 캐어(Tele Care) **5.** 투 스텝 론(Two Step Lone) **6.** 콜 시장(Call Market) **7.** 데이 트레이딩(Day Trading) **8.** 킬러 앱(Killer App) **9.** 소셜슈머(Socialsumer) **10.** 불환지폐 **11.** 태환지폐 **12.** 트레저 헌터(Treasure Hunter) 13. 트렁크 쇼(Trunk Show) **14.** 트레이드 오프(Trade Off) **15.** 트레이드 캐릭터(Trade Character) **16.** 파생상품 **17.** 파리 모터 쇼((Paris Motor Show) **18.** 파리, 프랑크푸르트, 제네바, 디트로이트, 도쿄 **19.** 파워센터(Power Center) **20.** 파이낸셜 포비아(Financial Phobia)

CHAPTER 19

초성으로 찾아가는 재미있는 상식여행

economy 경제상식

1. 대기업이 성장하면 중소기업에도 혜택이 돌아간다는 원리, 또는 부자들의 세금을 깎아주면 소비가 늘면서 가난한 사람들에게도 복지 혜택이 돌아간다는 원리는 무엇인가?

(ㅌㄹㅋ ㄷㅇ) (T______ D___)

2. 부(富)가 위에서 아래로 물방울처럼 떨어질 것을 기다리기보다, 복지국가라는 펌프를 통해 콸콸 흐르게 해야 한다며, 트리클 다운 원리의 허상을 주장한 케임브리지대 장하준 교수의 이론은?

(ㅍㅍㅇㄹ)

3. 인터넷 메신저·스마트폰·트위터 등의 네트워크를 통해 전염병처럼 번지는 경제효과를 이르는 말은 무엇일까?

(ㅍㄷㄴㅁㅅ) (P__________)

4. 하루 3~4시간 정도 일하면서 사실상 정규직 수준의 대우를 받는 근로자를 지칭하는 말은?

(ㄷㅅㄱㄱㄹㅈ) 혹은 (ㅍㅌㅌㅇ ㅈㄱㅈ)

5. 기업 인수와 합병(M&A)에서 공격 또는 방어 수단으로 우호적인 제3자를 통해 지분을 확보하게 한 뒤 주주총회에서 기습적으로 표를 던져 경영권을 탈취하거나 방어하는 방법을 무엇이라 하는가?

(ㅍㅋ) (P______)

6. 단기간 근로, 시차출퇴근제, 요일제 근무, 재택근무 등과 같이 출산과 육아로 직장을 그만둬야 했던 구직자들이 재취업에 나설 수 있도록 하기 위해 마련된 일자리를 의미하는 용어는 무엇인가?

(ㅍㅍ ㅈ) (P_____ J__)

7. 주식형 펀드 투자자들이 펀드의 수익률이 떨어지거나 부실해질 것을 우려해 펀드를 일시

에 대량으로 환매하고자 하는 새로운 금융 패닉의 일종이다. 이러한 주식 투매 현상을 일컫는 말은? (ㅍㄷ ㄹ) (F___ R__)

8. 기업의 컴퓨터 또는 단말장치와 은행의 컴퓨터를 통신 회선으로 연결하여 기업이 각종 은행 서비스를 받도록 하는 시스템을 무엇이라 할까? (ㅍ ㅂㅋ) (F___ B______)

9. 경제성장률, 물가상승률, 재정수지, 경상수지, 외환보유고 등과 같은 거시 경제지표들로 한 나라의 경제가 얼마나 건강하고 튼튼한 지를 나타내는 경제의 기초요건을 지칭하는 용어는 무엇인가? (ㅍㄷㅁㅌ) (F__________)

10. 미국이 북한을 테러지원국으로 지정하면서 2005년 9월 이 은행을 북한의 돈세탁 창구로 지목하고 북한 자금을 동결하는 경제적 제재 조치를 취하였다. 1970년대 초부터 북한의 국제금융거래 창구 역할을 해 왔는데 마카오에 있는 이 소규모 은행의 이름은?
(ㅂㅋ ㄷㅌ ㅇㅅㅇ) (B____ D____ A___)

11. 재정지출 총량은 동결하되 부양효과가 적은 쪽은 삭감하고, 그 삭감액으로 부양효과가 큰 쪽을 지원하면 경기가 회복되고 재정적자도 축소될 수 있다는 이론으로, 미국의 오바마 정부가 추진하고 있다. 이 이론은? (ㅍㅇㄱ) (P__-G_)

12. 어떤 제품에 대해 확신을 갖지 못하다가 주위의 누군가가 사게 되면 선뜻 구매대열에 합류하게 되는 현상을 무엇이라 하는가? (ㅍㄱㅎㄱ)

13. 주택이나 건물을 구입하고 이를 담보로 한 대출금을 갚지 못해 모기지 은행으로부터 소유권을 빼앗기는 것. 즉, 저당물에 대한 반환권을 상실하는 것을 의미하는 말은?
(ㅍㅇㅋㄹㅈ) (F__________)

14. 정치적 배려에 따라 선심성으로 특정 지역이나 계층에 예산이나 이권을 나눠주는 것을 말하는데, 남북전쟁 이전에 미국에서 통에 넣어 절인 돼지고기를 노예들에게 배급해 주던 데서 유래했다고 한다. 무엇일까? (ㅍㅋ ㅂㄹ) (P___ B_____)

15. 금융기관들이 기업이 발행한 어음을 할인해 사들인 뒤, 이 어음을 근거로 은행을 지급인으로 하는 자체 어음을 발행해 개인이나 기관투자가에게 다시 판매하는 어음상품은?

(㉬ ㉨ ㉧ ㉧)

16. 주주를 대신하여 주주총회에서 특정 의결권을 행사하도록 권한을 위임하는 서류, 또는 주주를 대신하여 투표할 권한이 부여된 사람을 지칭하는 말은? (㉬ ㉣ ㉦) (P _ _ _ _)

17. 금융기관이 신용도가 매우 높은 우량기업에 대출할 때 적용하는 우대금리를 말하는데, 이는 금융기관 대출금리의 기준이 되므로 기준금리라고도 한다. 무엇일까?

(㉬ ㉣ ㉧ ㉣ ㉧ ㉫) (P _ _ _ _ R _ _ _)

18. 본사가 가맹점에 자기의 상표, 상호, 휘장 등을 사용하여 자기와 동일한 이미지로 상품을 판매하거나 용역을 제공하도록 지원 및 통제를 하며, 그에 따른 대가로 일정한 경제적 이익을 지급하는 계속적인 거래 관계를 무엇이라 하는가? (㉬ ㉣ ㉩ ㉧ ㉨) (F _ _ _ _ _ _ _ _)

19. 국내기업들은 1년에 네 차례 분기별 결산일로부터 45일 이내에 실적을 공시해야 하며, 이를 종합해 반기 또는 연간 결산 보고서를 발표한다. 이와 같은 기업의 분기별, 또는 반기별 실적을 발표하는 시기를 지칭하는 용어는? (㉧ ㉡ ㉦ ㉨) (E _ _ _ _ _ _ S _ _ _ _ _)

20. 생산설비와 대형기계 및 기술지도, 공업소유권, 노하우 등 유형·무형의 수출과 조립, 설치, 운전 등의 용역제공까지 포함한 종합적인 수출을 의미하는 이 용어는 무엇인가?

(㉬ ㉣ ㉫ ㉦ ㉩) (P _ _ _ _ E _ _ _ _ _)

정답

1. 트리클 다운(Trickle Down) **2.** 펌프이론 **3.** 판데노믹스(Pandenomics) **4.** 단시간 근로자 혹은 파트타임 정규직 **5.** 파킹(Parking) **6.** 퍼플 잡(Purple Job) **7.** 펀드 런(Fund Run) **8.** 펌 뱅킹(Firm Banking) **9.** 펀드멘탈(Fundamental) **10.** 방코 델타 아시아(Banco Delta Asia) **11.** 페이-고(Pay-Go) **12.** 펭귄효과 **13.** 포어클로져(Foreclosure) **14.** 포크 배럴(Pork Barrel) **15.** 표지어음 **16.** 프록시(Proxy) **17.** 프라임 레이트(Prime Rate) **18.** 프랜차이즈(Franchise) **19.** 어닝시즌(Earning Season) **20.** 플랜트 수출(Plant Export)

CHAPTER 20

초성으로 찾아가는 재미있는 상식여행

economy 경제상식

1. 사업자 혹은 공급자가 네트워크를 구축하고, 여기에 소비자가 시간과 공간의 제약을 받지 않고 참여할 수 있도록 하는 사업형태를 지칭하는 말은?

(ㅍㄹㅍ ㅂㅈㄴㅅ) (P_______ B_______)

2. 부유층을 의미하는 플루토크라트(Plutocrat)와 경제를 뜻하는 이코노미(Economy)의 합성어로 부유층에 부가 집중된 소득 불균형 상태 즉, 전 세계에서는 상위 몇 개 국가가, 한 국가 내에서는 10%의 상위 계층이 50%의 수입과 부를 독점하는 현상을 무엇이라 하는가?

(ㅍㄹㅌㄴㅁ) (P_________)

3. 소비는 소득뿐 아니라 가계가 보유하고 있는 실질자산에 의해서도 영향을 받을 수 있으므로, 수입이 같아도 보유하고 있는 재산이 더 많은 사람의 소비가 커진다는 영국 경제학자의 주장이다. 이와 같이 물가가 하락하면 소비자의 현금구매력이 증가하고 이로 인해 소비가 늘어 경제가 확장되는 현상을 뜻하는 말은? (ㅍㄱ ㅎㄱ) (P____ E_____)

4. 전쟁이나 혁명 등 사회가 크게 혼란한 상황 또는 정부가 재정을 지나치게 방만하게 운용해 통화량을 대규모로 공급하는 등과 같은 이유로, 물가상승이 통제 가능한 범위를 벗어나 수백 %의 인플레이션이 발생하는 상황은?

(ㅎㅇㅍ ㅇㅍㄹㅇㅅ) (H____ I_________)

5. 일할 의사와 능력이 있어 지난 1년 내 취업할 수 있었지만, 적극적으로 일자리를 찾지 않거나 취업에 실패할 것 같아 구직 자체를 단념한 사람을 무엇이라 할까? (ㅎㄱ ㄱㄹㅈ)

6. 재화나 서비스를 한 단위 더 생산할 때 추가로 소비되는 비용의 증가분으로, 총비용 증가분을 생산량 증가분으로 나눈 값을 말한다. 무엇일까? (ㅎㄱㅂㅇ)

7. 소비자가 어떤 재화 1단위를 추가로 소비함으로써 얻게 되는 총효용의 증가분을 이르는 단어는? (ⓗⓖⓗⓞ)

8. 가치가 하락한 주식이나 채권과 같은 유가증권의 가격을 현실화 하는 것을 무엇이라 하는가? (ⓗⓞⓚ) (H_ _ _ _ _ _)

9. 1997년 부실채권 정리를 전담하는 배드뱅크로 재탄생한 성업공사가 모태이며, 금융기관이 보유하는 부실자산의 정리와 부실징후 기업의 경영정상화 지원을 주된 업무로 하는 법인을 지칭하는 말은 무엇인가? (ⓗⓖⓙⓢⓖⓡⓖⓢ)

10. 우리나라의 기업회계기준을 제정·개정·해석하고, 회계 및 외부감사제도와 관련된 주요 제도와 정책 연구를 수행하기 위해 1999년 출범한 민간 기구는? (ⓗⓖⓗⓖⓖⓙⓞ)

11. 회계 감사인이 일반적으로 인정되는 감사기준에 준거하여 감사를 실시한 결과 기업의 재무구조가 전년도에 이어 일반적으로 인정되는 기업회계원칙을 계속 적용하여 작성되었고, 그 기업의 재무상태와 경영성과를 적정히 표시하고 있으며, 또한 재무제표에 중요한 영향을 미치는 모든 사항이 공개됨으로써 재무제표를 오인케 할 여지가 없다고 확신하였을 때 표명하는 감사의견은? (ⓙⓙⓞⓖ)

12. 회계 감사인이 감사수행 결과 재무제표에 중요한 영향을 미치는 감사 범위의 제한 또는 회계처리방법, 회계변경, 재무제표 표시방법이 기업회계기준에 위배되는 사항을 발견했을 때 표명하는 감사의견은? (ⓗⓙⓞⓖ)

13. 정권이 바뀌고 새 정부가 출범하면서 정치 및 경제, 사회 전반의 불확실성이 사라지고, 사회 안정에 대한 기대감이 높아지면서 주가가 상승하는 현상을 무엇이라 할까? (ⓗⓝⓜ ⓡⓡ) (H_ _ _ _ _ _ _ _ R_ _ _ _)

14. 대규모 자금을 운용하는 소수의 기관 고객을 상대로 국제시장의 주식, 채권, 파생상품, 실물자산 등의 다양한 상품에 투자해 단기적인 목표 수익을 달성하고자 하는 개인투자신탁상품을 뜻하는 말은 무엇인가? (ⓗⓙ ⓟⓓ) (H_ _ _ _ F_ _ _)

15. 현물가격의 변동에 따라 발생될 수 있는 손실을 최대한 줄이기 위하여 선물시장에서 현물과 반대되는 선물 포지션을 설정하거나, 주가·환율·금리 등의 변동으로 인한 위험을 제거함으로써 손실을 방지하는 행위를 무엇이라 할까? (ㅎ ㅈ) (H______)

16. 소의 중량을 늘이기 위해 물을 마시게 하는 행위에서 유래되었는데, 기업의 실제 자산가치를 훨씬 초과하는 금액으로 발행된 주식을 의미하는 말은?

(ㅎ ㅅ ㅈ) (W______ S____)

17. 은행에 직접 가지 않고 인터넷이나 PC 통신으로 은행의 컴퓨터에 접속한 다음, 집에 있는 단말장치를 조작하여 잔고조회나 자금이체, 대출 등의 종합적인 서비스를 제공받을 수 있는 것을 무엇이라 할까? (ㅎ ㅂ ㅋ) (H___ B______)

18. 증권거래소 시장에서 팔려는 사람과 사려는 사람이 각각 유가증권의 종목·수량·가격 등의 매매요건을 제출하는 가격은? (ㅎ ㄱ)

19. 기업이 파산위험에 직면했을 때 법원의 중재·감독하에 채권자들과 채무변제협정을 체결하여 채무변제를 연기하고, 기업주의 경영권도 계속 유지함으로써 기업을 회생시키려는 제도는 무엇일까? (ㅎ ㅇ ㅈ ㄷ)

20. 환율의 등락이 심한 경우 수출입업자는 환차손이 발생하는 곤란을 겪게 되는데, 외환거래는 자유롭게 허용하는 반면 환율을 안정시키기 위해 외환당국이 시장에 개입해 자국통화의 환율을 일정수준에 고정시키는 것은? (ㅎ ㅍ ㄱ) (E_______ P______)

정답

1. 플랫폼 비즈니스(Platform Business) **2.** 플루토노미(Plutonomy) **3.** 피구효과(Pigou Effect) **4.** 하이퍼인플레이션(Hyper Inflation) **5.** 한계근로자 **6.** 한계비용 **7.** 한계효용 **8.** 헤어 컷(Haircut) **9.** 한국자산관리공사(Korea Asset Management Corporation: KAMCO) **10.** 한국회계기준원(Korea Accounting Institute: KAI) **11.** 적정의견 **12.** 한정의견 **13.** 허니문 랠리(Honeymoon Rally) **14.** 헤지 펀드(Hedge Fund) **15.** 헤징(Hedging) **16.** 혼수주(Watered Stock) **17.** 홈 뱅킹(Home Banking) **18.** 호가 **19.** 화의제도 **20.** 환 페깅(Exchange Pepping)

CHAPTER 21

초성으로 찾아가는 재미있는 상식여행

economy 경제상식

1. 소득이 5% 올랐으나 물가도 5% 올랐다면 임금의 실질적인 가치변화는 없음에도 소득이 올랐다고 생각하는 것처럼, 화폐의 가치가 변하지 않을 것으로 생각하고 실질적인 가치의 증감을 인식하지 못하는 현상은 무엇인가? (ⓗⓟⓗⓢ)

2. 환경개선을 위한 대책을 종합적, 체계적으로 추진하고 이에 따른 투자재원을 합리적으로 조달하여 환경개선을 촉진함으로써, 쾌적한 환경 조성에 이바지하기 위해 오염 원인자에게 부과되는 오염물질 처리비용을 뜻하는 말은? (ⓗㄱㄱⓢⓑⓓㄱ)

3. 어음의 발행인이 일정한 날짜에 일정한 장소에서 일정한 금액을 무조건 지급할 것을 약속하는 유가증권을 무엇이라 할까? (ⓞⓢⓞⓞ) (P_________ N___)

4. 어음의 발행인이 지급인에게 어음에 기재된 금액을 일정한 기일에 지시인이나 소지인에게 무조건 지급을 위탁하는 유가증권은 무엇인가?(ⓗⓞⓞ) (B___ O_ E_______)

5. 재무 활동의 범위를 규제하고 그 결과를 확정하기 위하여 설정한 일정 기간으로, 보통 1년을 기준으로 한다. 이것은 나라와 기업에 따라 다른데, 우리나라의 정부 및 지방자치단체는 매년 1월 1일부터 12월 31일까지이다. 이 기간을 무엇이라 하는가?

(ⓗㄱⓞⓓ) 또는 (ⓗㄱㄱㄱ) (F_____ Y___)

6. 이자율이 높다는 장점은 있으나, 채권 발행사의 파산 시 투자금을 변제받을 수 있는 권리가 주주를 제외하고는 가장 늦은 채권은 무엇일까? (ⓗⓢⓞⓒ)

7. 주택 등 대출 대상 부동산을 담보로 잡을 수 없어, 먼저 돈을 빌려준 후 주택이 완공되어 소유권 설정이 가능한 시점에서 담보로 설정하는 방식은? (ⓗⓒⓓⓑ)

8. 납세자의 실제 납부세액이 결정세액보다 많을 경우 그 정산세액을 납세자에게 되돌려 주는 것을 국세환급금이라 하는데, 납세자가 주소 이전이나 폐업 또는 장기출장 등으로 환급금송금통지서를 받지 못해 세금을 돌려받지 못하는 경우를 무엇이라 할까? (ⓗⓜⓗⓖ)

9. 재무제표상에는 흑자를 계상하고 있어 재무적으로 건전한 것 같으나, 유동성 운용자금의 조달이 원만하지 못하여 부도가 나는 것을 의미하는 단어는? (ⓗⓙⓓⓢ)

10. 정부가 신용불량자를 구제하기 위한 추가 대책의 하나로 설립한 2차 배드뱅크로 2005년 5월 16일부터 업무를 개시하여 한국자산관리공사가 운영하고 있다. 이 공동추심기구는 무엇인가? (ⓗⓜⓜⓞ)

11. 연 매출이 40억 달러를 넘지 못하지만, 세계시장에서 해당 분야 3위 이내 또는 소속 대륙에서 1위의 시장점유율을 차지하는 강소기업을 일컫는 용어로, 독일의 경영학자인 헤르만 지몬(Hermann Simon)이 그의 저서에서 처음 사용하였다. 이 용어는?

(ⓗⓓ ⓒⓟⓞ) (H_____ C_______)

12. 홍차와 커피, 쌀과 빵 등과 같은 대체재는 어느 한 상품의 수요가 증가하면 다른 상품의 수요는 감소하는데, 이처럼 유사한 대체효용을 갖는 두 상품 간의 수요와 공급의 균형을 맞추기 위해 한 상품의 가격을 다른 상품의 가격과 연관 지어 결정하는 시장가격제도는 무엇인가? (ⓖⓖⓞⓓⓙ)

13. 소비자에게 정확한 가격정보를 제공하고, 기업 간의 건전한 경쟁을 촉진하기 위하여 국내에서 생산된 공산품이나 수입품에 공장도가격이나 수입가격을 최종 소비재에 명기하도록 하는 제도이다. 우리나라는 1988년에 도입하였는데 무엇일까? (ⓖⓖⓟⓢⓒ)

14. 회사가 종업원에게서 매월 지급하는 근로소득이나, 연금소득에 대한 소득세를 원천징수할 때 적용하는 세액표는 무엇인가? (ⓖⓞⓢⓞⓟ)

15. 주식회사나 유한회사가 누적된 결손금을 보전하거나, 기업의 분할·합병, 신규투자자금 유치 등을 위하여 주주총회의 특별결의를 거쳐 자본금 줄이는 것을 이르는 말은? (ⓖⓒ)

16. 토지를 제외한 대부분 유형자산은 시간의 경과에 따라 가치가 감소하기 때문에, 정확한 기간손익 계산을 위해서는 자산의 취득원가를 내용연수에 걸쳐 적절히 배분하여 비용으로 계상하는데 이러한 회계처리를 지칭하는 단어는? (㉠㉠㉦㉠) (D____________)

17. 일반적으로 재화의 생산에 상대적으로 긴 시간이 소요되는 농산물과 부동산시장 등에서 관찰되는데, 재화의 가격 변동에 대해 수요와 공급이 시차를 두고 반응함으로써 해당 재화 가격의 급등과 급락이 주기적으로 반복하여 일어나는 현상을 무엇이라 하는가?

(㉠㉤㉨ ㉧㉣)

18. 우선주 또는 국채·공채·사채 등과 같은 부채 상환의 재원을 확보하기 위하여 독립된 계정으로 설정하여 적립하는 금액을 무엇이라 할까? (㉠㉩㉠㉠) (S______ F___)

19. 금융기관으로부터 대출을 받은 금액이 클 경우 채무자는 상환을 위한 시간적 여유가 필요하다. 이런 경우 일정 기간 원금은 상환하지 않고 이자만 납부하는 경우가 있는데, 이 기간을 무엇이라 부르는가? (㉠㉩㉠㉠)

20. 기업이 건물 등과 같은 유형자산의 건설을 위해 재료비·노무비·경비 등이 지출되었으나 건설이 완료되지 않은 경우, 또는 건설을 목적으로 재료와 기계 설비의 도입을 위한 지출을 하였으나 아직 현품이 도착하지 않은 경우에 당해 건설이 완료될 때까지 일시적으로 회계처리하기 위한 계정은 무엇인가? (㉠㉦㉨㉧ ㉨㉦)

정답

1. 화폐현상 **2.** 환경개선부담금 **3.** 약속어음(Promissory Note) **4.** 환어음(Bill Of Exchange) **5.** 회계연도 또는 회계기간(Fiscal Year) **6.** 후순위채 **7.** 후취담보 **8.** 휴면환급 **9.** 흑자도산 **10.** 희망모아 **11.** 히든 챔피언(Hidden Champion) **12.** 가격연동제 **13.** 가격표시제 **14.** 간이세액표 **15.** 감자 **16.** 감가상각(Depreciation) **17.** 거미집 이론 **18.** 감채기금(Sinking Fund) **19.** 거치기간 **20.** 건설중인 자산

CHAPTER 22

초 성 으 로 찾 아 가 는 재 미 있 는 상 식 여 행

economy 경제상식

1. 담합에 가담한 기업이 정부에 자진 신고하면 과징금을 전액 또는 일부 감면해주는 제도를 말하는데, 불공정 행위를 방지하는 효과가 있지만 고의적으로 악용하는 부작용에 대한 지적도 많아 논란이 되고 있다. 이 제도는? (ㅈㅈ ㅅㄱㅈ ㄱㅁㅈ) (L_______)

2. 주식의 보유시간을 통상적으로 2~3분 단위로 짧게 잡아 하루에 수십 번 또는 수백 번씩 매매거래를 함으로써 초단기 매매차익을 얻는 기법, 혹은 근소한 가격변동에 민감하게 대응하여 매매하는 투기성 선물거래를 무엇이라 할까? (ㅅㅋㅍ) (S_______)

3. 국가 간 통상 교섭에서 개방의 폭을 확대하는 방향으로 법률을 개정할 수는 있어도, 후퇴하는 쪽으로 되돌릴 수는 없도록 함으로써 무역 자유화를 촉진하는 '역진 방지' 조항을 뜻하는 말은? (ㄹㅊ) (R______)

4. 특정품목의 수입이 급증하여 국내의 경쟁업계에 중대한 손해를 입히거나 그 우려가 있다고 판단되는 경우, 국내산업을 보호하기 위하여 GATT 제19조에 근거하여 발동하는 긴급수입제한 조치를 무엇이라 하는가? (ㅅㅇ ㅍㄱㄷ) (S_________)

5. 은행이 거액의 자산가를 대상으로 예금, 주식, 부동산 등의 자산을 종합 관리하는 것뿐 아니라 세무·법률, 상속 등 금융 이외의 업무에 대한 서비스도 제공해주는 맞춤형 개인금융 서비스를 일컫는 말은 무엇인가? (ㅍㄹㅇㅂ ㅂㅋ) (P______ B______)

6. 수산자원의 부족이나 수산물 가격 상승에 따른 물가 불안과 실물가치 하락을 무엇이라 할까? (ㅍㅅㅍㄹㅇㅅ) (F__________)

7. 대형마트나 기업형 슈퍼마켓(SSM), 편의점 등 대형 유통업체가 제조업체와 공동 개발해

판매하는 '자체상표'로, 저렴한 가격을 무기로 식품부터 가전제품까지 다양한 분야에서 활성화되고 있는데 이는 무엇일까? (ⓟⓡⓞⓑ ⓑⓡⓓ) (P______ B____)

8. 증권시장에서 주가의 급등락으로 인한 혼란을 막기 위해 하루 가격제한폭을 설정한 나라들이 많은데, 현재 우리나라의 가격제한폭은 몇 %일까? (__%)

9. 기존사업의 수익성은 그대로 유지하되 새로운 성장 사업에도 투자하는 기업을 대거 담고 있는 새로운 형태의 펀드를 무엇인가? (ⓗⓞⓑⓡⓓ ⓟⓓ) (H_____ F___)

10. 투자신탁회사가 국내외에서 조달한 자금으로 국내외 증권시장에 분산투자하는 기금, 또는 다수 기업이 공동으로 출자하는 자금, 혹은 중앙정부의 예산지원 자금을 자구 노력에 연계하여 배정하는 방식을 총칭하는 말은? (ⓜⓒ ⓟⓓ) (M_______ F___)

11. 평소에는 자기 직업에 종사하다 정기적으로 열리는 이사회에 참석해 경영활동을 감시하는 사람으로서, 경영진에는 속하지 않는 이사를 말한다. 교수, 변호사, 전문경영인 등이 많이 겸임하는데 이를 무엇이라 할까? (ⓢⓞⓞⓢ)

12. 공휴일과 주말이 겹칠 경우 평일에 하루를 대신 쉬게 하는 제도로서, 노동계의 찬성과 재계의 반대가 엇갈리고 있다. 2012년 대선 당시 여야가 모두 공약으로 내걸었던 이것은 무엇일까? (ⓓⓒⓗⓞⓙ)

13. 박근혜 정부가 신설한 핵심 정부 부처로, 연구개발(R&D)과 정보통신기술(ICT) 분야를 총괄하는 역할을 맡은 이 부처는 어디인가? (ⓜⓡⓒⓙⓖⓗⓑ)

14. 개발도상국이 경제발전 초기에는 순조로운 성장을 보이다가, 성장 동력의 부족으로 인해 중진국 단계에서 선진국으로 발전하지 못한 채 경제 성장이 장기간 둔화하여 정체되는 현상을 뜻하는 말은 무엇인가? (ⓙⓙⓖⓞ ⓗⓙ)

15. 보통예금이나 저축예금 등과 같이 입금과 출금이 자유로운 예금 중 잔액이 1만 원 미만인 통장은 2년 이상, 잔액이 1만 원 이상 5만 원 미만인 통장은 3년 이상, 잔액이 5만 원

이상 10만 원 미만인 통장은 4년 이상 거래가 없을 때 금융기관에서 거래를 중지시키는데 이러한 예금계좌의 이름은? (㉻ ㉰ ㉠ ㉶)

16. 적대적 M&A(인수·합병)의 표적이 된 기업이 방어 수단이 없을 때, 현 경영진에게 우호적인 제3의 인수 희망자에 경영권을 넘길 때가 있다. 이처럼 경영권 방어에 우호적인 인수자를 무엇이라 하는가? (㉳ ㉠ ㉴) (W____ K_____)

17. 적대적 M&A(인수·합병)를 시도하는 기업이나 개인이 단독으로 필요한 주식을 취득하는데 현실적으로 무리가 있을 때, 우호적인 제3자를 찾아 도움을 구하게 되는데 이러한 경영권 탈취에 도움을 주는 개인이나 기업을 빗댄 단어는? (㉻ ㉠ ㉴) (B____K_____)

18. 기관투자가에 비해 투자 규모가 매우 작다는 점에서 증권시장에서는 소액의 개인투자자를 이 곤충에 빗대어 표현한다. 무엇일까? (㉠ ㉰)

19. 첨단기술이 소수 소비자에게 좋은 반응을 얻어도 일반 소비자에게 퍼지기까지는 상당한 시간이 걸리는데, 처음엔 사업이 잘되는 것처럼 보이다 더 이상 발전하지 못하고 정체에 빠지는 현상을 무엇이라 하는가? (㉷ ㉶) (C____)

20. 취약계층에게 사회적 서비스 또는 일자리를 제공하여 지역주민의 삶의 질을 높이는 등의 사회적 목적을 추구하면서 재화 및 서비스의 생산·판매 등 영업활동을 수행하는 기업을 지칭하는 말은? (㉴ ㉻ ㉶ ㉠ ㉵)

정답

1. 자진 신고자 감면제(Leniency) **2.** 스캘핑(Scalping) **3.** 래칫(Ratchet) **4.** 세이프가드(Safeguard) **5.** 프라이빗 뱅킹(Private Banking) **6.** 피시플레이션(Fishflation) **7.** 프라이빗 브랜드(Private Brand) **8.** 15% **9.** 하이브리드 펀드(Hybrid Fund) **10.** 매칭펀드(Matching Fund) **11.** 사외이사 **12.** 대체휴일제 **13.** 미래창조과학부 **14.** 중진국의 함정 **15.** 휴면계좌 **16.** 백기사(White Knight) **17.** 흑기사(Black Knight) **18.** 개미 **19.** 캐즘(Chasm) **20.** 사회적기업

CHAPTER 23

초 성 으 로 찾 아 가 는 재 미 있 는 상 식 여 행

economy 경제상식

1. 자동차보험에 있어 가입자가 보험증권에 기재된 자동차에 대하여 운전할 자를 가입자와 그의 가족으로 한정하는 특별약정사항을 무엇이라 하는가? (ㄱㅈㅎㅈㅌㅇ)

2. 국가 간의 무역거래에서 관세장벽을 완화하거나 제거하는 협정을 말하는데, 상품이나 서비스의 이동을 자유롭게 하고 국가 상호 간에 무역특혜를 부여하는 협정을 일컫는 명칭은? (ㅈㅇㅁㅇㅎㅈ) (F___ T____ A________)

3. 증권시장에 상장된 종목 가운데 단기간에 주가가 급등하여, 일반 투자자들에게 주의를 환기시키고 투기적 가수요를 억제하여 주가를 안정시킬 필요가 있다고 판단되어 증권거래소가 요주의 주식으로 지정한 종목은 무엇인가? (ㄱㄹㅈㅁ)

4. 3개월 이상 금융부채를 연체한 개인이 법원에 파산신청을 내기 전에 채무의 일부를 탕감해 주거나 만기를 연장하여 안정적인 채무상환이 가능하도록 함으로써 신용회복의 기회를 주는 제도를 무엇이라 할까? (ㄱㅇ ㅇㅋㅇㅇ)

5. 산업 활동과 주택동향, 금융통화 현황 등 각종 경기 관련 지표의 흐름을 따져 통계청이 1981년 3월부터 매월 조사하여 발표하고 있는데, 일반적으로 6개월 후의 경기 동향을 예측할 수 있는 이 경제 활동 지표는? (ㄱㄱㅅㅎㅈㅅ)

6. 상품거래소나 증권거래소에서 다수의 매도측과 매수측 상호 간에, 또는 매도측이나 매수측끼리 서로 경쟁하여 매매가 이루어지는 경우를 말하는데, 수량과 가격을 경합하여 결정된 가격으로 전부의 매매를 성립시키는 방법을 무엇이라 하는가? (ㄱㅁㅁ)

7. 국가나 지방자치단체로부터 기업에 교부되는 보조금으로, 이 금액만큼 기업의 원가가 낮

아져 제품의 시장가격을 낮추는 역할을 하기 때문에 '마이너스 간접세'라고도 한다. 이것은 무엇일까? (ⓖⓢⓑⓙⓖ)

8. 세상의 변화에 민감하고 호기심이 많으며, 남보다 앞서 신상품에 대한 정보를 접하고 가장 먼저 제품을 구입하는 첫 번째 소비자 무리를 가리키는 용어는?
(ⓞⓡ ⓞⓓⓣ) (E_ _ _ _ A_ _ _ _ _ _)

9. 한 국가의 대외 무역거래에서 자본거래를 제외한 무역수지, 무역외수지, 이전수지를 합한 지표를 말하는데, 자본수지, 종합수지와 함께 국제수지의 기조를 판단하는 기준이 된다. 이를 무엇이라 하는가? (ⓖⓢⓢⓙ)

10. 학계·종교계·법조계·문화예술계 등 사회 각 분야의 시민들이 모여 한국 사회에 만연하고 있는 심각한 경제적 부정을 척결하고 경제정의를 수립·실천하기 위해 1989년 7월에 결성한 시민운동단체는 무엇인가? (ⓖⓙⓙⓞⓢⓒⓢⓜⓞⓗ)

11. 재계의 이익을 대변하고 대정부 압력단체의 역할을 수행하는 우리나라 경제 4단체는?
(ⓙⓖⓖⓙⓞⓞⓗⓗ), (ⓓⓗⓢⓖⓗⓞⓢ)
(ⓗⓖⓜⓞⓗⓗ), (ⓙⓢⓖⓞⓗⓓⓙⓗⓙⓞⓗ)

12. 경제 5단체는 4단체에 어느 단체가 추가로 포함될까? (ⓗⓖⓖⓞⓙⓒⓗⓗ)

13. 경제 6단체는 5단체에 어느 단체가 추가로 포함될까? (ⓙⓖⓞⓗⓞⓗⓗ)

14. 금전등록기와 컴퓨터 단말기의 기능을 결합하여 백화점이나 슈퍼마켓·편의점 등 소매점의 매출정보와 재고관리 및 납품수량 등과 같은 소매경영에 필요한 각종 정보와 자료를 수집·처리해 주는 시스템을 무엇이라 할까?
(ⓟⓜⓢⓙⓖⓡⓢⓢⓣ) (P_ _ _ _ of S_ _ _ : POS)

15. 홍콩 증권시장에 상장된 주식 가운데 중국 정부와 국영기업이 최대주주로 참여해 홍콩에 설립한 우량 기업들의 주식을 이르는 말은? (ⓡⓓ ⓒ) (R_ _ C_ _ _)

16. 블루칩보다는 시가총액이 작지만 재무구조가 안정적이고, 대부분 업종을 대표하는 중저가 우량주를 지칭하는 말은? (ⓞⓡⓞ ⓒ) (Y_____ C___)

17. 기업이 자본시장에서 정당한 평가를 얻고 원활한 자금조달을 위하여, 주식 및 사채투자자들을 대상으로 기업의 경영 내용과 미래 전망에 대한 포괄적인 정보를 제공하는 홍보활동을 무엇이라 할까? (ⓖⓞⓢⓜⓗⓓ) (I_______ R_________ : IR)

18. 최고 경영자의 리더십 아래 시그마(s)라는 통계 척도를 사용하여 모든 품질 수준을 정략적으로 평가하고, 문제 해결 과정 및 전문가를 양성하는 등의 효율적인 품질 문화를 조성하며, 품질 혁신과 고객만족을 달성하기 위하여 전사적으로 실행하는 21세기형 종합 기업 경영 전략을 무엇이라 하는가? (ⓢⓢ ⓢⓖⓜ) (S__ S____)

19. 동종 또는 협력업체나 경쟁관계에 있는 독립기업들이 전략적 제휴나 합작관계를 맺고, 이를 통해 형성하는 기업 네트워크로서, 특정목적을 달성한 후에는 해체되는 한시적인 기업 형태를 가리키는 말은 무엇인가? (ⓖⓢⓖⓞ) (V______ C__________)

20. 영화나 드라마에 자사의 제품·상표·로고 등을 소도구로 삽입하거나, 지속적으로 등장시켜 무의식적으로 관객에게 제품이나 브랜드를 홍보함으로써 효과를 극대화하는 광고기법은 무엇일까? (ⓖⓙ ⓖⓖ)

정답

1. 가족한정특약 **2.** 자유무역협정(Free Trade Agreement: FTA) **3.** 감리종목 **4.** 개인 워크아웃 **5.** 경기선행지수 **6.** 경매매 **7.** 경상보조금 **8.** 얼리 어답터(Early Adopter) **9.** 경상수지 **10.** 경제정의실천시민연합(경실련) **11.** 전국경제인연합회, 대한상공회의소, 한국무역협회, 중소기업협동조합중앙회 **12.** 한국경영자총협회 **13.** 전국은행연합회 **14.** 판매시점관리시스템(Point of Sale: POS) **15.** 레드 칩(Red Chip) **16.** 옐로우 칩(Yellow Chip) **17.** 기업설명활동(Investor Relations: IR) **18.** 식스 시그마(Six Sigma) **19.** 가상기업(Virtual Corporation) **20.** 간접 광고(Product Placement Advertisement: PPL)

CHAPTER 24

초 성 으 로 찾 아 가 는 재 미 있 는 상 식 여 행

economy 경제상식

1. 외국인에 의해 국내 자본시장에서 발행·판매되는 원화 표시 채권은?

(ⓞⓡⓡ ⓑⓒ) (A______ B___)

2. 국제기관이나 외국기업이 중국에서 발행하는 위안화 표시 채권은?

(ⓟⓒ ⓑⓒ) (P____ B___)

3. 외국정부나 기업이 호주자본시장에서 발행하는 호주달러 표시 채권은?

(ⓚⓖⓡ ⓑⓒ) (K_______ B___)

4. 일본 채권시장에서 외국 정부나 기업이 발행하는 엔화 표시 채권은?

(ⓢⓜⓡⓞ ⓑⓒ) (S______ B___)

5. 영국 채권시장에서 외국 정부나 기업이 발행하는 파운드화 표시 채권은?

(ⓑⓒ ⓑⓒ) (B______ B___)

6. 외국 정부나 기업에 의해 미국에서 발행되는 달러화 표시 채권은?

(ⓞⓚ ⓑⓒ) (Y_____ B___)

7. 외국 정부나 기업에 의해 홍콩에서 발행되는 위안화 표시 채권은?

(ⓒⓢ ⓑⓒ) (D_____ B___)

8. 외국 또는 국내 기업이 우리나라 자본시장에서 발행하는 외화 표시 채권은?

(ⓖⓒ ⓑⓒ) (K_____ B___)

9. 세계의 주요 금융시장에서 동시에 발행되어 유통되는 국제채권으로, 지역본드에 구애받지 않고 세계 여러 시장에서 발행되므로 대규모의 국채 모집이 가능하고 유동성이 높으며, 경쟁으로 인해 낮은 금리로 자금을 조달할 수 있는 장점이 있는 이 채권은 무엇인가?

(㉠㉣㉥ ㉥㉢) (G_ _ _ _ _ B_ _ _)

10. 마케팅의 출발점을 제품이 아닌 고객중심으로 변화시켜 개별 고객 한 사람 한 사람에 초점을 맞추고, 장기적이며 개별화된 일대일 관계를 구축함으로써, 보다 로열티가 높은 고객을 창출하고 그들의 이탈을 방지하고자 하는 마케팅 활동을 지칭하는 용어는?

(㉧㉪㉧ ㉤㉩㉪) (O_ _ to O_ _ M_ _ _ _ _ _ _ _)

11. 상품의 보관 단계를 없애고 체류시간을 줄이면 배송기간 단축은 물론 물류비용을 절감할 수 있다. 이를 위해 입고되는 상품을 창고에 보관하는 것이 아니라, 곧바로 소매점에 배송함으로써 물류의 효율성을 증대시키고자 하는 시스템을 무엇이라 할까?

(㉩㉣㉦ ㉢㉩) (C_ _ _ _ D_ _ _ _ _ _)

12. 명품에 집착하고 구입하는 것과 같이 소비자가 특정제품을 구입하면 유사한 급의 제품을 소비하는 집단과 같아진다는 환상을 갖게 되는 현상으로, 구매한 물건을 통해 자신의 지위와 문화적 자본을 드러내려는 욕구는 무엇일까?

(㉫㉡㉫㉣ ㉬㉠) (E_ _ _ _ _ de P_ _ _ _ _ _ _)

13. 합리적 생산성 향상을 위한 '3S 운동'이란 무엇인가?

(㉫㉨㉬ : S_ _ _ _ _ _ _ _ _ _ _ _ _ _)

(㉢㉦㉬ : S_ _ _ _ _ _ _ _ _ _ _ _ _)

(㉨㉤㉬ : S_ _ _ _ _ _ _ _ _ _ _ _ _)

14. 실수요에 대응하는 개념으로, 물가 상승이나 상품의 품귀현상이 예상되는 경우 실질적인 수요가 없음에도 불구하고 발생하는 수요를 뜻하는 말은? (㉠㉦㉧)

15. 디지털시대에 엘리트로 떠오르고 있는 신지식인들을 일컫는 말로 최근 인터넷사업에서

성공한 기업인들처럼 디지털 변혁의 선두에 서 있는 정보화시대의 새로운 지배계층을 일컫는 용어는? (㉢ ㉧ ㉣ ㉬) (D_______)

16. 금융기관은 본인의 동의를 받지 않고서는 금융거래 내역을 다른 사람에게 제공할 수 없는데, 금융감독원·중앙선거관리위원회·국세청·공직자윤리위원회·감사원 등이 특정 예금주와 금융기관과의 금융거래 내역에 대해 금융기관에 정보를 요구할 수 있는 권리를 무엇이라 하는가? (㉠ ㉧ ㉩ ㉧ ㉠)

17. 부당하게 낮은 값에 상품이 수입돼 국내 관련 산업이 손해를 입었다고 판단될 경우, 덤핑 효과를 제거하기 위해 수입국에서 추가로 부과하는 관세를 뜻하는 말은?(㉥ ㉢ ㉮ ㉠ ㉦)

18. 제조업자가 판매가격을 정하는 기존의 권장소비자가격 제도와는 달리, 최종 판매업자가 실제 판매가격을 결정하고 표시하는 가격제도로서, 1997년 화장품에 처음 도입되어 의약품·가전제품·의류 등 공산품 12개 품목에 대해 시행되고 있다. 이를 무엇이라 할까?
(㉧ ㉮ ㉮ ㉣ ㉧ ㉦) (O___ P____) 또는 (㉮ ㉤ ㉠ ㉠ ㉮ ㉦ ㉧)

19. 인정가격제·협정가격제·정찰제·할인금지 등 행정당국이 직접 물가를 규제하는 방법의 하나로, 거래당사자에게 적정한 가격이 형성되도록 신고 등 일정한 의무를 부과해 적정가격으로 유도하는 조치를 취하는 제도는? (㉠ ㉠ ㉠ ㉦)

20. '공급은 그 스스로 수요를 창출해낸다'는 프랑스 경제학자의 경제 법칙은 무엇일까?
(㉦ ㉧ ㉧ ㉥ ㉩) (S__'_ L__)

정답

1. 아리랑 본드(Arirang Bond) **2.** 팬더 본드(Panda Bond) **3.** 캥거루 본드(Kangaroo Bond) **4.** 사무라이 본드(Samurai Bond) **5.** 불독 본드(Bulldog Bond) **6.** 양키 본드(Yankee Bond) **7.** 딤섬 본드(Dimsum Bond) **8.** 김치 본드(Kimchi Bond) **9.** 글로벌 본드(Global Bond) **10.** 원투원 마케팅(One to One Marketing) **11.** 크로스 도킹(Cross Docking) **12.** 파노폴리 효과(Effect De Panoplie) **13.** 표준화(Standardization), 단순화(Simplification),전문화(Specialization) **14.** 가수요 **15.** 디제라티(Digerati) **16.** 계좌추적권 **17.** 반덤핑관세 **18.** 오픈 프라이스(Open Price) 또는 판매가격표시제 **19.** 가격감시 **20.** 세이의 법칙(Say's Law)

CHAPTER 25

초성으로 찾아가는 재미있는 상식여행

economy 경제상식

1. 아시아·태평양 지역 개발도상국의 경제개발을 위한 자금을 융자하기 위해 설립된 국제개발은행으로 1966년 12월에 발족되었으며, 총회원국은 52개국이고 우리나라는 창설 가맹국이다. 이 기구는 무엇인가? (ⓞⓢⓞⓖⓑⓞⓗ)

2. 부실금융기관의 청산에 따른 금융시장의 혼란을 최소화하기 위하여 정부나 정부기관이 출자해 설립한 정리금융기관으로, 부실금융기관의 자산과 부채를 임시로 인수하여 합병이나 채권·채무관계 등에 대한 후속 조치를 수행하는 임시은행은?

(ⓖⓖⓞⓗ) (B_ _ _ _ _ B_ _ _)

3. 컴퓨터나 통신과 같은 첨단기술이 발달함에 따라 영업점이 없는 상태에서도 멀티미디어를 이용한 전자결제가 가능할 뿐만 아니라, 모든 금융거래가 이루어지는 체제를 갖춘 은행을 무엇이라 할까? (ⓖⓢⓞⓗ) (V_ _ _ _ _ B_ _ _)

4. 금융산업구조개선법에 따라 금융감독원이 발동하는 행정처분의 일종으로, 부실금융기관의 자산과 부채에 관한 효력을 유지한 채 우량 금융기관에 인수시키는 것을 이르는 말은?

(ⓖⓞⓞⓙ)

5. 전자상거래의 발달로 유통비용이 절감됨에 따라, 기업들이 제품의 생산단가나 유통마진을 최소화하여 이를 가격에 반영하고, 고객 확보를 위해 경쟁적으로 가격을 인하함으로써 기존의 가격체제가 무너지는 현상을 무엇이라 하는가? (ⓖⓖⓟⓖ)

6. 자신의 전문지식에 기초하여 투자계획을 수립하고, 독자적인 투자판단에 따라 자산을 운용하는 기관투자가의 투자운영 담당자를 부르는 말은?

(ⓟⓓ ⓜⓝⓙ) (F_ _ _ M_ _ _ _ _ _)

7. 특정 제품의 설계에서 생산에 이르기까지 전 과정을 의뢰하는 특별주문과는 달리, 사용자가 상품화하는 제품의 기본 구성을 제공하는 반 특별주문 형식으로 세미 커스텀(Semi Custom) LSI(대규모 집적회로)라고도 하는데 이것은?(㉠ ㉧ ㉫ ㉧ ㉣) (G___ A____)

8. 물가 변동에 따라 영향을 받을 수 있는 화폐 표시 소득을 무엇이라 할까? (㉤ ㉤ ㉦ ㉢)

9. 화폐로 지급된 임금으로 구입할 수 있는 재화나 서비스의 가치, 즉 화폐소득의 실질적인 구매력을 무엇이라 부르는가? (㉦ ㉨ ㉦ ㉢)

10. 서방 선진 8개국 수뇌회의를 뜻하는 'G8'은 미국, 일본, 영국, 프랑스, 독일, 이탈리아, 캐나다로 구성된 'G7'에 어느 나라가 추가된 것일까? (㉣ ㉦ ㉧)

11. 경기 순환의 한 국면으로서 호황기에서 불황기로 접어들 때 투자와 생산의 감소, 금리의 인상, 기업의 부도, 물가 하락, 실업자 증가, 신용거래의 붕괴 등의 혼란이 다발적으로 수반되는 경제적 위기 상황을 일컫는 말은? (㉠ ㉭)

12. 금융기관으로부터 받는 예금·적금·예탁금 등의 이자와 국채·공채·회사채·금융채 등의 채권에서 발생하는 이자 또는 할인액을 이자소득이라 하며, 소유하고 있는 주식이나 출자금에서 발생하는 이익 배당금을 배당소득이라 한다. 이러한 이자소득과 배당소득을 합하여 무엇이라 할까? (㉠ ㉧ ㉦ ㉢)

13. 상장기업의 임직원이나 주요 주주 등 기업 내부의 주요 정보를 알 수 있는 내부자가 그 직무 또는 지위로 얻은 정보를 이용하여 자기회사 주식을 매매하고 부당 이익을 얻는 행위를 가리켜 무엇이라 하는가? (㉡ ㉥ ㉨ ㉠ ㉣) (I______ T______)

14. 어린이 전용 백화점이나 사진관, 치과, 미용실, 액세서리 가게 등 1살부터 취학 전까지의 영유아를 대상으로 하는 산업을 총칭하는 말은? (㉧ ㉨ ㉦ ㉧)

15. 주식시장이 호황일 때는 주식형으로 운용되다가 목표수익률이 달성되면 공사채형으로 전환함으로써, 주가하락으로 인한 손해를 최소화하고 적정수익률을 확보할 수 있는 펀드를 말하는데, 공사채와 주식형 사이의 전환이 자유로운 이 금융상품은 무엇일까?

(ㅋㅁㄹㅇ ㅍㄷ) (C_________ F___)

16. 주식시장에서 주가의 등락폭이 급격하게 커질 경우 주식매매를 일시적으로 정지시키는 제도를 말하는데, 특히 종합주가지수가 직전일 대비 10% 이상 하락한 상태가 1분 이상 지속될 경우 20분간 주식거래를 중단시키는데 이는 무엇인가?

(ㅅㅋ ㅂㄹㅇㅋ) (C______ B________)

17. 1차 세계대전 후 독일의 배상 문제를 처리하기 위하여 1930년 5월 스위스 바젤에서 발족하였다가, 그 이후 유럽의 결제대리기관의 역할을 수행하고 있으며, 최근에는 국제적인 신용질서유지를 위한 역할을 하고 있는 국제은행은?

(ㄱㅈㄱㅈㅇㅎ) (B___ for I_____________ S___________)

18. 소비자의 소득이 증가함에 따라 어떤 재화는 다른 재화로 대체되어 소비됨으로써 가격이 하락함에도 불구하고 그 수요가 감소하게 되는데, 이와 같은 하급재(열등재)를 의미하는 말은? (ㄱㅍㅈ) (G______'_ G____)

19. 선진국 진입의 기준이 되는 1인당 국민소득 2만 달러 이상(20K)과 인구 5,000만 명 이상(50M)의 경쟁력을 모두 갖춘 국가 클럽을 무엇이라 하는가? (ㅇㅅ-ㅇㅅ ㅋㄹ)

※ (ㅇㅅ-ㅇㅅ ㅋㄹ)에 해당하는 국가는 일본(1987), 미국(1988), 프랑스(1990), 이탈리아(1990), 독일(1991), 영국(1996), 대한민국(2012) 등이다.

20. 어음대금의 지급 제시가 있는 날을 만기일로 하는 어음을 말하는데, 어음의 소지인은 발행일로부터 1년 이내에 어음대금의 지급을 제시하여야 한다. 만기일의 기재가 없는 어음도 이 어음으로 보는데 이러한 어음의 명칭은? (ㅇㄹㅊㄱㅇㅇ) (S____ B___)

정답

1. 아시아개발은행(Asian Development Bank:ADB) **2.** 가교은행(Bridge Bank) **3.** 가상은행(Virtual Bank) **4.** 계약이전 **5.** 가격파괴 **6.** 펀드 매니저 (Fund Manager) **7.** 게이트 앨리(Gate Alley) **8.** 명목소득 **9.** 실질소득 **10.** 러시아 **11.** 공황 **12.** 금융소득 **13.** 내부자거래(Insider Trading) **14.** 엔젤산업 **15.** 카멜레온 펀드(Chameleon Fund) **16.** 서킷 브레이커(Circuit Breakers) **17.** 국제결제은행(Bank for International Settlements:BIS) **18.** 기펜재(Giffen's Goods) **19.** 20-50 클럽 **20.** 일람출급어음(Sight Bill)

economy 경제상식

1. 경기 호황의 말기에 소비재 가격의 상승으로 노동자의 실질임금이 하락함에 따라 기업이 기계나 자본재의 사용을 줄이고 노동력으로 대체하는 경향을 무엇이라 하는가?

(ㄹㅋㄷ ㅎㄱ) (R______ E_____)

2. 어떤 재화에 대한 수요가 많아지면 그에 편승하여 다른 사람들도 그 경향을 따라 구매하는 것처럼 유행에 따라 상품을 구입하는 소비현상을 일컫는 말은?

(ㅂㄷㅇㄱ ㅎㄱ) (B___ -W____ E_____)

3. 재화의 양에 비해 통화량이 증가하여 화폐의 가치는 하락하고 물가가 지속적으로 상승하는 경제현상은 무엇인가? (ㅇㅍㄹㅇㅅ) (I________)

4. 재화의 양에 비해 통화량이 축소하여 화폐의 가치는 상승하고 물가가 지속적으로 하락하여 경기가 침체되는 경제현상을 무엇이라 할까? (ㄷㅍㄹㅇㅅ) (D________)

5. 인플레이션을 극복하기 위하여 통화량의 증가를 억제하고 금융 및 재정예산의 긴축을 주요 정책으로 삼는 경제 조정정책은? (ㄷㅅㅇㅍㄹㅇㅅ) (D___________)

6. 디플레이션 상태에서 금리인하나 재정지출의 확대 등을 통해 경기를 자극함으로써 경기를 회복시키는 통화 재팽창 정책을 뜻하는 용어는? (ㄹㅍㄹㅇㅅ) (R________)

7. 전년도 예산의 기득권을 인정하지 않고 모든 예산항목을 제로(0)에서 출발하여 과거의 실적이나 효과, 정책의 우선순위를 엄격히 정하여 예산을 편성하는 방법은 무엇인가?

(ㅈㄹ ㅂㅇㅅ ㅇㅅ) (Z___ B___ B_____)

8. 국제금융 거래에서 기준이 되는 런던은행 간 금리(LIBOR)와 실제금리와의 차이, 또는 채권이나 대출 금리를 정할 때 신용도에 따라 기준금리에 덧붙이는 가중 금리를 무엇이라 부르는가? (ⓢⓟⓡⓓ) (S_____)

9. 미래 일정 시점에 일정 가격으로 실물을 인도하는 계약을 선물거래라고 하는데, 선물시장에서 현물가격과 선물가격과의 차이를 무엇이라 하는가? (ⓑⓞⓢⓢ) (B____)

10. 해외에서도 일정 한도 내에서 신용카드나 현금카드를 사용해 현금을 인출하는 것이 가능하듯 국내에서 이용하는 금융서비스를 세계 어느 지역에서나 동일하게 받을 수 있도록 하는 제도는? (ⓖⓡⓑ ⓑⓚ) (G_____ B______)

11. 은행의 건전성과 안정성을 가늠하기 위해 만들어진 국제 기준으로 1988년 바젤 합의를 통해 정해진 국제결제은행 기준 자기자본비율을 무엇이라 할까? (ⓑⓘⓘⓘⓢ ⓑⓘ)

12. 주식가격을 예측하는 기술적 분석지표로 주가나 거래량의 단기 이동평균선이 중장기 동평균선의 아래에서 위로 돌파해 올라가는 현상을 일컫는 말은?

(ⓖⓓ ⓚⓡⓢ) (G_____ C____)

13. 주가나 거래량의 단기 이동평균선이 중장기 이동평균선의 위에서 아래로 떨어져 약세국면으로의 전환신호로 해석되는 현상은 무엇일까? (ⓓⓓ ⓚⓡⓢ) (D___ C____)

14. 주권의 수송이나 제도·관습 등의 차이로 외국에서는 자국의 주식거래가 어려운데 이를 해결하기 위해 외국에서 자국의 주식 대신에 유통되는 증권은?

(ⓙⓢⓘⓣⓙⓢ) (D_________ R_______)

15. 중소기업이나 신용등급이 낮은 기업이 발행한 채권에 전문적으로 투자하는 펀드로서, 수익률은 높은 만큼 고위험을 수반하는데 이를 무엇이라 하는가?

(ⓗⓘ ⓘⓓ ⓟⓓ) (H___ Y____ F___)

16. 지분의 보유를 통해 은행이나 증권·보험·투자신탁회사 등과 같은 금융기관을 자회사로

소유하고 경영을 지배하는 회사를 뜻하는 명칭은?

(ㄱㅇㅈㅈㅎㅅ) (F________ H______ C______)

17. 같은 업종 간의 합병(수평합병)이나 생산공정의 전후가 있는 기업 간의 합병(수직합병)과는 달리 독점 금지법의 제한을 탈피하거나 경영 다각화를 위해 업종이 서로 다른 이종 기업 간의 결합에 의한 기업형태는 무엇인가? (ㅋㄱㄹㅁㄹㅌ) (C___________)

18. 바하마나 버뮤다 등 개인의 소득세와 법인세에 대한 과세가 전혀 없는 텍스 파라다이스(Tax Paradise), 홍콩이나 파나마 등 국외소득에 대하여는 면세 또는 극히 낮은 세율이 부과되는 텍스 셸터(Tax Shelter), 룩셈부르크와 같이 특정기업이나 사업활동에 한해 세제상 혜택이 주어지는 텍스 리조트(Tax Resort) 등과 같은 조세피난처를 무엇이라 할까?

(ㅌㅅ ㅎㅂ) (T__ H_____)

19. 청산이나 인수·합병(M&A) 등과 함께 부실 금융기관을 정리하는 방식 중의 하나로, 우량금융기관이 부실금융기관의 우량 자산과 부채만을 인수하고, 부실금융기관의 남은 부실자산과 부채에 대하여는 예금보험공사나 정부주도로 청산 절차를 밟는 것은?

(ㅈㅅㅂㅊㅇㅈ) (P_______& A__________)

20. 어린아이를 뜻하는 키드(Kid)와 어른을 뜻하는 어덜트(Adult)를 합친 말로, 몸은 어른이지만 행동과 취향은 어린아이 같은 20~30대 성인들은 어린 시절 향수를 바탕으로 다시 그런 경험을 체험하려고 한다. 이들의 기호와 소비 성향을 반영하는 제품을 생산하는 산업을 무엇이라 하는가? (ㅋㄷㅌ ㅅㅇ) (K_____ I_______)

정답

1. 리카도 효과(Ricardo Effect) **2.** 밴드왜건 효과(Band - Wagon Effect) **3.** 인플레이션(Inflation) **4.** 디플레이션(Deflation) **5.** 디스인플레이션(Disinflation) **6.** 리플레이션(Reflation) **7.** 제로 베이스 예산(Zero Base Budget: ZBB) **8.** 스프레드(Spread) **9.** 베이시스(Basis) **10.** 글로벌뱅킹(Global Banking) **11.** BIS 비율 **12.** 골든 크로스(Golden Cross) **13.** 데드 크로스(Dead Cross) **14.** 주식예탁증서(Depositary Receipts) **15.** 하이일드 펀드(High Yield Fund) **16.** 금융지주회사(Financial Holding Company) **17.** 컨글로머리트(Conglomerate) **18.** 텍스 해븐(Tax Heaven) **19.** 자산부채이전(Purchase & Assumptions:P&A) **20.** 키덜트 산업(Kidult Industry)

CHAPTER 27

초 성 으 로 찾 아 가 는 재 미 있 는 상 식 여 행

economy 경제상식

1. 플랜트 수출이나 해외 건설공사 등의 계약에서 사용하는 수주방식의 하나로 시공회사가 설계에서부터 프로젝트의 완성에 이르기까지의 모든 부분을 완성하여 인도하는 일괄수주 계약을 무엇이라 부르는가? (ⓔⓚⓑⓢ) (T_ _ _ K_ _ S_ _ _ _ _)

2. 수입품에 대하여 안정적인 가격대를 설정하고 수입품의 가격이 이 가격대를 초과하면 관세를 내리고, 이를 밑도는 경우는 관세를 가중시켜 국내산업의 생산자와 수요자의 상호이익을 조절하는 관세 방법을 뜻하는 말은? (㉦㉣㉧㉢ ㉠㉦) (S_ _ _ _ _ _ T_ _ _ _ _)

3. 아이디어만 있을 뿐, 창업자금이나 필요한 인력·마케팅 능력이 없는 벤처기업의 창업에 필요한 전 과정을 도와주는 회사나 사업자를 무엇이라 할까?

(㉥㉩ ㉧㉪㉥㉧㉫) (V_ _ _ _ _ _ I_ _ _ _ _ _ _ _)

4. 인터넷 이용자들이 만든 무료 백과사전인 '위키피디아(Wikipedia)'와 '경제학(Economics)'의 합성어로, 기업 내부 인재만의 지식에 의존하지 않고 불특정 다수 외부인의 지식을 널리 이용한 집단지성과 협업으로 창출되는 경제는? (㉧㉪㉡㉤㉦) (W_ _ _ _ _ _ _ _ _)

5. 급변하는 경제 환경에 적응하고 외부경영자원을 활용하기 위해 어떤 기업이 다른 기업의 주식이나 자산을 취득하면서 경영권을 획득하거나, 둘 이상의 기업들이 법률적으로나 사실적으로 하나의 기업으로 결합하는 경영전략을 무엇이라 하는가?

(㉠㉧㉧㉦㉭㉥) (M_ _ _ _ _ _ & A_ _ _ _ _ _ _ _ _ _ _)

6. 모기업이 자회사나 특정 사업부문을 분리하여 회사를 신설하고, 그 주식을 모기업의 주주들에게 나눠주어 경영권을 지배할 수 있도록 하는 기업분할형식은 무엇일까?

(㉦㉬ ㉧㉬) (S_ _ _ O_ _)

7. 주식 시세를 인위적으로 조작함으로써 차익을 챙기려는 세력이 활동하고 있는 종목을 말하는데, 증권거래법에서 규정한 '시세조종행위(Manipulation)'가 이뤄지고 있는 종목이다. 주식시장에서 이 같은 시세조종행위를 하다가 적발되면 2년 이하 징역이나 1천만 원 이하 벌금형을 받는데, 이런 종목을 부르는 명칭은? (ⓩⓩⓩ)

8. 분실·도난 휴대전화가 아닌 경우, 이동통신사 대리점에 가서 단말기를 구입해 개통할 필요 없이 제조사 대리점이나 마트, 편의점 등에서 단말기를 구입해 유심(USIM)만 바꿔 끼우면 즉시 사용할 수 있다. 이 제도를 무엇이라 할까?(ⓑⓡⓡⓢⓣ ⓩⓓ) (B____ L___)

9. 단기적인 원가절감에서 벗어나 장기적으로 수익성이 없거나 비생산적인 부서 혹은 지사를 축소하거나 폐지하는 경영기법은 무엇인가? (ⓓⓞⓢⓞⓩ) (D_________)

10. 우리나라 기획재정부가 통계청의 조사를 기초로 경기 흐름을 분석한 월간 경제동향보고서로써, 미국 중앙은행이 내놓는 베이지 북(Beige Book)과 비슷한 성격으로 2005년 3월 4일 처음으로 발행되었다. 민간소비·설비투자·건설투자·수출입 등 지출 부문과 산업생산·서비스업 활동 등 생산 부문, 고용·금융·국제수지·물가·부동산 등 모두 열두 분야로 구성된 이것을 무엇일까? (ⓖⓡⓑ) (G____ B___)

11. 어느 기업의 그룹 내에서 A 기업이 B 기업에, B 기업이 C 기업에, C 기업은 A 기업에 다시 출자하는 식으로 그룹 계열사들끼리 돌려가며 자본을 늘리는 것을 말하는데, 재벌 기업들이 계열사를 늘리고 계열사를 지배하기 위한 수단으로 활용하기도 하는 이것은? (ⓢⓗⓒⓩ)

12. 은행 등 금융기관이 파산했을 때 고객들이 맡긴 돈을 찾을 수 있도록 보호해주는 제도를 무엇이라 하는가? (ⓞⓖⓑⓗⓩⓓ) (D______ I________)

13. 물적 회사와 인적 회사의 요소를 가미한 중간형태의 회사로, 사원 전원의 책임이 한계가 있고 분화된 기관을 가지는 점은 주식회사와 유사하지만, 지분의 양도가 자유롭지 못한 상법상의 기업을 뜻하는 명칭은? (ⓞⓗⓗⓢ)

14. 모든 사원이 무한 책임 사원으로서 회사의 업무를 집행할 권리와 의무가 있으며, 사원

전원의 동의 없이 그 지분을 타인에게 양도할 수 없는 가족 회사 형태의 인적 공동 기업을 무엇이라 할까? (ⓗⓜⓗⓢ)

15. 2012년 개정된 상법에 도입된 회사의 형태로, 내부관계에 관하여는 정관이나 상법에 다른 규정이 없으면 합명회사에 관한 규정을 준용한다. 지배구조가 주식회사보다 신속하고 유연하며, 출자자가 직접 경영에 참여할 수 있고, 각 사원이 출자금액 한도 내에서 책임이 있으므로, 고도의 기술을 보유하고 있으나 초기 상용화에 어려움을 겪는 청년 벤처 창업에 적합한 기업이다. 무엇일까? (ⓞⓗⓒⓞⓗⓢ)

16. 사원 간의 개인적 신뢰를 기초로 하는 조합적 성격을 띤 인적회사에 속하는데, 기업 경영을 담당하는 무한책임 사원과 출자액을 한도로 하는 유한책임사원으로 구성된 이원적 조직 회사는 무엇인가? (ⓗⓙⓗⓢ)

17. 인간의 물질적 욕구에 비하여 그것을 충족시켜주는 물적 수단의 공급이 상대적으로 부족한 것을 말하는데, 모든 경제 문제의 출발점이 되는 이 원칙은? (ⓗⓢⓢⓞ ⓞⓒ)

18. 무역거래에서 매매계약당사자의 일방이 계약이행을 위반함으로써 다른 일방이 이 때문에 입은 손해의 배상을 청구하는 것을 무엇이라 하는가? (ⓚⓡⓞ) (C____)

19. 국세는 그 부과에 통관절차를 필요로 하는가에 따라 구분되는데, 물품을 외국으로부터 수입하거나 외국에 수출할 때 부과되는 관세를 제외한 모든 국세를 일컫는 말은? (ⓝⓖⓢ)

20. 일시적으로 자금이 부족한 금융기관이 다른 금융기관으로부터 자금을 차입하고 지급하는 30일 이내의 은행 간 초단기 금리는 무엇일까? (ⓚ ⓖⓡ) (C___ R___)

정답

1. 턴키방식(Turn Key System) **2.** 슬라이딩 관세(Sliding Tariff) **3.** 벤처 인큐베이터(Venture Incubator) **4.** 위키노믹스(Wikinomics) **5.** 기업인수합병(Mergers & Acquisitions:M&A) **6.** 스핀 오프(Spin Off) **7.** 작전주 **8.** 블랙리스트 제도(Black List) **9.** 다운사이징(Downsizing) **10.** 그린 북(Green Book) **11.** 순환출자 **12.** 예금보험제도(Deposit Insurance) **13.** 유한회사 **14.** 합명회사 **15.** 유한책임회사 **16.** 합자회사 **17.** 희소성의 원칙 **18.** 클레임(Claim) **19.** 내국세 **20.** 콜 금리(Call Rate)

CHAPTER 28

초 성 으 로 찾 아 가 는 재 미 있 는 상 식 여 행

economy 경제상식

1. 농산물과 같은 1차 생산품은 계절에 따라 가격의 오르내림이 심한데, 이와 같은 가격 변동이 심한 물품을 수입할 때, 국내 상품 가격이 받는 영향을 없애기 위해 관세율을 조정한다. 이것은 무엇인가? (㉠㉫㉠㉦) (S_______ D_____)

2. 미국은 과거 소련과 중국의 폐쇄정책을 가리켜 각각 '강철 장막(Iron Curtain)', '대나무 장막(Bamboo Curtain)'이라고 표현 했다. 이에 빗대어 오바마 미국 대통령이 이란 정부의 정보 차단 정책을 비난하면서 쓴 용어는? (㉫㉫㉫㉤) (E_________ C______)

3. '대기업의 공정거래 약속과 관련한 실적 평가'와 '중소기업의 대기업별 추진 실적 체감도 평가'를 지수로 만든 것인데, 공정거래위원회가 해마다 실시하는 대기업별 동반 성장 이행 실적 평가와 동반성장위원회가 주도하는 1·2차 협력 중소업체의 설문조사 결과를 적용한 체감도 평가를 반영하여 계량화한 지표를 무엇이라 할까?

(㉢㉥㉦㉫㉫㉦) (W__-W__ I____)

4. 신제품의 출시 초기에 판매량을 늘리기 위해 상대적으로 제품의 가격을 낮게 설정하는 전략을 말하는데, 단기간에 시장에 깊숙이 침투하고 많은 수의 고객을 확보하기 위해, 최초의 가격을 낮게 설정하여 시장 점유율을 확대하려는 가격정책은? (㉬㉮㉠㉠㉫㉬)

5. 공·사채나 주식과 같은 유가증권의 발행액이 지나치게 커 증권 인수업자가 단독으로 인수하기 어려울 때 이를 매수하기 위해 다수의 업자들이 공동으로 창설하는 인수조합을 부르는 말은? (㉭㉦㉦㉧) (C_________)

6. 종업원에게 업무 목표만을 지시하고 그 달성방법은 종업원에게 맡기는 관리방법으로, 목표 설정까지도 종업원에게 맡기는 경우 있다. 어느 경우이건 관리자는 명령하지 않고 종업원의 자주적 결정에 필요한 정보를 주며 종업원 상호 간의 조정을 중시하는데, 조직의 거대

화에 따른 종업원의 무기력화를 방지하고 근로의욕을 향상시키는 이런 관리방법을 무엇이라 할까? (ⓜⓟⓖⓡⓙⓓ) (M_________ by O_________)

7. 대기업이 산업 경쟁력을 높이기 위해 경쟁력이 없는 같은 영역의 사업부문이나 중요한 사업 부문을 서로 맞교환하는 것을 뜻하는 단어는? (ⓑⓓ) (B__ D___)

8. 소비자가 직접 신제품 개발에 관한 아이디어를 제공하고 기업이 이를 수용하여 제품을 생산함으로써 고객의 만족을 극대화하는 전략을 무엇이라 하는가?

(ⓟⓡⓢⓜ ⓜⓚⓣ) (P_______ M________)

9. 일반시장의 빈틈을 공략하는 새로운 상품을 생산하여, 특정한 성격을 가진 소규모의 소비자를 판매 대상으로 삼는 '틈새시장' 전략을 일컫는 말은 무엇인가?

(ⓝⓒ ⓜⓚⓣ) (N____ M________)

10. 대규모 기업집단에 속하는 회사가 순자산액의 일정비율을 초과해 국내회사에 출자할 수 없도록 한 제도를 말하는데, 업종 다각화에 따른 대기업들의 무분별한 사업 확장을 막기 위해 자산총액 10조 원 이상인 기업집단 소속의 기업에 한해 순자산의 40%를 초과하여 계열사·비계열사를 불문하고 국내회사에 출자할 수 없도록 한 이 제도는 무엇일까?

(ⓒⓙⓒⓞⓙⓗⓙⓓ)

11. 국가나 기업이 도산해 세계경제나 국민경제에 심각한 영향을 미칠 우려가 있다고 판단될 때, 새로운 자금을 지원해 주거나 이미 대출해 준 자금의 상환 시기를 늦춰주는 등 금융기관이 기업에 재무적인 지원해 주는 일을 무엇이라 하는가? (ⓖⓙⓖⓞ) (B______)

12. 기업이 가진 재능을 마케팅이나 기술개발에만 사용하지 않고, 사회단체나 공공기관 등에 기부하여 사회에 공헌함으로써 기업 이미지 및 브랜드 가치를 제고시키는 일을 부르는 말은? (ⓙⓝⓖⓑ)

13. 기업들이 경쟁의 원리에서 벗어나 더 많은 가치를 창출하기 위해서 차별화와 저비용을 통해 경쟁이 없는 새로운 시장을 창출하려는 전략을 무엇이라 할까?

(ⓑⓡⓞⓢ ⓙⓡ) (B___ O____ S_______)

14. 이미 잘 알려진 시장이나 기존의 모든 산업과 같이 매우 치열한 경쟁시장을 무엇이라 하는가? (ⓡⓒⓞⓢ) (R_ _ O_ _ _ _)

15. 치열한 경쟁시장인 '레드 오션'과 경쟁자가 없는 시장인 '블루 오션'을 조합한 말로, 발상의 전환을 통해 새로운 가치의 시장을 만드는 경영전략을 뜻하는 조합어는?

(㉬㉬㉧㉦ ㉨㉣) (P_ _ _ _ _ O_ _ _ _ S_ _ _ _ _ _ _)

16. '환경(Green)'과 '경제(Economy)'를 결합한 용어로 환경을 훼손하지 않으면서 성장을 바탕으로 이룩해 가는 경제를 무엇이라 부르는가? (㉠㉣㉡㉤㉦) (G_ _ _ _ _ _ _ _ _)

17. 소비와 저축이 가능한 아프리카 대륙의 구매력 있는 신흥 중산층을 일컫는 말은?

(㉥㉣㉢㉧㉧㉤㉢) (B_ _ _ _ D_ _ _ _ _ _)

18. 소비자들은 오프라인 매장에서 제품을 살펴보고 실제 구매는 오프라인보다 저렴한 온라인이나 전화, 방문판매 등 다른 유통 경로를 이용하는데, 오프라인 매장이 온라인 쇼핑몰의 전시장으로 변하는 현상을 무엇이라 할까? (㉦㉣㉤) (S_ _ _ _ _ _ _ _ _ _)

19. 통합의 힘을 강조하는 시너지와 대비되는 개념으로, 결합보다는 분리를 통해 경쟁력을 갖추고자 하는 것을 무엇이라 하는가? (㉦㉡㉨) (S_ _ _ _ _ _)

20. 지적재산권을 의미하는 카피라이트(Copyright)와 반대되는 개념으로, 저작권 소유자가 지적 창작물에 대한 권리를 모든 사람이 공유할 수 있도록 허용하는 것은?

(㉪㉬㉣㉬㉫) (C_ _ _ _ _ _ _)

정답

1. 계절관세(Seasonal Duties) **2.** 전자 장막(Electronic Curtain) **3.** 동반성장지수(Win-Win Index) **4.** 침투가격정책 **5.** 컨소시엄(Consortium) **6.** 목표관리제도(Management by Objectives: MBO) **7.** 빅딜(Big Deal) **8.** 프로슈머 마케팅(Prosumer Marketing) **9.** 니치 마케팅(Niche Marketing) **10.** 출자총액 제한제도 **11.** 구제금융(Bailout) **12.** 재능기부 **13.** 블루오션 전략(Blue Ocean Strategy) **14.** 레드 오션(Red Ocean) **15.** 퍼플 오션 전략(Purple Ocean Strategy) **16.** 그린노믹스(Greenomics) **17.** 블랙 다이아몬드(Black Diamond) **18.** 쇼루밍(showrooming) **19.** 세너지(Senergy) **20.** 카피레프트(Copyleft)

CHAPTER 29

초 성 으 로 찾 아 가 는 재 미 있 는 상 식 여 행

economy 경제상식

1. 통화는 한 나라의 경화와 금 보유량, 국제무역수지, 인플레이션과 이자율, 그리고 일반 경제력에 따라 가치가 변하게 되는데, 시장에서 공급과 수요가 변함에 따라 환율이 변동하는 제도는 무엇일까? (ㅂㄷㅎㅇㅈ)

2. 외환시세의 변동을 인정하지 않고, 정부가 자국 통화의 환율을 일정한 수준으로 유지하기 위하여 중앙은행이 외환시장에 개입하도록 하는 제도는? (ㄱㅈㅎㅇㅈ)

3. 국가가 부강한 것이 대외적인 힘의 우위성을 실현할 수 있다는 신념에 기초하여 국가의 보호로 무역, 특히 수출을 추진함으로써 나라를 부강하게 하려는 사상 또는 그러한 사상에 기초한 경제정책을 무엇이라 하는가? (ㅈㅅㅈㅇ)

4. 관세인상, 수입할당제, 수입과징금제, 수입담보금제 등을 통해 국내 유치산업을 보호·육성하기 위하여 국가가 적극적으로 수출을 통제하고 수입을 제한하는 경제정책은 무엇인가? (ㅂㅎㅁㅇㅈㅇ)

5. 유럽연합(EU), 북아메리카 자유무역협정(NAFTA), 아시아태평양 경제협력체(APEC), 동남아시아 국가연합(ASEAN) 등과 같이, 공간적 접근이 쉽고 상호 이익을 추구할 수 있는 인접국끼리 자국의 경제적 이익을 위해 만든 경제 협력 공동체를 무엇이라 할까? (ㄱㅈㅂㄹ)

6. 국방·경찰·소방·공원·도로 등의 재화는 특정의 소비자에게만 판매할 수 없을 뿐 아니라, 경쟁적 시장을 통하여 충분하게 공급될 수도 없으므로 집단적으로 공급되어야 한다. 이처럼 정부의 재정으로 모든 사람이 공동으로 이용할 수 있는 재화나 서비스를 이르는 말은? (ㄱㄱㅈ)

7. 금융기관이 파산 등의 사유로 고객의 예금을 지급하지 못하게 된 경우, 정부가 한 금융기관에서 원금과 이자를 포함해 1인당 5천만 원까지 보장받을 수 있도록 예금자를 보호하기 위해 제정한 법은? (ⓞㄱㅈㅂㅎㅂ)

8. 보험사고가 발생한 경우 보험약관에 약정한 금액만을 지급하는 정액보상과는 달리, 실제 지급한 진료비 가운데 환자 본인 부담금의 90%를 보상해 주는 손해보험 상품을 무엇이라 부르는가? (ㅅㅅㅇㄹㅂㅎ)

9. 기존의 온라인 쇼핑몰 판매 방식과는 달리 판매자와 구매자에게 모두 열려 있는 온라인 장터로서, 개인과 소규모 판매업체 등이 온라인상에서 자유롭게 상품을 거래할 수 있는 중개형 인터넷 쇼핑몰의 명칭은 무엇인가? (ㅇㅍ ㅁㅋ) (O___ M_____)

10. 기업의 광고 비용이나 R&D 비용 등과 같이 의사 결정을 하고 실행한 이후에 발생하는 비용 중 회수할 수 없는 비용을 무엇이라 할까? (ㅁㅁㅂㅇ) (S___ C___)

11. 빼빼로데이, 커플데이, 뮤직데이, 레드데이에 다양하고 이색적인 이벤트를 개최하여, 자사 상품을 적극적으로 홍보하는 것과 같이, 특정 기념일을 타켓으로 하는 이 새로운 마케팅의 이름은? (ㄷㅇ ㅁㅋㅌ) (D__ M________)

12. 대체에너지, 저장에너지, 전력 IT, LED 등과 같이 사회·경제활동의 모든 과정에 걸쳐 에너지와 자원을 절약하고 효율적으로 사용하여, 온실가스나 오염 물질 배출량을 줄이는 기술을 무엇이라 하는가? (ㄴㅅㄱㅅ) (G____ T________)

13. 당해 물품이 확실하게 그 국가에서 생산되거나 제조된 것임을 증명하기 위하여 수출국에 주재하는 수입국 영사 또는 수출지의 상공회의소가 발급하는 공문서는 무엇인가? (ㅇㅅㅈㅈㅁㅅ)

14. 어음이나 수표를 가진 사람이 거래은행에 어음과 수표의 대금 회수를 위임하고, 위임을 받은 은행은 어음과 수표의 발행은행 앞으로 대금 지급을 요청하는 일련의 절차를 부르는 말은? (ㅊㅅ)

15. 20%의 고객이 백화점 전체 매출의 80%에 차지하는 것처럼, '전체 결과의 80%가 전체 원인의 20%에서 일어나는 현상'을 무엇이라 할까? (㉮ ㉣ ㉫ ㉥ ㉩) (P _ _ _ _ _' L _ _)

16. 파레토 법칙과는 반대로 80%의 '사소한 다수'가 20%의 '핵심 소수'보다 뛰어난 가치를 창출한다는 이론은 무엇인가? (㉣ ㉫ ㉧ ㉥ ㉩) (L _ _ _ T _ _ _ T _ _ _ _ _)

17. 검색광고업체인 포럴톤(Portal Tone)이 개발한 새로운 광고기법으로, 인터넷 이용자들이 원하는 제품이나 서비스를 검색한 다음, 검색 결과에 나오는 광고주와 자동으로 전화를 연결해 주는 방식을 무엇이라 하는가? (㉮ ㉧ ㉮ ㉪) (P _ _ per C _ _ _)

18. 특정 브랜드의 옷이나 전자제품이 인기를 끌면 나머지 사람들도 같은 제품을 이용하려는 것처럼, 무리에서 혼자 뒤처지거나 동떨어지는 것을 싫어해서 다수를 따라 하는 현상을 나타내는 말은? (㉧ ㄸ ㉭ ㉠)

19. 아파트로 획일화되는 서울의 주거환경을 다양화하기 위해 2010년 4월 서울시가 제도 도입을 발표하였는데, 골목길이나 커뮤니티 등 기존 저층 주택이 가진 장점을 살리면서 폐쇄회로TV(CCTV), 경로당, 어린이집, 주차장, 공원 같은 시설이 잘 갖춰진 아파트의 장점을 결합한 신개념 저층 주거지는 무엇인가? (㉭ ㉤ ㉫ ㉧) (H _ _ _ _ T _ _ _)

20. 적대적 인수·합병(M&A)이나 경영권 침해의 시도가 있을 경우, 시가보다 싼 가격으로 기존 주주들에게 지분을 구입할 수 있는 권리를 부여하여 경영권을 방어할 수 있도록 하는 제도를 말하는데, 미국·프랑스·일본 등에서 시행하고 있다. '독소 조항'이라고도 하는 이것은? (㉮ ㉧ ㉨ ㉮) (P _ _ _ _ _ P _ _ _)

정답

1. 변동환율제 **2.** 고정환율제 **3.** 중상주의 **4.** 보호무역주의 **5.** 경제블록 **6.** 공공재 **7.** 예금자 보호법 **8.** 실손의료보험 **9.** 오픈 마켓(Open Market) **10.** 매몰비용 또는 함몰비용(Sunk Cost) **11.** 데이 마케팅(Day Marketing) **12.** 녹색기술(Green Techology) **13.** 원산지증명서(Certificate of Origin: C/O) **14.** 추심 **15.** 파레토 법칙(Pareto's Law) **16.** 롱테일 법칙(Long Tail Theory) **17.** 페이퍼콜(Pay per Call) **18.** 양떼효과 **19.** 휴먼 타운(Human Town) **20.** 포이즌 필(Poison Pill)

CHAPTER 30

economy 경제상식

1. 중산층의 붕괴 과정에서 나타나는 경제·사회적 양극화 현상을 일컫는 말로, 미래에 희망을 가질 수 있는 사람과 가질 수 없는 사람으로 나누어지는 사회현상을 말한다. 일본의 야마다 마사히로가 쓴 책의 제목으로 유명한 이것은? (ⓗⓜ ⓖⓒⓢⓗ)

2. 올림픽을 위해 건설 등에 집중 투자함으로써 경기가 과열됐다가 올림픽 뒤에는 경기 침체가 빠르게 진행되는 현상을 일컫는 말이다. 우리나라도 '88 서울올림픽' 이후 성장률이 10%대에서 6%대로 떨어지는 후유증을 겪기도 하였는데, 이러한 '올림픽 후유증(Post-Olympic slump)'을 무엇이라 하는가? (ⓑⓡ ⓗⓖ) (V_____ E_____)

3. 1988년 이후 태어나 선진국으로 넘어가는 문턱에서 자라난 이 세대는 이전 세대보다 건강하고 적극적이며 세계화돼 있고, 개인주의 문화에 익숙하며 인터넷을 일찍부터 익혀 정보 습득이 빠르고 조기유학 영어교육 등으로 뛰어난 경쟁력을 갖춘 집단이기도 하다. 이 세대를 가리키는 말은? (ⓙ ⓢⓓ)

4. 금융기관은 대출금리가 높고 예금금리가 낮을수록 수익이 커진다. 금융기관의 수익성을 나타내는 지표가 되기도 하는데, 금융기관이 대출로 받은 이자에서 예금에 지불한 이자를 차감한 나머지 부분을 일컫는 명칭은? (ⓞⓓⓜⓙ)

5. 표준품에 의한 매매의 일반적 조건으로, 농산물·천연산물·과실 등의 매매거래에서 동종 상품의 평균적인 중등품을 품질인도조건으로 하는 경우를 무엇이라 할까? (ⓟⓖⓙⓓⓟⓙⓙⓖ)

6. 외관으로는 손상 여부를 구분하기 어려워 정확한 견본이나 표준품을 정하기 까다로운 목재나 냉동어류·광물류의 표준품 산정에 사용되는 조건으로, 물품이 시장에서 판매하기에 적격한 것인가를 따져 표준품으로 삼는 품질인도조건은 무엇인가?(ⓟⓜⓙⓖⓟⓙⓙⓖ)

7. 인삼이나 오징어 등과 같은 상품에 대하여 품질등급을 정함에 있어서, 국가에서 정한 공인검사기관이나 단체에 의해 해당 기관에서 정해 놓은 등급에 따라 상품의 품질등급을 정하는 품질인도조건을 무엇이라 하는가? (ⓑⓔⓟⓩⓟⓩⓩⓖ)

8. 생산설비의 자동화, 정보기술(IT)산업 의존도 확대, 노동집약형 산업체의 해외 투자 확대 등으로 국가 경제가 성장해 생산이 늘어남에도 고용은 늘어나지 않거나 오히려 줄어드는 현상을 가리켜 일컫는 말은? (ㄱㅇㅇㄴ ㅅㅈ) (J______ G_____)

9. 여성의 구매력이 점차적으로 커짐에 따라 소비의 주도 세력이 남성에서 여성으로 바뀔 것이라는 전망이 많이 대두되고 있는데, 여성 인력의 경제활동 활성화 여부에 따라 경제상황이 좌우될 수 있음을 의미하는 용어는 무엇인가? (ㅇㅁㄴㅁㅅ) (W_________)

10. 기업은 나쁜 정보가 있을 때 주로 주말 폐장 이후에 발표해 투자자들의 충동적인 반응을 모면하려고 하는 경향이 있는데, 이에 따라 주식시장에서 월요일의 수익률은 일반적으로 다른 요일보다 낮게 나타나는데 이러한 현상을 무엇이라 할까? (ㅈㅁㅎㄱ)

11. 탈세와 불법 자금 거래의 온상인 조세피난처와 함께 자금을 해외로 유출하는 방법으로, 통화가 다는 두 나라에 각각의 계좌를 만들고, 한 나라의 계좌에 입금한 후 다른 나라의 계좌에서 그 나라의 화폐로 인출하는 불법 외환거래를 뜻하는 단어는? (ㅎㅊㄱ)

12. 무역거래에서 매매계약과 재화의 수출입은 양국의 당사자 간에 이루어지되, 그 대금의 결제는 제3국의 상사를 통해 이루어지는 거래를 무엇이라 할까?
(ㅅㅇㅊ ㅁㅇ) (S_____ T____)

13. 일정량의 제품을 수출한 회사에 한해서 일정비율의 원료 수입을 허용하는 것처럼, 수출입을 수량과 금액으로 연결해 놓고 수출 품목의 수량이나 금액의 범위 내에서 수입을 허용하는 제도는 무엇일까? (ㄹㅋ ㅁㅇㅈ) (L___ S_____)

14. 겉으로는 충성스러운 고객이지만 경쟁력 있는 타사 제품이 나타나면 그쪽으로 옮겨갈 가능성이 높은 사람들을 말하는데, 기업의 노동자 착취, 유행상품 제조 등 해당 기업의 윤리적인 문제를 중시하여 불만이 있을 때 상품불매운동을 넘어 입소문 등으로 더욱 널리 확

산시킴으로써 기업에 치명적인 영향을 줄 수 있는 고객을 지칭하는 말은? (ㄱㄷㄱㄱ)

15. 신문·방송·잡지 등 기존 미디어를 이용하지 않고 인터넷, 쇼핑백, 피자 박스, 레스토랑 메뉴판, 버스, 전철, 벽화, 스티커 등 다양한 채널을 이용하여 메시지를 전달하는 차별화된 광고기법은 무엇일까? (ㄷㅇㄱㄱ)

16. 텔레비전(Television)과 상거래(Commerce)를 결합한 용어로 인터넷 TV를 활용한 전자상거래를 뜻하는 말이다. 텔레비전을 시청하는 중에 전용 리모컨을 사용해 원하는 제품의 정보를 확인하고 구매할 수 있는 서비스는? (ㅌ ㅋㅁㅅ)

17. 자본주의 시장 구조에서 경쟁할 상대가 없거나, 하나 또는 몇 안되는 기업이 시장을 지배하고 있는 상태를 가리켜 무엇이라 하는가? (ㄷㄱㅈ)

18. 수송·운반기기 등과 같은 플랜트 수출에 있어서, 부품이나 반제품을 수출한 후 그 수입국에서 제품으로 완성해 수출하는 현지조립 수출방식을 의미하는 용어는?
(ㄴㄷㅇ ㅅㅊ) (K____ D___ E_____)

19. 국제상업회의소가 각국의 무역 용어를 조사하여 국가 간의 무역거래에 널리 사용되고 있는 무역거래조건에 관한 해석 규칙을 무엇이라 할까? (ㅇㅋㅌㅅ) (I________)

20. 제품의 제조 원가에서 우수한 경쟁력을 갖춘 회사가 경쟁회사의 원가 수준 혹은 그 이하의 금액으로 가격을 책정하여 경쟁업체를 고사시키고 시장점유율을 확대하는 전략을 일컬어 무엇이라 하는가? (ㄱㄷ ㅍㄹㅇㅅ ㅈㄹ)

정답

1. 희망 격차사회 **2.** 밸리효과(Valley Effect) **3.** G세대 **4.** 예대마진 **5.** 평균중등품질조건(Fair Average Quality: FAQ) **6.** 판매적격품질조건(Good Merchantable Quality: GMQ) **7.** 보통표준품질조건(Usual Standard Quality: USQ) **8.** 고용없는 성장(Jobless Growth) **9.** 위미노믹스(Womenomics) **10.** 주말효과 **11.** 환치기 **12.** 스위치 무역(Switch Trade) **13.** 링크 무역제(Link System) **14.** 갈등고객 **15.** 대안광고 **16.** T-커머스(T-Commerce) **17.** 독과점 **18.** 녹 다운 수출(Knock Down Export) **19.** 인코텀스(Incoterms) **20.** 골든 프라이스 전략(Golden Price)

CHAPTER 31

초성으로 찾아가는 재미있는 상식여행

economy 경제상식

1. 영국 윔블던 테니스 대회에서 주최국인 영국 선수보다 외국 선수가 우승하는 횟수가 많은 것에서 유래된 용어로, 외국자본이 국내시장을 지배하는 현상은 무엇일까? (ㅇㅂㄷㅎㄱ)

2. 노동시장에 노동을 공급함으로써 경제생활에 기여할 수 있는 인구 즉, 한나라의 생산 연령인구 가운데 학생, 주부, 환자 등 생산 활동을 할 능력이나 의사가 없는 사람을 제외한 인구를 무엇이라 하는가? (ㄱㅈㅎㄷㅇㄱ)

3. 일반적으로 매매계약은 당사자 한편이 상대방에게 청약하고 이에 승낙함으로써 성립되는데, 이처럼 품질·수량·가격 등을 기록하여 보내는 거래 청약서는? (ㅇㅍ) (O____)

4. 1994년부터 국제노동기구(ILO)를 중심으로 논의된 것으로, 각국의 근로조건을 국제적으로 표준화하려는 다자간의 협상을 무엇이라 할까? (ㅂㄹ ㄹㅇㄷ) (B___ R____)

5. 상품 가격에 거품을 없애고 무분별한 할인을 막기 위해 정가에 판매하되 일 년에 한두 번 세일을 하는 제도는 무엇인가? (ㄱㄹ ㅍㄹㅇㅅ) (G____ P____)

6. 한 회사의 임직원들이 사회봉사나 공익사업을 위해 기부금을 낼 경우 회사도 이에 호응하여 같은 금액의 후원금을 출연해 공익기금을 조성하는 제도는 무엇일까? (ㅁㅊ ㄱㄹㅌ) (M_______ G____)

7. 가치가 다른 화폐(금화와 은화)가 동일한 액면가액의 화폐로 유통될 경우, 소재의 가치가 높은 화폐(금화)는 사라지고 가치가 낮은 화폐(은화)만 유통되는 현상 즉, "악화는 양화를 구축한다"는 법칙은? (ㄱㄹㅅ)의 법칙

8. 식량은 산술급수적으로 증가하지만, 인구는 기하급수적으로 증가한다는 법칙은?

(ㅁ ㄷ ㅅ)의 법칙

9. 가족 개개인이 일해 얻은 근로수입, 장사로 얻은 사업수입, 집세·지세·이자·배당금 등으로 얻은 재산수입 등을 합한 가족의 총소득을 일컫는 말은? (ㄱ ㄱ ㅅ ㄷ)

10. 소득 가운데 월급과 같이 고정적인 소득을 항상소득이라 한다. 이와 달리 해마다 소득 금액이 다른 농·어업소득, 작곡료, 원고료, 강연료 등은 무슨 소득인가? (ㅂ ㄷ ㅅ ㄷ)

11. 미실현 이익 또는 평가이익과 같이 장부상으로만 계상되는 이익은? (ㄱ ㄱ ㅇ ㅇ)

12. 보험계약자나 피보험자가 보험을 청약할 때 청약서에 있는 질문사항에 대해 사실대로 보험사에 알려야 하는 의무는 무엇이라고 하는가? (ㄱ ㅈ ㅇ ㅁ)

13. 토지를 대상으로 건설교통부·행정자치부·국세청·감정원 등이 정한 각기 다른 평가기준을 통합하여 매년 1월 1일을 기준으로 토지 가격을 고시하는 것의 명칭은? (ㄱ ㅅ ㅈ ㄱ)

14. 제품을 소유하거나 서비스를 받음으로써 느낄 수 있는 만족감, 즐거움, 쾌감 등을 정서적 분위기로 표현함으로써 소비자의 기분에 알맞도록 만든 광고는 무엇인가? (ㅁ ㄷ ㄱ ㄱ)

15. 한 나라의 경제가 어느 정도 무역에 의존하고 있는가를 표시하는 지표를 말하는데, 일반적으로 국민소득(NI) 또는 국민총생산(GNP)에 대한 수출입 총액의 비율로 계산한다. 이 지표를 무엇이라 할까? (ㅁ ㅇ ㅇ ㅈ ㄷ)

16. 주식회사는 사업연도가 끝나면 결산을 확정하고 이익잉여금을 처분하기 위해 정기주총을 개최하는데, 주총에서 주주권을 행사할 주주를 확정키 위해 사업연도 최종일을 권리확정일로 정한다. 배당 기준일 다음날의 주가는 배당금만큼 낮아지는데, 배당 기준일이 지나 배당받을 권리가 없어진 상태를 말하는 것은? (ㅂ ㄷ ㄹ)

17. 노동조합에 가입하지 않거나, 노동조합에서 탈퇴할 것 등과 같은 일정한 조건을 사용자가 제시하고, 이를 근로자가 수용할 것을 고용조건으로 하는 근로계약을 무엇이라 하는가? (ㅎ ㄱ ㄱ ㅇ)

18. 수입한 외국물품을 관세를 부과하지 않은 채로 둘 수 있는 장소를 말하는데, 외국물품을 수입하여 이곳에 보관하고 있는 동안은 관세 징수를 유예받고, 여기에서 수출될 때는 관세를 부과하지 않으며, 국내에 옮겨져 내국물품이 된 때에 비로소 과세된다. 이 장소는?

(ㅂㅅㄱㅇ)

19. 1987년 10월 19일(월) 미국 뉴욕의 다우존스 평균주가가 하루에 전일대비 22.6% 폭락한 날에서 유래한 '암흑의 월요일'을 부르는 말은? (ㅂㄹ ㅁㄷㅇ) (B_ _ _ _ M_ _ _ _ _)

20. 실업의 종류에 대하여 자세히 알아보자.

(1) 출생률이 낮아져 유치원 교사자리가 줄거나, 기술의 발전으로 사양산업이 발생하는 등과 같이 노동인력의 공급과잉으로 발생하는 실업은? (ㄱㅈㅈ 실업)

(2) 현재의 직장에서 사퇴하는 날과 새로운 직장에 출근하는 날이 맞지 않는 것처럼 경기와 관계없이 일시적으로 발생하는 실업은? (ㅁㅊㅈ 실업)

(3) 이전의 직장보다 더 좋은 조건의 직장을 구하기 위하여 일시적으로 발생하는 실업은?

(ㅌㅅㅈ 실업)

(4) 겨울철 해수욕장의 상인과 같이 특정 업종에서 특정 계절에 발생하는 실업은?

(ㄱㅈㅈ 실업)

(5) 형식적으로나 표면적으로는 취업하고 있으나 실질적으로는 실업상태에 있는 것을 무엇이라 하는가? (ㅈㅈㅈ 실업)

(6) 외환위기 때의 명예퇴직 등과 같이 경기가 하락국면에 접어들어 생산이 위축되면서 발생하는 실업은? (ㄱㄱㅈ 실업)

(7) 기술의 발달에 따라 사람의 노동력을 기계가 대신함으로써 발생하는 실업은?

(ㄱㅅㅈ 실업)

정답

1. 윔블던효과 **2.** 경제활동인구 **3.** 오퍼(Offer) **4.** 블루라운드(Blue Round) **5.** 그린 프라이스(Green Price) **6.** 매칭 그랜트(Matching Grant) **7.** 그레샴의 법칙(Gresham's Law) **8.** 멜더스의 법칙(Malthus's Law) **9.** 가계소득 **10.** 변동소득 **11.** 가공이익 **12.** 고지의무 **13.** 공시지가 **14.** 무드광고 **15.** 무역의존도 **16.** 배당락 **17.** 황견계약 **18.** 보세구역 **19.** 블랙 먼데이(Black Monday) **20.** (1) 구조적 실업 (2) 마찰적 실업 (3) 탐색적 실업 (4) 계절적 실업 (5) 잠재적 실업 (6) 경기적 실업 (7) 기술적 실업

CHAPTER 32

초성으로 찾아가는 재미있는 상식여행

economy 경제상식

1. 미국의 경제학자 넉시(Ranger Nurkse)가 처음 사용한 말로, 후진국은 소득이 적어 저축과 구매력이 낮고, 이는 또한 저투자(低投資) 현상을 가져오며 이에 따라 생산력은 저하돼 또다시 소득의 감소를 가져온다는 악순환의 반복을 뜻하는 것은? (ㅂㄱㅇ ㅇㅅㅎ)

2. 부당한 조작에 의한 주식가격의 의도적인 폭등이나 폭락을 방지하여 소액투자자들을 보호하기 위한 제도로서, 주식을 거래할 때 하루에 상승하거나 하락할 수 있는 한도액을 각각 무엇이라 할까? (ㅅㅎㄱ, ㅎㅎㄱ)

3. 백화점과 같은 대형 판매장에서 위층의 이벤트가 아래층의 고객유치로 나타나는 효과와, 반대로 아래층의 이벤트가 위층의 고객을 유인하는 효과를 각각 무엇이라 하는가? (ㅅㅇㅎㄱ, ㅂㅅㅎㄱ)

4. 기업경영 평가 결과 나타난 이익의 일부를 근로자에게 배분하는 제도로서, 근로자 집단 전체의 업무성과를 기준으로 그 몫을 결정하는 제도는 무엇일까? (ㅅㄱㄱㅈ)

5. 임금이나 노동조건을 부당하게 하여 국제수준보다 현저히 낮은 임금수준을 유지함으로써 원가를 절감하고, 이 제품을 해외시장에 싼값에 판매하는 행위는?
(ㅅㅅ ㄷㅍ) (S_____ D______)

6. 소매단계가 아닌 제조단계에서 상품에 바코드 기호를 인쇄하는 것은 무엇인가?
(ㅅㅅ ㅁㅋ) (S_____ M______)

7. 기술은 있으나 자금이 부족한 신생 벤처기업에 투자하여 첨단산업을 육성하는 개인투자자들의 그룹을 뜻하는 명칭은? (ㅇㅈ ㅋㄹ) (A____ C___)

8. 산업의 발달을 촉진하고 국가 간의 무역거래 활성화를 위해 각국의 생산품을 합동 전시하고 구매하는 임시시장을 말한다. 1898년 이탈리아의 베로나에서 처음 개최되었는데 이를 무엇이라 할까? (㉠㉧㉥㉣㉭) (E_ _ _)

9. 생산자를 뜻하는 Producer와 분야별 최고 권위자를 뜻하는 Master의 합성어로, 제품의 개발·생산 과정에 참여한 최고 권위자를 뜻하는 말은? (㉬㉣㉤㉦㉫) (P_ _ _ _ _ _ _ _)

10. 고객과 함께 명품 매장들을 둘러보면서 다양한 상품을 추천하고 브랜드와 제품에 대해 설명해주는 등 VIP 고객이 보다 편하게 쇼핑할 수 있도록 백화점에서 고용한 전문 쇼핑 도우미를 부르는 말은? (㉬㉦㉡ ㉦㉬) (P_ _ _ _ _ _ _ S_ _ _ _ _ _)

11. 우리나라 가락동 농수산물시장 내의 식자재 마트인 '다농'과 서초동에 있는 '진로유통센터'처럼 철저한 할인 판매를 무기로 급속하게 그 세력을 확대하고 있는 소매형태를 말하는데, 슈퍼마켓보다 더 값이 싸다는 데서 이 명칭이 붙었다. 무엇일까?

(㉭㉧㉬ ㉤㉪) (H_ _ _ _ M_ _ _ _ _)

12. 중국과 동남아시아 국가연합 10개국인 아세안(말레이시아·인도네시아·필리핀·태국·싱가포르·브루나이·캄보디아·라오스·미얀마·베트남) 사이에 체결한 자유무역협정(FTA)을 무엇이라 부르는가? (㉨㉬㉫) (C_ _ _ _)

13. 야채나 빵 따위를 주워 식사를 해결하는 것은 물론 옷가지 등 필요한 물품을 쓰레기를 뒤지거나 물물교환을 통해 해결함으로써 자원소비를 최소화하고 환경보전을 꾀하려는 사람들을 무엇이라 하는가? (㉬㉣㉠㉨) (F_ _ _ _ _ _)

14. 기업의 최고경영자나 임원, 첨단 기술자나 과학자 등 고급기술 인력을 필요로 하는 기업이나 기관에 인물을 소개해 주고, 거액의 수수료를 받는 민간인력 소개업체는?

(㉭㉢ ㉭㉫) (H_ _ _ H_ _ _ _ _)

15. 영국의 경제학자 케인즈(John Maynard Keynes)가 주장한 이자율 결정 이론으로, 일반적으로 사람들은 같은 가치의 재화보다는 화폐나 예금 등과 같은 유동성이 큰 자산을 보

유하고자 하는데, 이와 같은 안정성이나 편리함을 포기하고 타인에게 금전을 대여하는 대가가 이자이며, 이러한 화폐에 대한 수요와 화폐의 공급량이 균형을 이루는 지점에서 이자율이 결정된다는 학설은 무엇인가? (ⓞⓒⓢ ⓢⓗⓢ)

16. 케인즈 학파에 속하는 캐나다의 경제학자 갈브레이드(John Kenneth Galbraith)가 사용한 용어로, 어떤 상품에 대한 수요가 소비자의 자주적인 욕구에 의존하는 것이 아니라, 생산자의 광고나 마케팅 전략 등에 의존하여 이루어지는 현상을 무엇이라 하는가?
(ⓞⓙⓗⓖ) (D_________ E_____)

17. 이익 배당이 전혀 없는 주식이나 액면가를 밑도는 주식, 또는 성장성과 수익성이 거의 없는 주식과 같이, 경쟁력이 없는 부실기업의 상장주식을 부르는 말은? (ⓝⓜⓙ)

18. 부채의 상환 능력이 없어 상환기한이 도래하였지만 갚지 못하는 채무불이행(Default)과는 달리, 부채의 상환기한을 일시적으로 연기시키는 것을 대외적으로 선언하는 경우를 무엇이라 할까? (ⓜⓡⓣⓡⓞ) (M_________)

19. 우리나라의 대덕단지와 같이 지방의 성장 산업과 관련된 기술의 연구를 위해, 교육이나 문화, 복리후생 등과 같은 생활환경을 대도시와 같이 조성한 기술 중심의 도시를 무엇이라 하는가? (ⓣⓚⓝⓟⓡⓢ) (T__________)

20. 교외형 재고전문 판매점을 말하는데, 백화점이나 제조업체에서 판매하고 남은 재고상품이나 비인기상품 또는 하자가 있는 상품 등을 정상가격보다 훨씬 싼 가격으로 판매하는 것은? (ⓞⓞⓡ) (O_____)

정답

1. 빈곤의 악순환 **2.** 상한가, 하한가 **3.** 샤워효과, 분수효과 **4.** 성과급제 **5.** 소셜 덤핑(Social Dumping) **6.** 소스 마킹(Source Marking) **7.** 엔젤 클럽(Angel Club) **8.** 국제박람회(EXPO) **9.** 프로마스터(Promaster) **10.** 퍼스널 쇼퍼(Personal Shopper) **11.** 하이퍼 마켓(Hyper Market) **12.** 차프타(CAFTA) **13.** 프리건족(Freegan) **14.** 헤드 헌터(Head Hunter) **15.** 유동성 선호설 **16.** 의존효과(Dependence Effect) **17.** 넝마주 **18.** 모라토리엄(Moratorium) **19.** 테크노폴리스(Technopolis) **20.** 아웃렛(Outlet)

CHAPTER 33

초성으로 찾아가는 재미있는 상식여행

economy 경제상식

1. 정부가 국민생활과 국민경제의 안정을 위하여 필요하다고 인정할 경우 법령에 의하여 쌀이나 석유 등 긴요한 물품의 가격을 결정하여 고시하고 통제하는 가격은? (ㄱㅅㄱㄱ)

2. 정부가 인정과세 제도를 지양하고, 납세자의 자진납부 제도를 확립하기 위해 스스로 과세표준과 결정세액을 산출하여 신고하고 납부하도록 하는 조세징수 방법을 무엇이라 할까? (ㄴㅅㅅㄱㅈㄷ)

3. 단일 기업 내의 공장이나 사업부, 영업소 등의 사업 소단위별로 경영성과를 계산하게 함으로써 성과를 경쟁하게 하는 경영관리제도는 무엇인가? (ㄷㄹㅊㅅㅈ)

4. 직원들이 시간이나 장소에 구애받지 않고 고객과 만나는 현장에서 모든 일 처리를 할 수 있도록 하는 '움직이는 사무실'과 같은 시스템을 부르는 말은?

(ㅁㅂㅇ ㅇㅍㅅ) (M_____ O_____)

5. 기업이 모든 종업원에게 경영참가 의식을 갖게 하여 최선의 주의와 연구를 통해 작업상 발생하는 모든 결함을 자발적으로 없애고자 하는 전사적 운동은 무엇일까?

(ㅁㄱㅈ ㅇㄷ) (Z___ D______)

6. 제조업체나 도매업자가 이미 판매한 상품의 가격을 판매 이전으로 소급하여 낮추고 그 차액을 판매처에 되돌려 주는 것을 무엇일까? (ㅂ ㅁㅈ) (B___ M_____)

7. 기업이 자체적인 경영방침이나 관계 법령 등을 통하여 종업원들에게 특별한 조건과 방법에 따라 자사의 주식을 분양하거나 취득하여 소유하게 함으로써, 근로의욕을 향상시키고 종업원의 재산증식수단으로 적극 활용하고 있는 제도는? (ㅈㅇㅇㅈㅈㅈ)

8. 농산품은 공급의 가격탄력성이 낮은 반면 공산품은 공급의 가격탄력성이 높은데, 이 때문에 농산품과 공산품의 가격차이가 나타난다. 이러한 농산품과 공산품의 생산물 가격지수의 차이를 무엇이라 하는가? (ⓗⓢⓖⓖⓒ)

9. 일반적으로 식민지나 후진국 등에서 외국의 자본과 결탁하여 외국자본의 앞잡이 노릇을 하고, 자국민의 이익을 착취하는 반민족적인 토착자본을 지칭하는 말은? (ⓜⓟⓙⓑ)

10. 미국의 경영학자 스캔론(J.N.Scanlon)이 고안한 경영성과 배분방법의 하나로, 생산성 향상이나 인건비 절약 등으로 발생한 이익을 생산장려금 또는 상여금 형태로 근로자에게 분배하는 집단능률급 방식을 무엇이라 할까? (ⓢⓚⓡ ⓟⓡ) (S______ P___)

11. 경제현상에 있어 어느 한 경제변수가 다른 경제변수의 변화에 직·간접적으로 영향을 미치기 시작하여, 마지막에는 처음 변화량의 몇 배에 해당하는 변화를 가져온다는 이론은 무엇인가? (ⓢⓢⓞⓡ)

12. 영국의 고전파 경제학자 애덤 스미스(D.A.Smith)가 사용한 말로, '경제활동을 하는 동안 발생하는 개개인의 이익과 손실은 자연적으로 조화를 이룬다'는 시장경쟁을 통한 가격기구의 작용을 나타내는 용어는? (ⓑⓞⓙ ⓞⓝ ⓢ) (I________ H___)

13. 일반적으로 가격이 하락하면 수요가 증가하게 되는데, 어떤 재화는 가격이 하락함에도 불구하고 소비자들이 오히려 그 재화보다 우등한 재화를 소비함으로써 그 재화의 수요가 감소하게 되는데 이런 현상을 뜻하는 말은? (ⓖⓟⓞ ⓞⓢ) (G_____' P______)

14. 일반적으로 한계수익과 한계비용이 일치하는 점에서 이윤이 극대화 되지만, 독점기업은 총이윤이 극대가 되는 지점에서 독점가격을 결정하게 된다. 이때 수요곡선 상에서 독점기업에 극대이윤을 주는 가격과 공급량을 동시에 표시한 점을 무엇이라 부르는가? (ⓚⓡⓝ ⓙ) (C______' P____)

15. 소비자는 언제나 동일 상품에 대하여는 싼 가격의 상품을 구매하려 한다. 완전경쟁 시장에서 특정 상품에 대해서는 하나의 가격만이 성립하여 어느 시장에서나 동일한 가격으로

거래된다는 법칙은 무엇일까? (ⓞⓜⓞⓖⓞ ⓑⓒ)

16. 이자율 위험이나 환율 위험을 피하기 위한 파생금융상품의 하나로, 거래 당사자들이 장래의 일정 시점에서 서로 보유하고 있는 지급수단을 교환하는 것을 내용으로 하는 금융계약, 혹은 환매매 당사자들이 현물환매매와 동시에 같은 금액의 선물환매매를 교차적으로 행하는 거래를 의미하는 말은? (ⓢⓞ) (S_ _ _)

17. 정부가 경기부양에 치중하면 물가가 상승하고, 국제수지가 악화되면 경기가 침체되는 것처럼, 경기부양·물가안정·국제수지 개선의 3가지 경제문제가 서로 맞물려 정책선택이 딜레마에 빠지게 된다는 의미를 뜻하는 용어는 무엇인가? (ⓣⓡⓡⓜ) (T_ _ _ _ _ _ _)

18. 1986년 호주·뉴질랜드·캐나다·브라질·아르헨티나·우루과이·칠레·콜롬비아·필리핀·말레이시아·태국·인도네시아·헝가리·피지 등 14개국이 결성한 그룹으로, 우루과이라운드 협상에서 농산물 교역자유화를 가장 강력하게 주장하는 수출국 그룹을 무엇이라 하는가? (ⓚⓞⓙ ⓖⓡ) (C_ _ _ _ _ G_ _ _ _)

19. 회계기말까지 회수되지 않은 외상매출금·받을어음·대여금 등과 같은 채권이 회수되지 않아 발생할 것으로 예상되는 손실에 대비해 설정하는 충당금을 부르는 말은? (ⓓⓢⓒⓓⓖ)

20. 기업이 판매목표 달성을 위해 마케팅의 네 가지 요소(상품·장소·가격·판촉)를 적절하게 활용하여 최상의 경영 상태를 유지하고, 마케팅 효과를 극대화하는 전략을 무엇이라 할까? (ⓜⓚⓣ ⓜⓢ) (M_ _ _ _ _ _ _ _ M_ _)

정답

1. 고시가격 **2.** 녹색신고제도 **3.** 독립채산제 **4.** 모바일 오피스(Mobile Office) **5.** 무결점 운동(Zero Defects) **6.** 백 마진(Back Margin) **7.** 종업원지주제 **8.** 협상가격차 **9.** 매판자본 **10.** 스캔론 플랜(Scanlon Plan) **11.** 승수이론 **12.** 보이지 않는 손(Invisible Hand) **13.** 기펜의 역설(Giffen's Paradox) **14.** 쿠르노점(Cournot's Point) **15.** 일물일가의 법칙 **16.** 스왑(Swap) **17.** 트릴레마(Trilemma) **18.** 케언즈 그룹(Cairns Group) **19.** 대손충당금 **20.** 마케팅 믹스(Marketing Mix)

CHAPTER 34

초 성 으 로 찾 아 가 는 재 미 있 는 상 식 여 행

economy 경제상식

1. 신제품이나 신기술을 개발한 기업이 특허 출원을 할 경우 동종 경쟁업체가 이를 모방하여 공개됨으로써 기술 지배력이 약해질 수 있는데, 이를 방지하기 위하여 특허 출원을 하지 않고 기술을 숨기는 전략은? (ⓑⓡⓑⓢ ⓙⓡ) (B____ B__ S_______)

2. 자기 회사의 상품에 대하여 고의적으로 각종 구설에 휘말리게 하거나 화제가 되는 일을 만들어, 소비자들에게 인지도를 높이고 이목을 집중시켜 판매를 높이고자 하는 마케팅 전략을 무엇인가? (ⓝⓞⓙ ⓜⓚⓣ) (N____ M________)

3. 상위 소득층의 증가로 인해 소비패턴이 급속히 고급화되면서 생겨난 마케팅 기법으로, 극소수의 최상류층을 목표로 하는 명품 판매 활동을 부르는 말은 무엇일까? (ⓗⓞ ⓞⓓ ⓜⓚⓣ) (H___ E__ M________)

4. 기업이 광고나 홍보 활동에 소비자를 직접 주인공으로 참여시킴으로써 고객들의 구매의욕을 자극해 판매를 높이고자 하는 마케팅 전략은?(ⓟ ⓜⓚⓣ) (P___ M________)

5. 대기업과의 경쟁을 피하기 위해 여러 브랜드의 상품을 출시한 후 높은 인기를 얻은 특정 브랜드의 상품을 중심으로 판촉활동을 하는 기법을 무엇이라 할까? (ⓟⓡⓖⓢ ⓜⓚⓣ) (F_______ M________)

6. 표준화와 규격화에 의하여 대량으로 생산된 상품을 TV·신문·잡지 등의 광고를 통하여 소비자에게 강매하는 고압적인 마케팅 기법은?(ⓟⓢ ⓜⓚⓣ) (P___ M________)

7. 인적 네트워크를 이용한 마케팅 기법으로, 소비자들의 자발적인 입소문을 통해 상품에 대한 우수한 점을 전달하게 하여 판매를 높이고자 하는 마케팅 전략의 명칭은 무엇인가?

(㉥㉨ ㉤㉪㉫) (B___ M________)

8. 인상적인 화제를 불러일으키는 독보적인 제품을 개발하여 초기의 소비자를 지속적으로 장악하는 마케팅 기법은? (㉬㉬ ㉪㉧ ㉤㉪㉫) (P_____ C__ M________)

9. 매복 마케팅이라고도 하는데, 특정 이벤트의 공식 후원업체가 아니면서 광고 문구 등을 통해 관련이 있는 업체라는 인상을 주어 고객의 시선을 모으는 것과 같이, 교묘하게 규제를 피해 수행하는 판촉 전략은 무엇일까? (㉧㉥㉦ ㉤㉪㉫) (A_____ M________)

10. 성년이 된 후에도 10대 소녀처럼 어려 보이고 싶은 소비자를 대상으로 패션, 문구류, 화장품 등과 같은 상품에 주로 이용되는 마케팅 기법을 무엇이라 하는가?

(㉠㉣㉦ ㉤㉪㉫) (G______ M________)

11. 단순히 고객의 욕구나 수요의 충족에만 초점을 맞추는 기존의 마케팅 전략과는 달리, 자연환경보전과 생태계의 균형 등을 중시하여 환경적으로 우수한 제품과 기업 이미지를 창출하고자 하는 마케팅 기법을 무엇이라 할까?(㉠㉣ ㉤㉪㉫) (G____ M________)

12. 특별한 목적이나 권유 없이 인사치레나 방문으로 고객을 만나거나 서비스 활동의 증대 등으로 원활한 인간관계를 지속해서 유지함으로써 판매를 활성화하는 간접 마케팅 방식은 무엇인가? (㉭㉬ ㉪) (H____ C___)

13. 소기업·소상공인이 폐업·노령·사망 등의 위험으로부터 생활안정을 기하고 사업 재기의 기회를 제공받을 수 있도록 공제금을 지급받을 수 있는 제도이다. 사회안전망 구축의 일환으로 중소기업협동조합법의 규정에 따라 운영되는 공적 공제제도를 부르는 말은?

(㉡㉣ ㉧㉦ ㉠㉨)

14. 다수의 금융기관 주식을 담보로 채권을 발행하고, 일정 기간이 경과한 후 채권자가 선택한 금융기관의 주식으로 전환할 수 있는 권리가 부여된 선택형 교환사채는 무엇인가?

(㉧㉬㉣ ㉥㉢) (O____ B___)

15. 유통단계를 단순화시켜 중간 유통마진과 마케팅비용을 절약하기 위하여 유통업체가 제조업체로부터 상품을 저렴하게 공급받아 유통업체가 자체적으로 개발한 상표를 붙여 판매하는 상품을 무엇이라 할까? (㉨㉩ ㉠㉥ ㉦㉬) (P______ B____)

16. 일반적으로 물가상승률과 실업률은 반비례하는데, 영국의 경제학자 필립스(A.W.Phillips)가 발표한 물가상승률과 실업률의 함수관계를 나타내는 곡선은 무엇인가?

(㉬㉣㉦ ㉠㉦)

17. 소득으로 인한 경제력의 소류에 대한 집중도를 그래프로 나타낸 것으로 미국의 통계학자 로렌츠(M.Lorenz)가 창안하였다. 소득분포의 불평등도를 나타내는 이 곡선을 부르는 말은?

(㉣㉣㉩ ㉠㉦)

18. 자본주의 국가(자유민주주의)와 사회주의 국가(공산주의) 사이에 이루어지는 무역을 지칭하는 용어는? (㉢㉦ ㉤㉧)

19. 선진국은 주로 북반구에, 후진국은 남반구에 위치하고 있는 것에서 유래하였는데, 선진 공업국의 공산품과 후진국의 원료나 식량이 교환되는 무역은 무엇인가? (㉡㉥ ㉤㉧)

20. 도난이나 분실의 위험을 방지하기 위하여 수표의 왼쪽 상단에 두 줄의 횡선을 나타내어, 지정된 은행이나 거래 은행을 통해서만 대금을 지급받을 수 있게 한 수표를 무엇이라 하는가? (㉭㉦ ㉦㉬)

정답

1. 블랙박스 전략(Black Box Strategy) **2.** 노이즈 마케팅(Noise Marketing) **3.** 하이 엔드 마케팅(High End Marketing) **4.** 풀 마케팅(Pull Marketing) **5.** 플래그십 마케팅(Flagship Marketing) **6.** 푸시 마케팅(Push Marketing) **7.** 버즈마케팅(Buzz Marketing) **8.** 퍼플카우마케팅(Purple Cow Marketing) **9.** 앰부시 마케팅(Ambush Marketing) **10.** 걸리시 마케팅(Girlish Marketing) **11.** 그린마케팅(Green Marketing) **12.** 해피콜(Happy Call) **13.** 노란우산공제 **14.** 오페라 본드(Opera Bond) **15.** 자체 개발 상품(Private Brand) **16.** 필립스곡선 **17.** 로렌츠곡선 **18.** 동서무역 **19.** 남북무역 **20.** 횡선수표

CHAPTER 35

초성으로 찾아가는 재미있는 상식여행

economy 경제상식

1. 무역·기업·건설·교통통신·재정·금융·물가·노동·농업·광공업생산·국민생활 등 각 분야에 걸친 1년간의 동향을 분석하여 향후 경제동향과 경제정책을 제시하기 위하여 기획재정부가 매년 1회 발표하는 연차 경제 보고서를 무엇이라 부르는가? (ㄱㅈㅂㅅ)

2. 보석·모피 제품·승용차·휘발유 등과 같은 특정한 물품과 골프장·카지노 등과 같은 특정 장소의 입장 행위 및 유흥음식 행위와 같은 특별한 물품과 서비스의 소비를 과세대상으로 하는 조세를 일컫는 말은? (ㅌㅂㅅㅂㅅ)

3. 대도시의 토지 이용의 효율성을 촉진하고 지가상승을 노리는 부동산 투기를 방지하기 위하여, 이용하지 않고 있는 대지·공장용지·학교용지·잡용지에 대하여 부과하는 세금은 무엇일까? (ㄱㅎㅈㅅ)

4. 사전에 일정 지분의 주식을 확보한 후 경영진을 위협하거나 적대적 M&A를 포기하는 대가로 보유주식을 높은 가격에 되사도록 강요하는 행위를 무엇이라 할까?

(ㄱㄹ ㅁㅇ) (G____ M___)

5. 각 국가의 결제수단 부족을 보충하고 금이나 달러와 같은 준비자산을 보완함으로써 국가 간의 유동성을 확충하기 위해 1970년 국제통화기금(IMF)이 인위적으로 만든 가상의 국제통화는 무엇인가? (ㅌㅂ ㅇㅊㄱ)

6. 부실기업의 경우 부채가 자산을 초과하는 경우가 많은데, 기존의 대출금에 대하여 금리를 낮추고 상환기간을 연장해 주어도 해당 기업을 인수하고자 하는 기업이 많지 않으므로, 추가적인 신규 대출을 해 주는 조건으로 기업을 정리하기도 한다. 이런 신규 대출금을 무엇이라 부를까? (ㅅㄷ ㅁㄴ) (S___ M____)

7. 인플레이션으로 인한 실질임금의 하락을 막을 수 있는 장점이 있는데, 임금의 일부 또는 전부를 물가지수 등과 결부시켜 물가변동에 따라 자동적으로 임금을 조절하는 임금지급방식을 무엇이라 하는가? (ㅅㄹㅇㄷ ㅅㅋㅇㅈ) (S______ S____)

8. 회사 내에 생산시설을 갖고 있지 않거나 최소한의 시설만 보유하고, 부품이나 완제품을 외부 기업으로부터 조달하여 최종 제품을 판매하는 기업은? (ㅁㄷ ㄱㅇ)

9. 상품을 구입하고 사용하는 과정에서 상품의 결함으로 발생하는 소비자의 피해를 그 상품의 생산자가 책임지도록 하는 제도는 무엇일까? (ㅅㅅㅁ ㅊㅇㅈㄷ)

10. 공모주식의 공모가가 기업의 실제 가치 이상으로 상승하여 투자자가 혼란에 빠지는 것을 방지하기 위하여, 상장기업이나 코스닥의 공모기간 중에는 주관증권사가 주가에 대한 별도의 예측이나 선전을 하지 못하도록 하는 제도를 무엇이라 할까?

(ㅂㄹ ㅇㅇ ㅍㅇㄹㅇㄷ) (B____ O__ P_____)

11. 특정 국가의 1인당 국민소득·외환 보유고·국제수지·대외채무 등을 기초로 그 나라의 정치적 안정성이나 발전성, 채무 변제 능력을 평가하는 대외적인 국가신용위험도를 뜻하는 말은? (ㅋㅌㄹ ㄹㅅㅋ) (C______ R___)

12. 50인(증권투자회사법) 혹은 100인(투자신탁업법) 이하의 투자자로부터 비공개로 모은 자금을 주식이나 채권 등에 운용하는 고수익 기업 투자펀드는 무엇인가?

(ㅅㅁ ㅍㄷ) (P______ E_____ F___)

13. 할부판매나 방문판매 등에서 영업사원의 권유나 설득에 이끌려 필요하지 않는 상품을 구매한 경우, 일정 기간 내에 계약을 취소하고 계약금이나 구입금액을 되돌려받을 수 있는 제도는 무엇일까? (ㅋㄹ ㅇㅍ) (C______ O__)

14. 주가지수선물·주가지수옵션·개별주식옵션의 만기가 동시에 겹쳐 매매 물량이나 주가의 등락이 급변할 가능성이 큰 날을 말하는데, 이날의 주식시장에 어떤 변화가 일어날지 아무도 예측할 수 없다는 의미에서 나온 말은?

(ⓣⓡⓟ ⓞⓒ ⓓⓞ) (T_____ W_______ D__)

15. 기업들이 자사의 상품을 많이 판매하기보다는, 특정 고객에게만 의도적으로 차별화되고 고급화된 서비스를 제공함으로써 적절한 수요를 창출하고, 장기적인 수익의 극대화를 꾀하는 마케팅 전략을 의미하는 용어는? (ⓓⓜⓚⓣ) (D__________)

16. 경영권을 가지고 있는 대주주의 주식에 대해 보통주보다 더 많은 의결권을 주는 제도를 무엇이라 할까? (ⓒⓓ ⓞⓖⓖ ⓙⓓ)

17. 재고자산의 판매에 있어 먼저 입고된 상품부터 순차적으로 출고되는 것으로 간주하여 판매상품의 출고단가를 결정하는 평가방법은 무엇일까? (ⓢⓞⓢⓒⓑ)

18. 재고자산의 판매에 있어 가장 나중에 입고된 상품부터 순차적으로 출고되는 것으로 간주하여 판매상품의 출고단가를 결정하는 평가방법은? (ⓗⓞⓢⓒⓑ)

19. 과세표준의 근거가 될 만한 장부를 비치하지 않았거나, 장부기록을 성실히 하지 않아 거래 사실을 확인할 수 없거나, 소정기한 내에 신고가 없거나 부당하다고 인정된 경우에 정부가 조사한 간접자료에 의하여 조세를 부과하는데 이를 무엇이라 부르는가? (ⓞⓙⓖⓢ)

20. 인수대상 기업의 최고경영자나 이사가 임기 전에 퇴직할 경우 퇴직금 이외에 스톡옵션이나 거액의 보너스 등을 지급하기로 계약함으로써, 인수기업이 부담을 갖도록 하여 적대적 인수합병(M&A)을 방어하는 경영 전략을 무엇이라 할까?

(ⓗⓖ ⓝⓗⓢ) (G_____ P________)

정답

1. 경제백서 **2.** 특별소비세 **3.** 공한지세 **4.** 그린 메일(Green Mail) **5.** 특별인출권(Special Drawing Right: SDR) **6.** 시드 머니(Seed Money) **7.** 슬라이딩 스케일제(Sliding Scale) **8.** 모듈기업 **9.** 생산물 책임제도 **10.** 블랙아웃피어리어드(Black Out Period) **11.** 컨트리리스크(Country Risk) **12.** 사모 펀드(Private Equity Fund) **13.** 쿨링 오프(Cooling Off) **14.** 트리플 위칭 데이(Triple Witching Day) **15.** 디마케팅(Demarketing) **16.** 차등 의결권 제도 **17.** 선입선출법(First In First OutMethod: FIFO) **18.** 후입선출법(Last In First OutMethod: LIFO) **19.** 인정과세 **20.** 황금 낙하산(Golden Parachute)

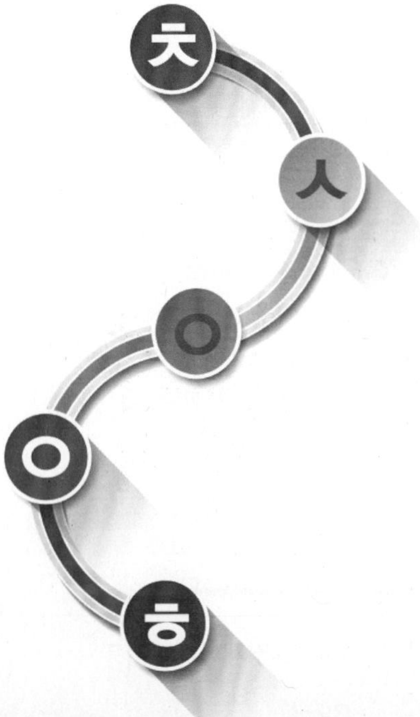
ㅊ
ㅅ
ㅇ
ㅇ
ㅎ

시사상식
current affairs

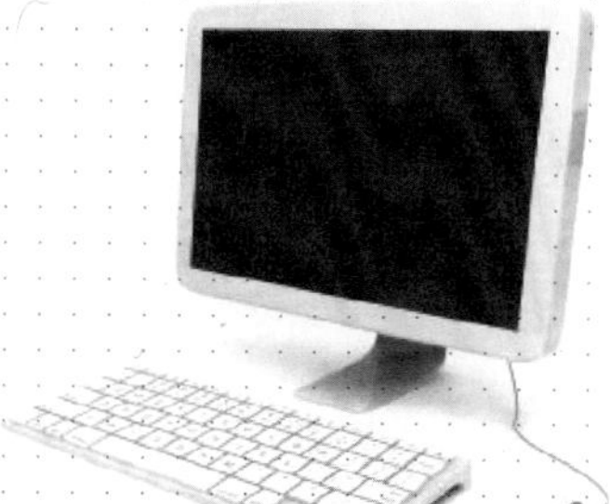

CHAPTER 01

초성으로 찾아가는 재미있는 상식여행

current affairs 시사상식

1. 국가의 3요소는 무엇인가? (㉠㉤), (㉨㉠), (㉧㉫)

2. 국민의 5대 의무는 무엇인가? (㉡㉦), (㉠㉥), (㉠㉧), (㉠㉣), (㉭㉠㉥㉨) 의무

3. '3권 분립'이란 권력이 개인이나 집단에 집중되지 않게 분립시키는 제도를 말한다. 이때 말하는 "3권"이란? (㉧㉥), (㉦㉥), (㉭㉨)

4. 해당 수사관 이외에는 넘어설 수 없는 출입금지구역을 뜻하는 것으로, 시위나 폭동 등 경찰이 진압을 위해 필요하다고 인정되는 곳에 치는 줄을 무엇이라 하는가?
(㉬㉣㉦㉣㉧) (P_____ L___)

5. 중국 동북변경지역의 역사와 현상에 관한 체계적인 연구 과제를 뜻하는 말로, 최근 중국이 '고구려 역사를 중국 역사로 편입'하려 시도하고 있는 이것은? (㉢㉥㉠㉨)

6. 우리나라의 환경연합이나 참여연대, 총선연대와 같이 의사결정의 자율성이 보장되나, 정보 및 정치적 영향에서 독립된 기구를 무엇이라 할까? (㉥㉨㉥㉠㉠)

7. 이라크의 평화정착 및 재건을 목적으로 2004년 8월 파병하여 2008년 12월 철수한 우리나라 부대의 이름은? (㉨㉧㉫) 부대

8. 선거의 4원칙은? (㉥㉫), (㉬㉢), (㉨㉨), (㉥㉤) 선거

9. 임기 종료를 앞둔 현직 대통령의 권력 누수현상을 말하는데, 기우뚱거리며 걷는 오리에 비유한 이 말은 무엇인가? (㉣㉧㉢㉭㉦) (L___ D___)

10. 회의의 진행에서 계획적이고 합법적인 의사진행 방해 행위를 뜻하는 말은 무엇인가?

(ⓟⓡⓑⓢⓣ) (F_________)

11. 1893년 세계 최초로 여성의 선거권을 인정한 나라는 어디인가? (ⓝⓙⓡⓓ)

12. 투표에서 찬성과 반대의 수가 같을 때 의장이 행하는 결정 투표권을 일컫는 말은?

(ⓚⓢⓣⓑⓣ) (C______ V___)

13. 미국 대통령 조지 W. 부시가 2002년 1월 29일 연설에서 '테러를 지원하는 정권'을 가리키며 쓴 말로, '악의 축(axis of evil)'이라 지칭한 3개 국가는 어디일까?

(ⓞⓡ), (ⓞⓡⓚ), (ⓑⓗ)

14. 미국과 소련이 쿠바의 미사일 위기를 계기로 긴급사태가 발생할 경우 정상 간의 직접대화를 통해 전쟁이 위험을 피하고자 설치한 직접대화 채널에서 유래한 말로서, 현재는 아주 중요한 장소, 인물끼리의 통신회선, 메신저를 뜻하기도 하는데 이 말은 무엇일까?

(ⓗⓡⓞ) (H__ L___)

15. 북한에 대한 우리나라의 대외정책으로 북한에 협력과 지원을 함으로써 평화적인 통일을 목적으로 하는 정책은? (ⓗⓑⓙⓒ)

16. 범죄자의 형이 확정판결 나기 전에 시간의 경과로 형벌권이 소멸하는 제도를 부르는 말은 무엇인가? (ⓖⓢⓢⓗ)

17. 경찰이나 검찰이 피의자(용의자)가 '변호사 선임의 권리'와 '묵비권 행사의 권리' 및 모든 진술이 법정에서 불리하게 작용될 수 있다는 것을 미리 알려주어야 한다는 원칙을 무엇이라 할까? (ⓜⓡⓓⓞⓒ) (M______ R___)

18. 반국가단체의 구성, 지령·목적수행, 자금지원과 금품수수 등의 죄를 지은 자임을 알면서도 수사기관에 알리지 않음으로써 성립되는 죄는 무엇일까? (ⓑⓖⓙⓙ)

19. 근거 없는 사실을 조작해 상대편을 중상모략하거나 그 내부를 교란하기 위해 하는 '흑색선전'을 이르는 말은? (ㅁㅌㄷㅇ) (M_ _ _ _ _ _)

20. 형법상 자기 또는 타인의 법익에 대한 현재의 부당한 침해를 방어하기 위해 부득이하게 행한 가해행위로, 위법성이 조각되어 처벌받지 않는다. 이런 행위는 무엇인가?(ㅈㄷㅂㅇ)

21. 어떤 행위가 범죄가 되고, 또 그 범죄에 대한 어떤 형벌을 가하느냐를 미리 성문의 법률로써 규정해 두어야 한다는 형사법의 대원칙을 무엇이라 할까? (ㅈㅎㅂㅈㅈㅇ)

22. '코스비 가족'과 같은 '시츄에이션 코미디'를 줄인 말로, 성격이나 움직임에 의존하기보다는 상황에 초점을 맞추어 이야기를 끌어가며 그 속에서 웃음을 유발하는 형식의 드라마를 일컫는 말은? (ㅅㅌㅋ) (S_ _ _ _ _)

23. 고대 로마에서 행하던 토의 방식의 하나로, 사회자의 지도하에 한 사람 또는 여러 사람이 연설을 한 다음, 그에 대하여 청중이 질문하면서 토론을 진행하는 것을 부르는 말은? (ㅍㄹ) (F_ _ _ _)

24. 처음 광고할 때에는 어떤 광고인지를 모르게 광고주나 상품을 숨겼다가, 광고 횟수를 늘려가면서 점차 상품이나 광고주를 나타내 감으로써, 궁금증을 유발하여 상품광고의 효과를 높이려는 광고기법을 무엇이라 하는가? (ㅌㅈㄱㄱ) (T_ _ _ _ _ AD)

25. 공무원에 대한 징계의 5단계는? (ㄱㅊ)→(ㄱㅂ)→(ㅈㅈ)→(ㅎㅇ)→(ㅍㅁ)

정답

1. 국민, 주권, 영토 **2.** 납세, 국방, 교육, 근로, 환경보전의 의무 **3.** 입법, 사법, 행정 **4.** 폴리스 라인(Police Line) **5.** 동북공정 **6.** 비정부기구(Non governmental Organization: NGO) **7.** 자이툰 부대 **8.** 보통, 평등, 직접, 비밀선거 **9.** 레임덕 현상(Lame Duck) **10.** 필리버스터(Filibuster) **11.** 뉴질랜드 **12.** 캐스팅 보트(Casting Vote) **13.** 이란, 이라크, 북한 **14.** 핫 라인(Hot Line) **15.** 햇볕정책 **16.** 공소시효 **17.** 미란다 원칙(Miranda Rule) **18.** 불고지죄 **19.** 마타도어(Matador) **20.** 정당방위 **21.** 죄형법정주의 **22.** 시트콤(Sitcom) **23.** 포럼(Forum) **24.** 티저 광고(Teaser AD) **25.** 견책, 감봉, 정직, 해임, 파면

current affairs 시사상식

1. 2001년 미국의 론 혼베이커(Ron Hornbaker)가 '읽기(Reading), 쓰기(Register), 양도(Release)'라는 '3R'을 슬로건으로 창안한 운동을 말하는데, 온라인 모임을 활용하여 책을 적극 공유하고자 하는 '책 돌려보기 운동'은? (ㅂㅋㄹㅅ) (B___ C_______)

2. 소수의 권력 유지를 위해 다수를 이용하거나, 정치 편의주의 혹은 기회주의를 일삼는 등 경제논리에 어긋난 정책을 남발하고 선심성 정책을 펴는 대중 인기영합주의를 일컫는 말은 무엇일까? (ㅍㅍㄹㅈ) (P_______)

3. 감속재와 냉각재로 경수(硬水·hard water)를 사용하는 원자로인데, 세계에서 가동 중인 발전용 원자로의 80%를 차지하는 이것은 무엇인가? (ㄱㅅㄹ)

4. 어린이들을 교통사고의 위험으로부터 보호하기 위하여 유치원과 초등학교 주변 도로 지역의 차량 속도와 신호등 및 신호주기 등의 체제를 어린이 중심으로 바꾼 어린이 보호구역을 일컬어 무엇이라 하는가? (ㅅㅋㅈ) (S_____ Z___)

5. 폭력으로부터 청소년을 보호하고 선도하며, 청소년들의 안전한 활동과 건전한 문화가 조성될 수 있도록 유해업소에 대한 단속도 강화된, 반경 200~500M 정도의 안전지대를 뜻하는 용어는? (ㅂㄹㅈ) (B___ Z___)

6. 유해환경으로부터 청소년을 보호하기 위하여 윤락가나 유흥가, 숙박업소 밀집지역 등 청소년의 범죄나 비행·탈선의 위험이 있는 지역에 대하여 청소년의 통행을 금지하거나 제한하는 구역은? (ㄹㄷㅈ) (R__ Z___)

7. 범죄 현장의 정황을 근거로 한 과학적 데이터를 분석해 범죄동기와 범죄인의 심리, 범죄 행위 전개를 추론함으로써 범인 검거에 이바지하는 전문인을 부르는 말은 무엇인가? (ㅍㄹㅍㅇㄹ) (P_______)

8. 취재한 기사를 신문사 또는 방송국에 넘겨야 하는 기사 마감 시간을 무엇이라 할까?
(ⓒⓒⓔⓞ) (D_______)

9. 사이버 공간에서 사용자의 분신처럼 사용되는 애니메이션 캐릭터를 뜻하는 용어는?
(ⓞⓗⓣ) (A_____)

10. 스스로가 가진 느낌이나 품어오던 생각, 알리고 싶은 견해나 주장 같은 것을 웹(Web)에다 일기(Log)처럼 차곡차곡 적어 올려서 다른 사람도 보고 읽을 수 있도록 열어놓은 글모음은 무엇인가? (ⓗⓔⓐ) (B___)

11. 두 대의 차가 서로 마주 보고 돌진하다가 먼저 피하는 쪽이 패하는 미국 젊은이들의 자동차게임 이름으로, 냉전시절 미·소간의 군비 경쟁과 같이 어느 한 쪽이 양보하지 않을 경우 양쪽 모두 파국으로 치닫게 되는 극단적인 게임은?(ⓙⓚⓐⓞ) (C______ G___)

12. 자동차 매연 등으로 도심의 온도가 대기오염이나 인공열 등의 영향으로 주변지역보다 높게 나타나는 현상은? (ⓞⓢⓗⓐ)

13. 대기 속에 방출된 미립자가 햇빛을 산란시켜 지표면에 도달하는 햇빛의 양이 줄어들어 지구의 온도가 내려가는 현상을 일컫는 말은 무엇일까? (ⓞⓢⓗⓐ)

14. 기존의 일반 차량에 비해 유해가스 배출량을 획기적으로 줄인 친환경 미래 자동차를 무엇이라 하는가? (ⓗⓞⓗⓔⓒⓚ) (H_____ C__)

15. 해저에서 일어나는 지진이나 화산 폭발에 의해 급작스럽게 발생하는 큰 파도, 즉 지진성 해일을 뜻하는 말은? (ⓢⓢⓝⓜ)

16. 다른 사람과 차이를 두고 싶은 소비심리로 인해 다른 사람이 많이 사는 물건을 자신은 사지 않는 현상, 또는 특정 제품에 대한 소비가 증가하면 그 제품의 수요가 오히려 줄어드는 현상을 무엇이라 할까? (ⓢⓝⓗⓐ) (S___ E_____)

17. 농촌을 떠나 대도시로 이주했던 사람이 다시 농촌으로 귀향하는 현상을 일컬어 무엇이라 하는가? (ⓞⓣⓗⓢ)

18. 농촌을 떠나 대도시로 이주했던 사람이 중소도시로 이주하여 정착하는 현상을 이르는 말은? (ⓙⓞⓣⓗⓢ)

19. 원래 대도시 주민이 농촌으로 이주하여 정착하는 현상은? (ⓞⓞⓣⓗⓢ)

20. 대표적 소셜 네트워크 서비스(SNS)의 하나인데, 140자 이내의 단문으로 개인의 의견이나 생각을 공유하고 소통하는 온라인 공간은 무엇인가? (ⓣⓞⓣ) (T______)

21. 미국의 소셜 네트워크 서비스(SNS) 웹사이트 가운데 하나로, 2004년 2월 4일에 개설하였다. 13세 이상이면 누구나 자신의 이름·e-메일·생년월일·성별만으로 간단하게 회원으로 가입하여 웹상에서 다양한 정보를 교환하고 자료를 공유할 수 있는 이것은 무엇일까? (ⓟⓞⓢⓑ) (F_______)

22. 러시아와 공동으로 개발하여 2009년 8월 25일 발사한 우리나라 최초의 우주발사체의 이름은? (ⓝⓡⓗ)

23. '내 집 뒷마당은 안 된다'(Not In My Back Yard)는 뜻으로 혐오시설이 들어서는 것을 거부하는 이기적 행태를 일컫는 용어는 무엇인가? (ⓝⓑⓗⓢ)

24. '제발 우리 집 앞마당에 해 달라'(Please In My Front Yard)는 뜻으로 자기 지역에 이득이 되는 공원, 선수촌 등을 유치하기 위한 움직임은 이르는 말은? (ⓟⓟⓗⓢ)

25. '이상향'을 뜻하는 유토피아의 반대되는 세상으로, 전체주의적인 정부에 의해 억압받는 세상, 로봇이 지배하는 세계, 혹은 미래가 암담한 세상을 일컫는 용어는? (ⓓⓢⓣⓟⓞ) (D_______)

정답

1. 북 크로싱(Book Crossing) **2.** 포퓰리즘(Populism) **3.** 경수로 **4.** 스쿨존(SchoolZone) **5.** 블루존(Bule-Zone) **6.** 레드존(RedZone) **7.** 프로파일러(Profiler) **8.** 데드라인(Deadline) **9.** 아바타(Avatar) **10.** 블로그(Blog) **11.** 치킨 게임(Chicken Game) **12.** 온실효과 **13.** 양산효과 **14.** 하이브리드 카(Hybrid Car) **15.** 쓰나미(Tsunami) **16.** 스놉 효과(Snob Effect) **17.** U턴 현상 **18.** J턴 현상 **19.** I턴 현상 **20.** 트위터(Twitter) **21.** 페이스북(facebook) **22.** 나로호 **23.** 님비현상(NIMBY Syndrome) **24.** 핌피현상(PIMFY Syndrome) **25.** 디스토피아(Dystopia)

CHAPTER 03

초성으로 찾아가는 재미있는 상식여행

current affairs 시사상식

1. 고대 그리스 신화에 나오는 영웅의 이야기에서 나온 말로, 발뒤꿈치의 위에 있는 힘줄을 말하는데, 통상 사람마다 갖고 있는 치명적인 약점을 비유하는 말은? (ⓞⓚⓡⓢⓖ)

2. 생물체를 구성하고 기능을 발휘하게 하는 모든 유전정보가 들어 있는 유전자의 집합체를 무엇이라 할까? (㉠㉡) (G_____)

3. 영국의 과학자 제임스 러브록(James Ephraim Lovelock)이 주장한 가설로, 지구를 자기조절 능력이 있는 거대한 생명체로 파악한 이론은 무엇인가? (㉠㉧㉧㉧㉣) (G___ T_____)

4. 연극을 개막하기에 앞서 작품의 내용이나 작자의 의도 등에 관한 해설 혹은 시나 소설, 음악 등에서 서사, 서곡, 머리말 등을 의미하는 용어는? (㉬㉣㉣㉠) (P_______)

5. 프롤로그에 대응하는 말로, 시나 소설의 끝맺음 부분 혹은 연극의 종말에 추가한 마지막 대사나 보충한 마지막 장면을 이르는 말은 무엇일까? (㉧㉬㉣㉠) (E_______)

6. 유체 속에서 움직이는 물체의 속력을 나타내는 단위를 말하는데, 1초당 340M에 해당하는 음속의 단위를 무엇이라 하는가? (㉤㉭) (M___)

7. 우리나라 해군 소속의 3,000톤급 구축함으로써, 한국형 구축함 사업인 KDX-I사업에 따라 순수 우리나라 기술력으로 건조된 한국형 구축함 1호는? (㉠㉠㉫㉢㉧㉭)

8. KDX-I사업에 따라 순수 우리나라 기술력으로 건조된 한국형 구축함 2호의 이름은 무엇일까? (㉧㉨㉤㉢㉭)

9. KDX-I사업에 따라 순수 우리나라 기술력으로 건조된 한국형 구축함 3호의 이름은 무엇인가? (㉧㉤㉩㉭)

10. 1991년 독일에서 만들어져 1993년 6월 2일 우리나라 해군에 인도되어 실전에 배치된, 길이 56M, 폭 6.2M, 높이 5.5M인 우리나라 최초의 잠수함 이름은 무엇일까?(㉨ ㉥ ㉠ ㉭)

11. 한국형 구축함 사업인 KDX-Ⅱ사업에 따라 순수 우리나라 기술력으로 건조된 우리나라 최초의 4,000톤급 구축함으로, 2002년 5월 제작되어 2003년 12월에 실전에 배치되었다. 해군 최초의 방공 구축함으로 길이 149.5M, 너비 17.4M, 높이 9.5M인 이 구축함의 이름은? (㉩ ㉤ ㉠ ㉧ ㉦ ㉦ ㉭)

12. 한국형 구축함 사업인 KDX-Ⅱ사업에 따라 '충무공 이순신함'에 이어 두 번째로 개발된 4,500톤급 한국형 차세대 구축함으로, 2003년 4월에 진수된 우리나라 최초의 스텔스 구축함은 무엇일까? (㉤ ㉤ ㉢ ㉧ ㉭)

13. 2007년 5월 25일 진수한 우리나라 최초의 이지스함으로, 해상에서의 전투능력이 뛰어나 미국의 이지스 구축함을 다음으로 성능이 뛰어난 것으로 평가받고 있다. 이로써 우리나라는 미국·일본·스페인·노르웨이에 이어 5번째 이지스함 보유국이 되었는데 이 함정은? (㉦ ㉨ ㉢ ㉧ ㉭)

14. 물에 손을 오래 담그고 있으면 손이 쭈글쭈글해지는 것처럼 반 투과성 막을 경계로 농도가 옅은 쪽에서 짙은 쪽으로 용매가 옮겨가는 현상을 이르는 말은? (㉦ ㉫ ㉧ ㉭ ㉦)

15. 자동차의 배기가스나 공장이나 대도시의 매연 등이 무풍지대로 인하여 지면 가까이 쌓여 안개처럼 보이는 현상으로, '매연현상'을 일컫는 말이다. 연기(Smoke)와 안개(Fog)의 합성어인 이 용어는 무엇인가? (㉦ ㉤ ㉠ ㉭ ㉦) (S_ _ _)

16. 1992년 8월 11일 발사하여 지구표면을 촬영하고, 우주방사선 측정, 통신 및 음성방송 등의 업무를 수행하는 우리나라 최초의 위성은? (㉧ ㉣ ㉥ ㉧ ㉭)

17. 물리학이나 화학분야에서 디바이 차폐(Debye Sheath)를 만족하는 이온화된 기체로서, 물질의 기본적인 세 가지 상태인 기체, 액체, 고체 상태와 더불어 또 하나의 '제4의 물질' 상태를 무엇이라 하는가? (㉬ ㉣ ㉨ ㉤) (P_ _ _ _ _)

18. 복수의 다른 업무를 동시에 할 수 있도록 두 개 이상의 요소를 합친 것, 또는 생물학에서 더 우수한 종자를 얻어 대량 생산하기 위해 잡종 교배를 하는 것을 무엇이라 할까?

(ㅎㅇㅂㄹㄷ) (H_____)

19. 인터넷에 접속되어 있는 컴퓨터의 알파벳 주소를 가리키는 용어는?
(ㄷㅁㅇㄴㅇ) (D_____ N___)

20. 컴퓨터의 디지털 신호를 아날로그 신호로 바꾸어 전송하고, 아날로그 신호를 받아 디지털 신호로 읽어내는 장치를 부르는 말은? (ㅁㄷ) (M____)

21. 일정 기간 발생하는 변형과정의 결과를 예측하기 위한 이미지 변화에 사용하는 컴퓨터 애니메이션 기법으로, 하나의 화상을 서서히 변화시켜 다른 화상으로 바꾸는 멀티미디어 기법을 지칭하는 단어는 무엇인가? (ㅁㅍ) (M_______)

22. 2차원적인 평면 화상에 형태, 위치, 조명 등의 외부 정보에 따라 사실감을 불어넣어 3차원의 화상을 만들어 내는 컴퓨터 그래픽 용어는 무엇일까? (ㄹㄷㄹ) (R________)

23. 인터넷상에서 다운로드가 완료될 때까지 기다리지 않고, 음성이나 영상, 애니메이션 등을 실시간으로 재생하여 볼 수 있는 기법은 무엇인가? (ㅅㅌㄹㅁ) (S________)

24. 한글을 포함한 세계 모든 나라의 언어를 통일된 방법으로 표현할 수 있도록 제정된 2바이트(16비트) 형태의 국제적인 문자 코드 규약은? (ㅇㄴㅋㄷ) (U______)

25. 인공위성을 이용해 지구 전역에 대한 자신의 위치를 정확히 측정해 알 수 있는 시스템을 무엇이라 하는가? (ㅇㅅㅎㅂㅈㅊ)

정답

1. 아킬레스건 **2.** 게놈(Genome) **3.** 가이아 이론(Gaia Theory) **4.** 프롤로그(Prologue) **5.**에필로그(Epilogue) **6.** 마하(Mach) **7.** 광개토대왕함(DDH971) **8.** 을지문덕함(DDH972) **9.** 양만춘함(DDH973) **10.** 장보고함 **11.** 충무공 이순신함(DDH975) **12.** 문무대왕함(DDH976) **13.** 세종대왕함(DDG991) **14.** 삼투압 현상 **15.** 스모그 현상(Smog) **16.** 우리별 1호 **17.** 프라즈마(Plasma) **18.** 하이브리드(Hybrid) **19.** 도메인 네임(Domain Name) **20.** 모뎀(Modem) **21.** 몰핑(Morphing) **22.** 렌더링(Rendering) **23.** 스트리밍(Streaming) **24.** 유니코드(UNICODE) **25.** 위성항법장치(Global Positioning System: GPS)

CHAPTER 04

초성으로 찾아가는 재미있는 상식여행

current affairs 시사상식

1. 2007년 11월에 공개된 구글(Google)이 제작한 모바일 전용 운영체제로, 휴대폰용 운영체제·미들웨어·응용 프로그램을 한데 묶은 소프트웨어 플랫폼을 부르는 말은?

(ⓞⓒⓡⓞⓒ) (A______)

2. '신이 언제나 어디에나 존재한다.'라는 라틴어에서 유래한 말로, 사용자가 컴퓨터나 네트워크를 의식하지 않고 장소에 상관없이 자유롭게 네트워크에 접속할 수 있는 정보통신환경을 무엇이라 할까? (ⓞⓑⓚⓣⓢ) (U_________)

3. 음성이나 영상 등의 아날로그 신호를 펄스 부호 변조를 사용해 전송에 적합한 디지털 신호로 변환 및 복원하는 기술은 무엇인가? (ⓚⓒ) (C____)

4. 원시프로그램에서 목적프로그램으로 번역하는 과정에서 발생하는 오류를 찾아 수정하는 것을 일컬어 무엇이라 하는가? (ⓒⓑⓖ) (D________)

5. 컴퓨터 지식을 이용하여 정당한 권한 없이 타인의 시스템에 침입하거나 침입한 시스템의 데이터를 임의로 고쳐 쓰고 삭제하는 등의 악의적 행위를 저지르는 사람을 뜻하는 것은?

(ⓚⓡⓚ) (C______)

6. 컴퓨터 또는 컴퓨터 프로그래밍에 대한 전문적 기술 및 해박한 지식을 갖추고 시스템을 자유자재로 조작하며, 다른 사람이나 기업의 컴퓨터에 침투하여 정보를 훔치거나 망가뜨리는 사람을 지칭하는 말은? (ⓗⓚ) (H_____)

7. 위키리크스(Wikileaks)를 지지하는 모임으로 유명한데, 기업이나 국가를 상대로 인터넷 해킹 공격을 하는 해커들의 온라인 커뮤니티로 전 세계에 활동하는 인터넷 해킹그룹을 무엇이라 하는가? (ⓞⓛⓛⓜⓢ) (A________)

8. 2011년 미국 공영방송과 연방수사국, 소니 플레이스테이션 네트워크 등을 해킹해 논란을 일으킨 해커 집단으로, 4명의 소그룹으로 결성되었다가 2006년 6월 26일 해체를 선언한 해커그룹은 무엇인가? (㉣㉧㉦) (L___ S__)

9. 어나니머스와 룰즈섹 등과 같이, 인터넷을 이용해 검열하는 정부, 혁명을 무력으로 짓밟는 정부, 위키리크스를 탄압하는 정보기관, 윤리를 망각한 기업 등에 대응한다는 명분으로 이들의 컴퓨터망을 공격하는 해커 집단을 부르는 말은?(㉻㉺㉥㉦㉺) (H_________)

10. 금융기관의 웹사이트로 위장한 메일을 불특정 다수에게 발송해 개인의 신용카드 번호나 계좌정보 등의 개인 정보를 불법적으로 빼내는 신종 해킹 수법은?(㉼㉦) (P_______)

11. 휴대폰 문자서비스를 이용해 소액 결제를 유도하는 해킹 수법을 뜻하는 용어는? (㉦㉤㉦) (S_______)

12. 타인의 도메인을 탈취하거나 프락시 서버의 주소를 변조하여, 사용자들로 하여금 진짜 사이트로 오인케 하여 개인정보를 훔치는 신종 컴퓨터 범죄는? (㉼㉤) (P_______)

13. 여러 개의 종합유선방송사업자를 두고 전국 여러 지역에서 케이블 방송 채널을 송출하는 '유료방송업체'를 무엇이라 하는가? (㉥㉦㉧㉻㉧㉦㉥㉦㉦㉧㉧)

14. 죽은 사람이 생전에 활동했던 파일이나 인터넷 기록 등의 흔적을 정리해 주거나 삭제해 주는 직업을 무엇이라 할까? (㉦㉧㉥ ㉧㉢㉺㉧㉹) (C____ U_________)

15. 무선으로 초고속 인터넷을 사용할 수 있도록 전파를 중계하는 무선 랜 기지국을 뜻하는 용어는 무엇인가? (㉻ ㉦㉼) (H__ S___)

16. 현대 정보화 사회에서 업무시간에 인터넷을 업무 외의 용도로 사용하면서 업무를 등한시하는 행위를 일컫는 말은? (㉦㉧㉥ ㉦㉣㉹) (C____ S______)

17. 특정 분야에 대한 열정과 전문적인 식견을 갖추고, 인터넷 포털사이트에서 영향력이 큰 블로그(blog)를 운영하는 사람을 뜻하는 용어는?(㉼㉧ ㉥㉣㉠) (P____ B______)

18. 단말기나 컴퓨터 상호간의 정보를 교환하기 위해 정해놓은 통신 규약을 무엇이라 하는가? (ⓟⓡⓣⓚ) (P_______)

19. 개인이나 인터넷 보안 시스템의 취약점을 발견해 관리자에게 제보함으로써, 블랙 해커의 공격을 예방하기도 하는 선의의 해커를 이르러 무엇이라 할까?
(ⓗⓞⓣ ⓗⓚ) (W____ H_____)

20. 웹사이트에 접속할 때 자동으로 만들어지는 임시 파일로, 웹사이트의 방문기록을 남겨 사용자와 웹사이트 사이를 매개해 주는 '문자열 정보 파일'은? (ⓚⓚ) (C_____)

21. 인터넷에서 전달하는 전자우편을 다른 사람이 받아 볼 수 없도록 암호화하고, 받은 전자우편의 암호를 해석해주는 프로그램은 무엇일까? (ⓟⓡⓣ ⓖ ⓟⓡⓞⓑⓢ)

22. 인터넷에서 익명성과 개방성을 악용해 누군가를 빈정대거나 인신공격하고 욕설을 퍼붓는 행위를 일컫는 말은? (ⓟⓡⓞⓜ) (F______)

23. 다른 사람의 통화기록이나 문자메시지 등과 같은 사적인 정보를 회사 등이 본인을 사칭해 입수하는 기법을 부르는 용어는 무엇인가? (ⓟⓡⓣⓢⓣ) (P_________)

24. 데이터를 연속적으로 보내지 않고 한 묶음씩 전송하는 형태는?
(ⓟⓚ ⓜⓓ) (P_____ M___)

25. 폰(phone)과 태블릿(tablet)의 합성어로, 화면이 5인치 이상으로 커져 태블릿 PC로도 쓸 수 있는 스마트폰을 무엇이라 하는가? (ⓟⓑⓡ) (P______)

정답

1. 안드로이드(Android) **2.** 유비쿼터스(Ubiquitous) **3.** 코덱(Codec) **4.** 디버깅(Debugging) **5.** 크래커(Cracker) **6.** 해커(Hacker) **7.** 어나니머스(Anonymous) **8.** 룰즈섹(LulzSec) **9.** 핵티비스트(Hacktivist) **10.** 피싱(Phishing) **11.** 스미싱(Smishing) **12.** 파밍(Pharming) **13.** 복수 종합 유선 방송 사업자(Multiple System Operator: MSO) **14.** 사이버 언더테이커(Cyber Undertaker) **15.** 핫 스팟(Hot Spot) **16.** 사이버 슬래킹((Cyber Slacking) **17.** 파워 블로거(Power Blogger) **18.** 프로토콜(Protocol) **19.** 화이트해커(White Hacker) **20.** 쿠키(Cookie) **21.** 프리티굿프라이버시(Pretty Good Privacy: PGP) **22.** 플레이밍(Flaming) **23.** 프리텍스팅(Pretexting) **24.** 패킷 모드(Packet Mode) **25.** 패블릿(Phablet)

CHAPTER 05

초 성 으 로 찾 아 가 는 재 미 있 는 상 식 여 행

current affairs 시사상식

1. 바다나 넓은 평지에서 발생하는 매우 강하게 돌아가는 깔때기 모양의 회오리바람을 무엇이라 할까? (ⓔⓛⓞⓓ) (T______)

2. 메조사이클론의 중심부에서 큰 기둥 형태로 존재하며 하나 이상의 토네이도를 형성해 폭우와 강풍을 동반하는 뇌운의 한 종류는? (㉦㉬ ㉦) (S____ C___)

3. 2009년 6월 11일 진수하여 남극 및 북극의 결빙지역을 포함한 전 세계 대양에서 해양연구와 양극 기지에 대한 보급 및 연구 활동을 수행하는 우리나라 최초의 쇄빙 연구선을 무엇이라 하는가? (㉧㉣㉧㉭) (A___)

4. 우리나라의 영공방위를 위해 군사분계선을 기준으로 동·서·남해 상공에 설정된 일정한 공역으로, 적성 항공기나 미식별 항공기의 공중감시를 위해 국방부가 관리하는 영역을 부르는 말은? (㉭㉠㉥㉠㉦㉥㉠㉧)

5. 만 65세 이상의 독거노인을 대상으로 원격전자제어시스템을 이용하여 안전을 점검하고 응급 상황이 발생하였을 때 신속히 구조하기 위하여 시행하는 새로운 개념의 복지 서비스는 무엇일까? (㉧㉪㉧ ㉦㉥㉦) (U-C___ S______)

6. 13세기 중엽 이후 중국 원나라에서 유행하던 고려의 풍습은 무엇인가? (㉠㉣㉧)

7. 일반적으로는 해결이 곤란한 문제, 즉 사물에 관하여 해결의 방도를 찾을 수 없는 난관을 의미하는 말은? (㉧㉬㉣㉧) (A_____)

8. 영화나 드라마에서 직업 연기자가 아닌 유명 인사가 잠시 얼굴을 비추거나 평소 자신의 이미지와 걸맞지 않은 단역을 잠시 맡는 일을 일컫는 말은 무엇인가?(㉪㉤㉧) (C____)

9. 일정한 대본 없이 등장인물인 환자에게 어떤 상황을 주어 환자가 생각나는 대로 연기를

하게 하여 억압된 감정을 표출하게 함으로써 장애를 치유하는 심리극을 부르는 말은?
(ⓢⓞⓚ ⓓⓡⓜ) (P_____ D____)

10. 서로 다른 통신 사업자의 서비스 지역 안에서도 통신이 가능하게 연결해 주는 서비스를 무엇이라 하는가? (ⓡⓜ) (R______)

11. 여론조사의 질문 내용은 잘 이해하지만, 판단이 명확하지 못하거나 애매한 태도로 '잘 모르겠다.'라고 답하는 사람들을 일컫는 말은? (ⓓⓚⓞ ⓖⓡ) (D_'_ K___ G____)

12. 여론조사의 질문 내용을 잘 이해하지 못하거나 비협조적인 사람들을 무엇이라 할까?
(ⓞⓞ ⓖⓡ) (N__ R______ G____)

13. 선거에 의하여 선출된 대통령이나 국회의원이 임기 중에 사망하거나 기타의 사유로 인하여 그 자격을 상실한 때 실시하는 선거는? (ⓑⓖⓢⓖ)

14. 스페인 내란을 주제로 전쟁의 비극성을 그린 피카소의 대표작이다. 스페인 북부 바스크 지방의 작은 마을 이름을 딴 이 작품은 무엇인가? (ⓖⓡⓝⓚ) (G_______)

15. 가톨릭교회에서 교황을 선출하는 추기경단의 선거회를 부르는 용어는?
(ⓚⓚⓡⓑ) (C_______)

16. 대지 면적에 대한 건축물 1층의 면적 비율은 무엇인가? (ⓖⓟⓞ)

17. 대지 면적에 대한 건축물 전체의 면적 비율을 무엇이라 할까? (ⓞⓙⓡ)

18. 장래의 본등기에 대비하여 미리 등기부상의 순위를 보전하기 위해 행하는 등기를 뜻하는 말은? (ⓖⓓⓖ)

19. 태양 표면에 자기력선이 조밀하고 복잡하게 얽힌 지역으로, 태양의 표면이라고 일컫는 광구에서 일어나는 검은 반점 현상을 뜻하는 단어는? (ⓗⓙ) (S______)

20. 사람(Human)과 정보(Intelligence)를 결합한 것으로, 비밀리에 활동하는 스파이뿐 아니라 외교관이나 기업인, 내부협조자 등 합법적으로 활동하는 사람들을 통해 얻은 정보를

통칭하는 용어는? (ⓗⓜⓣ) (H_____)

21. 도시의 인구집중으로 무질서하게 외곽으로 확산되는 것을 방지하기 위해, 도시 바깥을 벨트형태로 지정해 개발행위를 제한하는 지역을 무엇이라 하는가?

(ⓖⓑⓙⓗⓖⓞ) (G____ B___)

22. 우리나라의 한려수도 일대와 서해안 일부 지역처럼 연안의 수자원을 오염의 위험으로부터 보호하기 위해 설정한 '오염제한구역'을 무엇이라 할까? (ⓑⓡⓑⓣ) (B___ B___)

23. 신체장애나 질병 등으로 중증의 후유장애가 남아 스스로 일상생활을 꾸려 나가지 못하고 남의 도움이 필요한 상태의 사람을 대상으로 하는 일본의 간병보험은? (ⓖⓗⓑⓗ)

24. 개인정보를 다루는 기업은 취득·이용목적을 명확히 공표 또는 통지할 의무를 가지며, 고객으로부터 정보개시나 이용정지 요구를 접수하는 창구를 설치하는 등의 의무를 다하여야 하는데, 이처럼 각종 컴퓨터 범죄와 개인의 사생활 침해 등 정보화 사회의 역기능을 방지하기 위해 1995년 1월 8일부터 시행된 법률은 무엇일까? (ⓖⓞⓙⓑⓑⓗⓑ)

25. 승진을 통해서 성취 욕구를 느끼거나 자아실현을 하겠다는 꿈을 포기하고, 언젠가는 자신에게 맞는 일을 찾아 떠나려는 직장인을 일컬어 무엇이라 하는가?

(ⓖⓡⓡ ⓜ) (G______ M__)

정답

1. 토네이도(Tornado) **2.** 슈퍼 셀(Super Cell) **3.** 아라온호(Araon) **4.** 한국방공식별구역(Korea Air Defence Identification Zone: KADIZ) **5.** 유케어 서비스(U-Care Service) **6.** 고려양 **7.** 아포리아(Aporia) **8.** 카메오(Cameo) **9.** 사이코 드라마(Phycho Drama) **10.** 로밍(Roaming) **11.** DK그룹(Don't Know Group) **12.** NR그룹(Non Response Group) **13.** 보궐선거 **14.** 게르니카(Guernica) **15.** 콘클라베(Conclave) **16.** 건폐율 **17.** 용적률 **18.** 가등기 **19.** 흑점(Sunspot) **20.** 휴민트(Humint) **21.** 개발제한구역(Green Belt) **22.** 블루 벨트(Blue Belt) **23.** 개호보험 **24.** 개인 정보 보호법 **25.** 갤러리 맨(Gallery Man)

CHAPTER 06

초 성 으 로 찾 아 가 는 재 미 있 는 상 식 여 행

current affairs 시사상식

1. 배심제를 채택하고 있는 미국에서 범죄자가 자신의 죄를 자백하거나 유죄를 인정하는 대신 협상을 통해 형량을 경감하거나 조정하는 제도를 뜻하는 말은?

(ㅍㄹㅂㄱ) (P___ B______)

2. 조직범죄나 부패범죄에 가담한 사람이 공범이나 범죄 전모를 밝히는 등 수사에 협조하면 형을 감면해 주거나 기소하지 않는 제도를 무엇이라 할까? (ㅅㅂㅎㅈㅈ ㅎㅂㄱㅁㅈ)

3. 투표자가 자기의 소속 정당을 밝히지 아니하고 투표할 수 있는 예비 선거를 무엇이라 하는가? (ㄱㅂㅎ ㄱㅅㅈ) (O___ P______)

4. 영화제작 과정 가운데 필름이나 녹화 테이프에 소리와 음향효과를 삽입하는 과정을 뜻하는 용어는? (ㄷㅂ) (D______)

5. 1990년대 중반 영국과 미국을 중심으로 등장한 일종의 소설 장르로, 20대와 30대 미혼 여성의 일과 사랑을 주제로 삼는데 이는 무엇일까? (ㅊㄹ) (C____ L__)

6. 선거와 관련하여 유권자에 대한 계약으로서의 공약, 곧 목표와 이행 가능성, 예산 확보의 근거 등을 구체적으로 제시한 공약을 뜻하는 말은? (ㅁㄴㅍㅅㅌ) (M________)

7. 1992년부터 이탈리아에서 전개된 부패추방 운동을 말하는데, 이탈리아어로 '깨끗한 손'을 뜻하는 이 말은? (ㅁㄴㅍㄹㅌ) (M___ P_____)

8. 민사소송법에서 판결로 확정한 사법상의 청구권을 국가권력에 의해 강제적으로 실행시키는 절차, 또는 행정법에서 의무의 불이행에 대해 행정주체가 강제로 의무를 이행시키는 일을 일컬어 무엇이라 하는가? (ㄱㅈㅈㅎ)

9. 축하하기 위하여 벌이는 공연이라는 뜻으로, 주로 클래식 음악과 피겨스케이팅 분야에서 열린다. 이탈리아 전통 축제의 복장에 어원을 둔 이것은? (㉠㉣ ㉦) (G___ S___)

10. 미국의 육·해·공 3군을 통합한 최고 군사기관을 지칭하는 말로서, 대통령 직속이며 국방장관이 군사행정을 통괄한다. 워싱턴의 포토맥 강가에 위치한 청사의 건물 모양이 5각형인 데서 통칭하게 되었다. 무엇일까? (㉬㉫㉠) (P_______)

11. 처음에는 유대인 강제 거주구역을 가리키는 말이었으나, 현재는 슬럼(slum)과 같은 의미로 쓰이고 있는 용어는? (㉠㉫) (G_____)

12. 권리의 실현이 소송의 지연이나 강제집행을 면하기 위한 채무자의 재산 은닉 등으로 어려워질 경우 다투어지고 있는 권리관계에 대하여 임시의 지위를 정함을 목적으로 빠른 시간 안에 법원의 결정을 구하는 제도는 무엇일까? (㉠㉩㉥)

13. 노동자와 사용자, 정부가 노동정책 및 이와 관련된 사항들을 협의할 목적으로 김대중 정부 시절 탄생한 사회적 합의기구는 무엇인가? (㉡㉦㉨㉧㉧㉭)

14. 동성애자나 성적 소수자들이 자기 주위의 사람들에게 자신의 성적 정체성을 공개적으로 밝히는 것을 의미하는 단어는? (㉪㉤ ㉧㉧) (C_____ O__)

15. 정부기관이나 기업 등이 대규모 개발사업 계획을 수립하는 경우, 이로 인해 환경에 미칠 영향을 미리 평가하고 검토하여 환경오염을 최소화하는 방안을 강구하는 제도를 무엇이라 하는가? (㉭㉠㉧㉭㉬㉠㉨㉢)

16. 수질이나 대기의 오염도를 측정하는 단위로 100만분의 1을 나타내는 단위는 무엇일까? (㉬㉬㉧) (P____ P__ M______)

17. 농약과 같이 환경 중에서 검출되는 양이 극미량일 경우 측정하는 단위로 10억분의 1을 나타내는 단위는? (㉬㉬㉥) (P____ P__ B______)

18. 어떠한 사실을 알고는 있지만, 기억이 나지 않거나 심리적 압박 또는 불안으로 혀끝에

서 빙빙 돌기만 할 뿐 말로 표현되지 않는 현상을 무엇이라 할까? (ⓢⓓⓗⓢ)

19. 세계적으로 소비되는 헤로인의 70%를 생산하는 것으로 알려진 '황금의 삼각지대(Golden Triangle)'는 이들 나라 3개국의 접경지역을 말하는데 어느 나라일까?

(ⓜⓞⓜ), (ⓣⓖ), (ⓡⓞⓢ)

20. 미국의 금문교나 우리나라의 남해대교, 일본의 아카시해협대교와 같이 양쪽에 높은 탑을 세우고 여기에 케이블을 걸어서 바닥 틀을 달아매는 교량 구조 형식은? (ⓗⓢⓖ)

21. 우리나라 올림픽대교나 서해대교와 같이 교각 위에 세운 탑에서 비스듬히 드리운 케이블로 주빔을 지탱하도록 설계된 교량 구조 형식을 무엇이라 하는가? (ⓢⓙⓖ)

22. 우편투표, 대리투표, 선거 중에 의한 투표 등 선거인 명부에 등재된 자가 일정한 사유로 그 주소를 떠나 있어서 자신의 투표소에서 투표를 할 수 없는 경우 그 주소지의 투표소에 가지 않고 행하는 투표를 의미하는 용어는? (ⓑⓙⓙⓣⓟ)

23. 투표를 마치고 나오는 유권자를 대상으로 면접 조사하여 투표와 관련된 정보를 얻는 선거여론조사를 무엇이라 할까? (ⓒⓖⓙⓢ)

24. 암살이나 파괴 등의 방법을 통해서 정치적 목적을 달성하고자 하는 극우세력의 테러를 이르는 말은 무엇인가? (ⓑⓢⓣⓡ) (W____ T_____)

25. 정부 수반이나 각료들의 측근에서 국민의 생각이나 여론을 수렴해 정책으로 구체화하거나 정부 정책을 국민에게 납득시키는 역할을 하는 정치 전문가를 지칭하는 말은?

(ⓢⓟ ⓓⓣ) (S___ D_____)

정답

1. 플리바겐(Plea Bargain: 사전형량 조정제도) **2.** 사법협조자형벌감면제 **3.** 개방형 경선제(Open Primary) **4.** 더빙(Dubbing) **5.** 칙릿(Chick Lit) **6.** 매니페스토(Manifesto) **7.** 마니 풀리테(Mani Pulite) **8.** 강제집행 **9.** 갈라쇼(GalaShow) **10.** 펜타곤(Pentagon) **11.** 게토(Ghetto) **12.** 가처분 **13.** 노사정위원회 **14.** 커밍아웃(Coming Out) **15.** 환경영향평가제도 **16.** PPM(Parts Per Million) **17.** PPB(Parts Per Billion) **18.** 설단현상 **19.** 미얀마, 태국, 라오스 **20.** 현수교 **21.** 사장교 **22.** 부재자 투표 **23.** 출구조사 **24.** 백색 테러(White Terror) **25.** 스핀 닥터(Spin Doctor)

current affairs 시사상식

1. 색소결핍 때문에 온몸이 흰색을 띠는 변종 고래를 이르는 말로 호주 원주민 언어로 '하얀 친구'라는 의미가 있다. 전 세계적으로 단 두 마리뿐인 것으로 추정되는 이 하얀 고래를 부르는 말은 무엇인가? (ㅁㄱㄹ) (M______)

2. 아데노 바이러스와 같이 질병과의 인과관계가 분명하지는 않으면서 질병을 일으키는 정체 불명의 바이러스를 통칭하는 용어는 무엇일까? (ㄱㅇ ㅂㅇㄹㅅ) (O_____ V____)

3. 1950년대 일본에서 유래된 수은중독으로 인한 질환을 일컫는 말은? (ㅁㄴㅁㅌㅂ)

4. 오염된 어패류를 날것으로 먹거나, 균에 오염된 해수 및 갯벌 등에서 피부 상처를 통해 감염되는 질환을 무엇이라 하는가? (ㅂㅂㄹㅇ ㅍㅎㅈ)

5. 카드뮴이 체내에 들어오면 혈류를 타고 간과 신장으로 확산되며 골연화증을 일으키는데, 이런 카드뮴 중독증을 뜻하는 말은? (ㅇㅌㅇㅇㅌㅇ ㅂ)

6. 유행성 출혈열, 렙토스피라와 함께 가을철 3대 질병의 하나로, 들쥐나 야생동물에 기생하는 털 진드기의 유충으로부터 감염되는 질병은? (ㅉㅉㄱㅁㅅ ㅂ)

7. 간뇌의 변성, 또는 동맥경화적인 변화를 주로 한 중추신경계의 퇴행성 질환을 무엇이라 하는가? (ㅍㅋㅅ ㅂ)

8. 소나 돼지, 양, 사슴 등 발굽이 두 개로 갈라진 동물에서 발생하는 바이러스성 가축전염병을 무엇이라 할까? (ㄱㅈㅇ)

9. 유해한 분진을 장기간 흡인할 때 폐의 조직 내에 분진이 달라붙어 만성의 섬유증식반응을 일으킴으로써 발생하는 질환은? (ⓩⓟⓩ)

10. 신경 근육질환의 일종으로 정신작용에는 영향을 미치지 않으면서 근육만 무력화되는 질환을 일컫는 말은 무엇인가? (ⓡⓖⓡ ⓑ)

11. 조기 진단과 치료를 위해 종합적으로 건강상태를 파악하여 질병의 유무를 알아내는 검사를 뜻하는 용어는? (ⓗⓜ ⓓⓚ) (H____ D___)

12. 뇌의 신경세포가 퇴화되어 뇌가 수축함으로써 건망증과 혼돈상태를 거쳐 결국 인격 장애와 치매를 일으키는 퇴행성 뇌 질환을 무엇이라 할까? (ⓞⓒⓗⓞⓜ ⓑ)

13. 바이러스의 침입을 받은 세포에서 분리되는 단백질로, 바이러스의 침입에 대하여 저항하도록 생체내의 세포를 자극하는 물질은? (ⓞⓣⓟⓡ) (I_________)

14. 일반적인 의학용어로는 외상(外傷)을 뜻하지만, 심리학에서는 영구적인 정신 장애를 남기는 충격을 일컫는 용어는 무엇일까? (ⓣⓡⓞⓜ) (T_____)

15. 식품이 생산된 곳에서 소비자까지 이동하게 되는 거리를 말하는 것으로, 농산물 수입을 파악하는 지표로 활용되고 있다. 무엇인가? (ⓟⓓ ⓜⓞⓡⓩ) (F___ M______)

16. 임종을 앞둔 말기(암) 환자가 평안한 임종을 맞도록 심리적 안정을 돕고 위안과 안락을 최대한 베푸는 봉사활동을 무엇이라 하는가? (ⓗⓢⓟⓢ) (H______)

17. 운동선수가 경기력을 일시적으로 높이기 위해 금지된 약물을 사용하는 것을 지칭하는 말은? (ⓓⓟ) (D_____)

18. 의료서비스의 양과 질에 상관없이 미리 정해진 표준화된 진료비를 보험자가 의료기관에 지급하는 제도로서, 2002년부터 우리나라에서 선택적으로 적용하고 있다. 이 제도를 무엇인가? (ⓟⓖⓢⓖⓩ) 혹은 (ⓩⓡⓑⓩⓒⓩ)

19. 콩, 블루베리, 브로콜리, 귀리, 오렌지, 호박, 연어, 간장, 시금치, 토마토, 칠면조, 호두, 요구르트, 녹차 또는 홍차 등 스티븐 브랫 박사가 최고의 건강식으로 지목한 14가지 식품을 무엇이라 할까? (ㅅㅍㅍㄷ) (S____ F___)

20. 토양이나 하천과 바다의 부영양화로 해수 플랑크톤의 수가 급격하게 증가하여 적색계통의 색을 띠는 현상은? (ㅈㅈㅎㅅ)

21. 성범죄자에게 약물이나 여성호르몬 주입을 통해 성욕에 관여하는 남성 호르몬인 테스토스테론의 분비를 차단함으로써 성적 욕구를 없애는 것은? (ㅎㅎㅈ ㄱㅅ)

22. 주로 호텔, 병원, 백화점 등 대형 건물의 냉각탑이나 배수관 등에 서식하며, 세균성 폐렴 발생원인의 20%를 차지할 만큼 인체에 큰 피해를 주는 세균은 무엇인가?

(ㄹㅈㅇㄴㄹ) (L_________)

23. 사람이나 동물의 장내에 기생하는 세균의 일종으로 식중독을 일으키는 대표적인 세균은 무엇일까? (ㅅㅁㄴㄹ) (S_________)

24. 소의 장기나 뼈, 살코기를 소의 사료로 사용한 것이 원인이 되어 소의 뇌조직이 해면처럼 구멍이 뚫리는 치명적인 질병은? (ㄱㅇㅂ)

25. 물이 어느 정도 오염되어 있는가를 나타내는 기준으로, 수중의 유기물이 미생물에 의해 정화될 때 필요한 산소량을 뜻하는 용어는 무엇인가? (ㅅㅁㅎㅈ ㅅㅅㅇㄱㄹ)

정답

1. 미갈루(Migaloo) **2.** 고아 바이러스(Orphan Virus) **3.** 미나마타 병 **4.** 비브리오 패혈증 **5.** 이타이 이타이 병 **6.** 쯔쯔가무시 병 **7.** 파킨슨 병 **8.** 구제역 **9.** 진폐증 **10.** 루게릭 병 **11.** 휴먼 도크(Human Dock) **12.** 알츠하이머 병 **13.** 인터페론(Interferon) **14.** 트라우마(Trauma) **15.** 푸드 마일리지(Food Mileage) **16.** 호스피스(Hospice) **17.** 도핑(Doping) **18.** 포괄수가제혹은진료비정찰제 **19.** 슈퍼푸드(Super Food) **20.** 적조현상 **21.** 화학적 거세 **22.** 라지오넬라(Legionella) **23.** 살모넬라(Salmonella) **24.** 광우병 **25.** 생물학적 산소요구량(Biochemical Oxygen Demamd: BOD)

CHAPTER 08

초성으로 찾아가는 재미있는 상식여행

current affairs 시사상식

1. 로마 제국의 팍스 로마나(Pax Romana), 영국의 식민지 통치를 가리키는 팍스 브리태니카(Pax Britanica), 미국의 팍스 아메리카나(Pax Americana)에 이어 등장한 개념으로 중국이 주도하는 세계평화질서를 일컫는 용어는? (ㅍㅅ ㅅㄴㅋ) (_ _ S _ _ _ _ _)

2. 중요 정책이나 헌법개정안 등 일정한 중요사항을 국민이 직접투표로써 최종 확정하는 제도를 무엇이라 할까? (ㄹㅍㄹㄷ) (R _ _ _ _ _ _ _ _ _)

3. 개인이 자신의 능력으로 감당할 수 없는 빚을 진 경우 채무자를 구제하기 위해 법원이 파산을 선고함으로써 파산절차를 거친 후 채무를 면제시켜주는 제도는 무엇인가?(ㄱㅇㅍㅅ)

4. 어떤 내용을 언제 누가 누구에게 발송하였는가 하는 사실을 발송인이 작성한 등본에 의하여 우체국장이 공적인 입장에서 증명하는 제도는? (ㄴㅇㅈㅁ)

5. 국회의원이 국회에서 직무상 행한 발언과 표결에 관하여 국회 밖에서 책임을 지지 아니하는 특권을 이르는 말은 무엇일까? (ㅁㅊㅌㄱ)

6. 자신의 행위로 인하여 어떤 범죄결과의 발생 가능성을 예상하거나 인식하였음에도 불구하고 그 경과의 발생을 인용하는 심리상태를 이르는 말은? (ㅁㅍㅈ ㄱㅇ)

7. 타인으로 하여금 형사처분 또는 징계처분을 받게 할 목적으로 허위사실을 신고하는 죄를 무엇이라 하는가? (ㅁㄱㅈ)

8. 가족 구성원이 뜻하지 않은 죽음을 당했을 때 나머지 가족들이 그 진상을 밝혀내고, 그 결과 억울한 일을 법에 호소할 수 있는 권리는? (ㅅㅇㄱ)

9. 헌법 정신에 위배된 법률로 기본권의 침해를 받은 사람이 직접 헌법재판소에 구제를 청구하는 것을 무엇이라 할까? (ㅎㅂㅅㅇ)

10. 우리나라 제주도의 남서쪽 150Km에 위치한 바닷속의 암초 섬으로 2003년 6월 과학기지가 완공된 일명 이어도라 불리는 섬은 무엇인가? (ㅍㄹㄷ)

11. 대중에게 전달되기 전에 뉴스를 취사선택하고 검열하는 직책 또는 그 기능을 말하는데, 신문이나 방송 등에 종사하면서 외부로 보도되는 뉴스를 통제하는 사람을 부르는 명칭은 무엇일까? (ㄱㅇㅌ ㅋㅍ) (G___ K_____)

12. 19 세기 중반 영국의 제레미 벤덤, 존 스튜어트 밀 등에 의해 제창된 사회사상으로, 쾌락주의에 기초를 두고 '최대 다수의 최대 행복'을 사회적 가치 판단의 기준으로 삼은 학설을 지칭하는 용어는? (ㄱㄹㅈㅇ)

13. 제품의 포인트가 될 만한 소리를 활용하는 광고기법으로서, 소비자의 관능을 자극해 욕구를 일으키게 함으로써 잠재적인 고객을 확보하려는 광고를 무엇이라 하는가?
(ㅅㅊ ㄱㄱ) (S_____ A__________)

14. 연극에서 다른 배우에게는 들리지 않고 관객에게만 들리게 하는 혼자만의 대사를 무엇이라 할까? (ㅁㄴㄹㄱ) (M________)

15. 토지구획 정리방식으로 택지를 개발하는 경우, 도로·공원·학교 등과 같은 공공시설을 확보하기 위해 필요한 토지를 개발비와 상계하는데, 종전의 토지 면적에서 환지 받은 면적을 뺀 나머지 토지 면적의 비율을 뜻하는 말은? (ㄱㅂㅇ)

16. 재판부의 명령에 어긋나는 행위를 하거나 심리를 방해함으로써 재판부의 위신을 훼손하는 사람을 법정의 질서 유지를 위해 재판부가 직권으로 구속시키는 제재조치를 이르는 말은 무엇인가? (ㄱㅊㅁㄹ)

17. 한반도에 전쟁과 유사한 사건이 발생할 경우 한미연합사령부가 미군 증원군을 신속하고 안전하게 파견 배치하는 절차를 숙달하기 위하여 매년 봄에 연례적으로 행하는 한·미 합동 훈련은? (ㅋ ㄹㅈㅂ) (K__ R______)

18. 인간에 대한 신뢰가 아니라 불신과 절망이 숨어있어 사람을 웃기면서도 인간 존재의 불안과 불확실성을 날카롭게 느끼게 하는 유머를 무엇이라 할까?
(ㅂㄹ ㅇㅁ) (B____ H_____)

19. 쓰레기장을 조사해 그 지역에 사는 사람들의 생활실태를 알아보는 사회학의 한 방법이다. 무엇인가? (㉠㉥㉣㉦) (G________)

20. 사회 고위층 인사에게 그들의 사회적 신분에 상응하는 높은 수준의 도덕적 의무와 사회적 책임을 뜻하는 '가진 자들의 기부 문화'를 이르는 말은?

(㉡㉥㉣㉤ ㉧㉥㉣㉦) (N_______ O_____)

21. 독일의 철학가 발터 벤자민(Walter Benjamin)의 예술이론으로, 예술작품에서 흉내 낼 수 없는 고고한 '분위기'를 뜻하는 말은 무엇인가? (㉧㉧㉣) (A___)

22. 낙서나 유리창 파손 등의 경미한 범죄를 방치하면 더 큰 범죄로 이어진다는 범죄 심리학 이론은 무엇인가? (ㄲㅈ ㉧㉣㉨ ㉧㉣)

23. 묽은 용액 속에서 계면에 흡착하여 그 표면장력을 감소시키는 물질로 비누나 합성세제의 주성분이며, 물과 기름에 잘 풀리는 작용이 있기 때문에 옷이나 식기에 묻은 기름기를 빼내어 물에 녹이는 세정력이 강하다. 이 물질은? (㉠㉤㉭㉤㉦)

24. 서양 미술의 거장으로 꼽히는 렘브란트가 1630년에 그린 이 그림이 세르비아의 노비사드 박물관에 소장되어 있던 중 지난 2006년 무장 강도들에게 도난당했다가 최근 되찾았는데 그것은? (㉧㉥㉦㉧ ㉨㉤)

25. 정치세력들이 상호지원의 차원에서 투표거래나 투표담합을 하는 행위를 무엇이라 하는가? (㉣㉠㉣㉣) (L_________)

정답

1. 팍스 시니카(Pax Sinica) **2.** 레퍼렌덤(Referendum) **3.** 개인파산 **4.** 내용증명 **5.** 면책특권 **6.** 미필적 고의 **7.** 무고죄 **8.** 신원권 **9.** 헌법소원 **10.** 파랑도 **11.** 게이트 키퍼(Gate Keeper) **12.** 공리주의 **13.** 시즐광고(Sizzle Advertising) **14.** 모놀로그(Monologue) **15.** 감보율 **16.**감치명령 **17.** 키 리졸브(Key Resolve) **18.** 블랙 유머(Black Humour) **19.** 가볼로지(Garbology) **20.** 노블리스 오블리제(Noblesse Oblige) **21.** 아우라(Aura) **22.** 깨진 유리창 이론 **23.** 계면활성제 **24.** 아버지의 초상 **25.** 로그롤링(Logrolling)

CHAPTER 09

초 성 으 로 찾 아 가 는 재 미 있 는 상 식 여 행

current affairs 시사상식

1. 자기 자신의 능력으로는 자립하지 못하는 여성이 남성에게 의지하여 안정된 삶을 꾀하고자 하는 여성의 심리상태를 무엇이라 할까? (㉦㉢㉣㉣ ㉪㉬㉣㉦)

2. 남자가 남성다움을 과시하기 위해서는 남자로서의 모든 능력을 갖추어야 한다는 심리적 현상을 뜻하는 말은? (㉦㉬㉤ ㉪㉬㉣㉦)

3. 한 사람의 여성으로서 맡은 모든 일을 완벽하게 해내려고 하는, 엘리트를 지향하는 직업 여성에게서 볼 수 있는 심리적 현상은? (㉦㉬㉧㉤ ㉪㉬㉣㉦)

4. 아들이 어머니를 독차지하고자 아버지에게 질투를 느끼는 심리상태는 무엇인가? (㉧㉢㉬㉦ ㉪㉬㉣㉦)

5. 딸이 아버지에게 애정을 품고 어머니를 경쟁자로 인식하여 반감을 갖는 심리상태는? (㉧㉣㉫㉣ ㉪㉬㉣㉦)

6. 형제나 자매간에 서로 적의를 보이며 시기하는 심리상태, 또는 현대사회에서 아무런 이유 없이 특정인을 시기하거나 질투하는 심리상태를 무엇이라 할까? (㉪㉧ ㉪㉬㉣㉦)

7. 자기 자신이 파괴되는 것을 두려워하여 타인을 받아들이지 않을 뿐 아니라, 자신을 너무 사랑하고 과대평가하는 자아도취 현상을 뜻하는 말은? (㉡㉣㉦㉦ ㉪㉬㉣㉦)

8. 암컷 비둘기가 수컷 비둘기에게 헌신적인 사랑을 주지만 정작 자기는 사랑을 받지 못하여 일찍 죽는다는 것처럼 자기희생을 감수하고자 하는 심리상태를 무엇이라 하는가? (㉢㉥ ㉪㉬㉣㉦)

9. 재주와 능력이 많고 자유분방한 성격이지만, 변덕스럽고 상황에 따라 최대한의 이익만을 추구하는 심리적 상태는? (ⓑⓗⓜⓞ ⓚⓟⓡⓢ)

10. 성인 여성이 어린 소년에게 애정을 가지거나 성적인 매력을 느끼는 집착적인 심리적 현상은 무엇인가? (ⓢⓣⓡ ⓚⓟⓡⓢ)

11. 성인 남성이 아직 성숙하지 않은 소녀에게 정서적 동경이나 성적 집착을 하는 심리적 현상은? (ⓡⓡⓣ ⓚⓟⓡⓢ)

12. 누군가에게 사랑을 느끼면서도 자신의 부족함을 탓하며, 상대방에게 표현하지 못하고 주변을 맴도는 심리적 현상은? (ⓢⓡⓝ ⓚⓟⓡⓢ)

13. 컴퓨터의 스크린에서 방사되는 X선·전리방사선 등의 해로운 전자기파가 유발하는 두통·시각장애 등의 증세를 무엇이라 하는가? (ⓚⓟⓣ ⓓⓜⓖ ⓙⓗⓖ)

14. 자신의 현재 일에는 별 흥미를 느끼지 못하고 장래의 막연한 행복만을 추구하는 심리적 현상은 무엇인가? (ⓟⓡⓢⓙⓗⓖ)

15. 성인이 되어도 어른 사회에 적응하지 못하는 어린아이 같은 남성들의 심리적 현상을 무엇이라 할까? (ⓟⓣⓟⓙⓗⓖ)

16. 누군가를 좋아해 주위에서 항상 도와주고 짝사랑하지만, 겉으로 표현하지 못하는 남녀의 심리상태는 무엇일까? (ⓣⓚⓑⓙⓗⓖ)

17. 가정폭력을 당한 경험이 있는 여성이거나 경제적·심리적으로 딱히 의지할 데가 없는 여성들에게 자주 나타나는 현상으로, 연인처럼 달콤하게 굴다가도 자신이 원하는 것이 충족되지 않으면 금세 악마가 되어버리는 것처럼 타인에게 연인과 악마 두 가지 감정을 느끼는 정서적 분열 상태를 뜻하는 말은? (ⓞⓜⓞⓞ ⓙⓗⓖ)

18. 대규모 구조조정을 겪으면서 실직을 간신히 모면한 종업원들이 겪게 되는 심리적인 허탈과 공허감에서 표출되는 병리적 현상을 무엇이라 하는가? (ⓝⓞⓙⓞ ⓙⓗⓖ)

19. 추억은 언제나 아름다운 것이라 생각하며, 과거의 일들 가운데 나쁜 기억들은 지워버리고 좋은 기억들만 남겨두려는 심리적 현상은? (ㅁㄷㅅㄹㅈㅎㄱ)

20. 컴퓨터 전원을 껐다가 다시 켜면 다시 시작할 수 있는 것처럼, 게임이나 인터넷 등 사이버세계에 깊이 빠져 현실을 혼동하는 청소년들의 병리적 현상은 무엇일까? (ㄹㅅㅈㅎㄱ)

21. 직장과 가정에서 모두 인정받지 못한다는 생각으로 소외감을 느끼거나, 직장상사와 부하직원 사이에서 압박감을 받는 중간 관리층의 정신적 고충을 부르는 말은? (ㅅㄷㅇㅊㅈㅎㄱ)

22. 많은 근심을 안고 사는 현대인들이 마술 램프를 손에 쥐고 걱정을 불러내듯이, 알 수 없는 불안 속에서 괴로워하며 처분만을 기다리는 병리적 현상을 무엇이라 하는가? (ㄹㅍㅈㅎㄱ)

23. 인질이 인질범에 동화되는 현상, 혹은 아주 극한 상황에서 강자의 논리에 약자가 동화되는 심리적 현상은? (ㅅㅌㅎㄹㅈㅎㄱ)

24. 자신이 동경하는 유명인이나 가까운 사람이 사망하거나 자살을 한 경우, 그 사람과 자신을 동일시하여 따라 자살을 시도하는 심리적 현상은 무엇인가? (ㅂㄹㅌㄹㅈㅎㄱ)

25. 얼굴은 웃고 있지만 마음속은 절망감으로 가득 차 울고 있는, 겉으로 드러나지 않은 우울증과 같은 정신적 증상을 지칭하는 용어는? (ㅅㅁㅇ ㅁㅅㅋㅈㅎㄱ)

정답

1. 신데렐라콤플렉스(CinderellaComplex) **2.** 슈퍼맨콤플렉스(SupermanComplex) **3.** 슈퍼우먼콤플렉스(Super-womanComplex) **4.** 오디푸스콤플렉스(OedipusComplex) **5.** 엘렉트라콤플렉스(ElectraComplex) **6.** 카인콤플렉스(CainComplex) **7.** 나르시스콤플렉스(NarcisComplex) **8.** 도브콤플렉스(DoverComplex) **9.** 보헤미안콤플렉스(BohemianComplex) **10.** 쇼타로콤플렉스(ShotaroComplex) **11.** 롤리타콤플렉스(LolitaComplex) **12.** 시라노컴플렉스(CyronoComplex) **13.** 컴퓨터단말기증후군(VDTSyndrome) **14.** 파랑새증후군(BluebirdSyndrome) **15.** 피터팬증후군(PeterPanSyndrome) **16.** 팅크벨증후군(TinkerbellSyndrome) **17.** 악마연인증후군(Demon Lover-Syndrome) **18.** 남은자의증후군(ADDSyndrome) **19.** 무드셀라증후군(MoodcelaSyndrome) **20.** 리셋증후군(Re-setSyndrome) **21.** 샌드위치증후군(MoodcelaSyndrome) **22.** 램프증후군(ResetSyndrome) **23.** 스톡홀롬증후군(StockholmSyndrome) **24.** 베르테르증후군(WertherSyndrome) **25.** 스마일마스크증후군(Smile MaskSyndrome)

CHAPTER 10

초 성 으 로　찾 아 가 는　재 미 있 는　상 식 여 행

current affairs 시사상식

1. 대학원에서 박사과정을 마쳤으나 일자리를 구하지 못하고 실업상태에 있는 고학력 실업자, 또는 박사 실업자를 부르는 말은? (ⓞⓑ ⓒⓔ) (O___ D_____)

2. 지구의 오존층이 얇아져 자외선이 걸러지지 못하는 극단적인 대기 현상 때문에 발생하는 것으로 추정되고 있는데, 하늘에서 떨어지는 거대한 얼음 덩어리를 무엇이라 할까?
(ⓜㄱⓚⓡⓞⓞⓜⓔⓞ) (M____________)

3. 사람이 어떤 충격을 받았을 때 그 사람의 성격 일부가 떨어져 나와 독자적으로 행동하게 되는 경우를 말하는데, 이때 그 사람은 전혀 다른 사람처럼 말과 행동을 하고 나중에는 자신의 그런 행동을 전혀 기억하지 못하는 현상을 일컫는 정신의학적 용어는 무엇일까?
(ⓗⓡⓗⓢ) (D__________)

4. 공직자가 자신의 임기 중에는 민원의 발생 소지가 많은 일을 무리하게 추진하지 않고 무사안일하게 시간이 흐르기만 기다리는 현상을 무엇이라 하는가? (ⓛⓔⓗⓢ)

5. 공직자가 자신의 임기 중에 주민들이 선호하는 시설을 유치하려고 하는 현상을 뜻하는 말은? (ⓟⓔⓗⓢ)

6. 피통치자가 정치권력에 대해 무조건적인 신성함과 아름다움을 느끼고 예찬하는 비합리적인 상황을 가리키는 말은 무엇인가? (ⓜⓡⓒ) (M______)

7. 원래는 결혼하지 않은 남녀의 동거를 뜻하는 말로서, 정치적으로 좌·우파가 대통령과 총리를 나눠 맡아 국정을 함께 수행하는 동거 정부를 지칭하는 용어는 ?
(ⓚⓞⓑⓔⓢⓞ) (C__________)

8. 어떤 지역의 한 나라가 공산화되면 인접 나라들도 차례로 공산화된다는 이론을 무엇이라 하는가? (ⓒⓜⓛ ⓞⓡ) (D_____ T_____)

9. 입체적인 영상을 만들어내는 기법의 하나로, 상호 작용하는 여러 개의 레이저 광선을 얇은 공기층에 쏘아서 만든 3차원 형상(입체상)을 부르는 말은? (ㅎㄹㄱㄹ) (H_______)

10. 사람의 두뇌와 컴퓨터를 연결하여 키보드로 글자를 입력하는 대신, 말이나 글씨 또는 촉각으로 쉽게 컴퓨터를 조작하고 데이터를 입력할 수 있는 기술을 뜻하는 용어는?

(ㅎㅁ ㅇㅌㅍㅇㅅ) (H____ I________)

11. 4바퀴의 속도를 각각 감지하는 스피드 센서와 컴퓨터 시스템이 있어 제동 시 바퀴의 회전속도를 자동으로 통제하는 장치로, 독일의 자동차 부품 제조업체인 보슈(Bosch)사가 1978년에 실용화한 브레이크 성능 개선장치를 무엇이라 할까? (ㅇㅌ ㅅㅋㄷ ㅅㅅㅌ)

12. 주행 평균 속도, 주행 거리, 외기 온도 등 주행과 관련된 다양한 정보를 LCD 표시창을 통해 운전자에게 알려 주는 차량정보 시스템은 무엇인가?

(ㅌㄹ ㅋㅍㅌ) (T___ C_______)

13. 인터넷 프로토콜이 보안 면에서 기밀성을 유지하지 못한다는 문제를 극복하기 위해 인터넷에서 데이터를 안전하게 전송하기 위한 인터넷 통신 규약 프로토콜을 무엇이라 하는가?

(ㅂㅇㅅㅋㄱㅊ)

14. 감염된 컴퓨터의 이메일 주소목록을 뒤져 무차별로 바이러스 이메일을 전송해 컴퓨터를 감염시키는 악성 컴퓨터 바이러스를 말하는데, 첨부 파일을 실행하지 않고 본문 내용을 보기만 해도 자동으로 감염되는 이 바이러스는 무엇일까?

(ㄴㄷ ㅂㅇㄹㅅ) (N____ V____)

15. 이동통신 가입자가 이동 중에도 통화가 끊어지지 않도록, 무선 기지국으로부터 전파가 미치는 범위를 넘어서 이동할 수 있는 이 기능은 무엇인가? (ㅎㄷ ㅇㅂ) (H___ O___)

16. 차량이 고속도로 요금소를 통과할 때 차 안의 단말기와 요금소의 시스템이 반응해 자동으로 결제되는 고속도로 요금 자동 징수 시스템은?

(ㅎㅇㅍㅅ) (H_____)

17. 영국의 인문주의자 토머스 모어(Thomas More)가 만든 용어로, 현실적으로는 존재하지 않는 이상형의 나라를 일컫는 말은? (ㅇㅌㅍㅇ) (U_____)

18. 대형 복합쇼핑몰에서 외식이나 쇼핑, 영화감상 등의 여가활동 등을 동시에 해결하는 것을 무엇이라 하는가? (ⓜⓡ) (M______)

19. 인터넷 게시판이나 묻고 답하기(Q&A) 상에서 올려진 글에 대한 답변 내지 의견 형식으로 올리는 글을 무엇이라 할까? (ⓒⓖ) (R____)

20. 과밀상태의 도시에서 주택용보다는 사무실용으로 만들어진 고층건물의 호칭이다. 무엇인가? (ⓜⓒⓡ)

21. 지능지수(IQ)가 전체인구의 상위 2% 안에 드는 사람들로 구성된 국제적 친목단체를 무엇이라 부르는가? (ⓜⓢ) (M____)

22. 1,000을 뜻하는 라틴어 mille와 연(年)을 의미하는 ennium의 합성어로, 1,000년을 의미하는 용어는? (ⓜⓡⓝⓞ) (M_________)

23. 대통령의 고유권한으로, 형의 집행을 면제해주거나 형의 선고 효력을 없애주는 조치를 무엇이라 하는가? (ⓢⓜ)

24. 2002년 11월 홍콩에서 첫 환자가 발생해 전 세계로 확산되기도 했던 질병으로, 발열과 기침, 호흡 곤란, 폐렴 등 호흡기 증상을 보이는 '괴질환'을 일컫는 말은? (ⓢⓢ)

25. 디지털 망을 통해 비디오 서버로부터 전송된 압축신호를 원래의 영상 및 음성신호로 복원해주는 장치는 무엇일까? (ⓢⓣ ⓑⓢ) (S__ T__ B__)

정답

1. 오버 닥터(Over Doctor) **2.** 메가크라이오미티어(Megacryometeor) **3.** 해리현상(Dissociation) **4.** 님투현상(NotInMyTermsOfOffice: NIMTOO) **5.** 핌투현상(PleaseInMyTermsOfOffice: PIMTOO) **6.** 마란다(Miranda) **7.** 코아비타시옹(Cohabitation) **8.** 도미노 이론(Domino Theory) **9.** 홀로그램(Hologram) **10.** 휴먼 인터페이스(Human Interface) **11.** 안티 스키드 시스템(Anti-lock Brake System: ABS) **12.** 트립컴퓨터(TripComputer) **13.** 보안소켓계층(SecureSocketsLayer: SSL) **14.** 님다 바이러스(Nimda Virus) **15.** 핸드 오버(Hand Over) **16.** 하이패스(Hi-pass) **17.** 유토피아(Utopia) **18.** 몰링(Malling) **19.** 댓글(Reply) **20.** 마천루 **21.** 멘사(Mensa) **22.** 밀레니엄(Millennium) **23.** 사면 **24.** 사스(SARS) **25.** 셋톱 박스(Set Top Box)

CHAPTER 11

초 성 으 로 찾 아 가 는 재 미 있 는 상 식 여 행

current affairs 시사상식

1. 성문법의 체계적 순위는 어떻게 될까?(㉭㉥)→(㉥㉣)→(㉤㉣)→(㉨㉣)→(㉠㉩)

2. 채무자가 돈을 갚을 때까지 채권자가 담보물을 유치할 수 있고, 돈을 갚지 아니할 때에는 그것으로 우선 변제를 받을 수 있는 권리를 무엇이라 할까? (㉨㉠)

3. 고대 중국에서 거북의 등딱지나 짐승의 뼈에 새긴 상형문자로, 한자의 기원이 된 문자는 무엇일까? (㉠㉠㉤㉨)

4. 우리나라 국토의 오염을 방지하기 위해 1991년 6월 7일 결성된 순수 민간 환경단체의 이름은? (㉡㉦㉧㉭)

5. 한국인과 아시아 이주 근로자 사이에서 태어난 자녀와, 미국인과 아시아인의 혼혈아를 각각 무엇이라 하는가? (㉪㉦㉧, ㉧㉤㉣㉦㉧)

6. 청소년이 게임을 시작한 후 2시간이 지나면 자동으로 게임이 종료되며, 10분 후 1회에 한하여 재접속이 가능하게 하고, 게임 시작 후 1시간이 지나면 주기적으로 주의경고문이 나타나게 함으로써, 청소년의 인터넷 게임 중독 예방을 위해 교육부에서 만든 게임 제한 제도를 일컫는 말은? (㉪㉣ ㉧㉬㉨) (C______ O__)

7. 지구의 환경을 보호하기 위해 '유해 폐기물의 국가 간 교역을 규제'하는 국제협약은 무엇인가? (㉥㉨㉭㉧)

8. 핵문제와 더불어 멸종의 위기에 처해있는 야생동물을 보호하고자 하는 국제 자연보호단체의 이름은? (㉠㉣㉬㉦) (G_________)

9. 로마 신화에 나오는 지혜의 여신으로, 표현의 자유를 상징하는 '인터넷 논객'을 뜻하는 말은 이 단어는? (ⓜⓛⓡⓑ) (M______)

10. 음식물에 대한 우려가 커지면서 건강과 안전을 추구하는 소비자가 늘어나고 있는데, 친환경, 유기농 제품을 선호하는 소비자를 무엇이라 할까? (ⓖⓡ ⓢⓜ) (G_________)

11. 공동체 전체의 더 나은 삶을 위해 소비생활을 건강하고 지속가능한 친환경 중심으로 전개하자는 생활이나 행동 또는 사고방식을 부르는 말은? (ⓡⓗⓢ) (L____)

12. 기아와 질병에 허덕이는 오지 국가의 빈민들을 무료로 치료하는 국제적인 자선단체명은 무엇인가? (ⓖⓖⓞⓛ ⓞⓢⓗ)

13. 도시 중심지의 땅값 상승과 공해로 인하여 주거 환경이 부적합하게 되면 인구가 적어지고, 대신 변두리에 주택이 증가하여 결국 공공기관이나 상업기관만 남게 되는데 이런 도심의 공동화 현상을 뜻하는 이 용어는? (ⓓⓛ ⓗⓢ)

14. 우리나라 부산 해운대에서 자주 발생하는 것으로, 해안으로 밀려들어 오는 파도와는 다르게 해안에서 바다 쪽으로 급격하게 빠져나가는 해류를 무엇이라 하는가? (ⓞⓞⓡ)

15. 대만과 오키나와 사이의 무인도 암초로, 일본과 중국이 영유권 다툼을 벌이고 있는 곳은 어디인가? (ⓙⓞⓓ 혹은 ⓢⓚⓚ ⓞⓓ)

16. 서남해에서 인천으로 들어오는 길목에 위치하여 지정학적으로 해상교통의 중심적 기능을 담당하는 우리나라 최초의 등대는? (ⓟⓜⓓ) 등대

17. 영화나 사진 편집 구성의 한 방법으로, 따로따로 촬영한 화면을 적절하게 떼어 붙여서 하나의 긴밀하고도 새로운 장면이나 내용으로 만드는 것을 의미하는 말은?
(ⓜⓣⓙ) (M______)

18. 공연 제작자 주디 크레이머(Judy Craymer)가 스웨덴의 4인조 혼성그룹 '아바(ABBA)'

의 노래 24곡을 이용해 만든 뮤지컬 작품은 무엇인가? (ㅁㅁ ㅁㅇ) (M____ M__)

19. 모바일(Mobile)과 에티켓(Etiquette)의 합성어로 지하철이나 극장 등 공공장소에서 휴대전화 등을 이용할 때 지켜야 할 예의를 가리키는 말은?
(ㅁㅌㅋ) (M_________)

20. 우리나라 중요 무형 문화재 제5호로 한 명의 소리꾼이 고수(북 치는 사람)의 장단에 맞추어 창(소리), 말(아니리), 몸짓(너름새)을 섞어가며 긴 이야기를 엮어가는 것을 무엇이라 할까? (ㅍㅅㄹ)

21. 농악 연주자 가운데 꽹과리 주자의 우두머리를 지칭하는 용어는? (ㅅㅅ)

22. 판소리에서 창자(소리꾼)의 소리에 고수나 청중이 감탄사를 내면서 흥을 돋우는 것을 무엇이라 하는가? (ㅊㅇㅅ)

23. 현존하는 판소리 다섯 마당은 무엇일까?
(ㅊㅎㄱ), (ㅅㅊㄱ), (ㅅㄱㄱ), (ㅎㅂㄱ), (ㅈㅂㄱ)

24. 세계 4대 뮤지컬은? (ㅁㅅ ㅅㅇㄱ), (ㄹ ㅁㅈㄹㅂ), (ㅇㅍㄹ ㅇㄹ), (ㅋㅊ)

25. 세계 3대 축제는? (ㄹㅇ ㅋㄴㅂ), (ㅇㅌㅂ ㅍㅅㅌ), (ㅅㅍㄹ ㄴㅊㅈ)

정답

1. 헌법, 법률, 명령, 조례, 규칙 **2.** 질권 **3.** 갑골문자 **4.** 녹색연합 **5.** 코시안, 아메리시안 **6.** 쿨링 오프제(Cooling Off) **7.** 바젤협약 **8.** 그린피스(Greenpeace) **9.** 미네르바(Minerva) **10.** 그린슈머(Greensumer) **11.** 로하스(LOHAS) **12.** 국경없는 의사회(MSF) **13.** 도넛 현상 **14.** 이안류 **15.** 조어도 혹은 센카쿠 열도 **16.** 팔미도 등대 **17.** 몽타주(Montage) **18.** 맘마미아(Mamma Mia) **19.** 모티켓(Motiquette) **20.** 판소리 **21.** 상쇠 **22.** 추임새 **23.** 춘향가, 심청가, 수궁가, 흥부가, 적벽가 **24.** 미스 사이공, 레 미제라블, 오페라 유령, 캣츠 **25.** 리우 카니발(브라질), 옥토버 페스트(독일), 삿포로 눈 축제(일본)

CHAPTER 12

초 성 으 로 찾 아 가 는 재 미 있 는 상 식 여 행

current affairs 시사상식

1. 청소년들이 좋아하는 대중 스타나 만화주인공과 똑같이 분장하여 복장과 헤어스타일, 행동까지 흉내 내는 놀이를 일컫는 일본식 용어는 무엇인가? (ㅋㅅㅍㄹ)

2. 화면에 종이, 인쇄물, 사진 등을 오려 붙이고, 일부에 가필하여 작품을 만드는 일을 무엇이라 할까? (ㅋㄹㅈ) (C______)

3. 100만 장 이상 팔린 레코드를 뜻하는 이 말은? (ㄱㄷ ㄷㅅㅋ) (G_____ D___)

4. 대사가 따르지 않는 묵시적 몸놀림만으로 행위나 감정 등을 표현하는 연극을 무엇이라 하는가? (ㅍㅌㅁㅇ) (P________)

5. 재즈의 즉흥적인 독주 혹은 영화 연극 등에서 배우가 흥에 겨워 또는 대사를 잊었을 때 대본에 없는 대사를 즉흥적으로 지껄이는 이것은? (ㅇㄷㄹ) (A_ L__)

6. 뮤지컬의 본고장으로 미국 뉴욕의 타임스스퀘어 서쪽에 위치한 대규모 극장거리를 부르는 말은 무엇인가? (ㅂㄹㄷㅇㅇ) (B_______)

7. 프랑스 문학가인 장 콕토(Jean Cocteau)의 소설 제목에서 비롯된 말로서 깜찍하고 엉뚱한 짓을 잘하는 조숙한 아이들을 지칭하는 말은? (ㅇㅍㅌㄹㅂ) (E_____ T_______)

8. 곡예나 아슬아슬한 재주 또는 위험한 장면에만 전문으로 출연하는 특수 훈련을 받은 단역배우를 무엇이라 부르는가? (ㅅㅌㅌ ㅁ) (S____ M__)

9. 소란스럽고 동작이 과장된 코미디를 말하는데, 대표적인 배우로 찰리 스펜서 채플린을 들 수 있다. 무엇일까? (ㅅㄹㅅㅌ ㅋㅁㄷ) (S________ C_____)

10. 한 나라의 모든 극장이 매년 일정 기간 또는 일정 비율 이상 자국 영화를 의무적으로 상영해야 하는 제도를 무엇이라 하는가? (ⓢⓚⓡ ⓚⓣ) (S_____ Q____)

11. 일반 35㎜ 영화화면의 10배인 가로 25m, 세로 18m인 초대형 스크린과 6트랙에 의한 웅장한 음향이 특징으로, 1970년 캐나다에서 개발된 영화 형태를 무엇이라 할까?
(ⓞⓞⓜⓢ) (I-M__)

12. 클래식에서 반주 없이 부르는 합창곡은? (ⓞⓚⓟⓡ) (AC_______)

13. 뉴스를 마무리하는 사회자 혹은 프로그램의 마지막 주자, 또는 최후로 행동하는 사람을 뜻하는 이 용어는? (ⓞⓚ) (A_____)

14. 만화나 애니메이션, 게임에 등장하는 캐릭터와 똑같은 분장을 하고 그들의 행동이나 모습을 흉내 내는 놀이를 무엇이라 하는가? (ⓚⓢⓣ ⓟⓡⓞ) (C_____ P___)

15. 현대인들이 팝콘처럼 튀어 오르는 강한 자극에는 빠르게 반응하지만 작은 자극에는 반응하지 않아 현실에 무감각해지는 것을 의미하는 용어로, 스마트폰이나 태블릿PC 등에 중독된 청소년에게 종종 나타나는 현상은? (ⓟⓚ ⓑⓡⓞ) (P______ B____)

16. 파리처럼 웽웽거리며 달려드는 벌레를 의미하는 이탈리아어에서 나온 말로, 유명인사나 연예인 등을 집요하게 쫓아다니며 특종 사진을 노리는 직업적 사진사를 일컫는 용어는 무엇인가? (ⓟⓟⓡⓒ) (P________)

17. 역사적 사실이나 실존인물의 이야기에 상상력을 보태 새로운 사실을 재창조하는 문화예술을 무엇이라 할까? (ⓟⓢ) (F______)

18. 자신의 장기 등을 동영상으로 촬영해 인터넷에 공개하는 등 인터넷을 통해 자신을 대중에게 적극적으로 노출하는 사람들을 부르는 말은? (ⓟⓑⓡⓙ) (P_______)

19. 영화배우나 운동선수 등 유명인이 자신의 초상이나 이름, 목소리 등을 타인이 무단으로 이용하지 못하도록 할 수 있는 권리로, 초상권이나 프라이버시권과 달리 양도, 상속할

수 있는 재산권으로 간주되는 권리를 무엇이라 하는가?

(ⓟⓑⓡⓢⓣⓖ) (R____ of P________)

20. 아기 용품의 구매를 결정하는 등 엄마보다 육아에 적극적으로 참여하는 멋쟁이 아빠를 부르는 말은 무엇인가? (ⓓⓞⓟ ⓓⓓ) (D_____ D____)

21. 요즈음 참을성이 부족한 10대 청소년들은 TV프로가 조금만 흥미 없어도 리모컨으로 쉽게 채널을 바꾸는 특징을 보이고 있다. 이와 같이 1분에 2~3개 채널을 동시에 돌리면서 재미있는 프로그램만을 골라보는 사람들을 뜻하는 말은? (ⓟⓡⓟⓙ) (F______)

22. 3차원 그래픽에서 입체적인 이미지를 표현하기 위해 기본 단위로 사용하는 정다각형의 면은 무엇인가? (ⓟⓡⓖ) (P______)

23. 매스미디어를 통해 공공적인 사실이나 사건에 관한 정보, 특히 시사적인 문제를 보도하고 논평하는 사회적 전달활동을 무엇이라 할까? (ⓙⓝⓡⓙ) (J_________)

24. 거동이 불편한 만성질환자로 중풍이나 말기 암 환자, 교통사고 및 각종 안전사고에 의한 마비, 장기이식을 받은 사람 중 병원에 장기입원이 곤란한 환자들을 위해 간호사가 환자의 집을 방문해 1차 치료와 재활을 도와주는 의료제도는? (ⓖⓙⓖⓗⓢⓙ)

25. '생각하는 사람'인 '호모사피엔스(homo-sapiens)'의 반대 개념으로, 사람은 태어날 때부터 말하고 이야기를 나누고 싶어 하는 욕구를 지니고 있다는 의미의 '이야기하는 사람'을 뜻하는 이 말은? (ⓗⓜ ⓝⓡⓢ) (H___ N______)

정답

1. 코스프레 **2.** 콜라주(Collage) **3.** 골든 디스크(Golden Disk) **4.** 판토마임(Pantomime) **5.** 애드립(Ad Lip) **6.** 브로드웨이(Broadway) **7.** 앙팡 테리블(Enfant Terrible) **8.** 스턴트 맨(Stunt Man) **9.** 슬랩스틱 코미디(Slapstick Comedy) **10.** 스크린 쿼터(Screen Quota) **11.** 아이맥스(I - Max) **12.** 아카펠라(A Cappella) **13.** 앵커(Anchor) **14.** 커스텀 플레이(Costume Play) **15.** 팝콘 브레인(Popcorn Brain) **16.** 파파라치(Paparazzi) **17.** 팩션(Faction) **18.** 퍼블리즌(Publizen) **19.** 퍼블리시티권(Right of Publicity) **20.** 다이퍼 대디(Diaper Daddy) **21.** 플리퍼족(Flipper) **22.** 폴리곤(Polygon) **23.** 저널리즘(Journalism) **24.** 가정간호사제 **25.** 호모 나랜스(Homo Narrans)

CHAPTER 13

current affairs 시사상식

1. 1896년 독립협회의 서재필, 윤치호가 창간하였다가 1899년 폐간된 우리나라 최초의 한글신문이자 민간신문은 무엇일까? (㉢㉣㉦㉤)

2. 우리나라에 표착한 네덜란드 사람들의 14년간에 걸친 억류 기록으로, 1668년 하멜이 쓴 우리나라에 관한 최초의 서양인 저술은? (㉭㉤ ㉬㉣㉠)

3. 우리나라 최초의 근대소설은 이인직의 (㉭㉧ ㉡), 최초의 한문소설은 김시습의 (㉠㉧㉦㉭), 최초의 한글 소설은 허균의 (㉭㉠㉢㉨)이다.

4. 우리나라 최초의 시조집은 김천택의 (㉩㉠㉧㉧)이며, 김수장의 (㉭㉢㉠㉧), 박효관과 안민영의 (㉠㉠㉧㉣)와 함께 3대 시조집에 속한다.

5. 조선 세종 때 건국의 시조들을 찬양하고 왕조의 창건을 합리화하여 노래한 서사시로 최초의 한글 작품은 무엇인가? (㉧㉥㉧㉩㉠)

6. 행상 나간 남편을 걱정하며 안전을 기원하는 내용의 현존하는 유일한 백제 가요는? (㉨㉧㉦)

7. 1919년 2월 창간되어 1921년 5월 30일 폐간된 우리나라 최초의 순수 문예 동인지는? (㉩㉨)

8. 일제 말기에 지조를 지킨 최후의 문학지 중 대표적인 잡지가 『문장』이다. 1939년 2월 처음 발행되어 1941년 4월 폐간되기까지 추천제를 통해 많은 시인과 소설가를 배출하였는데, 특히 이들 중 박목월, 박두진, 조지훈, 박남수 등과 같은 시인을 일컬어 무엇이라 하는가? (㉩㉣㉬) 시인

9. 중국의 4대 기서(奇書)는 원나라 말기 나관중의 (㉦㉠㉨㉧㉧), 명나라 시대의 (㉦㉭㉨), 오승은의 (㉦㉧㉠), 소소생의 (㉠㉥㉤)를 말한다.

10. 고려 시대 국자감에 설치된 6학의 한 분과로, 우리나라 최초의 대학수준 교육기관은 무엇일까? (㉫㉭)

11. 세계 3대 법전은 고대 바빌로니아의 (㉭㉤㉣㉥ ㉥㉨), 비잔틴 제국의 (㉧㉦㉫㉡㉧㉡㉦ ㉥㉨), 프랑스 나폴레옹 때의 (㉬㉣㉦ ㉤㉥㉨)을 말한다.

12. 임진왜란 때 일본군을 무찌른 3대 대첩으로는 이순신 장군의 (㉭㉦㉢)대첩, 권율 장군의 (㉭㉨)대첩, 김시민 장군의 (㉨㉨㉦)대첩을 말한다.

13. 통일신라 시대의 관리 등용제도로 성적에 따라 상·중·하품의 3품으로 구분하였던 우리나라 최초의 관리채용 시험제도는? (㉢㉦㉦㉬㉠)

14. 고려 시대 때 몽고의 침입을 받아 강화도에 피난 중 그 병화를 불심으로 막아내고자 한 것으로 1236년에 완성되었고, 총 81,137판이 경남 합천군 해인사에 보관되어 있다. 1995년 세계문화유산으로 지정된 국보 제32호는 무엇인가? (㉬㉤㉢㉨㉠)

15. 신라 진평왕 때 원광법사가 시행한 화랑도의 다섯 가지 윤리·실천이념인 화랑 세속오계는? (㉦㉠㉧㉪), (㉦㉪㉧㉭), (㉠㉧㉧㉦), (㉧㉨㉤㉫), (㉦㉦㉧㉫)

16. 진골 이상의 귀족과 중신들이 모여 국왕 선거를 비롯한 국가의 중대사를 의논하고 결정하였던 신라의 만장일치제 회의제도를 일컫는 말은? (㉭㉥㉨㉢)

17. 사상 최초로 UN 사무총장이 된 자랑스러운 한국인은 누구일까? (㉥㉠㉤)

18. 한 국가가 지배하고자 하는 영해의 범위로, 연안국으로부터 200해리 이내의 수역에 대한 모든 어업 및 광물자원에 대한 배타적 경제주권을 인정하는 국제해양법 상의 개념을 무엇이라 할까? (㉥㉫㉨ ㉠㉨㉦㉧)

19. 세계 4대 문명은?(㉭ ㉭ 문명), (㉧ ㉢ ㉦ 문명), (㉧ ㉨ ㉫ 문명), (㉤ ㉦ ㉬ ㉫ ㉤ ㉧ 문명)

20. 쓰레기 방치, 자연 훼손, 노상 방뇨, 담배꽁초 버리기 등과 같이 일상생활에서 흔히 일어나는 경미한 범죄행위를 행한 자에게 부과하는 벌금을 뜻하는 말은? (㉥ ㉩ ㉠)

21. 형벌의 성질과는 달리 행정법상의 법령위반에 대하여 시청이나 군청 등이 부과하는 금전적인 징계를 무엇이라 하는가? (㉠ ㉫ ㉣)

22. 경상남도 창원시의 '누비자'처럼 프랑스에서 처음 시행된 무인 자전거 대여 서비스시스템으로, 프랑스 파리뿐 아니라 유럽에서만 6개국 20개 도시가 운용하고 있으며, 미국 뉴욕, 러시아 모스크바 등에서도 도입할 예정으로 알려졌다. 자전거(Velo)와 자유(Liberte)의 합성어인 이것은 무엇인가? (㉥ ㉣ ㉥) (V_ _ _ _)

23. 과거에 대한 나쁜 기억은 웬만해선 사라지지 않으며 오히려 상황을 부정적으로 몰고 가게 되는 것처럼 어떤 사람이 나쁜 사람으로 낙인찍히면 그 사람에 대한 부정적 인식은 사라지지 않는다는 이론은 무엇일까? (㉡ ㉧ ㉭ ㉠) (S_ _ _ _ _ E_ _ _ _ _)

24. 인터넷(Internet)과 유토피아(Utopia)의 합성어로, 인터넷을 중심으로 영위되는 새로운 세계가 유토피아처럼 될 것이라는 점을 암시하는 이 용어는? (㉡ ㉫ ㉬ ㉧) (N_ _ _ _ _ _)

25. 치매나 중풍 등으로 거동이 불편한 65세 이상 노인 또는 65세 미만이나 노인성 질환을 가진 사람들을 요양시설에 모시거나 집으로 찾아가 돌보는 사회보험서비스는? (㉡ ㉧ ㉨ ㉠ ㉧ ㉧ ㉥ ㉭)

정답

1. 독립신문 **2.** 하멜 표류기 **3.** 혈의 누, 금오신화, 홍길동전 **4.** 청구영언, 해동가요, 가곡원류 **5.** 용비어천가 **6.** 정읍사 **7.** 창조 **8.** 청록파 시인 **9.** 삼국지연의, 수호지, 서유기, 금병매 **10.** 태학 **11.** 함무라비 법전, 유스티니아누스 법전, 프랑스 민법전 **12.** 한산도 대첩, 행주 대첩, 진주성 대첩 **13.** 독서삼품과 **14.** 팔만대장경 **15.** 사군이충, 사친이효, 교우이신, 임전무퇴, 살생유택 **16.** 화백제도 **17.** 반기문 **18.** 배타적 경제수역(Exclusive Economic Zone: EEZ) **19.** 황하 문명, 인더서 문명, 이집트 문명, 메소포타미아 문명 **20.** 범칙금 **21.** 과태료 **22.** 벨리브(Velib) **23.** 낙인효과(Stigma Effect) **24.** 네토피아(Netopia) **25.** 노인장기요양보험

CHAPTER 14

초성으로 찾아가는 재미있는 상식여행

current affairs 시사상식

1. Salaried man과 Student의 합성어로, 직장생활과 학업을 병행하는 사람을 일컫는 이 말은?

(ㅅㄹㄷㅌ) (S_______)

2. 일반적으로 사무직에 종사하는 사람을 화이트칼라(White color), 생산직에 종사하는 사람을 블루칼라(Blue color)하고 한다. 그런데 요즈음에는 출퇴근 없이 재택근무를 하거나 근무시간이나 복장 등이 자유로운 사람들이 많은데 이런 사람을 무엇이라 하는가?

(ㄴ ㅋㄹ) (N_ C_____)

3. 이들은 자기 성취욕이 높으며 자신에 대한 투자를 많이 하는 등 구매력이 높아 여행, 패션업계, 미용업계, 외식업계에서 이들을 대상으로 활발한 마케팅을 펼치고 있다. 30대 이상 40대 미만 미혼여성 중 학력이 높고 경제적 능력이 되는 여성들을 의미하는 용어는?

(ㄱㄷ ㅁㅅ) (G___ M___)

4. 남편과 자식을 소중히 하는 것만큼 자신도 역시 소중히 여기며, 자신을 가꾸는데 투자를 아끼지 않는 새로운 감각을 갖춘 40~50대 여성들을 뜻하는 말은 무엇일까?

(ㄴㅇㅈ) (N__ O____ W____)

5. 감자칩을 먹으며 소파에 앉아 TV만 들여다보는 사람을 빗대어 하는 말로, 컴퓨터에 지나치게 몰두해 중독 증세를 보이는 사람을 무엇이라 할까?

(ㅁㅇㅅ ㅍㅌㅇㅌ) (M____ P_____)

6. 모바일(mobile)과 네티즌(netizen)의 합성어로, 이동전화나 휴대용 개인정보 단말기(PDA) 등을 통해 무선 인터넷을 즐겨 사용하는 사람들을 뜻하는 말은?

(ㅁㅌㅈ) (M______)

7. 학문과 스포츠·리더십 등 사회의 모든 분야에서 두각을 나타내며, 남자에게 뒤지지 않는 엘리트 여성들을 무엇이라 부르는가?

(ㅇㅍ ㄱ) (α-G___)

8. 학문, 취업 등 여러 면에서 여성들에게 뒤처지며 상대적 열등감에 시달리는 남성을 무엇이라 할까? (ⓑⓔ ⓑⓞ) (β-B__)

9. 사람들과의 접촉을 기피하고 컴퓨터 통신망인 사이버 스페이스를 떠돌아다니며, 동호인을 규합하고 매일같이 온라인 파티를 즐기는 등 세상 모든 일을 컴퓨터로 해결할 수 있다며 PC 앞에서 하루를 보내는 사람들을 뜻하는 말은? (ⓢⓞⓑ ⓟⓚⓙ) (C____ P___)

10. 고등교육을 받고, 여유롭고 멋진 삶을 즐기며, 도시 근교의 지식산업에 종사하는 고소득의 젊은 부자들을 일컫는 말은 무엇일까? (ⓞⓟⓙ) (Y____)

11. 인터넷을 통해 육아, 쇼핑, 여가 생활 등에 대한 정보를 얻고 쇼핑을 즐기는 20대 후반에서 30대 초반의 젊은 주부를 뜻하는데, 웹(web)과 미시(missy)를 합해 만든 말이다. 무엇인가? (ⓞⓢⓙ) (W____)

12. 젊은이 못지않게 왕성한 활동을 펼치면서 인터넷 쇼핑도 즐기는 경제력 있는 적극적인 노인들을 가리키는 말은? (ⓞⓟⓙ) (O___)

13. 인터넷방송을 뜻하는 '캐스팅(casting)'과 '네티즌(netizen)'의 합성어로 인터넷 방송을 즐겨보는 사람들을 무엇이라 하는가? (ⓚⓣⓙ) (C______)

14. 학교를 졸업해 자립할 나이가 되었는데도 부모에게 경제적으로 기대어 사는 젊은이들을 일컫는 용어는? (ⓚⓖⓡⓙ) 또는 (ⓙⓡⓙ)

15. 대졸 이상의 학력에 인터넷을 익숙하게 사용하는 20대 중후반에서 30대 초중반의 기혼 여성들을 일컫는 말을 무엇일까? (ⓚⓣ ⓜ) (K____ M__)

16. 사이버(cyber)와 교사(teacher)를 합친 말로 인터넷을 통해 아이들의 학습을 도와주는 온라인 상담교사를 무엇이라 부르는가? (ⓢⓞⓒ) (C___ _)

17. 나이가 차면 결혼을 해 가족에게 헌신하는 전통적인 여성상에 반해, 결혼은 뒷전으로 미뤄두고, 일에서의 성공과 좋아하는 분야에 시간과 돈을 투자하는 새로운 20~30대 여성을 지칭하는 용어는? (ⓚⓣⓡ ⓢⓢⓞ) (C_____ S_____)

18. 경제적으로는 풍족하지만 바쁜 업무로 미처 돈 쓸 시간이 없는 신세대 맞벌이 부부를

무엇이라 할까? (ⓒⓔⓧ)

19. 정상적인 부부생활을 영위하면서도 상대방의 자유와 자립을 존중하고, 의도적으로 자녀를 두지 않는 맞벌이부부를 일컫는 용어는 무엇인가? (ⓒⓚⓧ)

20. 주인의식을 가지기보다는 구경꾼처럼 회사 생활을 하는 사람을 무엇이라 부르는가? (ⓖⓡⓡⓧ) (G______)

21. 패션과 미용 등 외모에 많은 시간과 돈을 아낌없이 투자하는 남성을 지칭하는 말은? (ⓖⓡⓜⓧ) (G_______)

22. 경제적 능력이 있는 30~40대 독신 남성을 뜻하는 말로 골드 미스터에 그루밍족의 특성까지 갖추어, 넥타이, 벨트, 구두, 향수, 기능성 화장품 등의 제품들이 이들의 취향에 맞추어 선보이고 있다. 이런 남성들을 일컫는 용어는?(ⓒⓞⓞ ⓜⓢⓣ) (D__ M_____)

23. 신선함(Refresh), 비범함(Uncommon), 아름다움(Beautiful), 젊음(Young)의 첫 글자를 따서 조합한 말로, 40~50대 여성으로 나이에 국한하지 않고 자신의 삶을 아름답게 가꾸는 데 열정적인 여성을 부르는 말은? (ⓡⓑⓧ) (R___)

24. 부르주아 같은 삶으로 보이지만, 실제 라이프 스타일은 내적인 질을 중시하는 사람을 이르는 말은? (ⓑⓑⓢⓧ) (B____)

25. '부가가치를 자랑스럽게 실현하는 사람(Proud Realizers of Added Value)'이라는 뜻으로, 사치하지 않고 합리적으로 소비하며, 자신만의 가치를 중시하는 실속파를 일컫는 용어는 무엇일까? (ⓟⓡⓑⓧ) (P___)

정답

1. 샐러던트(Saladent) **2.** 노칼라(No Coll ar) **3.** 골드미스(Gold Miss) **4.** 나우족(New Old Women: NOW) **5.** 마우스 포테이토(Mouse Potato) **6.** 모티즌(Motizen) **7.** 알파 걸(α-Girl) **8.** 베타 보이(β-Boy) **9.** 사이버 펑크족(Cyber Punk) **10.** 여피족(Yuppie) **11.** 웹시족(Websy) **12.** 오팔족(Old People with Active Life: OPAL) **13.** 캐티즌(Catizen) **14.** 캥거루족 또는 자라족 **15.** 키티 맘(Kitty Mom) **16.** 사이처(Cycher) **17.** 콘트라섹슈얼(ContraSexual) **18.** 딘트족(DoubleIncomeNoTime: DINT) **19.** 딩크족(Double Income No Kids: DINK) **20.** 갤러리족(Gallery) **21.** 그루밍족(Grooming) **22.** 다이아마스터(DiaMaster) **23.** 루비족(RUBY) **24.** 보보스족(Bobos) **25.** 프라브족(PRAV)

CHAPTER 15 current affairs 시사상식

1. '천천히 그러나 더 훌륭하게 일하는 사람(Slow But Better Working People)'의 약칭으로, 현대사회의 급속한 변화를 따라가기보다는, 주체성을 가지고 느긋하게 삶의 여유를 즐기는 젊은 세대를 일컫는 용어는 무엇일까? (㉦㉣㉥㉨) (S______)

2. 옷이나 넥타이 등에는 별로 신경을 쓰지 않는 20~30대의 젊은이로, 민첩하고 유연하며 일에 있어서는 주말과 야간근무도 마다하지 않는 열정을 지니고 있을 뿐 아니라, 기술로 무장하고 새로운 시대의 경제를 이끌어가는 세대를 무엇이라 하는가?(㉧㉫㉨) (Y_____)

3. 딩크족(DINK)과 펫(Pet)의 합성어로, 자녀 대신 애완동물을 기르는 맞벌이 부부를 세대를 일컫는 용어는? (㉢㉬㉨) (D______)

4. 소득이 적어 생계와 직접 관련된 것을 제외하고는 돈을 거의 쓰지 않고, 최소한의 비용으로 생활하는 사람을 무엇이라 할까? (㉤㉡㉧ ㉣㉧㉬㉨) (M_____ L___)

5. 계속되는 경기 불황으로 자신의 전문 분야를 고집하지 않고, 소득이 낮은 직종에서 생활하는 전문직 종사자를 지칭하는 말은? (㉢㉬㉨) (D______)

6. 글로벌한 마인드를 가지고 자신의 취미나 가치관 등을 매개로, 정보와 대인관계의 중심에서 문화의 주류를 이끌고 유행을 창조하는 젊은이들을 일컫는 용어는? (㉭㉥㉨) (H__)

7. 자녀들의 부양을 받기보다는 배우자와 함께 독립적으로 생활하는 노인세대를 뜻하는 말은 무엇인가? (㉫㉪㉨) (T___)

8. 소득수준이 낮아 정상적인 자녀교육을 뒷바라지할 수 없어서 자식을 갖지 않는 부부를 뜻하는 용어는 무엇인가? (㉬㉪㉨) (P___)

9. 자녀를 낳고 기르는 고학력·고소득층 맞벌이 부부를 일컫는 용어는?(ⓒⓚⓙ) (D___)

10. 대기업이나 거대한 조직 내에서 무사안일한 생각으로 주체성 없이 로봇처럼 행동하는 직장인을 부르는 말은 무엇일까? (ⓙⓑⓙ) (Z_____)

11. 빠르고 간편한 것만 추구하는 디지털 문화의 문제점을 아날로그만의 여유로 극복하며, 아날로그와 디지털 문화의 장점을 적절하게 결합하여 삶을 제어하는 사람을 가리켜 무엇이라 하는가? (ⓞⓛⓒⓙⓙ) (A______)

12. Free Albeit를 줄인 말로, 자신에게 맞는 직업을 정하지 못한 채 필요한 돈이 모일 때까지만 일하고 쉽게 일자기를 떠나는 젊은이들을 일컫는 용어는?

(ⓟⓡⓣⓙ) (F______)

13. Free와 Worker를 합성한 용어로 1~2년 일하여 모은 돈으로 1~2년 동안 쉬면서 자기계발이나 취미생활을 누리면서도 저축이나 보험 등으로 노후생활을 준비하는 새로운 노동계층을 무엇이라 할까? (ⓟⓡⓚⓙ) (F______)

14. 학생도 아니고 직장인도 아니면서, 직업훈련도 받지 않고 근로의욕도 없는 청년 무직자를 일컫는 용어는 무엇일까? (ⓛⓣⓙ) (N___)

15. 수도승처럼 자연과 동화된 삶을 지향하지만, 필수적인 생활 유지를 포기할 수 없어 도시를 떠나지 못하는 사람들을 부르는 말은? (ⓞⓑ ⓜⓚⓙ) (U____ M___)

16. 1986년부터 1990년까지의 거품경기 때 입사했거나 대학생활을 보낸 현대의 직장인 가운데, 거품경기가 사라지면서 급변하는 기업의 조직환경에 적응하지 못하는 사람을 무엇이라 부르는가? (ⓑⓑⓡⓙ) (B_____)

17. 바쁜 현대 도시에 살면서도 요가나 반신욕, 명상 등으로 스트레스를 해소하며 자연 친화적인 삶을 지향하는 사람들을 일컫는 용어는? (ⓜⓚⓙ)

18. 직업을 따라 유랑하는 유목민이라는 의미로, 평생직장의 개념보다는 자신에게 맞는 일자리를 찾아 이곳저곳 직장을 옮겨 다니는 사람을 지칭하는 말은?

(ⓛⓜⓒⓙ) (N____)

19. 개인 또는 2~3인이 집이나 작은 사무실을 개설하여 상호 수평적인 관계를 맺으면서 출·퇴근 시간도 자유롭게 전문적인 일을 하는 사람들을 가리켜 무엇이라 할까?

(ⓢⓗⓙ) (S___)

20. 오프라인 매장에서 상품을 직접 확인한 후 인터넷 쇼핑몰을 통해서 저렴하게 상품을 구매하는 사람들을 일컫는 용어는 무엇인가? (ⓢⓡⓜⓙ) (S__________)

21. 아침과 저녁에는 억척스러운 전업주부지만 낮에는 취미나 사회활동에 시간과 돈을 투자하는 30~40대의 신 주부층을 가리켜 무엇이라 하는가? (ⓟⓞⓝ ⓙⓑ) (P____)

22. 30세 ~ 45세의 기혼자로 1~2명의 자녀와 친부모 또는 배우자의 부모를 함께 부양해야 하는 중년 세대를 뜻하는 이 말은? (ⓢⓓⓞⓒ ⓢⓓ)

23. 1970년대 미국에서 저임금과 단순 기능직에 종사하는 여성 근로자들을 일컫는 말로, 자아 성취를 위해 일하는 여타 직장 여성과는 달리, 생계를 꾸려가기 위해 일터로 뛰어든 여성을 뜻하는 말은? (ⓟⓚ ⓚⓡ) (P___ C____)

24. 케이크에 장식된 하나뿐인 체리를 빼먹는 사람처럼 특별 이벤트 기간에 가입해 혜택은 다 누리고 그 이후부터는 카드를 사용하지 않는 얌체고객을 무엇이라 하는가?

(ⓒⓡ ⓟⓚ) (C_____ P_____)

25. 탄탄한 경제력과 디지털 활용능력을 갖추고 새로운 독신문화를 만들어가는 계층을 무엇이라 할까? (ⓝⓞ ⓢⓖⓙ) (N__ S_____)

정답

1. 슬로비족(Slobbie) **2.** 예티족(Yettie) **3.** 딩펫족(Dinkpet) **4.** 미니엄라이프족(MiniumLife) **5.** 두피족(Duppie) **6.** 허브족(Hub) **7.** 통크족(Two Only No Kid: TONK) **8.** 핑크족(Poor Income No Kids: PINK) **9.** 듀크족(Dual Employed With Kids: DEWK) **10.** 좀비족(Zombie) **11.** 아나디지족(Anadigi) **12.** 프리터족(Freeter) **13.** 프리커족(Freeker) **14.** 니트족(Not in Education, Employment or Training: NEET) **15.** 어반몽크족(Urban Monk) **16.** 버블리족(Bubbly)혹은거품족 **17.** 뭉크족 **18.** 노마드족(Nomad) **19.** 소호족(Small Office Home Office: SOHO) **20.** 쇼루밍족(Showrooming) **21.** 피오나 주부(Piona) **22.** 샌드위치 세대 **23.** 핑크 칼라(Pink Color) **24.** 체리 피커(Cherry Picker) **25.** 네오 싱글족(Neo Single)

CHAPTER 16

초 성 으 로 찾 아 가 는 재 미 있 는 상 식 여 행

current affairs 시사상식

1. 값이 비싸기 때문에 물건을 사는, 최고급 자동차, 보석, 의류 등 명품만을 선호하는 사람들을 부르는 말은? (ㄱㅍㅈ) (G_____)

2. 2000년 이후 새롭게 등장한 인간형으로, 물질적 가치보다는 건강한 신체와 정신을 통해 행복을 추구하는 라이프 스타일의 사람들을 일컫는 용어는?(ㅇㅂㅈ) (W________)

3. 요즈음 밤 12시가 지나도 길거리에 사람들이 넘쳐 나고, 다양한 업종에 종사하는 사람들이 새벽까지 활동하고 있는데, 이렇게 주로 밤에 활동하는 사람들을 무엇이라 부르는가? (ㄴㅇㅌㅋㅅㅈ) (N_______)

4. 우울한(Depressed), 도시(Urban), 전문직(Professional)의 머리글자로, 경쟁이 치열한 고소득 전문직보다는 소득이 떨어지더라도 개인적인 시간을 가지며 삶의 질을 높일 수 있는 일을 하는 사람들을 지칭하는 말은 무엇일까? (ㄷㅍㅈ) (D______)

5. 고객들에게 음식과 어울리는 와인을 추천하거나 와인리스트를 작성하는 등 포도주를 전문적으로 관리·추천하는 사람이나 직업을 일컫는 말은? (ㅅㅁㄹㅇ) (S________)

6. 좋은 원두를 선택하여 즉석에서 커피를 전문적으로 만들어 주는 사람을 뜻하는 용어는? (ㅂㄹㅅㅌ) (B______)

7. 고객의 주문에 따라 각종 술에 향신료, 과일, 크림 등을 적당한 비율로 혼합하여 취향에 맞는 칵테일 또는 기타 음료를 만드는 전문인은? (ㅂㅌㄷ) (B________)

8. 프랑스어로 페스트리 요리사를 뜻하며, 일반적으로 제과·제빵을 전문적으로 만들거나 판매하는 사람을 일컫는 말은 무엇인가? (ㅍㅌㅅ) (P________)

9. 초콜릿을 만들고 디자인하여 예술작품을 만드는 초콜릿 공예가 또는 초콜릿 장인을 무엇이라 부르는가? (ⓢⓚⓡⓣⓞ) (C__________)

10. 경쟁자 없는 미개척 시장인 블루오션에 존재하는 소비자는?(ⓑⓡⓢⓜ) (B________)

11. 기업을 상대로 보상금을 타내기 위한 목적으로 구매한 제품에 대하여 악성 민원을 제기하는 소비자를 무엇이라 할까? (ⓑⓡⓢⓜ) (B________)

12. 쌍둥이(Twin)와 소비자(Consumer)의 합성어로, 기존의 소비자와 비슷한 기호와 성향을 가지고 있어, 다른 사람의 사용 후기나 경험담을 참고하여 상품을 구입하는 소비자를 지칭하는 말은? (ⓣⓞⓢⓜ) (T________)

13. 신제품 개발이나 디자인, 서비스 등의 문제에 적극 개입하며 자신의 의견을 내놓기도 하며, 기존 제품의 콘텐츠를 발전시켜 자신에 맞게 창조해 나가는 소비를 무엇이라 할까? (ⓚⓡⓢⓜ) (C_______)

14. 소비로만 만족하는 수동적인 자세에서 벗어나 제품개발과 생산 및 유통과정에까지 직접 참여하는 생산적 소비자를 무엇이라 하는가? (ⓟⓡⓢⓜ) (P_______)

15. 요즈음 옷·가방·자동차·별장·애완동물 등을 빌려주는 대여점이 많은데, 경제적 혹은 환경 보호적 관점에서, 상품을 직접 구입하지 않고 빌려 쓰는 소비자는? (ⓣⓡⓢⓜ) (T________)

16. 평범한 주부를 넘어 지적 능력과 경제력 및 사회활동 경험을 바탕으로 구매결정력을 가진 프로 주부 소비자를 무엇이라 부를까? (ⓜⓓⓢⓜ) (M_________)

17. 라면 소비자들 가운데 자신만의 기호에 맞게 조리법을 바꿔 즐기는 사람들처럼 제조회사에서 제시하는 표준방법을 따르지 않고 자신만의 방식으로 제품을 활용하는 소비자는? (ⓜⓓⓢⓜ) (M________)

18. 평범한 제품을 구입하여 스스로 변화를 가해 새로운 기존의 제품으로 변형시켜 새롭게 업그레이드시키는 소비자를 무엇이라 할까? (ⓜⓣⓢⓜ) (M_______)

19. 고령의 산모, 중년 치매 환자, 문화 소외층, 에너지 빈곤층, 싱글 대디, 등록금 걱정하는 대학생 등과 같이 복지의 사각지대에 놓여 있어 정부와 사회의 정책적인 관심이 필요한 소비자를 뜻하는 말은? (ⓟⓡⓢⓜ) (P_________)

20. 제품이나 서비스가 출시되기 이전부터 참여해, 자금을 지원하고 직접 홍보를 하는 등 제품 생산에 관여하는 소비자를 무엇이라 하는가? (ⓟⓡⓢⓜ) (P_______)

21. 기부문화의 확산으로 떠오르는 소비계층이다. 상품 구매를 통해 기부를 실천함으로써 소비생활과 나눔의 즐거움을 함께하는 소비자는? (ⓢⓞⓢⓜ) (S_________)

22. 참신하고 효과적인 마케팅 전략을 세우고 실행하거나, 오프라인에서 신제품의 활성화 방안을 논의하는 등 건전한 소비생활을 주도하는 사람들을 부르는 말은? (ⓡⓓⓢⓜ) (L__________)

23. 관습이나 광고에 의존하지 않고, 사전에 정보와 리뷰 등을 확인한 후 새로운 제품이나 서비스를 직접 경험하기를 원하는 체험적 소비자는? (ⓣⓡⓞⓢⓜ) (T_______)

24. 스마트폰의 배경화면과 앱의 배치를 자신이 원하는 방식으로 재구성하듯이, 제품을 기존의 방식과는 다르게 활용하는 방법을 적극적으로 모색하고, 원하는 상품을 기업에 요구하는 능동적인 소비자를 무엇이라 하는가? (ⓚⓡⓞⓢⓜ) (Q________)

25. 기업이나 제품의 생산현장을 검증하고, 장단점에 대해 칭찬이나 지적은 물론 스스로 적극적인 홍보까지 하는 소비자를 의미하는 용어는? (ⓖⓞⓓⓢⓜ) (G_________)

정답

1. 기펜족(Giffen) **2.** 웰빙족(Well-being) **3.** 나이트쿠스족(Nightcus) **4.** 더피족(Duppie) **5.** 소믈리에(Sommelier) **6.** 바리스타(Barista) **7.** 바텐더(Bartender) **8.** 파티쉐(Patissier) **9.** 쇼콜라티에(Chocolatier) **10.** 블루슈머(Bluesumer) **11.** 블랙슈머(Blacksumer) **12.** 트윈슈머(Twinsumer) **13.** 크리슈머(Cresumer) **14.** 프로슈머(Prosumer) **15.** 트랜슈머(Transumer) **16.** 마담슈머(Madamsumer) **17.** 모디슈머(Modisumer) **18.** 메타슈머(Metasumer) **19.** 폴리슈머(Polisumer) **20.** 프리슈머(Presumer) **21.** 쉐어슈머(Sharesumer) **22.** 리더슈머(Leadersumer) **23.** 트라이슈머(Trysumer) **24.** 큐레이슈머(Curasumer) **25.** 가이드슈머(Guide sumer)

CHAPTER 17

초성으로 찾아가는 재미있는 상식여행

current affairs 시사상식

1. 히말라야 산맥에서 사는 티베트족계의 고산족으로, 등산에 숙달되어 있어 등산의 안내인 역할을 하는 사람은? (ㅅㄹㅍ) (S_____)

2. 빙벽을 오르거나 빙판·눈길을 걸을 때 미끄러지지 않도록 등산화 바닥에 부착하는, 발톱이 달린 쇠붙이를 무엇이라 할까? (ㅇㅇㅈ) (E____)

3. 총알을 맞으면 물감이 묻어나게 되어 있는 모의총으로 전쟁놀이를 즐기는 레저 스포츠는 무엇인가? (ㅅㅂㅇㅂ ㄱㅇ) (S_______ G___)

4. 준비운동이나 정리운동을 할 때 근육을 극도로 신장시켜 몸을 부드럽게 해 부상이 생기는 것을 방지하는 유연체조는? (ㅅㅌㄹㅊ) (S_________)

5. 바닥을 아스팔트나 특수 목재로 포장한 트랙으로 비탈지게 하여, 코너를 돌 때 원심력을 최대한 이용하도록 한 사이클 전용 경기장을 부르는 말은?(ㅂㄹㄷㄹ) (V________)

6. 천정부지로 치솟는 스포츠 스타 선수들의 몸값을 제한하기 위해, 한팀 선수들의 전체 연봉 총액의 상한선을 정해 놓고, 이 금액을 넘지 못하도록 하는 제도를 무엇이라 할까? (ㅅㄹㄹ ㅋ) (S_____ C__)

7. 승패를 결정짓는 최후의 1점을 이르는 말은? (ㅁㅊ ㅍㅇㅌ) (M____ P____)

8. 팀에 새로 입단한 신인이나, 아직 정규선수로 출전한 일이 없는 선수를 일컫는 말은 무엇일까? (ㄹㅋ) (L_____)

9. 야구경기에서 투수가 한 개의 안타나 볼넷, 사구, 실책 없이 한 사람의 주자도 출루시키

지 않고 승리한 경기를 무엇이라 하는가? (ⓟⓟⓣ ㉠ⓞ) (P______ G___)

10. 남미에 서식하는 동물인 '아르마딜로'를 형상화한 2014년 브라질 월드컵 마스코트는?

(ⓣⓣⓑⓡ) (T___ B___)

11. 2014년 브라질 월드컵 공인구의 명칭은 무엇인가? (ⓑⓡⓙⓚ) (B______)

12. 세계 장애인 올림픽을 무엇이라 할까? (ⓟⓡⓡⓟ) (P__________)

13. 축구나 아이스하키 경기에서 한 선수가 혼자서 3골을 넣거나, 크리켓 경기에서 투수가 연속 3명의 타자를 아웃시키는 것을 뜻하는 말은? (ⓗⓣ ⓣⓡ) (H__ T____)

14. 총을 등에 메고 스키를 타며 일정한 거리를 주행하면서 그 사이에 설치되어 있는 사격장에서 사격하는 경기로, 1960년 동계올림픽 정식종목이 되었다. 스키와 사격이 결합된 이 경기는? (ⓑⓞⓞⓢⓡ) (B_______)

15. 연봉 협상이나 광고 계약, 다른 구단으로의 이적 등에 관한 업무를 선수를 대신해서 처리하고 그에 대한 수수료를 받는 법정 대리인을 지칭하는 말은? (ⓞⓞⓙⓣ) (A____)

16. 야구 경기에서 9회가 끝내기 전에 시간·조명·우천(雨天) 등의 사유로 인하여 후일 속행할 것을 조건으로 중단된 일시 정지게임을 지칭하는 용어는?

(ⓢⓢⓟⓓⓓ ㉠ⓞ) (S________ G___)

17. 야구경기에서 한 타자가 한 게임에서 1루타·2루타·3루타·홈런을 모두 친 경우를 의미하는 이 말은 무엇인가? (ⓢⓞⓚⓡ ⓗⓣ) (C______ H__)

18. 야구 경기에서 기교보다는 힘을 바탕으로 한 강타자, 또는 탁구 경기에서는 강타를 장기로 하는 공격형 선수를 일컫는 말은? (ⓢⓡ㉠) (S______)

19. 스위스·오스트리아 등 알프스 산지의 썰매놀이에서 유래하였으며, 썰매에 누운 채 얼음 트랙을 활주하여 시간을 겨루는 겨울 스포츠 경기로서, 1964년 제9회 동계올림픽경기 대회

부터 정식종목으로 채택된 이 종목은 무엇일까? (ㄹㅈ) (L___)

20. 9세기 후반 스위스에서 스포츠의 형태로 자리를 잡았으며, 방향을 조종할 수 있는 썰매를 타고 눈과 얼음으로 만든 트랙을 활주하는 경기로서, 1924년 제1회 동계올림픽경기대회부터 정식종목으로 채택된 이 종목은 무엇인가? (ㅂㅅㄹㅇ) (B________)

21. 신인 선수를 선발하는 제도로써, 프로팀에 입단을 신청한 신인 선수들을 한데 묶어놓고 각 팀의 대표가 선발회를 구성하여 일괄적으로 교섭하여 선발하는 방식을 일컫는 말은? (ㄷㄹㅍㅌ ㅅㅅㅌ) (D____ S_____)

22. 테니스 경기에서 한 선수가 1Point도 득점하지 못하고 마무리된 게임을 뜻하는 용어는 무엇인가? (ㄹㅂ ㄱㅇ) (L___ G___)

23. 근대 5종 경기는 무엇 무엇일까? (ㅅㅁ) (ㅍㅅ) (ㅅㅇ) (ㅅㄱ) (ㅋㄹㅅ ㅋㅊㄹ)

24. 국제 테니스 연맹이 관장하는 4대 메이저 대회는?
(ㅎㅈ) 오픈, (ㅁㄱ) 오픈, (ㅍㄹㅅ) 오픈, (ㅇㅂㄷ) 대회

25. 2002년 대한민국과 일본이 공동으로 개최한 FIFA WORLD CUP 경기가 열린 우리나라 10개 도시는 어디인가?
(ㅅㅇ) (ㅂㅅ) (ㄷㄱ) (ㅇㅊ) (ㄱㅈ) (ㄷㅈ) (ㅇㅅ) (ㅅㅇ) (ㅈㅈ) (ㅅㄱㅍ)

정답

1. 세르파(Sherpa) **2.** 아이젠(Eisen) **3.** 서바이벌게임(Survival Game) **4.** 스트레칭(Stretching) **5.** 벨로드롬(Velodrome) **6.** 샐러리캡(SalaryCap) **7.** 매치포인트(MatchPoint) **8.** 루키(Lookie) **9.** 퍼펙트게임(PerfectGame) **10.** 타투볼라(Tatu-Bola) **11.** 브라주카(Brazuca) **12.** 패럴림픽(Paralympic) **13.** 해트트릭(Hat Trick) **14.** 바이애슬론(Biathlon) **15.** 에이전트(Agent) **16.** 서스펜디드 게임(Suspended Game) **17.** 사이클링 히트(Cycling Hit) **18.** 슬러거(Slugger) **19.** 루지(Luge) **20.** 봅슬레이(Bobsleigh) **21.** 드래프트 시스템(Draft System) **22.** 러브 게임(Love Game) **23.** 승마, 펜싱, 수영, 사격, 크로스컨츄리 **24.** 호주오픈, 미국(US) 오픈, 프랑스 오픈, 윔블던 대회 **25.** 서울, 부산, 대구, 인천, 광주, 대전, 울산, 수원, 전주, 서귀포

CHAPTER 18

초성으로 찾아가는 재미있는 상식여행

current affairs 시사상식

1. 겨울철 아스팔트에 얇은 얼음이 얼어 도로가 미끄러운 상황을 무엇이라 할까?
(ㅂㄹ ㅇㅇㅅ) (B____ I__)

2. 고등교육기관에서 일정한 교육을 받고 박물관이나 미술관에서 재정의 확보, 유물의 보존과 관리, 자료의 전시나 홍보활동을 하는 사람을 부르는 말은?(ㅋㄹㅇㅌ) (C______)

3. 예전에 발표된 작품을 그대로 흉내 내는데 그치지 않고, 자기 작품에 차용하는 것을 뜻하는 용어는?
(ㅍㄹㄷ) (P_____)

4. 모든 물체 사이에는 인력이 작용하고, 이 힘의 크기는 두 물체의 질량의 곱에 비례하고, 거리의 제곱에 반비례한다는 영국의 물리학자 뉴턴(Issac Newton)의 법칙을 무엇이라 하는가?
(ㅁㅇㅇㄹ)의 법칙

5. 서로 다른 민족인 사람끼리 결혼해 이룬 가정을 부르는 말은? (ㄷㅁㅎ ㄱㅈ)

6. 대학졸업자들을 대상으로 3년간 법학 교육을 실시하여 변호사로 배출시키는 대학원을 말하는데, 우리나라는 2007년 7월에 법학전문대학원 설치·운영에 관한 법률안이 통과 되었고 2009년 3월 도입됐다. 무엇일까?
(ㄹ ㅅㅋ) (L__ S_____)

7. 부상 또는 대장균이나 살모넬라, 광우병 등에 감염돼 있을 가능성이 높아 제 힘으로 일어설 힘이 없는 앉은뱅이 소는 무엇인가?
(ㄷㅇㄴ) (D_____)

8. 오디세우스가 트로이전쟁에 참가하면서 아들 텔레마코스를 친구인 멘토르에게 부탁하는 데서 유래된 용어로, 업무에 대한 전문지식과 경험을 가진 사람(멘토)이 조직 구성원(멘티)을 일대일로 맡아 지도하고 조언해 실력과 잠재력을 높이는 활동을 무엇이라 할까?
(ㅁㅌㄹ) (M________)

9. 적절한 견제나 감시장치가 부족한 공기업에서 경영자는 물론 노조, 정치인, 관료까지 도덕적으로 해이해지는 것을 뜻하는 말로, 윤리적으로나 법적으로 자신이 해야 할 최선의 의무를 다하지 않는 행위를 일컫는 말은? (ⓜⓡ ⓗⓙⓓ) (M____ H_____)

10. 1995년 8월 3일 발사한 우리나라 최초의 인공위성은? (ⓜⓖⓗ ⓞⓢ)

11. 위조나 변조를 막기 위해 지문이나 홍채 등의 신체 정보를 담은 여권을 무엇이라 하는가? (ⓑⓞⓞ ⓞⓖ) (B__ P_______)

12. 불법적인 방법으로 이익을 취득하거나, 제3자로 하여금 이를 취득하게 하여 특정인에게 손해를 입히는 행위를 뜻하는 말은 무엇인가? (ⓑⓞ)

13. 타인의 재물을 보관하는 자가 그것을 의도적으로 자신을 위한 용도로 사용하거나, 반환을 거부함으로써 성립하는 형법상의 죄를 뜻하는 용어는? (ⓗⓡ)

14. 뇌물죄와 같이 특정 행위에 연루된 양쪽 당사자를 모두 처벌하는 죄는? (ⓢⓢⓑⓙ)

15. 영화 'ET'와 '죠스'는 출판과 영화를 처음부터 제휴시켜 신문, 잡지, TV 등에 막대한 광고비를 투자함으로써 단기간에 붐을 일으켰다. 이처럼 처음부터 계획적으로 만들어진 거대한 베스트셀러는 무엇일까? (ⓑⓡⓑⓢⓣ) (B__________)

16. 냉방수요가 폭증하는 여름과 난방수요가 집중되는 겨울철에 일시적으로 전기수요가 폭증해 공급능력을 뛰어넘을 때 발생하는 전체적인 동시 정전상태를 의미하는 용어는? (ⓑⓡ ⓞⓞ) (B____ O__)

17. 기자회견, 브리핑, 인터뷰, 좌담회의 경우 매스컴에 보도하지 않을 것을 전제로 하여 제공되는 정보를 말하는데, 이는 발언자를 보호하면서 뉴스의 가치를 높이는 방법으로 흔히 이용되나, 남용될 경우는 오히려 정보조작에 이용되는 단점이 있다. 무엇인가? (ⓑⓑⓓ ⓞⓒ) (O__ the R_____)

18. 반사회적 행동, 공감 능력과 죄책감의 결여, 낮은 행동 통제력, 극단적인 자기 중심성, 기만 등과 같은 성향으로 인격 장애 증상을 앓고 있는 사람을 일컫는 말은? (ⓢⓞⓚⓟⓢ) (P_________)

19. 잘못된 행동임을 인지하면서도 흉악범죄를 저지르고, 죄책감이나 동정심을 느끼지 못하는 반사회적인 인격 장애자를 무엇이라 할까? (ⓢⓢⓞⓟⓢ) (S________)

20. 사회활동이 가능한 사람 가운데 현역복무를 하지 않는 병역 의무자가 중증 장애우 수발 등 각종 사회서비스 분야에서 복무하는 것을 지칭하는 말은? (ⓢⓗⓑⓜⓙ)

21. 해가 일찍 뜨는 여름철에 표준시간을 1시간 앞당기는 제도는 무엇인가?
(ⓢⓜ ⓣⓞ) (S_____ T___)

22. 뱀 모양의 무늬가 든 사문석과 같은 돌에 포함된 섬유질 광물로서 크기가 미세해 호흡할 경우 폐로 침투하며, 20~40년의 잠복기를 거쳐 폐암 등을 일으키는 것으로 밝혀져 세계보건기구(WHO) 등이 지정한 1급 발암물질이다. 무엇일까? (ⓢⓜ)

23. 인간이 태어나면서부터 학습을 통하여 인격을 형성하고, 인간의 존엄성과 가치를 실현하며 인간적으로 성장·발달해 나갈 권리를 말하는데, 원하는 것을 학습하거나 학습을 위하여 필요한 교육을 요구한 권리를 뜻하는 말은? (ⓗⓢⓖ)

24. 학생들에게 수업을 받을 권리인 학습권이 있듯이, 교사들에게는 학생을 가르칠 권리인 수업을 할 권리가 있다. 교사에게 '교육의 자유'를 의미하기도 하는 이 권리는? (ⓢⓞⓖ)

25. 최고속력 시속 300㎞ 이상, 제로-백 4초대 이하, 최고 출력 400마력 이상에 해당하는 고성능 스포츠카를 무엇이라 하는가? (ⓢⓟ ⓚ) (S____ C__)

정답

1. 블랙 아이스(Black Ice) **2.** 큐레이터(Curator) **3.** 패러디(Parody) **4.** 만유인력의 법칙 **5.** 다문화 가정 **6.** 로스쿨(Law School) **7.** 다우너(Downer) **8.** 멘토링(Mentoring) **9.** 모럴 해저드(Moral Hazard) **10.** 무궁화 위성 **11.** 바이오 여권(Bio Passport) **12.** 배임 **13.** 횡령 **14.** 쌍벌죄 **15.** 블록버스터(Blockbuster) **16.** 블랙 아웃(Black Out) **17.** 비보도 원칙(Off the Record) **18.** 사이코패스(Psychopath) **19.** 소시오패스(Sociopath) **20.** 사회복무제 **21.** 서머 타임(Summer Time) **22.** 석면 **23.** 학습권 **24.** 수업권 **25.** 슈퍼 카(Super Car)

CHAPTER 19

초성으로 찾아가는 재미있는 상식여행

current affairs 시사상식

1. 인터넷을 통해 외부인이 무단으로 침입해, 중요한 핵심정보를 빼내거나 내부 시스템을 교란시키는 것을 막기 위한 컴퓨터 핵심기술을 무엇이라 하는가?(㉥㉭㉥) (F___ W___)

2. 인터넷 사용자가 급속히 늘어나면서 인터넷 이용자들에게 노출되기 위한 새로운 광고형태로써, 인터넷 사이트에서 볼 수 있는 막대 모양의 광고는? (㉥㉡㉠㉠) (B_____)

3. 전자상거래 시 패스워드나 신용카드 정보를 유출하는 바이러스는?
(㉥㉠㉥㉧) (B______)

4. 인터넷상에 연결된 여러 대의 컴퓨터 시스템으로 하나의 표적 시스템에 동시에 다량 접속함으로써 시스템이 더 이상 서비스를 계속할 수 없도록 만드는 사이버 공격을 무엇이라 할까? (㉢㉢㉦) (D-D__)

5. 정부는 네티즌들이 인터넷을 통한 허위사실 유포 등으로 특정인의 인격을 모독하고 명예를 심각하게 훼손하는 행위에 대해 인터넷상의 무질서가 위험 수위에 이르렀다고 판단, 이 죄의 신설을 검토하고 있다. 무엇일까? (㉦㉧㉥ ㉤㉧㉨)

6. 인터넷의 사용자인 네티즌들이 정부 당국의 사전 검열에 대항하여 펼치는 온라인 정보 자유화 운동으로서, 이 캠페인에 참여하는 네티즌들이 자신의 홈페이지에 파란 리본 그림을 띄우는 데에서 그 명칭이 비롯되었다. 무엇인가? (㉥㉣ ㉣㉥) (B____ R_____)

7. 익명성을 악용해 특정인의 명예를 훼손하고 거짓 정보를 올리는 등 사이버상의 질서를 파괴하는 행위를 일컫는 말은? (㉦㉧㉥ ㉥㉢㉣㉨) (C____ V________)

8. 직장인이 인터넷을 개인 용도로 사용하며 업무를 등한시하는 일체의 행위를 가리키는 말은 무엇일까? (ⓢⓞⓑ ⓢⓡⓚ) (C____ S_______)

9. 발신자가 불특정 다수에게 일방적이고 대량으로 발송하는 전자우편을 부르는 말은? (ⓢⓟ) (S___)

10. 스파이(Spy)와 소프트웨어(software)의 합성어로 인터넷 사용자의 컴퓨터에 몰래 잠입해 개인이나 기업정보를 빼 가거나 인터넷 사용 행태를 추적하는 프로그램은? (ⓢⓟⓞⓞⓞ) (S______)

11. 시스템(System)과 운영자(Operator)의 합성어로, PC 통신의 각종 동호회나 게시판 등을 운영하는 등 시스템의 운영에 관한 총괄적인 책임자를 지칭하는 말은? (ⓢⓢ) (S____)

12. IT기업인 애플사가 2010년 4월 3일 미국에서 출시하였는데, 웹서핑, 이메일 송수신, 동영상, 음악, 서적 등의 미디어재생이 가능한 태블릿 PC는? (ⓞⓞⓟⓓ) (i___)

13. 인터넷상에서 주민등록번호의 도용을 막기 위해 정보통신부에서 2006년 10월 도입한 사이버 신원 확인번호를 무엇이라 하는가? (ⓞⓞⓟ) (i-___)

14. Microsoft Excel처럼 사무업무에 많이 쓰이는 여러 가지 도표 형태의 양식으로 계산을 자동으로 해주는 프로그램은 무엇인가? (ⓢⓟⓡⓓ ⓢⓣ) (S____ S____)

15. Microsoft의 Excel이나 Word 등과 같이 특정한 업무를 수행하기 위해 고안된 일련의 컴퓨터 프로그램 집합을 무엇이라 할까? (ⓞⓟⓡⓚⓞⓢ) (A__________)

16. 주어진 문제를 풀기 위한 절차나 방법을 말하는데, 컴퓨터 프로그램에서는 실행 명령어들의 순서를 의미한다. 아랍의 수학자인 이븐 무사 알 호레즈미에서 유래된 이 용어는? (ⓞⓖⓡⓙ) (A________)

17. 광고(Advertisement)와 소프트웨어(Software)의 합성어로, 특정 소프트웨어를 실행할 때 자동으로 활성화되는 광고프로그램은? (ⓞⓓⓞⓞ) (A_____)

18. 직접 실험하기에 너무 위험하거나 조작상의 제한이 있는 경우 등 실제로 수행할 수 없거나 수행하는 데 어려움이 많은 비현실적인 문제들을 컴퓨터를 이용하여 모의로 시험해 보는 것은? (ⓢⓜⓡⓞⓢ) (S_________)

19. 자투리 시간을 이용해 간편하게 즐길 수 있는 온라인 게임을 무엇이라 할까? (㉪㉨ㅇ ㉠ㅇ) (C_____ G___)

20. 자신을 드러내고 평판을 반복해서 확인해보고자 하는 욕구로, 인터넷에서 지나치게 자주 자신의 신상정보를 열람하고 확인하는 행위는? (㉧㉠ ㉦㉬) (E__ S______)

21. 감정(Emotion)과 아이콘(Icon)의 합성어로 사이버 공간에서 컴퓨터 자판의 문자나 기호, 숫자 등을 조합해 감정이나 의사를 표현하는 사이버 공간상 특유의 언어를 지칭하는 말은 무엇인가? (㉧㉤㉫㉪) (E_______)

22. 개인이 온라인 사이트에 올라가 있는 자신과 관련된 각종 정보의 삭제를 요구할 수 있는 권리는 무엇일까? (㉧㉭㉨㉠㉣)

23. 한국 국적의 (주)카카오가 제공하는 글로벌 무료 모바일 메시지 서비스는? (㉪㉪㉧㉫) (K________)

24. 인터넷에 문자, 영상, 음향 등 다양한 형태로 저장된 정보를 찾아서 읽어 주는 검색 소프트웨어를 부르는 용어는? (㉧ ㉥㉣㉧㉨) (W__ B______)

25. 인터넷에서 유용한 정보를 접할 때마다 퍼 나르기를 하거나 자신의 사이트와 연결해 다른 이용자들에게 정보를 전달하는 사람들을 부르는 말은? (㉪㉡㉫) (C________)

정답

1. 방화벽(Fire Wall) **2.** 배너광고(Banner AD) **3.** 버그베어(Bugbear) **4.** 디도스(Distributed Denial of Services:DDos) **5.** 사이버 모욕죄 **6.** 블루 리본(Blue Ribbon) **7.** 사이버 반달리즘(Cyber Vandalism) **8.** 사이버 슬래킹(CyberSlacking) **9.** 스팸(Spam) **10.** 스파이웨어(Spyware) **11.** 시솝(Sysob) **12.** 아이패드(iPad) **13.** 아이핀(i-Pin) **14.** 스프레드 시트(Spread Sheet) **15.** 어플리케이션(Application) **16.** 알고리즘(Algorithm) **17.** 에드웨어(Adware) **18.** 시뮬레이션(Simulation) **19.** 캐주얼 게임(Casual Game) **20.** 에고 서핑(Ego Surfing) **21.** 이모티콘(Emoticon) **22.** 잊혀질 권리 **23.** 카카오톡(Kakaotalk) **24.** 웹 브라우저(Web Browser) **25.** 커넥터(Connector)

CHAPTER 20

초성으로 찾아가는 재미있는 상식여행

current affairs 시사상식

1. 2005년 일본이 유행시킨 숫자 퍼즐게임을 말하는데, 가로·세로 9칸씩 총 81칸으로 이루어진 정사각형의 가로·세로줄에 1~9의 숫자를 겹치지 않게 채워 넣는 퍼즐 방식을 무엇이라 할까? (ⓢⓓⓚ) (S_____)

2. 현재 개발된 컴퓨터 중에서 가장 크고 빠른 컴퓨터로, 짧은 시간 안에 복잡한 데이터들의 처리가 요구되는 정부 연구기관 및 국방기관, 일기예보기관 등에 설치되어 사용되고 있는 이 컴퓨터는 무엇인가? (ㅅㅍㅋㅍㅌ) (S____________)

3. 잡지나 CF 촬영, 쇼나 드라마의 무대 등에서 활동하며, 정해진 테마에 따라 의상을 모으고 구성하여 스타일을 만드는 사람을 무엇이라 하는가? (ㅅㅌㅇㄹㅅㅌ) (S______)

4. 간척과 매립으로 사라지고 있는 습지를 보존하기 위해 맺은 국제적 협약이다. 1971년 2월 물새 서식처인 이란의 카스피해 연안에서 체결되었는데 총회는 3년마다 열린다. 우리나라는 1997년 7월 28일 101번째로 가입했으며, 협약 가입 때 한 곳 이상의 습지를 람사르 습지 목록에 등재하도록 되어 있는 규정에 따라 강원도 양구군 대암산 용늪을 신청해 지정되었다. 협약이 체결된 지역의 이름을 딴 이 협약은? (ㄹㅅㄹㅎㅇ)

5. 샌프란시스코의 한 초등학교에서 20%의 학생들을 무작위로 뽑아 그 명단을 교사에게 주면서 지능지수가 높은 학생들이라고 말했다. 8개월 후 명단에 오른 학생들이 다른 학생들보다 평균 점수가 높았다. 교사의 격려가 큰 힘이 되었기 때문이다. 이 이론을 발표한 하버드대 심리학과 교수의 이름을 딴 이것은? (ㄹㅈㅌㅎㄱ) (R_______ E_____)

6. 안개, 폭우, 폭설, 피로 등으로 방향감각을 잃고 같은 지역을 맴도는 것처럼 스스로는 목표물을 향해 전진하고 있다고 생각하지만 사실은 큰 원을 그리며 움직이는데, 많게는 세 시간 이상 직선 이동을 했다고 생각하나 결국 도착한 곳은 출발 지점임을 뜻하는 이 말은 무엇일까? (ㅎㅅㅂㅎ) (R____________)

7. 정보화 기기에 매몰돼 일시적으로 주의가 산만해지고 IQ가 떨어지는 현상을 가리켜 무엇이라 하는가? (ⓞⓟⓜⓛⓞ) (I_ _ _ _ _ _ _ _ _)

8. 공해 없는 자연 속에서 그 지역의 음식을 먹고, 그 지역의 문화를 공유하며, 자유로운 옛날의 농경시대로 돌아가자는 느림의 삶을 추구하는 국제운동은?(ⓢⓡⓞ ⓢⓣ) (S_ _ _ C_ _ _)

9. 좋은 학교에 자녀를 입학시키거나, 부동산을 취득을 쉽게 하거나, 선거법상 요건을 충족시키는 일에 악용하기 위하여 거주지를 실제로 옮기지 않고 주민등록법상 주소만 바꾸는 불법행위는 무엇인가? (ⓞⓙⓙⓞ)

10. 국회가 임명한 감찰관으로서 국민들로부터 각종 권리침해 사례를 접수하고 해당 기관에 대해 조사를 실시한다. '행정감찰관' 또는 '호민관'으로 불리는 이들은?
(ⓞⓑⓙⓜ) (O_ _ _ _ _ _ _ _ _)

11. 여성이 기업의 핵심 업무에서 차단되는 현상 즉, 여성에게 임금과 승진 가능성이 낮은 나쁜 일자리가 주어지는 것으로 여성의 승진제한을 뜻하는 용어는?(ⓞⓡⓑ) (G_ _ _ _ W_ _ _)

12. Custom과 Communication의 합성어로, 신문·라디오·텔레비전 같은 대중매체로 전달되는 것이 아니라, 유선방송처럼 특정 또는 소수의 사람을 상대로 전달되는 매체를 무엇이라 하는가? (ⓚⓢⓚ) (C_ _ _ _ _ _)

13. 단순반복 작업에도 지친 기색이 없고, 사람이 하기 힘든 작업을 하는 산업용 로봇을 일컫는 말은 무엇일까? (ⓢⓣ ⓚⓡ) (S_ _ _ _ C_ _ _ _ _ _)

14. 공공재인 전파의 실질적 주인으로서 국민이 갖는 권리를 말하는데, 방송에 참여하여 자신의 견해를 밝히고 방송을 통해 필요한 정보를 얻으며 방송으로 인한 피해를 구제받을 권리 등을 뜻하는 용어는? (ⓢⓒⓙⓙⓖ)

15. 검색, e-메일, 백신, 스케줄러, 실시간 정보 등 여러 인터넷 서비스의 응용 프로그램 중 자주 사용하는 명령어들을 모아 아이콘 모양으로 만들어 놓은 것은?(ⓣⓑ) (T_ _ _ _ _ _ _)

16. 화창한 날에 우산을 갖고 나왔는데 갑자기 비가 오는 등 좋은 일이 반복되는 현상을 가리키는 말은? (ⓢⓡ의 법칙)

17. 잘못될 가능성이 있는 것은 잘못되는 것처럼 좀처럼 일이 풀리지 않고 꼬이기만 하는 현상을 무엇이라 하는가? (ㅁ ㅍ의 법칙)

18. 간절히 기원하는 일은 예상치 못한 과정을 통해 이루어지는 일이 있듯이, 모든 행운은 초자연적인 현상이나 잠재의식에 의해 필연적으로 이루어진다는 법칙은? (ㅈ ㄹ의 법칙)

19. 일어나지 말았으면 하고 바라는 일일수록 더 잘 일어나는 현상은? (ㄱ ㅍ ㅅ의 법칙)

20. 지난번 이사 때 없어진 것이 다음번 이사 때 나타나는 것과 같은 현상은? (ㅈ ㄹ ㅌ의 ㅇ ㅅ 법칙)

21. 부인과 함께 자녀를 해외로 유학 보낸 후 국내에서 혼자 생활하다 1년에 한두 번씩 해외로 나가는 아빠를 이르는 말은? (ㄱ ㄹ ㄱ) 아빠

22. 부인과 함께 자녀를 해외로 유학 보낸 후 경제력이 부족하여 가족이 있는 해외에는 가지 못하는 아빠를 부르는 말은? (ㅍ ㄱ) 아빠

23. 부인과 함께 자녀를 해외로 유학 보낸 후 경제력이 풍족하여 언제든지 가족이 있는 해외로 갈 수 있는 아빠를 이르는 말은 무엇일까? (ㄷ ㅅ ㄹ) 아빠

24. 부인과 함께 자녀를 해외로 유학 보낼 재력이 없어 서울 강남에 유학 보낸 아빠를 일컬어 무엇이라 할까? (ㅊ ㅅ) 아빠

25. 가족을 서울에 남겨두고 홀로 지방에서 근무하는 아빠를 이르는 말은?(ㄱ ㅁ ㄱ) 아빠

정답

1. 스도쿠(Sudoku) **2.** 슈퍼컴퓨터(Supercomputer) **3.** 스타일리스트(Stylist) **4.** 람사르협약 **5.** 로젠탈효과(Rosenthal Effect) **6.** 환상방황(Ringwanderung) **7.** 인포마니아(Infomania) **8.** 슬로우 시티(Slow City) **9.** 위장전입 **10.** 옴부즈맨(Ombudsman) **11.** 유리벽(Glass Wall) **12.** 커스컴(Cuscom) **13.** 스틸 칼라(Steel Collar) **14.** 시청자주권 **15.** 툴바(Toolbar) **16.** 샐리의 법칙 **17.** 머피의 법칙 **18.** 줄리의 법칙 **19.** 검퍼슨의 법칙 **20.** 질레트의 이사법칙 **21.** 기러기 아빠 **22.** 펭귄 아빠 **23.** 독수리 아빠 **24.** 참새 아빠 **25.** 갈매기 아빠

CHAPTER 21

초성으로 찾아가는 재미있는 상식여행

current affairs 시사상식

1. 우리나라 영토인 독도에는 두 봉우리(동도·서도)가 있는데, 해발 98.6m인 동도 봉우리와 해발 168.5m인 서도 봉우리의 공식 명칭은 각각 무엇일까?**동도:** (㉧㉦㉥), **서도:** (㉢㉭㉥)

2. 대통령의 식사에 초청받아 이야기를 나눌 수 있을 정도로 격의 없이 대화를 나누는 지인들을 무엇이라 할까? (㉪㉩ ㉪㉥㉡) (K______ C______)

3. 주민들이 지방자치단체의 행정처분이나 결정에 심각한 문제점이 있다고 판단할 경우 단체장을 통제할 수 있는 제도로서, 지방자치단체장들의 독단적 행정운영과 비리 등 폐단을 막기 위한 목적으로 2007년 7월부터 실시하고 있는 제도는? (㉨㉤㉦㉭㉨)

4. 만남에서 첫인상이 중요한 것처럼 처음 입력된 정보가 나중에 습득하는 정보보다 더 강한 영향력을 발휘하는 것을 뜻하는 말은? (㉩㉢㉭㉠)

5. 세미나, 이벤트 등 여러 가지 컨벤션을 행할 수 있는 시설을 갖추어, 각종 회의 등을 적극 유치함으로써 지역의 활성화를 꾀하려는 도시들을 무엇이라 하는가?
(㉪㉥㉦㉦㉫) (C_________ C___)

6. 인물이나 상품을 평가할 때 인상이나 학력 등 특정 요소가 중요한 영향을 미쳐 오류를 범할 수 있는데 이를 무엇인가? (㉭㉧㉣ ㉭㉠) (H___ E_____)

7. 광고를 제작할 때 일러스트레이터, 디자이너와 함께 협력해서 광고문안을 작성하는 담당자를 부르는 용어는? (㉪㉬㉣㉧㉫) (C_________)

8. 사람들은 자신이 가치를 잘 모르는 것을 판단하거나 협상을 할 때 기준이 필요한데, 무의식적으로 처음 주어진 조건에서 크게 벗어나지 못하고 이를 기준으로 삼는다. 이런 행태를 무엇이라 하는가? (㉨㉥㉭㉠) (A________)

9. 회사의 중역이나 의사·변호사 등 사회적으로 존경받는 지위와 신분에 있지만 '언제 가면이 벗겨질지 모른다'는 망상으로 괴로워하는 현대사회의 정체성 상실현상은? (㉠㉤㉻㉦)

10. 스페인어로 남자아이 또는 아기 예수를 뜻하는 말로, 적도 주변 해수면 온도가 평년보다 섭씨 2~5도 높아지는 현상을 말한다. 이 현상은 중남미의 태평양 연안에서 2~6년마다 불규칙적으로 발생하며 주로 9월에서 다음해 3월 사이에 일어난다. 무엇일까?

(㉧㉣㉡) (E_ N___)

11. 스페인어로 여자아이를 의미하는 이 말은 동태평양 적도 부근 해수면 온도가 평년보다 0.5도 이상 낮은 상태가 5개월 이상 지속되는 이상 해류 현상이다. 이런 현상이 발생하는 지역에서 차가워진 공기가 서쪽으로 이동하며 동남아시아와 아프리카 남동부에는 태풍과 폭우를, 중남미 서부 해안에는 한파와 가뭄을 일으키는 이것은? (㉣㉡㉡) (L_ N___)

12. 시간이나 상황에 따라 교통량에 큰 차이를 보이는 좌우의 차로 수를 교통량에 맞게 늘리거나 줄여, 교통소통의 원활화, 도로이용자의 편의 등 도로의 효율적 이용을 위한 제도를 무엇이라 하는가? (㉠㉥㉩㉣㉨)

13. 자신의 모습에 대한 독점적 권리를 인정하는 인격권으로, 사진이나 그림, 이름, 음성, 서명 등 자신과 동질성을 인지할 수 있는 모든 요소를 포함한 형상을 타인에게 무단으로 촬영·공표되어 영리적으로 사용되지 않을 권리는 무엇인가? (㉩㉦㉠)

14. 일반적으로 국회를 통과한 법률에 대해 국가원수가 동의하는 것을 거부함으로써, 법률의 성립을 결정적 또는 잠정적으로 저지하는 권한을 지칭하는 용어는? (㉠㉥㉠)

15. 일정한 학교 교육을 마쳤거나 중단한 근로 청소년·직장인·시민들에게 재교육 및 평생교육 기회를 줘 대학과정을 이수하게 하는 곳으로, 기존 대학과 달리 교육의 시기, 연령, 장소 및 학습방법 등에 아무런 제약이 없는 대학을 무엇이라 할까? (㉠㉥㉢㉻)

16. 한 가지 행위가 동시에 여러 가지 범죄에 해당하거나, 한 사람이 서로 다른 시간과 장소에서 여러 가지 범죄를 저지른 경우, 이 두 가지를 일컫는 법률용어는? (㉠㉻㉥)

17. 정신적·육체적 건강에 해로운 음식이나 행동을 철저히 멀리하는 극단적인 절제주의를 뜻하는 말은 무엇인가? (㉡㉡㉨) (N_____)

18. 형사피고인 혹은 피의자가 수사기관의 조사나 공판에서 각 신문에 대해 진술을 거부하는 권리, 즉 형사책임에 관해 자기에게 불리한 진술을 강요당하지 않을 권리는? (ㅁㅂㄱ)

19. 기술 발달 속도가 빨라지면서 생산 단가가 오르지 않아도 반도체 처리 속도와 데이터 용량은 18개월을 주기로 두 배 증가한다는 이론을 무엇이라 하는가? (ㅁㅇㅇ ㅂㅊ)

20. 대규모 생명과학 연구기관이나 대학 및 바이오 벤처기업이 모여 있는 지역을 일컫는 말은? (ㅂㅇㅇㅂㄹ) (B________)

21. 개인적으로 병원에 가거나 집안일을 보는 등, 하루를 다 쓰기는 아깝고 잠깐 나가서 일보기는 눈치가 보일 때 하루의 반나절만 휴가를 내는 제도는 무엇인가? (ㅂㅇㅎㄱㅈ)

22. 국회나 행정관청·공공단체 등이 중요 안건이나 국민의 관심 대상이 되는 안건 또는 전문지식을 필요로 하는 안건을 심의하기 전에 이해 관계자나 해당 분야의 전문가로부터 공개석상에서 의견을 듣는 제도는 무엇일까? (ㄱㅊㅎ)

23. 우리나라에서는 1988년 처음 실시하였는데, 국회에서 의정활동에 필요한 경우 증인이나 참고인, 감정인 등을 채택하여 증언을 듣는 제도를 무엇이라 할까? (ㅊㅁㅎ)

24. 자동차의 크기를 구분할 때 쓰는, 자동차 엔진 실린더의 용적을 지칭하는 말은?(ㅂㄱㄹ)

25. 백두산 병사봉에서 시작해 지리산 천왕봉까지 이어지는 1400㎞의 크고 긴 산줄기를 부르는 말은? (ㅂㄷㄷㄱ)

정답

1. 우산봉, 대한봉 **2.** 키친 캐비넷(Kitchen Cabinet) **3.** 주민소환제 **4.** 초두효과 **5.** 컨벤션시티(Convention City) **6.** 헤일로효과(Halo Effect) **7.** 카피라이터(Copywriter) **8.** 정박효과(Anchoring) **9.** 가면현상 **10.** 엘니뇨(ElNino) **11.** 라니냐(La Nina) **12.** 가변차로제 **13.** 초상권 **14.** 거부권 **15.** 개방대학 **16.** 경합범 **17.** 노니즘(Nonism) **18.** 묵비권 **19.** 무어의 법칙(Moore's Law) **20.** 바이오벨리(Biovalley) **21.** 반일휴가제 **22.** 공청회 **23.** 청문회 **24.** 배기량 **25.** 백두대간

current affairs 시사상식

1. 영국 정부가 외교사정을 일반 국민에게 알리기 위해 흰색 겉표지를 한 보고서를 펴낸 것에서 유래한 말이다. 정부가 국정의 내용을 국민에게 보고하는 공식보고서를 무엇이라 하는가? (ⓑⓢ) (W____ P____)

2. 고위도 지방에서 한여름에 태양이 지평선 아래로 내려가지 않아 희미하게 밝음이 계속되는 현상을 이르는 말은? (ⓑⓞ) (W____ N____)

3. 오래된 아파트나 연립주택의 실내구조를 감쪽같이 최신 유행의 주택구조로 바꿔주는 주택 개보수를 지칭하는 단어는? (㉣㉤㉢㉣) (R_________)

4. 좁고 긴 직사각형 종이를 180도 꼬아서 끝을 붙인 곡면으로 안과 밖의 구별이 없다는 점이 특징인 이것은 무엇인가? (㉤㉥㉧㉦㉧ ㄸ) (M_____ S____)

5. 일정한 금액의 보증금을 납부하고, 도주하거나 기타 일정한 사유가 있는 때는 이를 몰수할 것을 전제로 법원이 구속 중인 피고인을 석방하는 제도를 무엇이라 할까? (㉥㉦)

6. 선도가 가능한 범죄자를 보호 관찰관과 민간 독지가들에게 위탁해 그 행동을 관찰시켜 사회복귀를 추진하고 재범을 방지하고자 노력하는 일종의 보안처분은 무엇일까? (㉥㉭㉠㉬㉨)

7. 염분이 채 빠지지 않은 바닷모래로 시공했을 때, 염분이 빗물에 녹아 벽면을 타고 내리면서 하얗게 굳는 현상을 의미하는 말은? (㉥㉭㉭㉦)

8. 급격한 변화를 피하고 현 체제를 유지하려는 사상이나 태도는 지칭하는 말은?(㉥㉦㉨㉧)

9. 전통적 가치나 정책·체제 등에 반박하여 그 틀 자체를 허물고 새로운 가치나 정책의 창조를 주장하는 사상 또는 태도를 무엇이라 하는가? (㉨㉥㉨㉧)

10. 노동자의 열악한 근로조건을 개선하고 지위를 향상시키기 위해 각국의 노동자들이 연대의식을 다지는 날로, 5월 1일을 말한다. 이 날은? (ⓛⓒⓩ) (M__ D__)

11. 부모의 돈으로 흥청망청하는 오렌지족과는 달리, 자신이 벌어서 센스 있는 소비생활을 즐기는 젊은 남자들을 지칭하는 용어는 무엇일까? (ⓒⓒⓩ) (D____)

12. 산소가 희박한 높은 산에 머무를 때 나타나는 몸의 이상 현상으로, 체력이 급격히 저하됨은 물론 호흡곤란과 두통·무기력감이 시작되며 심해지면 죽음을 피할 수 없다. 대개 4,000m 이상이 되면 증세가 시작되며 5,000m가 넘으면 신체의 손상이 올 수 있는 이 병을 무엇이라 할까? (㉠㉦㉥)

13. 멀티미디어와 시민(Citizen)의 합성어로, 문자나 정지화상을 이용하는 기존 네티즌과는 달리 문자·음성·동영상 등이 복합된 멀티미디어 콘텐츠를 동시에 활용하는 이용자를 부르는 말은? (㉤㉫㉨) (M_______)

14. 산업 활동에 의해 발생하는 질소산화물이나 황산화물 등이 대기 중의 수분과 화합하여 산성 물질이 되어 내리는, 수소이온 농도지수(pH) 5.6 미만인 비를 뜻하는 단어는?(㉦㉦㉥)

15. 1심(지방 법원)의 판결에 불복하여 2심(고등 법원)에 재판을 청구하는 것을 (㉭㉦)라 하고, 2심의 판결에 불복하여 3심(대법원)에 재판을 청구하는 것을 (㉦㉠)라 한다.

16. 1950년 7월 12일 대전에서 체결된 '재한 미국군대의 관할권에 관한 대한민국과 미합중국 간의 협정'에 대체해, 1966년 7월 9일 서울에서 한국 외무장관과 미국 국무장관 간에 조인되어 1967년 2월 9일에 발효된 협정의 이름은? (㉭㉤㉭㉨㉭㉨) (S___)

17. 배출되는 쓰레기양의 감소를 유도하고 재활용품의 분리배출 관행을 정착시키기 위해 쓰레기의 실제 배출량에 따라 수수료를 차등 부과하는 제도는 무엇인가? (ⓢⓢ㉣㉠㉨㉣㉨)

18. 어떤 특정한 상황에 대한 해결책을 일컫는 용어로, 특정 소프트웨어 패키지나 응용 프로그램과 연계된 문제를 처리해주는 하드웨어·소프트웨어 또는 관련 기술 등을 뜻하는 말은 무엇일까? (㉦㉣㉦) (S_______)

19. 조국의 이익과 영광을 위해서는 방법과 수단을 가리지 않으며 국제정의도 고려치 않는

맹목적·광신적·배타적인 애국주의를 지칭하는 용어는? (ⓢⓑⓝⓙ) (C_________)

20. 육안으로는 물론 화폐감식기로도 식별하기 불가능할 정도로 정교한 $100짜리 위조지폐를 말하는데, 북한이 외화벌이 및 대남공작 등에 이용하기 위해 만드는 것으로 알려졌다. 이 위폐의 이름은? (ⓢⓟⓝⓣ) (S________)

21. 도시의 급격한 팽창에 따라 도시의 교외지역이 무질서하게 주택화되는 현상을 무엇이라 하는가? (ⓢⓟⓡ ⓗⓢ) (S_____)

22. 병원, 백화점, 레스토랑, 은행, 영화관, 레크리에이션센터(수영장·테니스코트·볼링장·헬스클럽) 등과 같은 편의시설이 구비되어 있는 노인 전용 주거 촌락을 부르는 말은? (ⓢⓑ ⓣⓞ) (S_____ T___)

23. 소셜(Social)은 SNS를 기반으로 다양한 사회구성원이 실시간으로 정보를 교환하는 것을, 로컬(Local)은 위치 정보를 이용한 지역특성 정보를, 모바일(Mobile)은 정보 접근에 대한 시간적·공간적인 제약이 사라지는 것을 의미한다. 기술 혁신을 주도하는 이 세 가지 트랜드를 지칭하는 새로운 용어는? (ⓢⓡⓜ) (S_____)

24. 아시아 내륙을 횡단해 중국 및 동양사회와 중동·유럽 간의 통상을 연결해주는 길을 무엇이라 부르는가? (ⓑⓓⓖ) (S___ R___)

25. 두 명 또는 그 이상의 사람이 한 가지 주제에 관해 각기 다른 입장에서 고찰한 바를 강연한 후 청중이나 사회자의 질문에 답변하는 공중 토론의 한 형식을 부르는 말은? (ⓢⓟⓙⓞ) (S________)

정답

1. 백서(White Paper) **2.** 백야(White Night) **3.** 리모델링(Remodeling) **4.** 뫼비우스의 띠(Möbius Strip) **5.** 보석 **6.** 보호관찰제 **7.** 백화현상 **8.** 보수주의 **9.** 진보주의 **10.** 노동절(May Day) **11.** 댄디족(Dandy) **12.** 고산병 **13.** 멀티즌(Multizen) **14.** 산성비 **15.** 항소, 상고 **16.** 한미행정협정(Status of Forces agreement: SOFA) **17.** 쓰레기종량제 **18.** 솔루션(Solution) **19.** 쇼비니즘(Chauvinism) **20.** 슈퍼노트(Supernote) **21.** 스프롤현상(Sprawl) **22.** 실버타운(SilverTown) **23.** 솔로모(SoLoMo) **24.** 비단길(Silk Road) **25.** 심포지움(Symposium)

CHAPTER 23 current affairs 시사상식

1. 성서의 묵시록에 나오는 말로, 세계의 종말이 올 때 선과 악의 최후의 대결전장을 무엇이라 할까? (㉧㉤㉠㉢) (A_________)

2. 호메이니의 이슬람 원리주의에 영향을 받은 중동 최대의 무장세력을 말하는데, 레바논 동부 베카에 본부를 두고 이란 정보기관의 조정을 받고 있다. 이슬람 지하드라고도 부르는 이것은? (㉭㉨㉥㉣) (H________)

3. 악어가 먹이를 씹으며 먹이가 된 동물의 죽음을 애도해 눈물 흘린다는 이야기에서 전래한 것으로, 위정자를 빗대어 말하는 통속어는? (㉧㉧㉧ ㉡㉤)

4. 사무직 근로자를 의미하는 화이트칼라(White Collar)와 생산직 근로자를 의미하는 블루칼라(Blue Collar)의 중간 성격을 지닌 노동자를 부르는 말은 무엇일까? (㉠㉣㉧ ㉪㉣) (G___ C_____)

5. 현장부재증명, 즉 피의자나 피고인이 범죄가 발생한 그 시각에 범죄 현장 이외의 장소에 있었음을 증명함으로써 자신의 무죄를 입증하는 방법은? (㉧㉣㉥㉧) (A____)

6. 철갑상어는 민물에서 부화한 뒤 바다로 내려가 살다가 성체가 되면 알을 낳기 위해 강을 거슬러 올라가는 담수 어종이다. 벨루가, 오세트라, 세브루가 등 소금에 절인 철갑상어 알을 무엇이라 부르는가? (㉪㉥㉧) (C_____)

7. 정해진 시간과 장소에 모여 짧은 시간 동안 주어진 행동을 하고 곧바로 흩어지는 행위를 지칭하는 말은? (㉬㉣㉦ ㉤) (F____ M__)

8. '공공의 이익을 위한 무료봉사'라는 뜻으로, 변호사가 소외계층에게 무료로 법률서비스를 제공하는 행위를 뜻하는 말은? (㉬㉣㉥㉡) (P__ B___)

9. 애매하거나 분명하지 않은 상황에서, 여러 문제를 두뇌가 판단하고 결정하는 과정에 대하여 수학적으로 접근하려는 이론을 무엇이라 할까? (ㅍㅈ ㅇㄹ) (F____ T_____)

10. 기존의 배터리와 달리 종이처럼 얇고 구부릴 수 있게 만든 건전지로서 의료, 미용, 가전, RFID 등 응용분야가 매우 다양한 것으로 평가되고 있다. 무엇인가?
(ㅍㅇㅍ ㅂㅌㄹ) (P____ B______)

11. 맞벌이 가정의 초등학교 학생 자녀들을, 방과 후부터 부모가 퇴근할 때까지 맡아서 교육하는 기관을 부르는 말은? (ㅇㅍㅌ ㅅㅋ) (A____ S_____)

12. 계약의 당사자 일방이 정형적인 계약의 내용을 일정한 형식으로 미리 작성해 놓은 계약조항을 무엇이라 하는가? (ㅇㄱ)

13. 청각 장애인을 위해 실시간으로 모든 음성 내용을 문자로 방송해 주는 서비스를 말하는데, 모두에게 보이는 일반 방송 자막과 달리 시청자가 시청을 원하는 경우에만 화면에 문자가 나타난다. 이것은 무엇일까? (ㅍㅅㅈㅁ) (C_____ C______)

14. 영역별 또는 선택 과목별 전체 응시자 가운데 해당 수험생의 상대적인 위치나 성취 수준을 나타내는 점수를 이르는 말은? (ㅍㅈㅈㅅ)

15. 표준점수를 석차를 기준으로 다시 정렬한 점수를 무엇이라 할까? (ㅂㅂㅇㅈㅅ)

※ 자신이 받은 표준점수보다 낮은 학생이 전체의 70%라면 이 학생의 백분위 점수는 70점이 된다.

16. 전세계약을 할 때 동사무소에 전입신고하면서 계약서 원본에 확인 일자를 받는 것처럼, 어떤 증서에 대하여 그 작성된 일자에 관한 완전한 증거력을 가지고 있다고 법률이 인정하는 일자를 지칭하는 용어는? (ㅎㅈㅇㅈ)

17. 채무자가 채권자에게 손해가 될 것을 알면서도 자기의 재산을 은닉·손괴 또는 제3자에게 증여하는 등의 방법으로 채무자의 총재산을 감소하는 행위를 하여 채권자의 강제집행을 어렵게 하는 행위를 무엇이라 하는가? (ㅅㅎㅎㅇ)

18. 당내 경선제의 한 방식으로 소속 정당에 상관없이 누구나 참여해 당의 후보를 선출하는

'완전 개방형 국민 경선제'를 부르는 말은? (ㅇㅍ ㅍㄹㅇㅁㄹ) (O___ P______)

19. 에스키모인들이 얼음과 눈으로 만든 블록이나 얼음을 쌓아서 만든 돔 형태의 집을 이르는 말은 무엇인가? (ㅇㄱㄹ) (I____)

20. 업무 수행에 있어 청렴하고 투철한 봉사정신으로 공정성을 유지하여 다른 사람의 귀감이 되는 공무원에게 수여하는 상의 이름은? (ㅊㅂㄹㅅ)

21. 범죄 현장을 분석해 범인의 습관, 나이, 성격, 직업, 범행 수법을 추론한 뒤 이를 바탕으로 범인을 찾아내는 수사 기법을 무엇이라 할까? (ㅍㄹㅍㅇㄹ) (P________)

22. 사막 위의 스키장, 세계지도 모양의 인공 섬 등 상식을 깨는 아이디어로 주목을 받고 있는 두바이가 그 대표적 사례로, 서로 관련이 없어 보이는 아이디어를 결합해 남들이 생각지 못한 새로운 개념을 만들어 내는 것은? (ㅎㅇ ㅋㅅㅌ) (H___ C______)

23. 무례 혹은 결례를 뜻하는 Disrespect의 줄임말로, 다른 집단이나 개인을 비난하거나 비꼬는 행동이나 노래를 뜻하는 단어는? (ㄷㅅ) (D___)

24. 유럽이 소련의 군사적 공격을 받을 경우 아시아에서 활동하고 있는 해병대와 항공모함, B52폭격기 등을 유럽으로 돌린다는 미국의 군사적 전략, 혹은 어떤 전쟁에서 승리할 때까지 제2의 전쟁 강도가 고조되지 않도록 자제하는 전략은?(ㅅㅇㅈㄹ) (S____ S_______)

25. 항공기의 비행기록과 조종실의 음성기록 장치로서, 항공기 사고가 발생한 경우 그 원인을 밝히는 데 중요한 역할을 하는 것을 무엇이라 하는가? (ㅂㄹㅂㅅ) (B____ B__)

정답

1. 아마겟돈(Armageddon) **2.** 헤즈볼라(Hezbolla) **3.** 악어의 눈물 **4.** 그레이칼라(GrayCollar) **5.** 알리바이(Alibi) **6.** 캐비어(Caviar) **7.** 플래시몹(Flash Mob) **8.** 프로보노(Pro Bono) **9.** 퍼지이론(Fuzzy Theory) **10.** 페이퍼 배터리(Paper Battery) **11.** 애프터스쿨(After School) **12.** 약관 **13.** 폐쇄자막(Closed Caption) **14.** 표준점수 **15.** 백분위점수 **16.** 확정일자 **17.** 사해행위 **18.** 오픈 프라이머리(Open Primary) **19.** 이글루(Igloo) **20.** 청백리상 **21.** 프로파일링(Profiling) **22.** 하이 컨셉트(High Concept) **23.** 디스(Diss) **24.** 스윙전략(Swing Strategy) **25.** 블랙박스(Black Box)

CHAPTER

24

초성으로 찾아가는 재미있는 상식여행

current affairs 시사상식

1. 살해 현장의 용의자 총구에서 연기가 피어오른다면 이것이 살인의 명백한 증거가 되듯이, 범죄 또는 특정행위나 현상에 대한 있어서 결정적인 단서라는 의미로 쓰이는 용어는 무엇인가? (ㅅㅁㅋ ㄱ) (S______ G__)

2. 새롭게 형성된 팀이 어색한 분위기를 해소하기 위하여 나를 소개하고 상대방을 이해함으로써, 어색함을 떨쳐버리고 팀원으로서의 감정을 형성하는 활동과정을 뜻하는 말은?
(ㅇㅇㅅ ㅂㄹㅇㅋ) (I__ B_______)

3. 네덜란드의 응용과학기술연구소에서 개발한 교통상해사고 감정 프로그램을 말하는데, 교통사고 당시의 노면흔적이나 차량의 파손상태, 동영상 등을 토대로 대형사고나 경미한 교통사고의 책임소재를 가리는 데 유용하게 쓰이고 있다. 특히 경미한 사고임에도 상대방이 무리한 대인접수를 요구하는 경우 활용할 수 있는 이 프로그램은?(ㅁㄷㅁ) (M_____)

4. 박근혜 대통령이 '남북한 주민들의 인도적 문제해결', '남북한 공동번영을 위한 민생 인프라 구축', '남북한의 동질성 회복' 등 통일의 초석이 될 수 있는 여러 가지 방안을 제시하였다. 분단 독일 당시 서독 총리가 '통일은 독일 국민의 힘으로 선언한 곳'이라고 했던 이 도시를 방문하여 제안하였는데, 무엇이라 할까? (ㄷㄹㅅㄷ) 제안

5. 세계의 3대 강풍이란, 남지니해에서 발생해 동남아시아 일대로 불며 우리나라에 영향을 미치는 (ㅌㅍ), 인도양에서 발생하여 벵골만으로 부는 (ㅅㅇㅋㄹ), 카리브해에서 발생하여 북미대륙으로 부는 (ㅎㄹㅋㅇ)을 말한다.

6. 유대교와 이슬람교의 성지로서, 이스라엘의 예루살렘 구시가지에 있는 높이 18M의 돌담의 이름은? (ㅌㄱㅇ ㅂ) (W______ W___)

7. 정부가 인정한 공산품의 품질인증 표시는? (㉪ ⓞ ⓞ ㉦) 마크

8. 품질관리상태가 우수한 제품에 대하여 정부가 허가한 표시는 무엇인가? (㉫) 마크

9. 제품에 하자가 발생하여 인명이나 재산상의 피해가 우려되는 공산품의 안전도를, 해당 검사기관이 평가하여 인정해주는 표시는 무엇일까? (㉠) 마크

10. 'KS', '품', '검' 마크를 얻은 제품 중 디자인이 뛰어난 제품에 한국디자인 포장센터가 주는 표시는? (㉨ ㉢) 마크

11. 제품의 포장에 대하여 소재·제조방법·디자인·기능 면에서 종합적으로 평가하여 인증하는 마크를 무엇이라 하는가? (㉨ ㉫) 마크

12. 한국생활용품 시험검사소 등 6개 민간시험검사소에서 공동으로 마련한 품질기준에 합격한 상품에 대하여 제조업체가 임의로 부착하는 표시는? (㉪) 마크

13. 가전제품에서 발생하는 유해 전자파를 억제하는 장치가 부착됨을 정보통신부가 심사한 후 부착하는 표시는 무엇인가? (ⓞ ⓞ ⓞ ⓞ) 마크

14. 재활용품을 원료로 사용하였거나 폐기 시 환경을 해치지 않는 상품에 대하여 환경부가 부착하는 표시는? (㉭ ㉠) 마크

15. 한국 귀금속 감정센터에서 일정 품질 이상의 귀금속으로 평가받은 우수 기업에 부여하는 표시는 무엇일까? (㉫ ㉠) 마크

16. 우리나라 금강산은 계절마다 그 이름이 다르다. 각각의 명칭은?

(1) 봄 : (㉠ ㉠ ㉦) (2) 여름 : (㉥ ㉣ ㉦) (3) 가을 : (㉫ ⓞ ㉦) (4) 겨울 : (㉠ ㉠ ㉦)

17. 네 가지 농악기로 연주하며 흥을 돋우는 사물놀이의 악기는 무엇 무엇인가?

(㉥) (㉩ ㉠) (㉨) (㉄ ㉠ ㉣)

18. 초현실주의 회화의 세계에서 사용하던 문질러내기의 수법으로 물감을 화면에 비벼 문지르는 채색법을 무엇이라 할까? (ㅍㄹㅌㅈ) (F_______)

19. 현악 3중주는 무슨 악기로 구성될까? (ㅂㅇㅇㄹ)(ㅂㅇㄹ)(ㅊㄹ)

※ 현악 4중주는 제1바이올린, 제2바이올린, 비올라, 첼로로 편성된다.

20. 피아노 3중주는 무슨 악기로 구성될까? (ㅍㅇㄴ)(ㅂㅇㅇㄹ)(ㅊㄹ)

※ 피아노 4중주는 피아노, 바이올린, 비올라, 첼로로 편성된다.

21. 세계 3대 교향곡은? 베토벤의 (ㅇㅁ) 슈베르트의 (ㅁㅇㅅ ㄱㅎㄱ) 차이콥스키의 (ㅂㅊ)

22. 세계 3대 단편소설 작가는? (ㅁㅍㅅ)(ㅊㅎㅍ)(ㅍㅇ)

23. 동양 화훼도의 화두인 사군자는? (ㅁㅎ)(ㄴㅊ)(ㄱㅎ)(ㄷㄴㅁ)

24. 농업구조와 농촌생활 개선을 목적으로 하는 세계적인 청소년 민간단체인 4H는 무엇을 의미할까? (H___)(H___)(H____)(H_____)

25. 세계 4대 성인은? (ㅅㄱㅁㄴ)(ㅇㅅ)(ㄱㅈ)(ㅅㅋㄹㅌㅅ)

정답

1. 스모킹 건(Smoking Gun) **2.** 아이스 브레이킹(Ice Breaking) **3.** 마디모(Mathematical Dynamic Model: MADYMO) **4.** 드레스덴 제안 **5.** 태풍(Typhoon), 사이클론(Cyclone), 허리케인(Hurricane) **6.** 통곡의 벽(Wailing Wall) **7.** KS마크 **8.** 품마크 **9.** 검마크 **10.** GD(Good Design)마크 **11.** GP(Good Package)마크 **12.** Q마크 **13.**EMI(Electro Magnetic Interference)마크 **14.** 환경마크 **15.** 태극마크 **16.** (1)금강산 (2)봉래산 (3)풍악산 (4)개골산 **17.** 북, 장구, 징, 꽹과리 **18.** 프로타주(Frottage) **19.** 바이올린, 비올라, 첼로 **20.** 피아노, 바이올린, 첼로 **21.** 운명, 미완성 교향곡, 비창 **22.** 모파상(Guy de Maupassant), 체호프(Anton Pavlovich Chekhov), 포우(Edgar Allan Poe) **23.** 매화, 난초, 국화, 대나무 **24.** Head, Hand, Heart, Health **25.** 석가모니, 예수, 공자, 소크라테스

CHAPTER 25

current affairs 시사상식

1. 영화 『이유 없는 반항』의 제임스 딘과 같이 풍요로운 물질 환경 속에서 보수화된 기존의 질서에 반발해 저항적인 문화와 기행을 추구했던 젊은 세대를 일컫는 용어로, 권력과 돈을 위해 온갖 비리를 저지르는 기성세대의 현실을 보고 절망하는 10대 후반에서 20대 초반의 반항적인 젊은이들을 통칭하는 말은 무엇인가? (ㅂ ㅌ ㅈ) (B_ _ _)

2. 35~45세 사이의 남자들 가운데 활기찬 젊은 날에 대한 동경과 신세대 부부의 새로운 생활방 식에 자극을 받아 제2의 인생을 꿈꾸며 중년이기를 거부하는 '젊은 아빠'를 일컫는 말은? (ㅍㅍ ㅂㅁㄹㅈ) (P_ _ _ B_ _ _ _ _ _ _ _)

3. 에피쿠로스 철학의 궁극적인 목표이자 행복의 필수조건으로, 잡념에 사로잡히지 않고 동요가 없는 고요한 마음의 상태를 무엇이라 할까? (ㅇㅌㄹㅅㅇ) (A_ _ _ _ _ _ _)

4. 스토아 철학에서 인간생활의 이상으로 삼은 것으로, 정념이나 외계의 자극에 흔들리지 않는 초연한 마음의 경지를 무엇이라 부르는가? (ㅇㅍㅌㅇㅇ) (A_ _ _ _ _ _ _)

5. 선입견으로 인한 편견에서 생기는 허위를 우상이라고 지적한 영국의 경험론자 베이컨(F.Bacon)이 주장한 4대 우상(Idol)은 무엇일까? (ㅈㅈ), (ㄷㄱ), (ㅅㅈ), (ㄱㅈ)의 우상

6. 고려 시대 사원(寺院)에 설치되어 있던 서민금융기관으로 민간경제의 융통을 기하고 사원 자체의 유지 발전을 도모함을 목적으로 하였으나, 결국 사원의 부(富)를 축적하는 수단이 되어 서민 금융경제의 폐해와 부패를 조장하고 말았는데 무엇인가? (ㅈㅅㄱ)

7. 풍년에 곡가가 떨어지면 시가보다 비싼 값으로 사들였다가, 흉년이 들어 곡가가 오르면 시가보다 싼 값으로 내다 팔아 가격을 조절함으로써 백성의 생활을 안정시키고자 했던 고려·조선 시대의 물가 조절기관은? (ㅅㅍㅊ)

8. 부족 간의 경계표시 또는 전승기념물로 추정되는 선돌과 함께 거석문화에 속하는데, 족장급의 무덤으로 추측되는 청동기시대의 대표적인 분묘를 이르는 말은? (ㄱㅇㄷ)

9. 조선 시대 세종 2년(1420년) 유능한 학자들을 모아 국사를 기록하고 각종 서적을 편찬하기 위해 궁중에 설치한 왕립 학문연구소의 이름은? (ㅈㅎㅈ)

10. 1863년 11월 미국 제16대 대통령인 링컨(A. Lincoln)이 '국민의, 국민에 의한, 국민을 위한 정치(Government of the people, by the people, for the people)'라는 명언을 남긴 연설을 무엇이라 할까? (ㄱㅌㅅㅂㄱ ㅇㅅ) (G_________ A______)

11. 국제연합(UN)을 구성하는 주요기관의 하나로서, 미국·영국·러시아·프랑스·중국 등 5개의 상임이사국과 10개의 비상임 이사국으로 구성되어 국제평화안전의 유지를 주된 임무로 하는 기구는 어디인가? (ㅇㅈㅂㅈㅇㅅㅎ)

12. 국제연합(UN)을 구성하는 주요기관의 하나로서, 총 52개 회원국으로 구성되어 국제 경제·사회분야를 담당하는 기구는 무엇일까? (ㄱㅈㅅㅎㅇㅅㅎ)

13. 19세기 말부터 20세기 초에 걸쳐 프랑스를 중심으로 일어난 혁명적 노동조합주의로, 의회주의를 배척하고 노동조합의 혁명적 직접행동으로 새로운 사회체제를 실현하고자 하였던 급진적 사회주의 사상을 무엇이라 부르는가? (ㅅㄷㅋㄹㅈ) (S_________)

14. UN이 우리나라가 물 부족국가가 될 것이라 경고한 해는 언제인가? (20)년

15. UN이 정한 '세계 물의 날'은? ( )월 ( )일

16. UN이 정한 '세계 환경의 날'은? ( )월 ( )일

17. 국민의 건강과 안전, 환경, 소비자의 이익 및 공정한 경쟁을 침해하는 기업이나 단체의 공익침해행위를 행정기관 등에 신고한 사람을 보호하고 지원함으로써, 국민생활의 안정과 투명하고 깨끗한 사회풍토의 확립에 이바지함을 목적으로 2011년 3월 29일 공포된 법의 명칭은? (ㄱㅇㅅㄱㅈ ㅂㅎㅂ)

18. 인도의 종교적·사회적 신분제도를 무엇이라 하며, 그 계급은?(㉠㉦㉬㉨㉢) (C____)
(1) 제1계급: (㉥㉣㉤) (2) 제2계급: (㉪㉦㉬㉣㉧) (3) 제3계급: (㉥㉧㉦) (4) 제4계급: (㉦㉢㉣)

19. 유교의 도덕사상에서 기본이 되는 3가지의 강령과 5가지의 인륜을 뜻하는 삼강오륜은 각각 무엇일까?
(1) 삼강: (㉠㉧㉦㉠) (㉥㉧㉨㉠) (㉥㉧㉥㉠)
(2) 오륜: (㉠㉦㉧㉧) (㉥㉨㉧㉩) (㉥㉥㉧㉥) (㉨㉧㉧㉦) (㉥㉧㉧㉦)

20. 사서삼경은 각각 무엇일까?
(1) 사서: (㉡㉧) (㉤㉨) (㉨㉧) (㉢㉭) (2) 삼경: (㉦㉠) (㉦㉠) (㉧㉠ 혹은 ㉨㉧이라고도 함)

21. 우리나라 4대 보험이란? (㉠㉤㉧㉠)보험, (㉠㉠)보험, (㉦㉨)보험, (㉠㉧)보험

22. 우리나라 6법이란?
(㉭㉥) (㉤㉥) (㉭㉥) (㉦㉥) (㉤㉦㉦㉦㉥) (㉭㉦㉦㉦㉥)

23. 다음 공직자들의 임기는 각각 몇 년일까?
(1) 대통령: ( )년 (2) 대법관 및 대법원장: ( )년 (3) 국회의원: ( )년 (4) 헌법재판소장: ( )년

24. 연극의 3요소는? (㉭㉠), (㉥㉧), (㉠㉠)

※ 연극의 4요소에는 무대가 포함되며, 희곡의 3요소는 해설, 지문, 대사이고, 대사의 3요소는 대화, 독백, 방백이다.

25. 셰익스피어의 4대 비극은 무엇인가? (㉭㉣), (㉣㉧㉧), (㉧㉦㉣), (㉤㉥㉦)

정답

1. 비트족(Beat) **2.** 파파 부메랑족(Papa Boomerang) **3.** 아타락시아(Ataraxia) **4.** 아파테이아(Apatheia) **5.** 종족, 동굴, 시장, 극장의 우상 **6.** 장생고 **7.** 상평창 **8.** 고인돌 **9.** 집현전 **10.** 게티즈버그 연설(Gettysburg Address) **11.** 안전보장이사회 **12.** 경제사회이사회 **13.** 생디칼리즘(Syndicalism) **14.** 2025년 **15.** 3월 22일 **16.** 6월 5일 **17.** 공익신고자보호법 **18.** 카스트 제도(Caste) (1)브라만 (2)크샤트리아 (3)바이샤 (4)수드라 **19.** (1)삼강(군위신강, 부위자강, 부위부강) (2)오륜(군신유의, 부자유친, 부부유별, 장유유서, 붕우유신) **20.** (1)4서(논어, 맹자, 중용, 대학) (2)3경(시경, 서경, 역경 혹은 주역) **21.** 국민연금보험, 건강보험, 산재보험, 고용보험 **22.** 헌법, 민법, 형법, 상법, 민사소송법, 형사소송법 **23.** (1)5년 (2)6년 (3)4년 (4)6년 **24.** 희곡, 배우, 관객 **25.** 햄릿(Hamlet), 리어왕(King Lear), 오셀로(Othello), 맥 베스(Macbeth)

CHAPTER 26

초 성 으 로 　찾 아 가 는 　재 미 있 는 　상 식 여 행

current affairs 시사상식

1. 화려함(Glamorous)과 캠핑(Camping)을 조합해 만든 신조어로, 고가의 장비나 고급 음식 등 다양한 호화 품목이 모두 갖추어진 야영 시설을 부르는 말은?(㉠㉣㉬) (G_______)

2. 조선 시대 향촌 사회의 상부상조와 질서 유지를 위해 마련한 자치 규약을 무엇이라 하며, 4대 덕목은 무엇일까?(㉭㉧) [(㉢㉧㉦㉠) (㉠㉦㉦㉠) (㉧㉦㉦㉠) (㉭㉡㉦㉭)]

3. 정치(Politics)와 교수(Professor)를 합하여 생성한 말로, 본분인 학문연구보다는 정치에 적극 참여하여 입신양명을 꿈꾸는 교수를 부정적으로 일컫는 말은 무엇인가?
(㉬㉣㉬㉦) (P__________)

4. 국제법상 외교사절을 파견할 때에는 상대국의 사전 동의가 반드시 필요하다. 이처럼 외교사절의 임명에 앞서 임명 예정자의 이름, 경력 등을 상대국에 통보하여 동의를 구하는 국제적인 관행을 이르는 말은? (㉧㉠㉣㉤) (A______)

5. 국적이나 이념·종교 등의 차별 없이 아동의 보건·영양·교육에 대한 각국의 노력을 지원할 목적으로 국제연합(UN) 총회의 결의에 따라 1943년에 설립되었다. 뉴욕에 본부를 둔 이 국제기구는? (㉧㉡㉦㉬) (U_____)

6. 정치·경제적 영향력이 막강한 미국의 주도하에 세계의 평화와 질서가 유지되는 상황을 함축적으로 표현하는 용어는? (㉬㉦ ㉧㉤㉣㉪㉡) (P__ A_________)

7. 우리나라의 휴전선으로부터 남·북으로 각각 2Km에 해당하는 지역과 같이, 국제 조약이나 협정에 의하여 군대의 주둔이나 무기의 배치, 군사시설의 설치가 금지되며, 출입이 엄격히 금지된 지역을 무엇이라 하는가? (㉥㉤㉨㉨㉢) (D____________ Z___)

8. 국가 권력에 의해 투옥·구금되거나 핍박받는 각국의 정치사상범들을 구제하고 양심수를 후원하는 등, 국제적 인권옹호활동을 목적으로 1961년에 설립된 민간 국제기구의 이름은 무엇일까? (㉠㉨㉦㉤㉧㉧㉭) (A______ I_____________)

9. 국가가 외국인에 대하여 입국을 허가하는 증명서를 말하는데, 자국이나 체재 중인 국가의 대사·공사·영사로부터 여권의 검사와 함께 서명을 받는 입국사증은?(ㅂ ㅈ) (V _ _ _)

10. 한반도에 전쟁이 발생할 경우 한국군의 작전을 지휘하고 통제할 수 있는 권리를 말하는데, 현재는 주한미군사령관이 갖고 있으나 2015년 우리 군으로 환수될 예정이다. 이 권리를 무엇이라 할까? (ㅈㅅㅈㅈㅌㅈㄱ)

11. 공직자와 공직후보자의 재산등록과 공개, 공직을 이용한 재산 취득의 규제, 공직자가 받은 선물의 신고, 퇴직한 공직자의 취업제한 등을 규정함으로써 공직자의 윤리를 확립하고자 제정한 법률은 무엇인가? (ㄱㅈㅈㅇㄹㅂ)

12. 국회에 제출된 의안을 표결할 때 소속 정당의 당론과는 관계없이, 의원들이 자신의 판단에 따라 의사결정을 하고 투표하는 자유투표 혹은 교차투표를 일컫는 말은?
(ㅋㄹㅅ ㅂㅌ) (C _ _ _ _ V _ _ _ _ _)

13. 선거 등의 투표권 행사에 있어 마땅히 지지하는 정당이나 후보자가 없어 누구를 선택할 것인가를 결정하지 못한 부동층 유권자들을 이르는 말은?(ㅅㅇ ㅂㅌ) (S _ _ _ _ V _ _ _ _)

14. 유대인이 국가건설의 예정지를 성서에서 약속한 땅인 팔레스타인으로 정하고 그 지역에 유대인의 민족국가를 건설하여 시온산이 있는 땅으로 돌아가고자 하는 것이 목적인 민족주의 운동을 뜻하는 단어는? (ㅅㅇㄴㅈ) (Z _ _ _ _ _ _)

15. 공무원의 수는 업무의 양이나 중요성에 관계없이, 지위를 유지하기 위해 파생 업무를 늘리거나 부하 직원을 늘리는 과정에서 지속적으로 증가하게 된다는 이론은 무엇인가?
(ㅍㅋㅅㅇ ㅂㅊ) (P _ _ _ _ _ _ _ _ ' _ L _ _)

16. 원래에는 기상상태를 관측하기 위하여 띄우는 시험 또는 관측기구를 말하는데, 요즈음에는 특정 의견이나 정보를 흘림으로써 여론의 동향을 탐색하기 위한 여론 관측수단을 일컫기도 한다. 무엇인가? (ㅂㄹ ㄷㅅ) (B _ _ _ _ _ D' _ _ _ _ _)

17. 헌법에 의해 제도화되어 있지 아니한 현실적인 것으로, 통치권자가 결정하고 확정한 특정 사안이나 통치 질서의 정당성, 계속적인 집권 여부 등에 관하여 국민의 의사를 묻는 것을 뜻하는 말은? (ㅍㄹㅂㅈㅌ) (P _ _ _ _ _ _ _ _)

18. 2002년 네덜란드가 처음 허용하였는데, 죽음에 임박한 불치의 병자를 고통에서 해방시켜 안락하게 사망하게 하는 조치를 무엇이라 하는가? (ⓞⓡⓢ)

19. 회복 가능성이 없는 환자에게 무의미한 생명연장 치료를 중단하여 최소한의 품위와 가치를 지키면서 사망할 수 있게 하는 조치는? (㉨㉧㉦)

20. 법원이나 재판장, 판사가 피고인이나 증인을 강제로 소환하고 억류하기 위하여 발부하는 영장을 무엇이라 할까? (㉠㉧㉨)

21. 고위 공직자의 비리나 위법 혐의가 발견되었을 때, 행정부로부터 독립된 변호사에게 수사와 기소를 담당하게 하는 제도를 무엇인가? (㉫㉥㉠㉦㉨)

22. 영국의 철학자 제러미 벤덤(J. Bentham)이 설계하고 제안하였는데, 감시자가 자신의 노출 없이 모든 죄수를 감시할 수 있는 원형 감옥은? (㉬㉧㉫㉪) (P_ _ _ _ _ _ _ _ _)

23. 성 매수 초범자의 재범을 막기 위해 실시하는 교육 프로그램으로, 1995년 미국에서 개발해 2002년 8월부터 우리나라도 시행하여 운영하는 이것은?(㉨ ㉦㉪) (J_ _ _ S_ _ _ _ _)

24. 본래의 채무자를 대신하여 채무를 변제한 사람이 그 본래의 채무자에 대하여 가지는 상환청구의 권리는 무엇일까? (㉠㉦㉠)

25. 일반 시민이 형사재판에 배심원으로 참여해 유무죄 판단을 하고, 판사에게 평결과 양형의 의견을 내놓는 재판제도로, 2008년 1월부터 우리나라에서도 시행하고 있다. 이 제도는? (㉠㉤㉩㉧㉨㉬)

정답

1. 글램핑(Glamping) **2.** 향약(덕업상권, 과실상규, 예속상교, 환난상휼) **3.** 폴리페서(Polifessor) **4.** 아그레망(Agrement) **5.** 유니세프(UNICEF) **6.** 팍스아메리카나(Pax Americana) **7.** 비무장지대(DeMilirarized Zone: DMZ) **8.** 국제사면위원회(Amnesty International: 엠네스티) **9.** 비자(Visa) **10.** 전시작전통제권(Wartime Poerational Control: WAC) **11.** 공직자윤리법 **12.** 크로스 보팅(Cross Voting) **13.** 스윙 보터(Swing Voter) **14.** 시오니즘(Zionism) **15.** 파킨슨의 법칙(Parkinson's Law) **16.** 발롱데세(Ballon D'essai) **17.** 플레비지트(Plebiszit) **18.** 안락사 **19.** 존엄사 **20.** 구인장 **21.** 특별검사제 **22.** 팬옵티콘(Panopticon) **23.** 존 스쿨(John School) **24.** 구상권 **25.** 국민참여재판

CHAPTER 27

current affairs 시사상식

1. 범행이 경미한 범인에 대하여 일정 기간 형의 선고를 유예하고, 특정한 사고 없이 그 유예기간이 경과하면 형의 선고를 면하게 하는 제도를 무엇이라 할까? (ㅅㄱㅇㅇ)

2. 단기의 자유형을 선고하면서 그 정상을 참작하여 일정 기간 형의 집행을 유예하고, 그 유예기간이 경과하면 선고의 효력을 잃게 되는 제도는? (ㅈㅎㅇㅇ)

3. 범죄혐의가 충분하더라도 기존의 전과나 피해정도, 합의내용, 반성의 정도 등을 고려하여 공소를 제기하지 않는 검사의 처분을 무엇이라 하는가? (ㄱㅅㅇㅇ)

4. 피의자의 구속이 합당한가에 대한 적절성을 법원이 다시 판단하는 절차로, 수사기관으로부터 구속당한 국민은 누구나 청구할 수 있다. 구속이 부당하다고 법원이 판단하면 피의자를 석방하는데 이 제도의 이름은? (ㄱㅅㅈㅂㅅ)

5. 우리나라가 미국과 프랑스와 함께 공동 개발한 자외선 우주관측위성으로 우주 진화의 수수께끼를 푸는 단서나, 자외선을 이용하여 우주의 나이를 계산하는 데 필요한 자료를 수집하는 임무를 가지고 있는데 이 위성의 이름은? (ㄱㄹㅅ) (G_ _ _ _)

6. KT가 프랑스의 탈레스알레니아스페이스사(TAS)와 협력하여 2010년 12월 29일 기아나 우주센터에서 발사한 방송통신위성으로 무궁화 6호라 하는 이것은?(ㅇㄹ 1ㅎ) (O_ _ _ _-1)

7. 우리나라가 발사한 최초의 다목적 실용위성이다. 한반도 관측 및 지도 제작, 해양관측, 각종 과학 실험 등에 이용하기 위해 국내기업과 미국의 TRW사가 공동으로 개발하여 1999년 12월 21일 발사하였다. 이 인공위성은 무엇인가? (ㅇㄹㄹ 1ㅎ)

8. 어느 초강대국의 영역에 속해 있는지 분명하지 않은 중간지대를 말는데, 중동지역처럼 초강대국의 관리가 곤란해 전쟁의 가능성이 상존하는 이러한 지역을 무엇이라 할까? (ㄱㄹㅇ ㅈ) (G_ _ _ Z_ _ _)

9. 비무장지대(DMZ) 내의 군사분계선 상에 세워진 회담장을 축으로 하는 반경 400M의 원형지대를 일컫는 말은? (ㄱㄷㄱㅂㄱㅇ)

10. 외모가 개인 간의 우열과 성패를 가름한다는 생각으로 지나치게 외모에 집착하는 외모지상주의를 가리켜 무엇이라 하는가? (ㄹㅋㅈ) (L_ _ _ _ _ _)

11. 인터넷의 사용이 일상화되면서 청소년이 인내심을 잃고, 어떤 일에 15분 이상 집중하지 못하는 사고나 행동양식을 말하는데, 1/4을 뜻하는 영어의 쿼터(Quarter)에서 나온 이 말은 무엇일까? (ㅋㅌㄹㅈ) (Q_ _ _ _ _ _ _ _)

12. 자신의 신분을 속이고, 인터넷을 이용하는 특정인이나 특정기관에게 대량의 메일을 보내 컴퓨터 시스템을 파괴하는 전자우편 폭탄테러나 테러범을 무엇이라 할까?
(ㅇㄴ ㅁㅇㄹ) (U_ _ M_ _ _ _ _)

13. 국제적으로는 시베리아 호랑이·팬더·코알라·두루미, 국내의 경우 홍천의 열목어와 덕유산의 반딧불 등과 같이 사람들의 보호가 필요한 생물종을 이르는 이 말은?
(ㄱㄷㅈ) (F_ _ _ _ _ _ _ S_ _ _ _ _ _)

14. 불곰·수달·해달·코끼리·캐나다 기러기 등과 같이 생태계에서 하나의 종이 멸종하면 다양한 여러 종의 유지에 결정적 역할을 하게 되므로, 생물종의 다양성 유지에 필수 불가결한 종을 지칭하는 이 말은 무엇인가? (ㅎㅅㅈ) (K_ _ _ _ _ _ _ S_ _ _ _ _ _)

15. 인체의 열생산이 감소하거나 열소실이 증가하여 체온이 정상체온(36.5℃)보다 낮은 35℃ 이하로 떨어진 상태를 뜻하는 단어는? (ㅈㅊㅇㅈ)

16. 전쟁이나 고문, 자연재해, 대형사고 등과 같은 신체적인 손상이나 생명을 위협하는 심각한 상황에 직면한 후 나타나는 정신적인 장애가 1개월 이상 지속되는 질환을 무엇이라 부르는가? (ㅇㅅ ㅎ ㅅㅌㄹㅅ ㅈㅇ)

17. 국민들의 자발적인 모금이나 기부·증여를 통해 보존가치가 큰 자연자원과 문화유산을 보전하고 관리하는 시민 환경운동은? (ㄴㅅㄴ ㅌㄹㅅㅌ) (N_ _ _ _ _ _ _ T_ _ _ _)

18. 특정한 문제에 대해 대중의 심리를 선동하고 조작하기 위하여 의도적으로 허위정보를 유포시키는 정치가를 뜻하는 말은? (ㄷㅁㄱㄱ) (D_ _ _ _ _ _ _ _)

19. 실제로는 중하류층인 서민이 스스로 중산층이라고 생각하는 현상을 말하는데, 서민층에 퍼지는 중류의식 확산 현상을 가리켜 무엇이라 하는가?(㉡㉣㉬ ㉭㉦) (N_ _ R_ _ _)

20. 사회문제가 되고 있는 청소년들의 교내 폭력이나 집단 따돌림을 일컫는 말로, 집단 내의 특정한 대상을 전체나 다수가 특별한 이유 없이 지속적으로 괴롭히는 행위를 일컫는 말은 무엇인가? (㉧㉨㉤)

21. 사이버 공간에서 불특정 다수에 의해 지속적으로 괴롭힘을 당하는 '사이버 왕따'의 피해자들이 정신적인 충격을 견디지 못하고 자살하는 '따돌림 자살'을 의미하는 이 말은?

(㉥㉣㉦㉧㉢) (B_ _ _ _ _ _ _ _ _)

22. 쓰레기 매립장이나 핵폐기물 처리장과 같은 혐오시설의 필요성은 인정하지만 자신이 거주하는 지역에 설치하는 것은 반대하는 님비(NIMBY) 현상과는 다르게, 각종 환경오염 시설물 등을 설치하는 그 자체를 반대하는 현상은?

(㉥㉡㉡ ㉭㉦) (B_ _ _ _ _ S_ _ _ _ _ _ _)

23. 어떤 제품이나 서비스를 생산·사용·폐기하는 전체 과정에서 직·간접적으로 사용한 물의 총량을 뜻하는 환경 관련 지표를 이르는 말은?(㉤ ㉥㉨㉠) (W_ _ _ _ F_ _ _ _ _ _ _ _)

24. 사람이 일상생활을 하거나 어떤 제품을 생산·소비하는 과정에서 배출되는 이산화탄소의 양을 무엇이라 하는가? (㉫㉦ ㉥㉨㉠) (C_ _ _ _ _ F_ _ _ _ _ _ _ _)

25. '날것'을 뜻하는 Raw와 '유기농'을 의미하는 Organic의 합성어로, 자연에서 재배한 천연성분을 가공하지 않고 그대로 사용하는 제품을 일컫는 말은?(㉣㉠㉡) (R_ _ _ _ _ _ _)

정답

1. 선고유예 **2.** 집행유예 **3.** 기소유예 **4.** 구속적부심 **5.** 갤렉스(GALEX) **6.** 올레1호(Olleh-1) **7.** 아리랑 1호 **8.** 그레이 존(Gray Zone) **9.** 공동경비구역(Joint Security Area: JSA) **10.** 루키즘(Lookism) **11.** 쿼터리즘(Quartersim) **12.** 유나 메일러(Una Mailer) **13.** 깃대종(Flagship Species) **14.** 핵심종(Keystone Species) **15.** 저체온증 **16.** 외상 후 스트레스 장애(Post Traumatic Stress Disorder: PTSD) **17.** 내셔널 트러스트(National Trust) **18.** 데마고그((Demagogue) **19.** 뉴리치 현상(New Rich) **20.** 이지메 **21.** 불리사이드(Bullycides) **22.** 바나나 현상(Built Absolutely Nothing Anywhere Near Anybody: BANANA) **23.** 물 발자국(Water Footprint) **24.** 탄소 발자국(Carbon Footprint) **25.** 로가닉(Rawganic)

CHAPTER 28

초 성 으 로 찾 아 가 는 재 미 있 는 상 식 여 행

current affairs 시사상식

1. 1985년 3월 세계 최초로 환경문제를 경제문제와 연계시킨 국제협약이다. 오존층 파괴물질의 규제에 관한 이 국제협약은? (ⓜⓣⓡⓞ ⓞⓙⓢ) (M_______ P_______)

2. 지구 온난화의 규제와 방지를 위해 6가지의 온실가스 배출량을 줄이고자, 1997년 일본의 교토에서 채택된 기후변화에 관한 국제 협약은?(㉠㉫ ㉧㉨㉦) (K____ P_______)

3. 수목장·정원장·바다장·화초장 등과 같이 시신을 화장한 뒤 유골을 산이나 바다 등에 뿌려 자연으로 되돌아가게 하는 친환경적인 장례법을 무엇이라 할까?

(㉧㉪ ㉢㉧) (E__ D____)

4. 크고 작은 두 소리를 동시에 들을 때, 크고 강한 소리 때문에 작은 소리가 들리지 않게 되는 현상을 무엇이라 하는가? (㉤㉦㉪ ㉭㉠) (M______ E_____)

5. 도심에서 야생동물들의 서식과 이동에 도움을 주기 위하여 인공적으로 조성한 숲·가로수·습지·하천·화단 등과 같은 생물 서식 공간을 이르는 말은? (㉥㉧㉫㉬) (B______)

6. 액체 상태의 식물성 기름을 고체 상태로 가공하기 위하여 수소를 첨가하는 과정에서 생성되는 인체에 해로운 물질은 무엇인가? (㉫㉣㉦ ㉨㉥) (T____ F__)

7. 기체 상태의 물질을 고온으로 가열하면 이온핵과 자유전자로 이루어진 입자들의 집합체가 만들어지는데, 고체·액체·기체도 아닌 제4의 물질은? (㉬㉣㉨㉤) (P_____)

8. 휘발유의 등급을 평가하는 수치로, 가솔린이 연소할 때 이상 폭발을 일으키지 않는 정도를 나타내는 수치를 일컫는 말은? (㉧㉫㉠) (O_____ N_____)

9. 원유를 증유하여 얻은 탄화수소의 혼합물로서, 각종 석유화학 제품의 기초 원료이다. 휘발성과 가연성이 높은 액체 상태의 이 탄화수소는 무엇일까? (㉡㉬㉫) (N______)

10. 화산폭발 후 중심부가 함몰하여 생긴 지름 1Km 이상의 분지를 무엇이라 하는가?
(㉪㉢㉣) (C_ _ _ _ _ _)

11. 평소에는 물이 흐르지 않는 골짜기지만, 호우 시에는 물의 흐름이 매우 빠르다. 이러한 건조지역의 간헐천을 무엇이라 할까? (㉧㉢) (W_ _ _)

12. 췌장의 베타(β)세포에서 분비되는 호르몬으로, 혈액 속에 존재하는 포도당의 양을 일정하게 유지하게 함으로써 혈당량을 조절하는 호르몬의 이름은? (㉧㉦㉣) (I_ _ _ _ _ _)

13. 라틴어로 '새벽'을 뜻하는 말인데, 태양에서 방출된 플라즈마의 일부가 대기로 진입하면서 공기분자와 반응하여 빛을 내는 현상을 말한다. 북극권과 남극권의 상공에 나타나는 이러한 발광현상을 가리키는 말은? (㉧㉣㉣) (A_ _ _ _ _)

14. 우리나라가 자체 기술로 인공위성을 우주공간에 쏘아 올리기 위해 건설한 우리나라 최초이자 세계 13번째 우주발사체 발사기지이다. 전라남도 고흥군 봉래면 외나로도에 2009년 6월 11일 완공된 이 우주센터는? (㉡㉣ ㉧㉨㉦㉫) (N_ _ _ S_ _ _ _ C_ _ _ _ _)

15. 해저지형과 지층탐사, 해양생물 탐구, 암석표본 채취 등의 활동을 위해 남극대륙 북쪽 사우스셰틀랜드 제도의 킹조지 섬에 건설한 우리나라 최초의 남극기지는?
(㉦㉨㉠㉭㉠㉨)

16. 북극의 기후와 생물 연구, 해양자원 탐사활동을 목적으로 2002년 4월 노르웨이령 스발바르 군도에 건설한 우리나라의 북극 과학기지의 이름은 무엇인가? (㉢㉦㉠㉭㉠㉨)

17. 최첨단 연구 장비를 갖추고 해양의 탐사작업을 수행하는 우리나라 유일의 해양조사선이다. 1992년에 취항하여 우리나라 주변 해역은 물론 태평양 해저 광물자원 탐사와 남극해역 조사업무를 수행하고 있는데, 이 종합해양탐사선은? (㉧㉡㉣㉭) (O_ _ _ _ _)

18. 환경 분야에서 뛰어난 업적을 세운 환경운동가를 6개 대륙(유럽, 북미, 남미, 아시아, 아프리카, 기타 도서국가들)에서 각각 매년 1명씩 선정하여 6명에게 수여하는 세계적인 상을 무엇이라 할까? (㉠㉢㉤ ㉭㉠㉦)

19. 겉으로 보기에는 불안정하고 혼돈스러워 보이지만, 그러한 현상 속에 내재된 나름대로의 규칙이나 질서가 있음을 밝혀내려는 이론은 무엇인가?

(㉠㉧㉦ ㉧㉣) (C____ T_____)

20. 일본에 이어 세계 두 번째로 개발된 우리나라 최초의 인조인간 로봇이다. 키 160㎝, 몸무게 50kg로 20대 초반 여성의 평균적인 신체조건을 가졌는데, 2006년에 선보인 이 로봇의 이름은? (㉧㉥ ㉧) (E___-1)

21. 핵분열의 연쇄반응이 주로 고속중성자에 의해 일어나므로, 기존의 원전보다 핵연료의 효율이 60배에 달한다. '꿈의 원자로'라고 불리는 한국형 액체금속로는?(㉠㉣㉤) (K______)

22. 1994년 한국원자력연구소가 순수 우리나라 기술로 건설한 다목적 연구용 원자로이다. 열 출력 30MW급으로 성능 면에서 세계 10위권에 해당하는 이 고성능 원자로를 무엇이라 하는가? (㉭㉡㉣ ㉧㉨㉣)

23. 천체의 밀도가 커질수록 별빛이 휘어지는 정도가 더 커지는데, 천체 표면으로부터의 탈출속도가 빛의 속도를 초월하면 모든 빛이 폐쇄된다. 이러한 천체의 암흑 상태를 뜻하는 말은 무엇일까? (㉥㉣ ㉭) (B____ H___)

24. 신경을 구성하는 기본 단위로 온몸의 기관들과 뇌를 연결하고 있으며 자극과 흥분을 전달한다. 신경세포체와 수상돌기, 신경돌기로 구성된 이 신경원의 이름은?
(㉡㉣) (N_____)

25. 한여름 밤의 기온이 25℃ 이상인 밤을 말하는데, 우리나라의 경우 북태평양 고기압이 발달하였을 때 나타난다. 잠들기도 어렵고, 집중력이 떨어지며 불쾌지수가 높아 피로가 쌓이는 이런 무더운 밤을 부르는 말은 무엇인가? (㉧㉢㉧) (T_______ N____)

정답

1. 몬트리올 의정서(Montreal Protocol) **2.** 교토 의정서(Kyoto Protocol) **3.** 에코 다잉(Eco Dying) **4.** 마스킹 효과(Masking Effect) **5.** 비오토프(Biotope) **6.** 트랜스지방(Trans Fat) **7.** 플라즈마(Plasma) **8.** 옥탄가(Octane Number) **9.** 나프타(Naphtha) **10.** 칼데라(Caldera) **11.** 와디(Wadi) **12.** 인슐린(Insulin) **13.** 오로라(Aurora) **14.** 나로우주센터(Naro Space Center) **15.** 세종과학기지 **16.** 다산과학기지 **17.** 온누리호(ONNURI) **18.** 골드먼 환경상 **19.** 카오스 이론(Chaos Theory) **20.** 에버원(Ever-1) **21.** 칼리머(Kalimer) **22.** 하나로 원자로 **23.** 블랙 홀(Black Hole) **24.** 뉴런(Neuron) **25.** 열대야(Tropical Night)

CHAPTER

초성으로 찾아가는 재미있는 상식여행

29

current affairs 시사상식

1. Microsoft사는 2002년부터, 개인이 찍은 사진이나 작성한 문서, 다른 사람과 대화한 내용 등을 녹음하고 저장하여 데이터베이스화 하는 프로젝트를 진행하고 있다. 이것은 무엇일까? (㉤㉧㉣㉧㉬㉥㉩) (M_________)

2. 대기업이나 단체의 이름, 상표, 제품 등에 대한 인터넷상의 컴퓨터 주소(Domain Name)를 투기나 판매의 목적으로 선점하는 행위는?(㉦㉧㉥㉦㉪㉫) (C_____________)

3. 기업 전산망의 근간이 되는 네트워크를 연결해 주는 고속통신망을 말하는데, 자신에게 연결된 소형 회선들로부터 데이터를 모아 빠르게 전송할 수 있는 대규모 전송회선을 무엇이라 할까? (㉥㉥) (B_______)

4. 자기에게 필요한 문서나 파일이 인터넷상의 어느 FTP 서버에서 제공되고 있는지를 찾아 주는 정보검색 엔진을 지칭하는 말은? (㉧㉪) (A_____)

5. 한 손가락이나 두 손가락만을 이용해 키보드를 두드리는 서투른 타이핑, 이른바 '독수리 타법'을 일컬어 무엇이라 하는가? (㉭㉫ ㉧ ㉬) (H___ and P___)

6. 컴퓨터 네트워크에 접속할 때, 개인정보 보호를 위하여 암호기술을 이용하는 사람, 혹은 수신자만 알 수 있는 암호로 정보를 보내는 프로그래머는?(㉦㉧㉬㉬㉪) (C_________)

7. 한 가지 혹은 서너 가지의 단순한 기능만을 수행하는 매우 작은 응용 프로그램은? (㉧㉬㉣) (A_____)

8. 컴퓨터 원격 통신 시스템의 허점을 악용해 전화서비스를 무료로 사용하는 해킹행위를 무엇이라 할까? (㉬㉣㉪) (P________)

9. 다수의 블루투스 호환장치가 상호 인식하여 통신하면서 형성하는 무선 네트워크를 말하

는데, 두 개 이상의 독립된 기기가 같은 채널을 공유하는 무선 네트워크를 뜻하는 말은?
(ⓟⓚⓛ) (P______)

10. 송신정보에 따라 가장 적절한 IP경로를 지정하여 서로 다른 네트워크를 중계해주는 장치를 무엇이라 부르는가?
(ⓡⓞⓣ) (R_____)

11. 한 네트워크에서 다른 네트워크로 들어가는 입구 역할을 하는 장치를 말하는데, 근거리 통신망(LAN)에서 데이터를 받아들이거나 내보낼 때 중개역할을 하는 장치의 이름은?
(ⓖⓞⓣⓞⓞ) (G______)

12. PC나 노트북, 휴대폰, 헤드폰 등 각종 디지털기기를 서로 연결해 하나의 무선통신 규격으로 통일함으로써 정보를 교환하는 근거리 무선 전송 기술 표준의 명칭은 무엇인가?
(ⓑⓡⓣⓢ) (B________)

13. 인터넷이 연결된 원격지의 특정 컴퓨터 시스템이 네트워크에 연결되어 정상적으로 작동하는지 여부를 확인하기 위하여 이용하는 통신 프로그램은 무엇일까? (ⓟ) (P___)

14. 네이버·다음·야후·구글 등과 같이 인터넷에 접속해 웹 브라우저를 실행시켰을 때 처음 나타나는 웹사이트로, 네티즌들이 원하는 정보를 얻기 위해 반드시 거쳐야 하는 사이트를 무엇이라 하는가?
(ⓟⓣ ⓢⓞⓣ) (P_____ S___)

15. 전자게시판의 일종으로 특정 주제나 관심사에 대하여 인터넷상으로 의견을 제시하거나, 그림·동영상 등의 자료를 등록하고 이야기를 나누는 토론공간은?(ⓞⓙⓛ) (U_____)

16. 핸드셋, 노트북, 스마트 폰 등 인터넷 단말기를 이용하여 정지 및 이동 중에도 초고속인터넷을 이용할 수 있는 무선 광대역 인터넷 서비스를 이르는 말은?(ⓞⓞⓑⓡ) (W____)

17. 하이파이(Hi-Fi)에 무선 기술을 접목한 것으로, 무선 접속 장치가 설치된 곳에서 전파나 적외선 전송 방식을 이용하여 고성능 무선통신을 가능하게 하는 무선랜 기술을 지칭하는 말은?
(ⓞⓞⓟⓞ) (W___)

18. 네트워크에 불법적으로 침입하여, 악용하고자 하는 호스트의 IP주소나 e-메일 주소를 바꾸어 사용자의 시스템 권한을 획득한 뒤 정보를 빼 가는 해킹 수법을 무엇이라 할까?
(ⓢⓟⓟ) (S_______)

19. 인터넷상에서 한국과 한국인에 대해 올바르게 홍보하고, 한국을 알고 싶어 하는 외국인들에게 e-메일로 한국에 대한 모든 것을 알려 주는 사이버 외교사절단은?(ㅂ ㅋ) (V _ _ _)

20. 인터넷을 이용하여 멀리 떨어져 있는 호스트 컴퓨터에 접속할 때 지원되는 인터넷 표준 프로토콜의 명칭은? (ㅌ ㄴ) (T _ _ _ _ _)

21. 전원을 끊으면 데이터를 상실하는 D램, S램과는 달리, 전원이 끊어져도 저장된 정보가 지워지지 않는 비휘발성 기억장치(메모리)를 무엇이라 부르는가?
(ㅍ ㄹ ㅅ ㅁ ㅁ ㄹ) (F _ _ _ _ M _ _ _ _ _)

22. 직감이나 경험에 바탕을 둔 인간의 행동이나 동작을 컴퓨터에 응용함으로써, 인간의 지능과 같은 제어기능을 할 수 있는 컴퓨터는? (ㅍ ㅈ ㅋ ㅍ ㅌ) (F _ _ _ _ C _ _ _ _ _ _ _)

23. 전 세계에 분산된 인터넷상의 정보를 주제별·종류별로 구분하여 메뉴방식으로 검색할 수 있는 인터넷 정보 검색 서비스를 일컫는 말은? (ㄱ ㅍ) (G _ _ _ _ _)

24. 누구든지 인터넷 사이트에 접속하여 자유롭게 지식과 정보를 올릴 수 있으며, 수정과 보완이 가능한 사용자 참여의 온라인 백과사전의 이름은?(ㅇ ㅋ ㅍ ㄷ ㅇ) (W _ _ _ _ _ _ _ _)

25. Recording에서 나온 말인데, 휴대용 촬영기기가 보편화됨에 따라 일상생활의 에피소드나 이벤트를 녹화한 동영상을 인터넷상에 업로드하는 사람을 무엇이라 하는가?
(ㄹ ㅈ) (R _ _)

정답

1. 마이라이프비츠(Mylifebits) **2.** 사이버스쿼팅(Cybersquatting) **3.** 백본(Backbone) **4.** 아키(Archie) **5.** 헌트 앤 펙(Hunt and Peck) **6.** 사이퍼펑크(Cypherpunk) **7.** 애플릿(Applet) **8.** 프리킹(Phreaking) **9.** 피코넷(Piconet) **10.** 라우터(Router) **11.** 게이트웨이(Gateway) **12.** 블루투스(Bluetooth) **13.** 핑(Ping) **14.** 포털 사이트(Portal Site) **15.** 유즈넷(Usenet) **16.** 와이브로(Wireless Broadband:WiBro) **17.** 와이파이(Wireless Fidelity: Wi-Fi) **18.** 스푸핑(Spoofing) **19.** 반크(Voluntary Agency Network of Korea: VANK) **20.** 텔넷(Telnet) **21.** 플래시 메모리(Flash Memory) **22.** 퍼지 컴퓨터(Fuzzy Computer) **23.** 고퍼(Gopher) **24.** 위키피디아(Wikipedia) **25.** 렉족(REC族)

current affairs 시사상식

1. 신문사나 방송국에서 경쟁 관계에 있는 다른 언론사보다 앞서 보도하는 중요한 뉴스나 특종기사를 이르는 말은? (ⓢⓚⓟ) (S____)

2. 1903년 창간된 영국의 '데일리 미러'나, 1919년 창간된 미국의 '뉴욕데일리 뉴스'처럼 보통 신문의 1/2 크기의 소형신문을 무엇이라 하는가? (ⓣⓑⓡⓞⓓ) (T______)

3. 어떤 기사에 독자의 주의를 환기하기 위하여 기사의 내용을 압축하여 표현함으로써, 독자가 표제만 보아도 무슨 내용인지를 알 수 있도록 하는 제목을 가리키는 말은? (ⓗⓓⓡⓞ) (H_______)

4. 원래는 미국에서 주부들을 대상으로 낮 시간에 방송된 라디오 연속극이었으나, 요즈음은 일정한 시간대에 정기적으로 방송되는 TV연속극을 말한다. 무엇이라 할까? (ⓢ ⓞⓟⓡ) (S___ O____)

5. 신문사나 방송국에서 기자들에게 취재를 지시하고 원고를 선별하여 제목을 정하는 등, 기사의 취재와 편집을 총괄적으로 담당하는 책임자를 이르는 말은? (ⓓⓢⓚ) (D___)

6. 네트워크의 중심이 되어 방송순서를 편성·제작하여 각 지방 방송국에 송출하는 중앙방송국을 무엇이라 하는가? (ⓚ ⓢⓣⓞⓢ) (K__ S______)

7. 일반적으로 오후 7시에서 11시까지의 시간대를 말하는데, TV 방송시간 중 시청률이 가장 높아 광고비도 가장 비싼 황금시간을 가리키는 말은? (ⓟⓡⓞ ⓣⓞ) (P____ T___)

8. 오전 6시부터 9시까지의 출근시간과 오후 4시부터 7시까지의 퇴근 시간대를 말하는데, 라디오의 청취율이 가장 높은 시간을 부르는 말은? (ⓓⓡⓞⓑ ⓣⓞ) (D____ T___)

9. 잡지(Magazine)의 형식과 책(Book)의 내용을 절충한 새로운 형태의 서적으로, 주로 한

분야의 주제를 중심으로 사진을 이용한 시각적 요소를 강조하는 부정기 간행물을 무엇이라 하는가? (ⓜⓚ) (M___)

10. Radio와 Computer의 합성어로, 라디오 시청자가 PC 통신이나 컴퓨터를 이용하여 생방송에 참여하는 것을 뜻하는 용어는? (ⓡⓟⓣ) (R______)

11. CATV의 발전에 따라 나타난 TV 서비스의 새로운 개념으로, 다수의 시청자를 대상으로 무차별 방송을 하는 공중파 방송과는 달리, 지역·계층적으로 한정된 시청자를 대상으로 하는 TV 방송을 무엇이라 할까? (ⓝⓡⓚⓢⓣ) (N____________)

12. 통신사가 토픽뉴스의 포인트를 계약된 신문사나 방송국에 신속하게 통보하는 것을 뜻하는 이 말은 무엇인가? (ⓟⓡⓢ) (F____)

13. 종전의 홈 드라마와는 달리 도시 상류층의 생활과 첨단 패션, 신세대의 사고방식 등을 주제로 극의 전개를 빠르게 하여 젊은 계층의 취향을 파고드는 영화나 TV 드라마를 뜻하는 말은? (ⓣⓡⓓ ⓓⓡⓜ) (T_____ D____)

14. 여러 방송국의 전파가 중복되어 어느 방송도 들리지 않거나, 송신소가 너무 가까이 있어 다른 방송국의 방송을 들을 수 없는 난청지역을 가리켜 무엇이라 하는가?
(ⓑⓡⓚ ⓞⓞⓡⓞ) (B______ A___)

15. 위성방송의 전파가 서비스 영역을 넘어 주변 국가까지 영향을 미치는 전파 유출 현상은?
(ⓢⓟ ⓞⓑ) (S____ O___)

16. 미국 내의 흑인을 대상으로 하는 신문·잡지 등의 인쇄매체와 TV·라디오 등과 같은 전파매체를 통틀어 일컫는 용어는 무엇일까? (ⓑⓡⓜⓓⓞ) (B_________)

17. 언론의 자유와 신문의 발전 및 언론인의 이익과 친목을 목적으로 1957년 1월 창립된, 우리나라의 가장 오래된 중견 언론인들의 친목단체의 이름은? (ⓖⓗⓚⓡ)

18. 케이블 TV의 개국과 함께 등장한 신종 방송전문직으로, 홈쇼핑 전문 채널에서 각종 상품에 대한 정보를 제공하여 소비자들의 구매를 유도하는 전문 MC를 지칭하는 용어는?
(ⓢⓟ ⓗⓢⓣ) (S_______ H___)

19. 뉴스의 본질인 내용의 정확성·신속성보다는, 시청자에게 보이는 형식이나 스타일을 더 중요시하는 TV뉴스를 비판하여 일컫는 말은? (ⓓⓢⓚ ⓝⓢ) (D____ N___)

20. 의도적으로 경쟁사의 반발을 유도하거나, 사회적인 논란을 유발하여 자사의 제품에 소비자의 이목을 집중시킴으로써 홍보 효과를 극대화하는 광고 전략을 무엇이라 할까?

(ⓢⓚⓓ ⓖⓖ) (S______ A__________)

21. 처음 보아서는 전달하고자 하는 내용을 전혀 알 수 없는 광고를 말하는데, 신세대의 감성적 취향을 만족시키기 위하여 설명보다는 기호나 이미지를 중시한다. 이런 광고를 무엇이라 하는가? (ⓚⓒ ⓖⓖ) (K_____ A__________)

22. 우리나라에서 시행되는 시청률 조사방법으로, 선정된 가구의 TV 수상기에 전자감응장치를 달아 시청 채널과 시간 등을 중앙 컴퓨터로 자동 집계하는 조사방법을 뜻하는 말은?

(ⓟⓟⓜⓣ) (P_____ M____)

23. 직접 화면에 나오지는 않고, 중립적인 위치에서 라디오나 TV, 영화의 프로그램 내용을 낭독하는 사람을 가리키는 말은? (ⓝⓡⓞⓣ) (N_______)

24. 신문이나 잡지의 일정한 자리에 정기적으로 연재되는데, 시사문제와 사회풍속 등에 대한 풍자나 촌평을 하는 난(欄)은 무엇인가? (ⓚⓡ) (C_____)

25. 세계 4대 통신사는?

(ⓜⓖⓞⓗⓣⓢ)(ⓜⓖⓣⓢ)(ⓟⓡⓢⓣⓢ)(ⓡⓞⓣⓣⓢ)

정답

1. 스쿠프(Scoop) **2.** 타블로이드(Tabloid) **3.** 헤드라인(Headline) **4.** 솝오페라(Soap Opera) **5.** 데스크(Desk) **6.** 키스테이션(Key Station) **7.** 프라임타임(Prime Time) **8.** 드라이브타임(Drive Time) **9.** 무크(Mook) **10.** 라퓨터(Raputer) **11.** 내로캐스팅(Narrowcasting) **12.** 플러시(Flush) **13.** 트렌디 드라마(Trendy Drama) **14.** 블랭킷 에어리어(Blanket Area) **15.** 스필 오버(Spill Over) **16.** 블랙미디어(Black-media) **17.** 관훈클럽 **18.** 쇼핑호스트(Shopping Host) **19.** 디스코 뉴스(Disco News) **20.** 스캔들광고(Scandal Advertising) **21.** 키치광고(Kitsch Advertising) **22.** 피플 미터(People Meter) **23.** 나레이터(Narrator) **24.** 칼럼(Column) **25.** 미국연합통신(AP), 미국통신(UPI), 프랑스통신(AFP), 로이터통신(Reuters)

CHAPTER

31

초성으로 찾아가는 재미있는 상식여행

current affairs 시사상식

1. 이탈리아 말로 '2년마다'라는 뜻이다. 1995년 우리나라 광주에서도 개최되었는데, 격년제로 열리는 국제 미술전을 가리켜 무엇이라 하는가? (㉥㉧㉡㉣) (B_______)

2. 팝(Pop)과 오페라(Opera)의 합성어로, 두 음악 세계를 한 사람의 목소리에 결합해 오페라를 팝처럼 부르는 음악 스타일은 무엇인가? (㉬㉬㉣) (P_____)

3. 특정 인물이나 사건, 사물의 특징을 희극적으로 풍자하거나 과장되게 표현한 그림이나 그런 표현방법을 뜻하는 말은? (㉪㉣㉪㉩) (C_________)

4. 연극에서 장면의 전환을 풍부하게 할 목적으로 영상을 이용함으로써, 다양하고 첨단적인 무대를 만들어가는 '영화 같은 연극'을 무엇이라 할까?(㉪㉡ ㉢㉣㉤) (K___ D____)

5. 브로드웨이의 유명한 연출가인 앙투아네트 페리(Antoinette Perry)를 기념하기 위해 1947년 만들어진 상으로, 브로드웨이에서 공연된 연극을 대상으로 수여하는 연극의 아카데미상은? (㉫㉡㉦) (T___ A_____)

6. 대형 영화제작사에 의존하지 않고 작은 독립프로덕션에서 독자적인 방법으로 만든, 개성이 풍부한 독립영화를 이르는 말은? (㉧㉢㉨) (I_____)

7. 1960년대 뉴욕을 중심으로 일어난 구상미술을 일컫는 말로, 추상적 표현보다는 대중적인 시각이미지를 적극 수용하고자 하였다. Popular Art를 줄인 이 미술경향을 무엇이라 부르는가? (㉬㉧㉫) (P__ A__)

8. 광학 미술을 뜻하는 Optical Art의 약칭으로, 기하학적 형태나 색면의 대비와 조화, 선의 운동과 구성 등 시각적 착각을 다룬 추상미술은 무엇일까? (㉧㉧㉫) (O_ A__)

9. 1960년대에 일어난 미술운동으로, 전광에 의한 패턴과 빛의 효과를 적극 살려 새로운 시각적 이미지를 창조해 내려는 미술경향은? (ⓡⓞⓔ ⓞⓔ) (L____ A__)

10. 시각 예술에 소리나 음향을 도입해 종합적인 양상을 나타내는 예술로, 청각에 초점을 맞추어 구성·제작되는 미술은 무엇일까? (ⓢⓞⓓ ⓞⓔ) (S____ A__)

11. 1965년 미술가 백남준이 처음으로 작품을 만들면서 시작되었는데, TV를 표현매체로 하는 현대미술의 한 경향을 무엇이라 할까? (ⓑⓓⓞ ⓞⓔ) (V____ A__)

12. 오페라 공연 중 주인공이 부르는 서정적이고 아름다운 독창곡을 가리키는 말은?
(ⓞⓡⓞ) (A___)

13. 이탈리아 말로 '제1의 여인'이라는 뜻이다. 오페라의 여자 주인공역을 맡은 소프라노 가수를 뜻하는 말은? (ⓟⓡⓜ ⓓⓝ) (P____ D____)

14. 오페라에서 여자 주인공의 상대역을 맡은 남자 배우를 일컫는 말은 무엇일까?
(ⓟⓡⓜ ⓞⓜ) (P____ U___)

15. 저녁에 연인의 집 창가에서 부르거나 연주하는 사랑의 노래를 무엇이라 하는가?
(ⓢⓡⓝⓓ) (S_______)

16. 사회·문화적 문제나 대인관계 문제 등을 주제로 감독이 극의 전체적인 윤곽을 제시하고, 연기자가 즉흥적으로 연기하여 집단 내의 상호관계를 개선하는 집단적 심리치료 방법을 가리키는 말은 무엇인가? (ⓢⓢⓞ ⓓⓡⓜ) (S____ D____)

17. 성서의 내용을 지닌 대규모 종교적 극음악으로, 17~18세기에 가장 성행하였다. 동작이나 무대장치가 따르지 않는 것이 특징인 이 음악은? (ⓞⓡⓔⓡⓞ) (O_______)

18. 호남지방에서 유래한 '육자배기 토리'로 된 즉흥적이고 허튼가락을 지닌 기악곡이다. 무속음악에 뿌리를 둔 민속 기악 합주곡을 무엇이라 부를까? (ⓢⓝⓞ)

19. 판소리에서 창(소리)을 하던 공연자가 한 대목에서 다른 대목으로 넘어가기 전에 설명

또는 대화식으로 장단 없이 말로 하는 연기를 뜻하는 명칭은? (ⓞⓛⓡ)

20. 회화에서 초안·스케치·밑그림 등의 뜻을 가진 미술 기법상의 용어이다. 움직이는 동물이나 사람의 형태를 짧은 시간에 빠르게 포착하여 그리는 것을 무엇이라 할까?

(ⓚⓡⓚ) (C______)

21. 주로 소극장 등에서 장기간 상영되는 경우가 많은데, 젊은이들에게 종교적인 숭배에 가까운 열광적인 지지를 받은 영화를 일컫는 이 말은? (ⓚⓣ ⓜⓑ) (C___ M____)

22. 각각의 독립적인 에피소드를 하나의 줄거리로 묶어, 전체적으로는 일관된 내용이지만 관객들에게는 다양한 경험을 전달하기 위해 만든 영화를 무엇이라 부르는가?

(ⓞⓛⓑⓢ ⓞⓗ) (O______ F___)

23. 영화나 드라마의 촬영 현장에서 전체적인 제작 스케줄을 확인하고 각 장면마다 연출·연기·분장 등에 관한 상세한 작업내용을 기록하는 사람을 가리키는 말은?

(ⓢⓚⓡⓣ) (S_______)

24. 건물이나 담장, 지하철 내·외벽에 스크래치 기법이나 스프레이 페인트를 분무기로 내뿜는 방법으로 낙서처럼 써 놓은 글자나 그림은 무엇인가? (ⓖⓡⓟⓣ) (G_______)

25. 우리나라 국악의 3대 악성(樂聖)이란 12현의 가야금을 만든 신라의 (ⓞⓡ), 거문고를 만든 고구려의 (ⓞⓢⓞ), 우리나라 고대음악의 기초를 확립한 조선의 (ⓑⓞ)을 지칭한다.

정답

1. 비엔날레(Biennale) **2.** 팝페라(Popera) **3.** 캐리커처(Caricature) **4.** 키노드라마(Kino Drama) **5.** 토니상(Tony Awards) **6.** 인디즈(Indies) **7.** 팝아트(Pop Art) **8.** 옵아트(Op Art) **9.** 라이트 아트(Light Art) **10.** 사운드아트(Sound Art) **11.** 비디오아트(Video Art) **12.** 아리아(Aria) **13.** 프리마돈나(Prima Donna) **14.** 프리모워모(Primo Uomo) **15.** 세레나데(Serenade) **16.** 소시오 드라마(Socio Drama) **17.** 오라토리오(Oratorio) **18.** 시나위 **19.** 아니리 **20.** 크로키(Cropuis) **21.** 컬트 무비(Cult Movie) **22.** 옴니버스 영화(Omnibus Film) **23.** 스크립터(Scripter) **24.** 그라피티(Graffiti) **25.** 우륵, 왕산악, 박연

current affairs 시사상식

1. 오스트리아의 정신분석학자 프로이트(S. Freud)가 쓴 용어로, 인간 본성의 가장 중요한 특색으로 욕망이나 생명적 충동 등 인간의 모든 행동 속에 숨어 있는 본능적인 에너지의 원천을 뜻하는 말은? (ㄹㅂㄷ) (L_____)

2. 지나친 자기애(自己愛)를 가리키는 정신분석학적 용어이다. 자기 자신이 리비도(Libido)의 대상이 되어 자신에게 애착하는 현상을 무엇이라 할까?(ㄴㄹㅅㅅㅈ) (N_________)

3. 신라 제51대 진성여왕 때 각간 위홍과 대구화상이 엮은 우리나라 최초의 향가집으로 현존하지 않아 그 기록만 있다. 무엇인가? (ㅅㄷㅁ)

4. 1913년 동양인으로는 처음으로 노벨 문학상을 받은 인도의 시인 타고르의 서정시집이다. '신(神)에게 바치는 송가(頌歌)'라는 뜻으로 157편을 수록하여 출판하였는데, 인도 시문화의 결정체로 불리우는 이 시집의 이름은? (ㄱㅌㅈㄹ)

5. 연극성보다는 문학성에 더 중점을 둔 희곡으로, 공연할 목적이 아니라 독서를 하기 위한 용도로 쓰인 드라마를 무엇이라 하는가? (ㄹㅈ ㄷㄹㅁ) (L___ D____)

6. 단 한 사람의 배우가 혼자서 하는 일인극은? (ㅁㄴ ㄷㄹㅁ) (M___ D____)

7. 형식에 구애받지 않고 개인의 견문이나 체험, 또는 생각이나 감상을 자유롭게 표현한 짧은 논설을 일컫는 말은? (ㅇㅅㅇ) (E____)

8. 두 개의 사물이 여러 면에서 비슷하다는 것을 근거로 다른 속성도 유사할 것이라 추론하는 유추(類推)의 의미가 있는데, 아이디어를 제공해 줄 수 있는 실마리가 되는 이미지를 무엇이라 하는가? (ㅇㄴㄹㅈ) (A______)

9. 독일의 철학자 쇼펜하우어의 우화에서 유래된 이야기로, 지나치게 가까운 인간관계에서

는 상처를 입고, 너무 떨어지면 외로울 것을 두려워하여 타인과 깊은 인간관계를 맺지 않으려는 심리적 현상을 가리키는 말은? (㉠㉦㉢㉬ ㉢㉣㉤)

10. '절대적인 사랑'을 뜻하는 말로, 자기를 희생하고 타인을 이해·헌신하며 현실을 초월한 데서 영원한 가치를 추구하는 것을 뜻하는 단어는? (㉧㉠㉬) (A_ _ _ _)

11. 플라톤 철학의 중심 개념으로 '보이거나 알려져 있는 형상'을 뜻하는 말이다. 모든 존재와 인식의 근거가 되며, 변하지 않는 인식의 최고 단계를 무엇이라 할까?(㉧㉢㉧) (I_ _ _)

12. 질서와 합리성만을 추구하는 근대 자연과학의 사고를 근본적으로 비판하고, 부분적인 진리보다 전체적인 진리를 모색하는 과학사상의 개혁 운동은 무엇인가?

(㉡ ㉦㉧㉧㉦) (N_ _ S_ _ _ _ _ _)

13. 독일의 생물학자 헤켈(E.H.Haeckel)이 사용한 용어로, 동물과 환경과의 상호 관계를 과학적으로 연구하는 생태학문을 말한다. 오늘날 더욱 넓은 의미로 환경보호운동을 가리키는 이 말은 무엇일까? (㉧㉪㉣㉨) (E_ _ _ _ _ _)

14. 1920년대 프랑스, 독일, 스위스 등 유럽과 미국을 중심으로 일어난 예술운동으로, 기존의 체계가 지닌 전통적이고 관습적인 예술에 반발하고 일체의 제약을 거부한 문화운동은?

(㉢㉢㉧㉨) (D_ _ _ _ _ _)

15. 예술 창작에 있어 표현 수단이 고착되어 기법이나 형식이 습관적으로 되풀이됨으로써, 독창성을 상실하고 신선한 느낌이 없는 경향을 무엇이라 할까?(㉤㉡㉣㉨) (M_ _ _ _ _ _ _ _)

16. 유머·풍자·재치 등과 같은 발상을 바탕으로 사회문제나 인간의 삶을 비판한 것으로, 단편소설보다 더 짧은 해학적 소설을 의미하는 말은? (㉪㉫) (C_ _ _ _)

17. '성난 젊은이들'이라는 뜻으로, 제2차 세계대전 이후 영국의 젊은 세대들이 일으킨 문학운동이다. 기성세대의 위선적이고 보수적 성향에 반대하고 전쟁에 대한 폐해와 절망에 대한 젊은이들의 저항을 작품에 반영한 문학운동은?(㉧㉠㉣ ㉧ ㉤) (A_ _ _ _ Y_ _ _ _ M_ _)

18. 영국의 지배를 벗어나 정치적·경제적 독립을 위하여 1906년 인도의 간디(M.Gandhi)가 일으킨 반영자치운동을 무엇이라 할까?(㉦㉧㉣㉨ ㉧㉢) (S_ _ _ _ _ _ C_ _ _ _ _ _ _)

19. 고대 그리스 아테네에서 국가의 위험인물을 시민들의 비밀투표로 선정하여 10년간 국외로 추방하도록 한 제도는 무엇인가? (ⓒⓟⓒⓑⓙ) (O________)

20. 사회 구성원이 공통의 가치나 도덕기준을 상실하여 사회적 규범이 동요되거나 붕괴됨으로써 일어나는 혼돈상태를 일컬어 무엇이라 하는가? (ⓞⓛⓜ) (A_____)

21. 미국에서 한 해 동안 TV에 방송된 전체 프로그램을 대상으로 1949년부터 미국 텔레비전 예술과학 아카데미(ATAS)가 주최하고 시상하는데, TV아카데미상이라고도 한다. 미국 최대의 TV프로그램 콩쿠르상의 이름은? (ⓞⓜ ⓢ) (E___ A____)

22. 황색 신문이라고도 하는데, 저속하고 선정적이거나 선동적인 기사만을 주고 보도하는 저급한 신문을 가리키는 말은? (ⓞⓡ ⓟⓞⓟ) (Y_____ P____)

23. 영국의 식료품 판매회사에서 시작되었는데, 자기 몸의 앞뒤로 광고판을 붙이고 돌아다니면서 특정 상품이나 업소를 알리는 사람, 일명 '걸어 다니는 광고판'을 가리키는 이 말은? (ⓢⓒⓞⓒ ⓜ) (S_______ M__)

24. 기업이 광고의 형식을 취하지 않고 신문이나 잡지의 기사나 TV나 라디오의 소재로 제공함으로써 광고주가 누구인지 모르게 일반인의 관심을 유발하는 광고기법을 무엇이라 할까? (ⓟⓑⓡⓢⓣ) (P________)

25. 신문이나 잡지의 특종기사나 기자의 특별한 노력이 돋보이는 기사에 대하여 기고자나 기자의 이름을 밝히는 일을 무엇이라 하는가? (ⓑⓞⓡⓞ) (B_____)

정답

1. 리비도(Libido) **2.** 나르시시즘(Narcissism) **3.** 삼대목 **4.** 기탄잘리 **5.** 레제드라마(LeseDrama) **6.** 모노드라마(MonoDrama) **7.** 에세이(Essay) **8.** 아날로지(Analogy) **9.** 고슴도치 딜레마 **10.** 아가페(Agape) **11.** 이데아(Idea) **12.** 뉴 사이언스(New Science) **13.** 에콜로지(Ecology) **14.** 다다이즘(Dadaism) **15.** 매너리즘(Mannerism) **16.** 콩트(Conte) **17.** 앵그리 영 맨(Angry Young Man) **18.** 스와라지 운동(Swaraji Campaign) **19.** 도편추방제(Ostracism) **20.** 아노미(Anomie) **21.** 에미상(Emmy Award) **22.** 옐로 페이퍼(Yellow Paper) **23.** 샌드위치 맨(Sandwich Man) **24.** 퍼블리시티(Publicity) **25.** 바이라인(Byline)

CHAPTER 33

초 성 으 로　찾 아 가 는　재 미 있 는　상 식 여 행

current affairs 시사상식

1. 주기율표 제3족에 속하는 악티늄 원소로 원소기호는 Pu이다. 붕괴시 방출되는 에너지 때문에 따뜻하며, 공기 중에서는 노란색으로 변하는 은색의 금속으로, 핵무기의 재료로 사용되는 이 원소는? (㉬㉣㉫㉡) (P________)

2. 바람에 의해 침식되어 운반된 물질로 이루어져 바람이 부는 방향은 경사가 완만하지만 반대편은 급경사를 이루는데, 사막 지방에서 볼 수 있는 초승달 모양의 모래 구릉(砂丘)을 무엇이라 할까? (㉥㉣㉭) (B______)

3. 빙하는 기슭에 가까운 부분보다 중앙부의 흐름이 더 빠르기 때문에 이 유속의 차이로 빙하의 표면이 갈라져서 틈이 생기는데, 빙하의 표면이 쪼개져서 생기는 좁고 깊은 틈을 뜻하는 이 말은? (㉪㉣㉥㉦) (C_______)

4. 지구상에서 인류가 영속적으로 거주할 수 있는 지역을 말하는데, 육지에서 사막·고산지대·동토·빙설지대를 제외한 지구표면의 87% 정도가 이에 해당한다. 이 거주 지역을 무엇이라 하는가? (㉧㉪㉤㉡) (Ö______)

5. 지구상에서 인류가 장기적으로 거주할 수 없거나 적합하지 않는 지역을 가리키는 말은? (㉧㉡㉪㉤㉡) (A________)

6. 급작스런 강풍이나 강한 햇볕으로 공기 일부가 상승하여 비가 내리는데, 열대 지방에서 거의 매일 오후에 갑자기 내리는 소나기를 일컫는 말은 무엇인가? (㉦㉪) (S_____)

7. 남극 지방에서 급격한 기후 변화로 일어나는 현상이다. 심한 추위와 강한 눈보라를 동반한 초속 40~80m의 강풍을 무엇이라 부르는가? (㉥㉣㉨㉢) (B_______)

8. 국지적인 하강기류가 나타나는 지역에서 비행 중인 항공기가 수평 상태로 급격히 고도가 낮아지는 현상, 혹은 침몰한 선박의 선체 내에 공기가 남아 있는 공간을 이르는 말은?

(ⓞⓞ ⓟⓚ) (A__ P_____)

9. 자연계의 물질이 변형되어 원래의 상태로 환원될 수 없게 되는 현상으로, 최근에는 무질서 상태의 정도를 나타내는 척도로 사용되고 있다. 이 용어는? (ⓞⓔⓡⓟ) (E______)

10. 미국 대통령이 외국을 순방하거나 출장 등의 경우 군사보좌관에게 들려 항상 갖고 다니는 핵전용 암호가방을 무엇이라 할까? (ⓑⓡ ⓑ) (B____ B__)

11. 일정 속도 이상의 차량이 충돌하면 충격으로부터 탑승자의 안전을 위하여 부풀어 올라 쿠션이 되는 공기주머니는 무엇인가? (ⓞⓞ ⓑ) (A__ B__)

12. 러시아어로 '동반자'란 뜻을 의미하는데, 1957년 구소련이 발사한 세계 최초의 인공위성의 이름은? (ⓢⓟⓔⓝⓚ 1ⓗ) (S______)

13. 러시아어로 '동방'이란 뜻을 의미하는데, 1961년 세계 최초로 우주 비행에 성공한 유리 가가린을 탑승시켜 발사한 세계 최초의 유인 인공위성은? (ⓑⓢⓔⓚ 1ⓗ) (V_____)

14. 미국과 구소련에 이은 세계 3번째로, 2003년 중국이 발사에 성공한 유인 우주선은 무엇일까? (ⓢⓙⓞ) (S_______)

15. 1959년 구소련이 루나 3호로 달의 뒷면을 촬영한 데 자극받아, 미국이 1961년부터 무인인공위성으로 시작한 일련의 달 표면 탐사계획을 무엇이라 하는가?

(ⓡⓞⓙ ⓖⓗ) (P______ R_____)

16. 미국이 구소련의 유인 우주 비행을 앞지르기 위하여 1958년 발표한 최초의 유인 우주 비행 계획은 무엇인가? (ⓜⓚⓡ ⓖⓗ) (P______ M______)

17. 미국 항공 우주국(NASA)가 목성·토성·천왕성·해왕성 등 태양계의 외곽에 위치한 목성형 행성을 탐사하기 위한 계획으로 1977년 2대의 무인 행성 탐사기가 발사되었다. 이 계획의 이름은? (ⓑⓞⓙ ⓖⓗ) (V______ P______)

18. 미국의 육·해·공군과 해병대의 전 병력에 대한 명령·통제·통신·정보를 입체적이고 복합적으로 총괄하기 위하여 1994년 발사된 첨단 군사통신위성은?(ⓜⓢⓔ) (M______)

19. 핵전쟁의 위험까지는 이르지 않으나, 핵무기가 우발적 또는 허가 없이 발사되어 전쟁의 위험이 있거나 핵폭발, 핵무기의 분실, 도난 등으로 현실적·묵시적인 위험에 처할 수 있는 중대한 핵무기 사고를 가리키는 미국 국방성 용어는?(ㅂㄹㅋ ㅇㄹㅅ) (B_____ A____)

20. 브로큰 애로우보다 더 높은 단계로 핵전쟁의 위험 가능성이 아주 높은 핵무기 사고나, 미국 또는 우방 국가에서 우발적으로 발생한 핵무기 폭발사고를 가리키는 미국 국방성 용어는 무엇일까? (ㄴㅋㅍㄹㅇ) (N_______)

21. 1991년 걸프전 당시 미국이 이라크 지하사령부를 공격할 목적으로 개발한 지하 요새 파괴형 폭탄을 말하는데, 6m 두께의 콘크리트벽을 뚫고 들어갈 수 있는 레이저 유도 폭탄의 이름은 무엇인가? (ㅂㅋ ㅂㅅㅌ) (B_____ B_____)

22. 러시아어로 '평화'를 뜻하는데, 1986년 소련이 발사한 인류 최초의 우주정거장은? (ㅁㄹ) (M__)

23. 북한의 국지적인 도발 가능성에 대비한 국군의 방어 준비 태세로 3단계로 나누어 발령된다. 평상시에는 3등급을 유지하고, 무장공비 침투 상황에는 2등급, 전면전 돌입 직전의 심각한 상황시에 1등급으로 올라가는데 이 경보를 무엇이라 하는가? (ㅈㄷㄱㅂㄹ)

24. 북한의 군사활동을 추적하는 대북 정보감시태세를 이르는 말이다. 평시부터 전쟁발발 직전까지 5단계로 나누어 발령하는 이것은? (ㅇㅊㅋ) (W____ C________)

25. 정규전에 대비하여 발령하는 전투준비태세 또는 방어준비태세를 이르는 말이다. 모두 5단계로 나누어지는데, 낮을수록 전쟁발발 가능성이 높음을 의미한다. 무엇일까? (ㄷㅍㅋ) (D_____)

정답

1. 플루토늄(Plutonium) **2.** 바르한(Barchan) **3.** 크레바스(Crevasse) **4.** 외쿠메네(ökumene) **5.** 아뇌쿠메네(Anökumene) **6.** 스콜(Squall) **7.** 블리자드(Blizzard) **8.** 에어 포켓(Air Pocket) **9.** 엔트로피(Entropy) **10.** 블랙백(Black Bag) **11.** 에어백(AirBag) **12.** 스푸트니크1호(Sputnik) **13.** 보스토크 1호(Vostok) **14.** 선저우(Shenzhou) **15.** 레인저 계획(Project Ranger) **16.** 머큐리 계획(Project Mercury) **17.** 보이저 계획(Voyager Project) **18.** 밀스타(Milstar) **19.** 브로큰 애로우(Broken Arrow) **20.** 누크플래시(Nucflash) **21.** 벙커 버스터(Bunker Buster) **22.** 미르(Mir) **23.** 진돗개 발령 **24.** 워치콘(Watch Condition) **25.** 데프콘(Defcon)

CHAPTER 34

초성으로 찾아가는 재미있는 상식여행

current affairs 시사상식

1. 조선 시대에는 각 지방의 특산물을 공물(貢物)로 바치게 하였는데, 농민의 공납에 대한 부담과 폐해를 막기 위해 쌀로 통일하여 바치게 한 납세 제도를 무엇이라 할까? (ㄷㄷㅂ)

2. 왕족을 대상으로는 성골과 진골, 귀족과 일반 백성은 6두품으로 나눈 신라 시대의 신분 제도의 이름은? (ㄱㅍㅈㄷ)

3. 1907년 안창호, 이승훈, 양기탁 등이 국내에서 조직한 항일비밀결사조직으로, 민중계몽, 국권회복, 실력양성 등을 목적으로 일본으로부터 국권을 회복하고 자유 독립국을 건설하고자 하였다. 이 조직은 무엇인가? (ㅅㅁㅎ)

4. 고조선 사회가 시행했던 8조목의 법률로서 이를 통해 범죄를 다스렸다고 한다. 지금은 그 중 3개만 남아있는데, 이 여덟 가지의 금법(禁法)을 무엇이라 하는가? (ㅍㅈㄱㅂ)

5. 신라(경순왕), 후고구려(궁예), 후백제(견훤)의 후삼국 시대를 통일하여 고려를 세운 왕건이 국가의 통치에 반드시 지켜야 할 정책 방향으로 삼아 자손들에게 귀감으로 남긴 10가지 유훈을 이르는 말은? (ㅎㅇㅅㅈ)

6. 조선 시대 정계에서 선비들이 반대파에게 화를 입힌 사건을 사화(士禍)라고 하는데, 조선 전기의 중요한 정치적 사건이었던 4대 사화와 발생한 해는 각각 언제인가?
(ㅁㅇ 사화 : 년) (ㄱㅈ 사화 : 년) (ㄱㅁ 사화 : 년) (ㅇㅅ 사화 : 년)

7. 1966년 경주 불국사 석가탑의 해체복원공사 중 발견된 세계 최고(最古)의 목판 인쇄본이다. 751년 이전의 것으로 판명되었는데, 국보 제126호로 지정된 이 불경인쇄본은? (ㅁㄱㅈㄱ ㄷㄷㄹㄴㄱ)

8. 공민왕 12년(1363년)에 경상북도 안동시 서후면 천등산 기슭에 세운 고려 시대의 불전으로, 우리나라에 현존하는 가장 오래된 목조건물이다. 국보 제15호로 지정된 정면 3칸, 측

면 4칸의 맞배지붕 건물의 이름은? (ⓑⓢⓢ ⓖⓡⓙ)

9. 신라와 고려 시대의 대표적인 서예가 김생(신라 원성왕), 유신(고려 문종), 탄연(고려 인종), 최우(고려 고종) 등 네 사람을 일컬어 무엇이라 하는가? (ⓢⓟⓢⓗ)

10. 조선 태조 3년(1394년)에 정도전이 왕에게 지어 올린 법전으로, 조선왕조 개국의 기본 강령과 조선왕조 규범의 체계를 밝힌 책은 무엇인가? (ⓙⓢⓖⓖⓙ)

11. 조선 세조 때 최항, 노사신, 강희맹 등이 집필을 시작하여 성종 7년(1485년)에 완성하고 성종 16년(1485년)에 편찬하였는데, 육전의 체계를 갖춘 조선 시대 최고의 법전은?
(ⓖⓖⓓⓙ)

12. 조선 시대에 신분이나 지위, 거주지 등과 같은 기본적인 인적 사항을 증명하기 위하여 16세 이상의 남자가 지니고 다녀야 했던 신분증명을 무엇이라 할까? (ⓗⓟ)

13. 1456년 세조를 몰아내고 단종을 복위시키려던 계획이 발각되어 목숨을 잃은 6명의 신하를 '사육신(死六臣)'이라 하는데, 누구누구인가?
(ⓢⓢⓜ)(ⓑⓟⓝ)(ⓗⓞⓙ)(ⓞⓢⓞ)(ⓞⓞⓑ)(ⓞⓖ)

14. '사육신(死六臣)'과는 달리, 세조가 단종으로부터 왕권을 탈취하자 벼슬을 버리고 단종을 위하여 절개를 지킨 6명의 신하를 '생육신(生六臣)'이라 하는데, 누구누구인가?
(ⓖⓢⓢ)(ⓞⓗ)(ⓞⓜⓙ)(ⓙⓡ)(ⓢⓓⓢ)(ⓝⓗⓞ)

15. 조선 후기 영·정조 시대에 사색당파 간의 경쟁을 억제하고 정치세력의 균형을 꾀하기 위하여 각 당파의 인재를 고루 등용한 정책의 이름은 무엇인가? (ⓣⓟⓒ)

16. 고종 13년(1876년)에 체결된 한·일 수호조약(강화도조약)으로 대원군이 중심이 된 쇄국정책이 무너지고 고종의 개화정책이 날카롭게 대립하던 중, 고종 19년(1882년) 일본식 군제(軍制) 도입과 민씨정권에 대한 반항으로 일어난 구식군대의 정변(政變)은? (ⓞⓞⓖⓡ)

17. 고종 21년(1884년) 김옥균·박영효 등이 중심이 되어 청나라에 대한 사대 관계를 청산하고 개화사상을 바탕으로 조선의 자주독립과 근대화를 이루고자, 일본의 힘을 빌려 우정국 낙성식에서 일으킨 외세 의존적 근대화운동을 무엇이라 하는가? (ⓖⓢⓙⓑ)

18. 고종 33년(1896년) 서구의 개혁사상을 깨우친 서재필·안창호·이승만·윤치호 등이 자유민권과 자주독립 정신을 고취하고자 설립한 우리나라 최초의 근대적 정치단체는 무엇일까?
(ⓓⓡⓗⓗ)

19. 독립협회의 급진적인 개혁활동에 대항하기 위하여 1898년 조직된 친일 어용단체는?
(ⓗⓖⓗⓗ)

20. 을미사변으로 명성황후가 시해된 후 이완용·이범진 등 친러시아 세력이 고종을 러시아공사관으로 옮긴 사건은 무엇인가? (ⓞⓖⓟⓒ)

21. 1905년 일본이 대한제국을 강압하여 체결한 조약으로, 우리나라의 외교권을 박탈하고 통감부를 설치함으로써 사실상 일본의 식민지가 되었는데, 이 조약은? (ⓞⓢⓝⓞ)

22. 1922년 일제의 경제적 수탈정책에 항거하기 위하여 고당 조만식을 중심으로 국산품 애용·민족자본의 육성을 위해 근검절약·금연·금주운동 등을 추진한 민족운동을 무엇이라 할까? (ⓜⓢⓙⓡⓞⓓ)

23. 1960년 3월 15일 실시된 제4대 대통령 선거에서 자유당정권의 선거부정에 대항하여 마산(현 창원시)에서 일어난 대규모 민중 항거 사건을 무엇이라 하는가? (ⓢⓞⓞⓞⓖ)

24. 1960년 4월 19일 자유당정권의 정·부통령 개표 조작에 반발하여 부정선거 규탄과 독재정권 타도를 주장하며 학생과 시민이 일으킨 혁명으로 자유당 정권을 붕괴시킨 사건은?
(ⓢⓞⓖⓗⓜ)

25. 1979년 10·26사태 이후 12·12쿠데타로 전두환을 중심으로 한 신군부가 정권을 장악하자, 1980년 5월 18일 계엄령 해제와 민주화를 요구하다 수많은 학생과 시민이 목숨을 잃은 대규모 민주항쟁 운동은 무엇인가? (ⓞⓞⓟ ⓜⓙⓗⓞⓓ)

정답

1. 대동법 **2.** 골품제도 **3.** 신민회 **4.** 8조금법 **5.** 훈요10조 **6.** 무오사화(1498년), 갑자사화(1504년), 기묘사화(1519년), 을사사화(1545년) **7.** 무구정광 대다라니경 **8.** 봉정사 극락전 **9.** 신품 4현 **10.** 조선경국전 **11.** 경국대전 **12.** 호패 **13.** 성삼문, 박팽년, 하위지, 유성원, 유응부, 이개 **14.** 김시습, 원호, 이맹전, 조려, 성담수, 남효온 **15.** 탕평책 **16.** 임오군란 **17.** 갑신정변 **18.** 독립협회 **19.** 황국협회 **20.** 아관파천 **21.** 을사늑약 **22.** 물산장려운동 **23.** 3·15 의거 **24.** 4·19 혁명 **25.** 5·18 민주화운동

CHAPTER 35

초 성 으 로 찾 아 가 는 재 미 있 는 상 식 여 행

current affairs 시사상식

1. 선박이 충분한 부력을 갖고 안전하게 항행하기 위해 물에 잠겨야 할 적정 수위를 선박 측면에 표시한 선을 무엇이라 할까? (㉤㉨㉭㉦㉦) (F___ R___ D____ L___)

2. 금융기관이 자금을 대출해 주면서 대출금 일부를 예금하도록 강제하는 불공정한 대출 관행을 일컫는 말은? (㉧㉠㉧㉠)

3. 은행이 세계의 여러 은행들과 외국환 업무 전반에 대하여 체결한 환거래 계약을 코레스 계약이라고 하는데, 이런 계약이 체결된 은행을 무엇이라 하는가?
(㉪㉣㉦ ㉧㉭) (C____________ B___)

4. 우리나라가 전 국민의 녹색생활과 녹색소비를 지원하고 탄소포인트제를 시행을 통해 친환경생활 문화를 정착시키기 위해, 환경부와 서울특별시에서 금융기관과 제휴해 개발하여 2011년 7월부터 도입한 신용카드 혹은 체크카드의 이름은?(㉠㉣㉪㉢) (G________)

5. 재무상태표(B/S), 손익계산서(I/S), 이익잉여금 처분계산서, 현금흐름표, 자본변동표 등 우리나라 기업회계기준에 의해 특정 회계실체의 재무상태와 경영성과를 나타내기 위한 일련의 회계보고서를 부르는 말은 무엇인가? (㉨㉤㉨㉫) (F_______ S________)

6. 컴퓨터의 중앙 처리 장치(CPU)와 주변 장치 사이에서 데이터를 주고받을 때 발생하는 데이터 처리 속도의 차이를 극복하기 위한 하드 디스크의 임시저장 방식은?(㉦㉫) (S____)

7. 2000년 7월 3일 일본 오키나와 남쪽에서 발생한 2000년 3호 태풍의 이름으로, 북한이 제출한 최초의 우리말 태풍 이름은 무엇일까? (㉠㉣㉠)

8. 우리나라가 최초로 제출한 2000년 11호 태풍의 이름은? (㉠㉤)

9. 풍어기(豊漁期)에는 어장에서 어선과 상선 사이에 어획물을 매매가 이루어지는데, 이처

럼 바다 위에서 열리는 생선 시장을 가리키는 말은? (ㅍㅅ)

10. 노래나 광고문구, 패션, 사상, 기업 이미지 등을 은연중에 유포하는 상업광고나 대중을 선동하는 정치인의 행태처럼, 한 사람 또는 일부 집단의 주장이나 생각이, 다른 사람의 사고방식과 행동에 영향을 미치게 되는 현상은? (ㅁㅇㄷ ㅂㅇㄹㅅ) (M___ V____)

11. 기계문명에 대한 맹신을 경고하는 의미가 있는데, 자신이 잘 알고 있는 분야의 업무수행 능력은 뛰어나지만 조금만 벗어나면 그 문제 해결 능력이 붕괴되는 현상을 무엇이라 할까? (ㄴㄸㄹㅈㅎㄱ)

12. 기존의 실업계 고등학교를 발전시킨 학교로서, 유망 산업 분야의 특화된 산업수요와 연계하여 예비 마이스터(Young Meister)를 양성하고자 하는 기술 중심의 고등학교를 일컫는 말은? (ㅁㅇㅅㅌㄱ)

13. 둘 이상의 이질적·갈등적 사회문화 체계들 속에서 다양한 가치를 내면화시킴으로써 어느 하나의 가치에 만족하지 못하는 사람, 혹은 행동양식이 분명하지 않아 어느 쪽에도 귀속하지 못하는 사람을 무엇이라 부르는가? (ㅈㅂㅇ) (M_______ M__)

14. 북한이 2012년 12월 12일 광명성 3호를 탑재하여 발사한 장거리 로켓으로, 1·2·3단 로켓 분리 및 인공위성 진입에 성공하였다. 북한 최초의 실용위성 우주발사체의 이름은? (ㅇㅎ ㅅㅎ)

15. 최근 청소년범죄와 이혼이 급증함에 따라 전통적인 가족체계가 상실되어 가고 있는데, 가족의 결속력으로 이를 극복함으로써 가정의 소중함을 되찾고자 하는 현상을 가리켜 무엇이라 하는가? (ㅋㅋㄴ ㅎㅅ) (C________ S_______)

16. 이자율이 수익률보다 높아 부채로 원금과 이자를 상환하는 현상, 또는 신규 투자자의 돈으로 기존 투자자의 이자나 배당금을 지급하는 다단계 금융사기를 일컫는 말은? (ㅍㅈ ㄱㅇ) (P____ G___)

17. 정부는 수출 1억 달러를 처음 돌파한 1964년 11월 30일을 기념하며 정한 '수출의 날'을 1990년에 '무역의 날'로 그 명칭을 바꾸었으며, 매년 11월 30일이던 '무역의 날'을 2012년 무역 1조 달러를 기록한 이 날짜로 변경하였다. 몇월 며칠일까? (__ 월 _ 일)

18. 남국의 무한한 자원개발에 참여하기 위하여 2014년에 완공 예정인 우리나라 두 번째 남극기지는? (ㅈㅂㄱㄱㅎㄱㅈ)

19. 1991년 브라질·아르헨티나·우루과이·파라과이 4개국이 결성한 남미공동시장에 최근 베네수엘라가 가입하여 5개국이 되었다. 모든 관세를 철폐하고 자유무역지대를 출범시키고자 하는 이 시장을 가리키는 용어는 무엇인가? (ㅁㄹㅋㅅㄹ) (M_______)

20. 이웃과 사회에 피해가 되는 일이라도, 직접 손해가 되지 않는 일에는 무관심한 현상으로, 철저한 개인주의에 바탕을 둔 이 같은 사고를 일컫는 말은? (ㄴㅂㅈ) (N______)

21. TV나 라디오의 각 프로그램 사이에 방송국의 자사 광고나, 프로그램 안내 또는 짧은 광고를 하는 시간을 무엇이라 할까? (ㅅㅌㅇㅅ ㅂㄹㅇㅋ) (S______ B____)

22. 대도시의 중심지역이 주택환경의 악화로 야간 인구가 급격히 감소하고 이웃관계마저 붕괴되어 공동화(空洞化)됨으로써 존립이 불투명해진 도시를 가리키는 말은 무엇인가? (ㅇㄴ ㅅㅌ) (I____ C___)

23. 눈에 잘 띄는 곳이나 많은 사람이 통행하는 곳에서 단식투쟁을 함으로 단체교섭을 유리하게 이끌고자 하는 노동쟁의 방법은? (ㅎㄱ ㅅㅌㄹㅇㅋ) (H_____ S_____)

24. 승리할 것을 예상하고 나선 전쟁이나 경기에서 참패하거나, 이익을 기대한 주식시장에서 손해를 보았을 때 쓰는 말로, 예상 밖의 충격적인 결과를 지칭하는 말은? (ㅋㄴㅅㅌ ㅎㄱ) (C_________ E_____)

25. 프랑스어로 관용을 뜻하는데, 사회적 차원에서 자기와 다른 종교·종파·신앙을 가진 사람의 입장을 배제하지 않고 그들의 권리를 너그럽게 용인하는 일을 무엇이라 하는가? (ㄸㄹㄹㅅ) (T________)

정답

1. 만재흘수선(Full Road Draft Line) **2.** 양건예금(일명 '꺾기') **3.** 코레스 은행(Correspondent Bank) **4.** 그린카드(Greencard) **5.** 재무제표(Financial Statement) **6.** 스풀(SPOOL) **7.** 기러기 **8.** 개미 **9.** 파시(波市) **10.** 마인드 바이러스(Mind Virus) **11.** 낭떠러지효과 **12.** 마이스터고 **13.** 주변인(Marginal Man) **14.** 은하3호 **15.** 코쿠닝 현상(Cocooning Syndrome) **16.** 폰지 게임(Ponzi Game) **17.** 12월 5일 **18.** 장보고과학기지 **19.** 메르코수르(MERCOSUR) **20.** 노비즘(Nobyism) **21.** 스테이션 브레이크(Station Break) **22.** 이너 시티(Inner City) **23.** 헝거 스트라이크(Hunger Strike) **24.** 커누스티 효과(Carnoustie Effect) **25.** 똘레랑스(Tolérance)

CHAPTER 36

초 성 으 로 찾 아 가 는 재 미 있 는 상 식 여 행

current affairs 시사상식

1. 정규시즌이나 정규리그를 마친 뒤 승률이 같은 팀이 겨루는 순위 결정전, 또는 최종 우승팀을 가리기 위해 별도로 치르는 경기 방식은? (ⓟⓡⓞ ⓞⓟ) (P___ O__)

2. 농구경기에서 쿼터나 경기의 종료를 알리는 신호음(버저)이 울림과 동시에 슛을 쏘아 성공시켜 득점하는 것을 뜻하는 이 말은? (ⓑⓙ ⓑⓣ) (B_____ B_____)

3. 경기에 출전하는 선수들의 명단, 또는 어떤 아이템의 회합에 참가하는 입구나 참가 방법을 무엇이라 하는가? (ⓞⓣⓡ) (E____)

4. 스포츠 경기에서 출전 자격을 얻지 못했지만, 특별히 출전이 허용된 선수 또는 팀을 뜻하는 스포츠 용어는 무엇인가? (ⓞⓞⓓ ⓚⓓ) (W___ C___)

5. 스포츠 경기에서 2위 팀이 남은 모든 경기에 승리하더라도 1위 팀이 우승을 확정 지을 수 있는 남은 승리 횟수를 가리키는 말은? (ⓜⓙ ⓝⓑ) (M____ N_____)

6. 1998년 나가노 동계올림픽부터 정식종목으로 채택되었는데, 4명으로 한 팀을 구성하여 둥글고 납작한 스톤(19.96Kg이하)을 표적 안으로 넣어 득점을 겨루는 경기의 이름은? (ⓚⓡ) (C______)

7. 대학스포츠의 발전과 스포츠를 통한 전 세계 학생들의 활발한 교류를 목적으로 국제대학스포츠연맹(FISU)에서 주최하는 경기이다. 2년마다 홀수 연도에 여름과 겨울로 나누어 열리는 세계 학생스포츠 경기대회를 무엇이라 할까? (ⓞⓝⓑⓢⓞⓓ) (U__________)

8. 프로 스포츠 경기의 품위와 질서유지를 위하여 지령(指令)·재정(裁定)·결정(決定)·제재(制裁)에 관한 모든 권한을 위임받은 최고 의사결정자를 가리키는 말은? (ⓚⓜⓢⓝ) (C___________)

9. 우리나라 전통 무예의 하나로, 1983년 중요무형문화재 제76호로 지정되었다. 주로 발을 사용하여 상대를 공격하고 넘어뜨려 승부를 겨루는 맨손 무예는? (ⓔⓖ)

10. 정규 시즌이 끝난 시즌 오프(Season Off) 기간에 각 팀이 전력 강화를 위하여 선수를 영입하거나 트레이드하는 활동 및 연봉협상을 하는 일련의 활동을 지칭하는 용어는 무엇인가?
(㉦㉫㉥ ㉣㉠) (S____ L_____)

11. 반구형 코르크와 16개의 깃털로 만드는데, 배드민턴에서 사용하는 원뿔 모양의 깃털 달린 볼은 무엇인가? (㉦㉫㉪) (S__________)

12. 1930년 우루과이의 후앙 카를로스 세리아니가 창안하였는데, 가로 20m, 세로 40m의 작은 경기장에서 가로 3m, 세로 2m의 골문에 공을 차 넣는 5인조 미니축구의 이름은?
(㉬㉦) (F_____)

13. 같은 팀끼리 하루에 두 번 계속해서 경기를 치르는 것을 무엇이라 하는가?
(㉢㉥ ㉭㉢) (D_____ H_____)

14. 야구경기에서 사용하는 용어로, 노아웃이나 원아웃에 주자가 1, 2루 또는 1, 2, 3루에 있는 상황에서 타자가 친 볼이 내야 뜬공일 경우 심판이 타자의 아웃을 선언하는 것은?
(㉧㉬㉢ ㉬㉣㉧) (I______ F__)

15. 골프나 테니스에서 한 해에 4대 메이저대회를 모두 석권하는 일, 혹은 야구에서 1, 2, 3루에 주자를 두고 치는 홈런을 무엇이라 할까? (㉠㉣㉢ ㉦㉣) (G____ S___)

16. 미국의 슈퍼볼(Super Bowl)을 본떠서 만든 국내 미식축구의 최강자전을 말한다. 1995년부터 매년 1월 대학리그 챔피언전인 타이거 볼의 승자와 사회인 팀의 챔피언전인 서울 슈퍼볼의 승자가 겨루는 최종 결승전을 가리키는 말은? (㉠㉨ ㉥) (K_____ B___)

17. 야구에서 투수가 타자를 위협하기 위하여 고의적으로 타자의 머리를 향하여 공을 던지는 것을 무엇이라 하는가? (㉥㉥) (B___ B___)

18. 야구경기에서 구원투수가 경기에 나가기 전에 준비운동을 할 수 있도록 마련된 투수 연습장을 뜻하는 말은? (㉥㉬) (B___ P__)

19. 1983년 멕시코 세계 청소년 축구선수권 대회에서 4강의 신화를 이룬 우리나라 청소년 대표팀을 현지의 언론이 지칭하여 유래한 말이다. 1995년 12월에 자발적으로 결성된 우리나라 축구 국가대표팀의 서포터즈 클럽 이름은 무엇일까? (ㅂㅇ ㅇㅁ) (R_ _ D_ _ _ _)

20. 야구와 비슷한 경기로 영국에서 처음 시작되었다. 11명이 한 팀을 이루어 교대로 공격과 수비를 하는데, 방망이로 공을 치고 두 위킷(Wicket) 사이를 달려가서 득점하는 영국의 국기(國技)는? (ㅋㄹㅋ) (C_ _ _ _ _ _)

21. 프로 스포츠 선수가 일정 기간 자신이 속한 팀에서 활동하고 나면 소속 팀은 그 선수에 대한 보유권을 상실하게 되는데, 이에 따라 그 선수는 다른 어느 팀과도 자유롭게 계약할 수 있는 권리를 가질 수 있다. 이런 선수를 부르는 말은? (ㅈㅇㄱㅇㅅㅅ) (F_ _ _ A_ _ _ _)

22. 농구선수가 한 경기에서 득점, 리바운드, 어시스트, 스틸, 블록슛 등 5개 부문 가운데 3개 부문에서 두 자리 수 이상의 숫자를 기록하는 것을 무엇이라 할까?
(ㅌㄹㅍ ㄷㅂ) (T_ _ _ _ _ D_ _ _ _ _)

23. 야구경기에서 강하고 불규칙한 타구가 많이 날아가는 장소인 3루를 가리키는 이 용어는 무엇인가? (ㅎ ㅋㄴ) (H_ _ C_ _ _ _)

24. 축구에서는 중앙 수비수이면서 포지션에 구애받지 않고 자유로이 뛰는 선수를, 배구에서는 공격은 하지 않고 수비만 전문으로 하는 선수를 일컫는 말은?(ㄹㅂㄹ) (L_ _ _ _ _)

25. 사방이 벽으로 둘러싸인 실내 코트에서 라켓으로 벽에 볼을 치고 이를 상대가 되받아 치는 경기를 무엇이라 하는가? (ㅅㅋㅅ) (S_ _ _ _ _)

정답

1. 플레이오프(Play Off) **2.** 버저비터(Buzzer Beater) **3.** 엔트리(Entry) **4.** 와일드카드(WildCard) **5.** 매직넘버(Magic Number) **6.** 컬링(Curling) **7.** 유니버시아드(Universiade) **8.** 커미셔너(Commissioner) **9.** 택견 **10.** 스토브리그(Stove League) **11.** 셔틀콕(Shuttlecock) **12.** 풋살(Futsal) **13.** 더블헤더(Double Header) **14.** 인필드 플라이(Infield Fly) **15.** 그랜드슬램(GrandSlam) **16.** 김치볼(KimchiBowl) **17.** 빈볼(BeanBall) **18.** 불펜(Bull Pen) **19.** 붉은 악마(Red Devil) **20.** 크리켓(Cricket) **21.** 자유계약선수(Free Agent: FA) **22.** 트리플 더블(Triple Double) **23.** 핫 코너(Hot Coner) **24.** 리베로(Libero) **25.** 스쿼시(Squash)

CHAPTER 37

초 성 으 로   찾 아 가 는   재 미 있 는   상 식 여 행

current affairs 시사상식

1. 우리나라의 세계문화유산에는 어떤 것들이 있을까?

(1) (㉦㉠㉧), (㉥㉠㉦)　(2) (㉭㉧㉦㉨㉠㉬㉨)　(3) (㉨㉤)　(4) (㉩㉢㉠)
(5) (㉦㉧㉭㉦)　(6) (㉠㉨㉧㉦ ㉧㉨㉨㉠)　(7) (㉠㉧㉢ ㉧㉨)　(8) (㉨㉦㉧㉣)
(9) (㉭㉭㉤㉧), (㉧㉢㉤㉧)

2. 강원도를 중심으로 한 동해안 일대에 있는 8개의 명승지를 일컫는 '관동 8경'은 어디일까?

(1) 통천의 (㉩㉦㉨)　(2) 고성의 (㉦㉧㉬)　(3) 간성의 (㉩㉠㉨)　(4) 양양의 (㉡㉦㉦)
(5) 강릉의 (㉠㉬㉢)　(6) 삼척의 (㉨㉦㉣)　(7) 울진의 (㉤㉧㉨)　(8) 평해의 (㉧㉦㉨)

3. 고대 7대 불가사의는?

(1) 이집트 기자의 (㉬㉣㉤㉢)
(2) 할리카르나소스의 (㉤㉧㉦㉣㉧)
(3) 에페소스의 (㉧㉣㉫㉤㉣ ㉦㉨)
(4) 바빌론의 (㉠㉨㉨㉧)
(5) 올림피아의 (㉨㉧㉦㉦)
(6) 로도스 섬의 (㉪㉣㉧㉦㉦ ㉠㉦)
(7) 알렉산드리아의 (㉬㉣㉦㉧ ㉢㉢)

4. 나이에 따라 사용하는 용어가 각각 다른데 무엇일까?
(1) 15세: (㉨㉭)　(2) 20세 남자: (㉧㉠), 여자: (㉥㉡)　(3) 30세: (㉧㉣)　(4) 40세: (㉥㉭)

(5) 50세: (㈆㈇㈄) (6) 60세: (㈅㈃) (7) 70세: (㈀㈍ 또는 ㈆㈃) (8) 77세: (㈍㈃) (9) 80세: (㈃㈃) (10) 88세: (㈄㈃) (11) 90세: (㈆㈃) (12) 91세: (㈄㈂) (13) 99세: (㈂㈃) (14) 100세: (㈃㈃)

5. 문인들의 서재에 있는 네 가지 벗이라는 뜻의 '문방사우'는 무엇을 일컫는 것일까?

(㈂) (㈄) (㈂㈃) (㈆㈅)

6. 자본주의의 3대 원칙은 무엇일까? (㈃㈅㈆㈃㈆㈂) (㈆㈅㈀㈆㈆㈅) (㈅㈃㈆㈅)

7. 주식회사의 3대 기관은 무엇일까? (㈆㈆㈇㈍) (㈀㈃) (㈅㈃㈍)

8. 세계 3대 발명품은 무엇일까? (㈆㈅) (㈁㈇㈂) (㈍㈅)

※ 4대 발명품에는 인쇄술이 포함된다.

9. 다음과 같은 현상을 뜻하는 뉴턴의 3가지 법칙은 무엇일까?

(1) 멈추어 있던 버스가 갑자기 출발하면 몸이 뒤로 쏠린다. (㈀㈃)의 법칙

(2) 내리막에서 공을 굴리면 공이 점점 더 빨라진다. (㈀㈃㈂)의 법칙

(3) 탁구공이나 탱탱볼을 바닥에 던지면 다시 위로 튀어 오른다. (㈆㈅㈀ ㈂㈆㈅)의 법칙

정답

1. (1)석굴암, 불국사(1995년) (2)해인사 장경판전(1995년) (3)종묘(1995년) (4)창덕궁(1997년) (5)수원화성(1997년) (6)경주 역사 유적지구(2000년) (7)고인돌 유적(2000년) (8)조선왕릉(2009년) (9)안동 하회마을, 경주 양동마을(2010년) **2.** (1)총석정 (2)삼일포 (3)청간정 (4)낙산사 (5)경포대 (6)죽서루 (7)망양정 (8)월송정 **3.** (1)피라미드 (2)마우솔레움 (3)아르테미르 신전 (4)공중정원 (5)제우스상 (6)크로이소스 거상 (7)파로스의 등대 **4.** (1)지학(志學) (2)약관(弱冠) 방년(芳年) (3)이립(而立) (4)불혹(不惑) (5)지천명(知天命) (6)이순(耳順) (7)고희(古稀) 또는 종심(從心) (8)희수(喜壽) (9)산수(傘壽) (10)미수(米壽) (11)졸수(卒壽) (12)망백(望百) (13)백수(白壽) (14)상수(上壽) **5.** 붓, 먹, 벼루, 종이 **6.** 사유재산제도, 자유경쟁주의, 영리주의 **7.** 주주총회, 감사, 이사회 **8.** 종이, 나침반, 화약 **9.** (1)관성의 법칙 (2)가속도의 법칙 (3)작용과 반작용의 법칙

current affairs 시사상식

1. 바람에 관한 우리말을 알아보자.

(1) 초가을에 선들선들 부는 바람. (㉠ ㉢ ㉥ ㉣)

(2) 밉고 독하게 부는 찬바람. (㉠ ㉨ ㉥ ㉣)

(3) 동풍을 뱃사람이 부르는 말. (㉦ ㉥ ㉣)

(4) 북풍을 뱃사람이 부르는 말로 매섭게 부는 바람. (㉢ ㉥ ㉣)

(5) 북동풍을 뱃사람이 부르는 말. (㉡ ㉦ ㉥ ㉣)

(6) 뒤쪽에서 불어오는 바람. (ㄲ ㉤ ㉡ ㉥ ㉣)

(7) 양쪽에서 마주 부는 바람. (㉤ ㉥ ㉣)

(8) 서쪽에서 불어오는 바람. (㉭ ㉡ ㉥ ㉣)

(9) 골짜기에서부터 산꼭대기로 부는 바람. (㉠ ㉥ ㉣)

(10) 봄철 꽃이 필 무렵에 부는 찬바람. (ㄲ ㉦ ㉥ ㉣)

(11) 얼굴에 바람이 느껴지고 나뭇잎이 흔들리며, 바다에 잔물결이 이는 정도의 바람. (㉡ ㉦ ㉥ ㉣)

(12) 나무뿌리가 뽑히고, 건물에 상당한 피해를 주며 풍랑이 쳐 물결이 무섭게 이는 바람. (㉡ ㉢ ㉥ ㉣)

(13) 저녁 늦게 부는 바람. (㉡ ㉥ ㉣)

(14) 초가을에 작은 가지가 움직일 정도로 서늘하게 부는 바람. (㉢ ㉡ ㉥ ㉣)

(15) 남풍 또는 앞에서 불어오는 바람. (㉤ ㉬ ㉣)

(16) 가을철에 외롭고 쓸쓸한 느낌을 주며 부는 으스스한 바람. (㉦ ㉦ ㉥ ㉣)

(17) 서리가 내린 아침에 부는 쌀쌀한 바람. (㉦ ㉣ ㉥ ㉣)

(18) 봄철에 좁은 틈으로 새어드는 찬바람. (㉦ ㉥ ㉣)

(19) 나뭇잎이나 깃털이 쉴새 없이 흔들릴 정도로 시원하고 가볍게 부는 바람. (㉦ ㉢ ㉥ ㉣)

(20) 날쌘 동작이나 무엇이 빠르게 날아가는 결에 일어나는 바람. (㉡ ㉬ ㉣)

2. 물건을 세는 단위에 쓰는 우리말을 알아보자.

(1) 조기나 청어 등 물고기를 열 마리씩 두 줄로 묶은 것을 (㉢ ㉣)이라고 하며, “한 (㉢ ㉣)”은 (   ) 마리이다.

(2) 김을 묶어서 세는 단위를 (㉦)이라고 하며, “한 (㉦)”은(   ) 장이다.

(3) 북어를 묶어서 세는 단위를 (㉮)라고 하며, “한 (㉮)”는(   ) 마리이다.

(4) 명주나 비단과 같은 옷감의 묶음을 세는 단위를 (㉰)이라고 하며, “한 (㉰)”은 (   ) 자이다.

(5) 과일이나 채소를 묶어서 세는 단위를 (㉨)이라고 하며, “한 (㉨)”은 (   ) 개다.

(6) 고등어를 묶어서 세는 단위를 (㉧)라고 하며, “한 (㉧)”은 (   ) 마리이다.

(7) 명태를 묶어서 세는 단위를 (㉦)라고 하며, “한 (㉦)”는 (   ) 마리이다.

(8) 바늘을 묶어서 세는 단위를 (㉧)라고 하며, “한 (㉧)”은 (   ) 개다.

(9) 옷이나 그릇 따위의 짝을 이룬 단위를 (㉥)라고 하며, (   )벌을 묶어서 “한 (㉨)”이라 한다.

(10) 말린 오징어를 묶어서 세는 단위를 (㉩)라고 하며, “한 (㉩)”은 (   ) 마리이다.

(11) 한약 한 봉지를 ‘한 첩’이라고 하는데, 한약을 묶어서 세는 단위를 (㉨)라고 하며, “한 (㉨)”는 (   ) 첩이다.

(12) 기와를 묶어서 세는 단위를 (㉤ ㉣)라고 하며, “한 (㉤ ㉣)”는 (   ) 장이다.

정답

1. (1)건들바람 (2)고추바람 (3)샛바람 (4)된바람 (5)높새바람 (6)꽁무니바람 (7)맞바람 (8)하늬바람 (9)골바람 (10)꽃샘바람 (11)남실바람 (12)노대바람 (13)늦바람 (14)더넘바람 (15)마파람 (16)소슬바람 (17)서릿바람 (18)살바람 (19)산들바람 (20)날파람 **2.** (1)두름: 20마리 (2)톳: 100장 (3)쾌: 20마리 (4)필: 40자 (5)접: 100개 (6)손: 2마리 (7)태: 20마리 (8)쌈: 24개 (9)벌: 10벌: 죽 (10)축: 20마리 (11)제: 20첩 (12)우리: 2,000장

CHAPTER 39

초성으로 찾아가는 재미있는 상식여행

current affairs 시사상식

1. 우리 선조들은 시계가 없었음에도 지식과 경험으로 태양의 위치에 따라 계절을 구분하였다. 우리나라의 사계절은 24절기로 나누어 부르는데, 이것은 아직도 우리나라를 비롯한 중국, 일본, 베트남에서도 쓰이고 있다. 24절기의 이름과 날짜를 각각 알아보자(날짜는 지구의 공전이 타원궤도를 돌고 있기 때문에 일정하지 않다).

(1) 봄의 시작을 알리는 (㉧ ㉩)	( )월 ( )일
(2) 얼음이 녹고 초목이 싹트는 (㉧ ㉦)	( )월 ( )일
(3) 개구리가 겨울잠에서 깨어나는 (㉠ ㉩)	( )월 ( )일
(4) 밤과 낮의 길이가 같아지는 (㉩ ㉥)	( )월 ( )일
(5) 날씨가 맑고 논농사를 준비하는 (㉩ ㉤)	( )월 ( )일
(6) 봄비가 내려 곡식이 윤택해지는 (㉠ ㉧)	( )월 ( )일
(7) 여름의 시작을 알리는 (㉧ ㉭)	( )월 ( )일
(8) 모내기를 시작하는 (㉦ ㉤)	( )월 ( )일
(9) 보리를 수확하고 모심기를 시작하는 (㉤ ㉨)	( )월 ( )일
(10) 낮의 길이가 가장 긴 (㉭ ㉨)	( )월 ( )일
(11) 더위와 장마가 시작되는 (㉦ ㉦)	( )월 ( )일
(12) 더위가 가장 심한 (㉢ ㉦)	( )월 ( )일
(13) 가을의 시작을 알리는 (㉧ ㉩)	( )월 ( )일
(14) 더위가 가고 일교차가 커지는 (㉩ ㉦)	( )월 ( )일
(15) 이슬이 내리는 시기인 (㉥ ㉣)	( )월 ( )일
(16) 낮과 밤의 길이가 같아지는 (㉩ ㉥)	( )월 ( )일
(17) 찬 이슬이 내리는 (㉭ ㉣)	( )월 ( )일
(18) 서리가 내리기 시작하는 (㉦ ㉠)	( )월 ( )일

(19) 겨울의 시작을 알리는 (ⓞ ⓓ) ( )월 ( )일

(20) 얼음이 어는 시기인 (ⓢ ⓢ) ( )월 ( )일

(21) 눈이 많이 오는 시기인 (ⓓ ⓢ) ( )월 ( )일

(22) 낮이 짧고 밤이 가장 긴 시기인 (ⓓ ⓙ) ( )월 ( )일

(23) 겨울의 고비에 접어들어 몹시 추운 때인 (ⓢ ⓗ) ( )월 ( )일

(24) 겨울 중 가장 추울 때인 (ⓓ ⓗ) ( )월 ( )일

2. 소리에 관한 우리말을 알아보자.

(1) 하지 아니하여도 좋을 쓸데없는 말. (㉠ ㉦ ㉣)

(2) 이치나 경위에 잘 맞지 아니하는 서툰 말. (㉦ ㉦ ㉣)

(3) 쇠붙이가 부딪쳐서 나는 소리, 혹은 쨍쨍 울릴 정도로 야무지고 날카로운 목소리를 비유적으로 이르는 말. (㉦ ㉦ ㉣)

(4) 상대방의 말을 슬쩍 받아 엉뚱한 말로 재치 있게 받아넘기는 말. (㉦ ㉦ ㉣)

(5) 실속이 없고 미덥지 아니한 말, 혹은 앓는 사람이 정신을 잃고 중얼거리거나 잠결 또는 술김에 하는 말. (㉾ ㉦ ㉣)

(6) 터무니없이 자랑으로 떠벌리거나 거들먹거리며 허풍을 떠는 말. (㉾ ㉦ ㉣)

정답

1. (1)입춘(立春: 2월4일 또는 5일) (2)우수(雨水: 2월18일 또는 19일) (3)경칩(驚蟄: 3월5일 또는 6일) (4)춘분(春分: 3월20일 또는 21일) (5)청명(淸明: 4월4일 또는 5일) (6)곡우(穀雨: 4월20일 또는 21일) (7)입하(立夏: 5월5일 또는 6일) (8)소만(小滿: 5월21일 또는 22일) (9)망종(芒種: 6월5일 또는 6일) (10)하지(夏至: 6월21일 또는 22일) (11)소서(小暑: 7월7일 또는 8일) (12)대서(大暑: 7월22일 또는 23일) (13)입추(立秋: 8월7일 또는 8일) (14)처서(處暑: 8월23일 또는 24일) (15)백로(白露: 9월7일 또는 8일) (16)추분(秋分: 9월23일 또는 24일) (17)한로(寒露: 10월8일 또는 9일) (18)상강(霜降: 10월23일 또는 24일) (19)입동(立冬: 11월7일 또는 8일) (20)소설(小雪: 11월22일 또는 23일) (21)대설(大雪: 12월7일 또는 8일) (22)동지(冬至: 12월21일 또는 22일) (23)소한(小寒: 1월5일 또는 6일) (24)대한(大寒: 1월20일 또는 21일) **2.** (1)군소리 (2)선소리 (3)쇳소리 (4)신소리 (5)헛소리 (6)흰소리

CHAPTER 40

current affairs 시사상식

1. 우리나라 국보 제1호는 무엇일까? (㉡㉢㉤)

2. 우리나라 보물 제1호는 무엇일까? (㉢㉢㉤)

3. 우리나라 최초의 뮤지컬은 무엇일까? (㉦ⓧ㉠㉧㉦㉧)

4. 우리나라 최초의 복제동물(송아지)은 무엇일까? (㉧㉣㉧)

5. 김시습이 지은 우리나라 최초의 한문소설은 무엇일까? (㉠㉧㉦㉭)

6. 우리나라 최초의 근대헌법은 무엇일까? (㉭㉥ 14조)

7. 우리나라 최초의 철도는 무엇일까? (㉠㉧㉦)

8. 우리나라 최초의 신문은 무엇일까? (㉭㉦㉦㉥)

9. 우리나라 최초의 카톨릭 신부는 누구일까? (㉠㉢㉠)

10. 세계 최초의 남극 탐험자는 누구일까? (㉧㉤㉨)

11. 세계 최초의 북극 탐험자는 누구일까? (㉬㉧㉣)

12. 세계 최초의 아프리카 탐험자는 누구일까? (㉣㉥㉦㉫)

13. 세계 최초의 성문 헌법은 무엇일까? (㉥㉨㉡㉧) 헌법

14. 세계 최초의 성문 법전은 무엇일까? (㉭㉤㉣㉥) 법전

15. 세계 최초의 컴퓨터는 무엇일까? (㉧㉡㉧)

16. 세계 최초의 우주인은 누구일까? (㉧㉣ ㉠㉠㉣)

17. 세계 최초로 달에 착륙한 우주인은 누구일까? (ㄴ ㅇㅅㅌㄹ)

18. 현존하는 세계 최초의 금속 활자본은 무엇일까? (ㅈㅈㅅㅊㅇㅈ)

19. 근대 올림픽의 창시자는 누구일까? (ㅋㅂㄹㅌ)

20. 1896년 제1회 근대 올림픽이 개최된 도시는 어디일까? (ㅇㅌㄴ)

21. 1924년 제1회 동계 올림픽이 개최된 도시는 어디일까? (ㅅㅁㄴ)

22. 우리나라 3대 섬은 어디일까? (ㅈㅈㄷ)(ㄱㅈㄷ)(ㅈㄷ)

23. 세계 3대 사막은 어디일까? (ㅅㅎㄹ)(ㄱㅂ)(ㅇㄹㅂㅇ) 사막

24. 세계 3대 아름다운 항구 도시는 어디일까? (ㄴㅍㄹ)(ㅅㄷㄴ)(ㄹㅇㄷ ㅈㄴㅇㄹ)

25. 색의 3원색은 무엇일까? (ㅃㄱ)(ㅍㄹ)(ㄴㄹ)

26. 빛의 3원색은 무엇일까? (ㅃㄱ)(ㅍㄹ)(ㅊㄹ)

27. 3대 영양소는 무엇일까? (ㅌㅅㅎㅁ)(ㅈㅂ)(ㄷㅂㅈ)

28. 세계 3대 영화제는 무엇일까? (ㅂㄴㅅ)(ㅋ)(ㅂㄹㄹ) 국제영화제

29. 세계 3대 박물관은 무엇일까? (ㄹㅂㄹ)(ㅂㅌㅋ)(ㅇㄱ) 박물관

30. 세계 3대 폭포는 무엇일까? (ㅂㅌㄹㅇ)(ㄴㅇㅇㄱㄹ)(ㅇㄱㅅ) 폭포

정답

1. 남대문 **2.** 동대문 **3.** 살짜기옵서예 **4.** 영롱이 **5.** 금오신화 **6.** 홍범14조 **7.** 경인선 **8.** 한성순보 **9.** 김대건 **10.** 아문젠 **11.** 피어리 **12.** 리빙스턴 **13.** 버지니아 헌법 **14.** 함무라비 법전 **15.** 에니악(ENIAC) **16.** 유리 가가린 **17.** 닐 암스트롱 **18.** 직지심체요절 **19.** 쿠베르텡 **20.** 아테네 **21.** 샤모니 **22.** 제주도, 거제도, 진도 **23.** 사하라, 고비, 아라비아 사막 **24.** 나폴리, 시드니, 리우데자네이로 **25.** 빨강,파랑,노랑 **26.** 빨강, 파랑, 초록 **27.** 탄수화물, 지방, 단백질 **28.** 베니스(이탈리아), 칸(프랑스), 베를린(독일) **29.** 루브르, 바티칸, 영국박물관 **30.** 빅토리아, 나이라가라, 이과수폭포

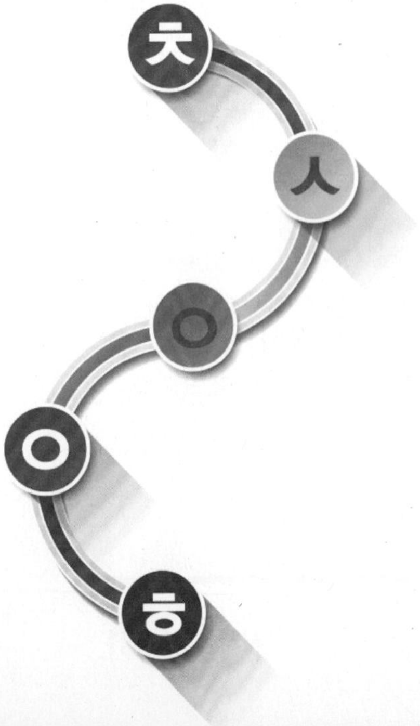
ㅊ
ㅅ
ㅇ
ㅇ
ㅎ

우리말

우리말 01

초성으로 찾아가는 재미있는 상식여행

1. 긴 물건이 몹시 가늘고 연약하거나, 소리가 몹시 가늘고 힘이 없다. (㉠㉡㉣㉢)

2. 45도를 이룬 각도. (㉠㉡㉢)

3. 한 마지기에 얼마씩의 삯을 받고 모낼 논을 갈아 주는 일. (㉠㉢㉣)

4. 가까운 거리에서 쌀가마니 따위의 무거운 짐을 인부들이 한 손에 쥔 갈고리로 찍어 당기어 어깨에 메고 나르는 일. (㉠㉢㉠)

5. 아이들이 서로 피하며 서로 잡으려고 이리저리 쫓아다니면서 뛰노는 장난. (㉠㉢㉨)

6. 묵은 생각이나 풍습에 젖어, 고집이 세고 변통성이 없다. (㉠㉣㉭㉢)

7. 어린아이의 겨드랑이를 치켜들고 올렸다 내렸다 하며 어를 때에, 아이가 다리를 오그렸다 폈다 하다. (㉠㉢㉠㉣㉢)

8. 물건 가에로 돌린 언저리. (㉠㉢㉣)

9. 쓰거나 다루기에 가볍고 간편하다. 또는 마음이 가분하고 상쾌하다. (㉠㉢㉭㉢)

10. 털빛이 온통 검은 말. (㉠㉣㉤)

11. 맞서서 옳으니 그르니 하고 따지다. (㉠㉣㉢)

12. 새의 왕으로서 용을 잡아먹는 독수리같이 사납다고 하는 상상의 새. (㉠㉣㉣)

13. 곡식단, 곡식섬이나 땔 나뭇단 따위를 차곡차곡 쌓은 더미. (㉠㉣)

14. 강이나 내의 물이 소용돌이치며 지나가는 깊은 곳. (㉠㉤㉦)

15. 보이던 것이 전혀 안 보여 찾을 곳이 감감하다. (ㄱㅁㅇㄷ)

16. 튼튼하게 만들지 못한 물건. (ㄱㅈㄱ)

17. 일이 순조롭게 나아가는 것을 방해하거나, 트집을 잡아 까다롭게 구는 일. (ㄱㅌ)

18. 일을 하여 나가기에 힘들고 고되다. (ㄱㄷㅂㅎㄷ)

19. 붙은 데가 가늘어 끊어질 듯이 위태롭다 (ㄱㅈㄷ)

20. 쇠로 만들어 물건을 걸어 당기는 데 쓰는 끝이 뾰족하고 꼬부라진 물건. (ㄱㄱㄹㅇ)

21. 말이나 사자 따위의 목덜미에 난 긴 털. (ㄱㄱ)

22. 한 손에 쥔 것을 다른 손에 바꾸어 쥐다. (ㄱㅁㅈㄷ)

23. 잘 정리하여 간수하다. (ㄱㅁㄹㅎㄷ)

24. 이미 있는 것을 다른 것으로 바꾸어 대신함. (ㄱㅇ)

25. 낙엽이나 검불 따위를 긁어모으는 데 쓰는 기구. (ㄱㅋ)

26. 방향을 정하지 못하고 이리저리 헤매는 꼴. (ㄱㅍㅈㅍ)

27. 물건을 버티는 데 어긋맞게 괴는 나무. 혹은, 장작을 셀 때 '백 개비'를 일컫는 단위.

(ㄱㄷㄹ)

28. 씨름에서 두 선수가 같이 넘어져서 비기다. (ㄱㅈㄷ)

29. 흩어져 있거나 널려 있는 것을 대강대강 거두어 나가는 모양. (ㄱㄷㄱㄷ)

30. 순조롭게 나아가지 못하게 중간에 걸리거나 막히거나 하는 상태. (ㄱㅊㅅ)

정답

1. 가녀리다 **2.** 가느대 **3.** 가다리 **4.** 가대기 **5.** 가댁질 **6.** 고루하다 **7.** 가동거리다 **8.** 가두리 **9.** 가든하다 **10.** 가라말 **11.** 가래다 **12.** 가루라 **13.** 가리 **14.** 가마소 **15.** 가뭇없다 **16.** 가재기 **17.** 가탈 **18.** 각다분하다 **19.** 간지다 **20.** 갈고랑이 **21.** 갈기 **22.** 갈마쥐다 **23.** 갈무리하다 **24.** 갈음 **25.** 갈퀴 **26.** 갈팡질팡 **27.** 강다리 **28.** 같지다 **29.** 거듬거듬 **30.** 거침새

우 리 말

02

초성으로 찾아가는 재미있는 상식여행

1. 국물 속에 들어 있는 나물이나 고기붙이나 그 밖의 먹을거리. (㉠㉢㉠)

2. 초가을에 비가 오다 금방 개기를 반복하는 장마. (㉠㉢㉨㉤)

3. 제게 딸린 것들을 돌보아 거두거나 가꾸어 주다. (㉠㉦㉭㉢)

4. 일을 시킬 때에 대강의 방법을 일러주고, 또 필요한 제구를 준비하여 주는 일.(㉠㉨㉤㉣)

5. 어린 애가 걸음을 익힐 때, 발을 떼어 놓는 걸음. (㉠㉧㉤)

6. 늙은이의 살가죽에 생기는 거무스름한 점. (㉠㉥㉦)

7. 솥에 무엇을 찔 때에, 찌는 것이 솥 안의 물에 잠기지 않게 받침으로 놓은 물건.(㉠㉠㉣)

8. 배추나 열무를 절이어서 곧 무치어 먹는 반찬. (㉠㉨㉧)

9. 겉으로만 보기 좋게 꾸미는 일. (㉠㉩㉣)

10. 먹은 것을 삭이지 못하고 도로 입 밖으로 내어 보내다. (㉠㉧㉢)

11. 농사꾼들이 힘 드는 일을 할 적에 끼니 밖에 참참이 먹는 음식. (㉠㉢㉣)

12. 야속한 느낌이 있다. (㉠ⓜ㉢)

13. 작두나 협도의 머리에 가로 끼는 쇠. (㉠㉢㉦)

14. 둘 이상의 사물의 질이나 양의 차이를 알기 위하여 서로 대어 보다. (㉠㉨㉢)

15. 물고기를 낚을 때에 낚싯줄을 감았다 늦추었다 하는 데 쓰는 얼레. (㉠㉨)

16. 찹쌀가루나 찰수수 가루를 반죽하여, 밤알만큼씩 둥글게 빚어서 삶은 뒤 고물을 묻힌 떡.

(㉠㉢)

17. 흰떡 반죽을 할 때 쌀가루에 끓는 물을 훌훌 뿌려서, 물이 골고루 퍼져 섞이게 하는 일.

(㉠㉦㉣)

18. 추위에 상하여, 흔히 열이 나고 코가 막히며 머리가 아픈 병. (㉠ⓗ)

19. 마소를 몰거나 매어 둘 때, 한 끝을 코뚜레나 재갈이나 굴레에 잡아매는 줄. (㉠ⓗ)

20. 시골 마을의 좁은 골목길. (㉠㉦)

21. 얼굴이나 성미, 언행 따위가 사납다. (㉠㉧㉭㉢)

22. 가랑이 통은 넓고 아래 끝 부분은 좁게 된 여자 속옷의 하나. (㉠㉨㉧)

23. 깃대에 기를 달아 올리는 것처럼, 높은 곳에 물건을 달아서 올렸다 내렸다 하는 줄을 걸치는 도르래나 고리. (㉠㉬)

24. 몸을 번드쳐 갑자기 거꾸로 내리박히는 일. (㉠㉢㉥㉨)

25. 술이나 잠에 몹시 취하여 정신이 흐릿해지고 몸을 잘 가누지 못하는 꼴.(㉠㉢㉣ ㉤㉢㉣)

26. 바느질할 때에 바늘귀를 눌러 밀기 위하여, 손가락 끝 부분에 씌워 끼는 물건. (㉠㉤)

27. 흙덩이를 깨뜨리고 씨를 묻는 데 쓰는 농기구. (㉠㉥㉤)

28. 물건이 거듭 쌓이거나 일이 계속 일어남을 나타내는 말. (㉠㉥㉧㉥)

29. 벌레 같은 것들이 한데 어우러져 좀스럽게 곰틀거리다. (㉠㉦㉠㉣㉢)

30. 느리게 굼뜬 몸짓으로 작게 움직거리다. (㉠㉨㉣㉠㉣㉢)

정답

1. 건더기 **2.** 건들장마 **3.** 건사하다 **4.** 건잠머리 **5.** 걸음마 **6.** 검버섯 **7.** 겅그레 **8.** 겉절이 **9.** 겉치레 **10.** 게우다 **11.** 겯두리 **12.** 고깝다 **13.** 고두쇠 **14.** 견주다 **15.** 견지 **16.** 경단 **17.** 고수레 **18.** 고뿔 **19.** 고삐 **20.** 고샅 **21.** 고약하다 **22.** 고쟁이 **23.** 고패 **24.** 곤두박질 **25.** 곤드레만드레 **26.** 골무 **27.** 곰방메 **28.** 곰비임비 **29.** 곰실거리다 **30.** 곰지락거리다

우리말 03

초성으로 찾아가는 재미있는 상식여행

1. 일을 두 번 거듭하는 것. 또는 두 그릇의 몫을 한 그릇에 담은 분량. (㉠ㅃ㉠)

2. 가늘고 부드러워 망건이나 탕건을 만드는 데 쓰는 코끼리의 꼬리털. (㉠㉦㉣)

3. 절구통이나 방아확에 든 물건을 찧거나 빻는 기구. (㉠㉧)

4. 껍질을 벗기고 꼬챙이에 꿰어 말린 감. (㉠㉠)

5. 활터에서, 쏘는 화살의 표적으로 만들어 놓은 물건. (㉠㉡)

6. 송진이 엉기어 붙은 소나무의 옹이 위의 부분. (㉠㉦)

7. 변덕스럽게 이죽거리며 엇가는 짓. (㉠㉦)

8. 'ㄱ' 자 모양으로 생긴 땅을 파는 기구의 한 가지. (㉠㉧)

9. 물체가 환히 비치도록 맑고 투명하다. (㉠㉭㉢)

10. 이상할 정도로 아주 고요하다. (㉠㉠㉭㉢)

11. 먼 길을 갈 적에 자그마한 보자기로 싸서 지는 짐. (㉠㉡㉣㉥㉨)

12. 옷차림 따위가 지저분하고 좀 궁상스럽다. (㉠㉨㉭㉢)

13. 흥미나 관심을 두고 봄. (㉠㉠)

14. 구기어져 생긴 금. (㉠㉠㉦)

15. 땅이 우묵하게 팬 곳. 또는 땅을 우묵하게 판 곳. (㉠㉢㉧)

16. 한 길이나 철길 등을 건너질러 공중으로 놓은 다리. (ㄱㄹㄷㄹ)

17. 보석이나 유리 따위로 둥글게 만든 물건. (ㄱㅅ)

18. 처량하고 슬프다. (ㄱㅅㅍㄷ)

19. 못마땅하거나 하여 군소리를 자꾸 하다. (ㄱㅅㄹㄱㄹㄷ)

20. 먹고 싶은 생각이 나다. (ㄱㅃㄷ)

21. 국을 끓일 때에 넣는 채소나 고기 따위. (ㄱㄱㄹ)

22. 끼니 밖에 과자나 과실, 떡 따위를 먹는 짓. (ㄱㄱㅈ)

23. 장롱의 평문에 여덟모 또는 네모로 문 알갱이의 가를 장식한 둥그스름한 나무.
(ㄱㄷㄷㄹㄱ)

24. 방을 덥게 하려고 때는 불. (ㄱㅂ)

25. 쓸데없는 일. (ㄱㅇ)

26. 보통 때와는 달리 입속에 도는 침. (ㄱㅊ)

27. 손바닥이나 발바닥이 단단하게 된 살. (ㄱㅇㅅ)

28. 아이들이 굵은 철사나 막대기로 밀어 굴리며 노는데 쓰는 둥근 쇠붙이 테. (ㄱㄹㅅ)

29. 소금에 약간 절여서 통으로 말린 조기. (ㄱㅂ)

30. 산 중턱에 우묵 팬 곳. (ㄱㅂㄹ)

정답

1. 곱빼기 **2.** 곱소리 **3.** 공이 **4.** 곶감 **5.** 과녁 **6.** 관솔 **7.** 괘사 **8.** 괭이 **9.** 괭하다 **10.** 괴괴하다 **11.** 괴나리봇짐 **12.** 괴죄하다 **13.** 구경 **14.** 구김살 **15.** 구덩이 **16.** 구름다리 **17.** 구슬 **18.** 구슬프다 **19.** 구시렁거리다 **20.** 구쁘다 **21.** 국거리 **22.** 군것질 **23.** 군두드러기 **24.** 군불 **25.** 군일 **26.** 군침 **27.** 굳은살 **28.** 굴렁쇠 **29.** 굴비 **30.** 굼부리

1. 엉덩이 아래로서 앉으면 바닥에 닿는 부분. (㉠㉢㉧)

2. 비나 눈이 와서, 날씨가 좋지 않은 날. (㉠㉧㉡)

3. 남들이 주고받는 말을 곁에서 얻어들음. (㉠㉢㉡)

4. 귀를 우비어 내는 숟가락 모양의 썩 가늘고 작은 기구. (㉠㉧㉠)

5. 귀의 모퉁이. 혹은 물건의 내민 모퉁이. (㉠㉫㉧)

6. 볕이 가리어져서 어두워지는 현상. 또는, 그곳. (㉠㉡)

7. 식물의 포기 수를 세는 단위. 혹은 나무나 곡식 따위의 줄기의 밑동. (㉠㉣)

8. 깨었다가 다시 든 잠. (㉠㉣㉨)

9. 풀이나 나무, 곡식 따위를 베고 남은 밑동. (㉠㉣㉫㉠)

10. 말이나 소 따위의 털을 빗기는 기구. (㉠㉠㉧)

11. 모레의 다음날. (㉠㉬)

12. 집에서 주춧돌 위에 세워서 보, 도리 따위를 받치는 나무. (㉠㉢)

13. 재래식 혼례에서, 전안할 때에 기러기를 들고 신랑 앞에 서서 가는 사람. (㉠㉣㉧㉥)

14. 흙으로 굽거나 시멘트 따위로 만들어 지붕을 이는 물건. (㉠㉧)

15. 무엇을 보려고 고개나 몸이 자꾸 기울거나 슬금슬금 넘보다. (㉠㉧㉠㉣㉢)

16. 있는 줄을 알게 하거나, 알 수 있을 만한 자취나 소리. (㉠㉩)

17. 샘이나 우물, 내 같은 데에서 물을 두레박이나 바가지 따위로 떠내다. (㉠㉢)

18. 성이 나서 펄펄 뛰는 꼴. 또는 물건이 높이 쌓인 꼴. (㉠㉠㉧)

19. 한 번 가 본 길을 잘 기억하는 총기. (㉠㉡)

20. 큰길에서 좁은 길로 들어가는 어귀. (㉠㉤)

21. 길을 안내해 주는 사람이나 사물. (㉠㉨㉧)

22. 떨어지거나 해어진 부분에 조각을 대어 꿰매다. (㉠㉢)

23. 희미하고 작은 불빛이 가볍게 자꾸 사라지려다가 살아났다가 하다. (㉲㉤㉠㉣㉢)

24. 살결이나 물체의 거죽이 윤기가 없고 매우 가칠하거나 빳빳하다. (㉲㉦㉲㉦㉭㉢)

25. 일이 잘 안 되도록 몹시 방해하거나 트집을 잡는 조건. (㉲㉫)

26. 질그릇의 깨어진 조각. (㉲㉬㉧)

27. 도토리나 상수리 따위의 밑을 싸고 있는 조그마한 종지 모양의 받침. (㉲㉨㉧)

28. 허튼소리를 검질기게 달라붙어 자꾸 재깔이다. (㉲㉨㉠㉣㉢)

29. 액체를 병 따위에 부을 때, 넓은 쪽을 위로 가게 꽂아 놓고 붓는 나팔 모양의 기구.

(㉲㉸㉠)

30. 일을 헤아려 해낼 만한 능력. (㉲㉡)

정답

1. 궁둥이 **2.** 궂은날 **3.** 귀동냥 **4.** 귀이개 **5.** 귀퉁이 **6.** 그늘 **7.** 그루 **8.** 그루잠 **9.** 그루터기 **10.** 글겅이 **11.** 글피 **12.** 기둥 **13.** 기럭아비 **14.** 기와 **15.** 기웃거리다 **16.** 기척 **17.** 긷다 **18.** 길길이 **19.** 길눈 **20.** 길목 **21.** 길잡이 **22.** 깁다 **23.** 까막거리다 **24.** 까슬까슬하다 **25.** 까탈 **26.** 까팡이 **27.** 깍정이 **28.** 깐족거리다 **29.** 깔때기 **30.** 깜냥

우 리 말

05

초성으로 찾아가는 재미있는 상식여행

1. 자동차 따위에 붙어서, 일정한 간격으로 나아가는 방향을 알리는 신호등. (ㄲㅃㅇ)

2. 악착같은 기질이나 힘. (ㄲㄷㄱ)

3. 먹는 짓이나 하는 짓이 마음에 탐탁하지 않은 듯 자꾸 게을러지다. (ㄲㅈㄱㄹㄷ)

4. 식물의 줄기, 가지, 뿌리, 잎 따위를 꺾거나 잘라서 흙 속에 꽂아 뿌리 내리게 하는 일. (ㄲㄲㅇ)

5. 두 개의 목재를 겹쳐 대어 벌어지지 않게 양쪽 끝을 꺾어 꼬부린 쇠토막. (ㄲㅅ)

6. 부추기어 남의 마음을 일으키거나, 연을 올라가게 하려고 연줄을 잡아 잦히다. (ㄲㄷㄱㄷ)

7. 가늘고 뾰족한 나뭇가지나 댓개비, 쇠막대기 따위. (ㄲㅊㅇ)

8. 콩이나 팥의 씨가 들어 있는 깍지. 혹은 사건이나 이야기의 실마리. (ㄲㅌㄹ)

9. 남의 부림에 맹목적으로 노는 사람. 혹은 나무로 만든 색시 인형. (ㄲㄷㄱㅅ)

10. 엉덩이를 중심으로 한 몸의 뒤 등골뼈의 끝 부분. (ㄲㅁㄴ)

11. 밀가루 따위를 반죽하여 가늘게 두 가닥으로 꽈서, 기름에 띄워 지진 과자. (ㄲㅂㄱ)

12. 놋쇠로 만들어 채로 쳐서 소리를 내는, 징보다 조금 작은 악기. (ㄲㄱㄹ)

13. 꾸리어 싼 물건. 혹은 그 물건을 세는 단위. (ㄲㄹㅁ)

14. 꿈에 나타난 사실이나 징조. (ㄲㅈㄹ)

15. 끈의 나부랭이. 혹은 '남의 앞잡이 노릇을 하는 사람'을 낮추어 부르는 말. (ⓣⓛⓟ)

16. 일의 야릇한 기틀이나 눈치. (ⓣⓢ)

17. 동네나 공청에서 각 집에 부담시키는 공금. (ⓛⓖⓢ)

18. 제 고장을 떠나 여행을 하거나 떠도는 사람. (ⓛⓖⓛ)

19. 채신없이 까불거리며 나다니다. (ⓛⓓⓓ)

20. 여럿이 줄지어 서 있는 모양이 가지런하다. (ⓛⓡⓗⓓ)

21. 강가나 냇가 또는 좁은 바닷목에서 배가 건너다니는 곳. (ⓛⓡ)

22. 꾸짖는 뜻으로 잘못한 것을 들어서 흠을 잡아 알아듣도록 말하다. (ⓛⓜⓡⓓ)

23. 땔나무를 쌓은 더미. (ⓛⓜⓖⓡ)

24. 가벼운 물건이 바람을 받아서 날리어 흔들리다. (ⓛⓑⓣⓓ)

25. 헝겊, 종이 따위의 자질구레한 오라기. 혹은 하찮은 사람이나 물건. (ⓛⓑⓡⓞ)

26. 어린아이가 반듯이 누워 팔을 머리 위로 벌리고 자는 잠. (ⓛⓑⓙ)

27. 낟알이 붙은 곡식을 그대로 쌓은 큰 더미. (ⓛⓖⓡ)

28. 사람이나 동물의 움직임이 나는 듯이 기운차고 빠르다. (ⓛⓡⓓ)

29. 혀, 입술, 손 따위를 잇달아 빨리 내밀었다 들였다 하다. (ⓛⓡⓖⓡⓓ)

30. 공을 들이지 아니하고 아무렇게나 날려서 하는 일. (ⓛⓡ)

정답

1. 깜빡이 **2.** 깡다구 **3.** 깨작거리다 **4.** 꺾꽂이 **5.** 꺾쇠 **6.** 꼬드기다 **7.** 꼬챙이 **8.** 꼬투리 **9.** 꼭두각시 **10.** 꽁무니 **11.** 꽈배기 **12.** 꽹과리 **13.** 꾸러미 **14.** 꿈자리 **15.** 끄나풀 **16.** 낌새 **17.** 나가시 **18.** 나그네 **19.** 나대다 **20.** 나란하다 **21.** 나루 **22.** 나무라다 **23.** 나뭇가리 **24.** 나부끼다 **25.** 나부랭이 **26.** 나비잠 **27.** 낟가리 **28.** 날래다 **29.** 날름거리다 **30.** 날림

우 리 말 06

초성으로 찾아가는 재미있는 상식여행

1. 맑은 날씨에 뜻밖에 떨어지는, 갑작스럽게 생긴 재난. (ⓛⓗⓡ)

2. 겉 아래 가장자리에 털가죽을 들러 붙여 추울 때 머리에 쓰는 쓰개. (ⓛⓗⓞ)

3. 무, 배추, 아욱 따위의 나물을 심는 밭. (ⓛⓢⓗ)

4. 입을 나부죽이 냉큼냉큼 벌렸다 닫았다 하다. (ⓛⓙⓖⓡⓓ)

5. 어린아이가 낯선 사람을 대하기를 싫어하는 일. (ⓛⓖⓡ)

6. 얼굴이 눈에 익지 아니하거나 서먹하고 생소하다. (ⓛⓢⓓ)

7. 하나하나 빠짐없이 모두. (ⓛⓛⓞ)

8. 어떤 조건 밑에서 승부를 다투는 일. (ⓛⓖ)

9. 처음으로부터 끝까지 계속하여. (ⓛⓛ)

10. 기운이나 기세가 떨어지는 상태 혹은 비탈진 곳의 내려가는 데. (ⓛⓡⓜ)

11. 하고 싶은 마음이 솟아나다. (ⓛⓚⓓ)

12. 연기의 냄새 또는 음식에 밴 연기의 냄새. (ⓛⓛ)

13. 서로 너 나 하는 투로 허물없이 트고 지내는 사이. (ⓛⓛⓓⓞ)

14. 떠벌려서 주선하는 솜씨 혹은 아니리, 발림, 소리의 어울림. (ⓛⓡⓢ)

15. 갇힌 물 위에 떠서 몰려 있는 티끌, 지푸라기, 잎사귀 따위의 검불. (ⓛⓖ)

16. 남에게 드러내 보이기에 번듯하고 의젓하다. (ⓛⓗⓗⓓ)

17. 넓이가 있는 물체의 가로 건너지른 거리. (ㄴㅂ)

18. 남을 제 마음대로 휘잡아 놀리려고 늘어놓는 말이나 행동. (ㄴㅅㄹ)

19. 큰 물결이나 천, 잎 따위가 부드럽고 느릿하게 잇달아 굽이쳐 움직이다.(ㄴㅇㄱㄹㄷ)

20. 소리를 크게 내어 호기스럽게 웃는 웃음. (ㄴㅌㅇㅇ)

21. 낟알을 한 곳에 담아 공중에 뿌리어 티끌이나 쭉정이를 바람에 날리는 일.(ㄴㄱㄹㅈ)

22. 어떤 표준에 차고도 남음이 있다. (ㄴㄴㅎㄷ)

23. 조금도 부끄럼을 타지 아니하고 비위 좋게 구는 짓이나 성미. (ㄴㅅ)

24. 불만이나 불평을 하소연하는 말. (ㄴㄷㄹ)

25. 널빤지로 깔아 놓은 다리. (ㄴㄷㄹ)

26. 나무를 판판하고 넓게 켠 조각. (ㄴㅃㅈ)

27. 돌아다니면서 헌 옷, 종이, 빈 병 등 돈이 될 만한 것을 주워 모으는 사람.(ㄴㅁㅈㅇ)

28. 사람이나 물건을 업신여기어 대수롭지 않게 보는 일. (ㄴㄸㄹ)

29. 음력 정월 14일 밤에 신수가 나쁜 자식을 위해 어버이가 일종의 액막이로 냇물에 징검다리를 놓는 것. (ㄴㄷ)

30. 넓은 들에서 다른 곳으로 이어지는 좁은 지역. (ㄴㄹㅁ)

정답

1. 날벼락 **2.** 남바위 **3.** 남새밭 **4.** 납죽거리다 **5.** 낯가림 **6.** 낯설다 **7.** 낱낱이 **8.** 내기 **9.** 내내 **10.** 내리막 **11.** 내키다 **12.** 냇내 **13.** 너나들이 **14.** 너름새 **15.** 너겁 **16.** 너볏하다 **17.** 너비 **18.** 너스레 **19.** 너울거리다 **20.** 너털웃음 **21.** 넉가래질 **22.** 넉넉하다 **23.** 넉살 **24.** 넋두리 **25.** 널다리 **26.** 널빤지 **27.** 넝마주이 **28.** 네뚜리 **29.** 노두 **30.** 노루목

1. 알의 흰자위에 둘러싸인 노란 부분 혹은 중요하거나 값진 사물. (ㄴㄹㅈㅇ)

2. 맡은 구실이나 업으로 삼아 하는 일. 혹은 일이 지니고 있는 성격이나 됨됨이. (ㄴㄹ)

3. 줄곧 한 곳에만 들어박혀 움직이지 아니하다. (ㄴㅂㅎㄷ)

4. 수나귀와 암말과의 사이에서 태어난 집짐승의 하나. (ㄴㅅ)

5. 물기나 기름기가 돌아 딱딱하지 않고 좀 무르며 보드랍다. (ㄴㄴㅎㄷ)

6. 평범하고 보잘것없다. 혹은 의젓하지 못하여 만만하고 호락호락하다. (ㄴㄹㅎㄷ)

7. 물건이 낡고 헐어서 아주 결단 난 상태. 혹은 아주 맥이 풀어진 상태. (ㄴㅊ)

8. 물이 괴어 있도록 논의 가를 흙으로 둘러막은 두둑. (ㄴㄷㄹ)

9. 구리에 아연을 섞어서 그릇이나 장식물을 만드는 데 쓰는 쇠붙이. (ㄴㅅ)

10. 일에 꾀를 부리며 게으름을 피우는 짓. 혹은 그런 사람. (ㄴㄸㅇ)

11. 불쾌한 말이나 일에 대하여 혼잣말처럼 언짢은 말로 되풀이하다. (ㄴㄲㄹㄷ)

12. 누덕누덕 기운 헌 옷. (ㄴㄷㄱ)

13. 밥이 솥 바닥에 눌어붙은 것. (ㄴㄹㅈ)

14. 땅덩어리 곧 지구의 위 또는 사람들의 삶이 이루어지고 있는 사회. (ㄴㄹ)

15. 남자 쪽에서 보아, 그와 항렬이 같은 여자. (ㄴㅇ)

16. 겉만 꾸미어 남의 눈을 속이는 일. (ㄴㄱㄹ)

17. 저울이나 자 따위에 양이나 무게, 길이의 정도를 나타내어 그어 놓은 금. (ⓛⓖ)

18. 눈으로 보아 수량을 어림잡아 헤아림. (ⓛⓓⓙ)

19. 눈 가장자리의 속눈썹이 난 곳. (ⓛⓢⓞ)

20. 한 번 본 것이라도 그대로 할 수 있는 재주. (ⓛⓢⓜ)

21. 몹시 밉거나 싫어서 항상 눈에 거슬리는 사람. (ⓛⓞⓖⓢ)

22. 눈에 독기를 올리어 쏘아보는 시선. (ⓛⓒ)

23. 남의 마음속에 가지고 있는 생각이나 태도를 알아차리는 힘. (ⓛⓒ)

24. 좋은 말로 풀어서 누그러지게 하다. (ⓛⓒⓓ)

25. 해가 산이나 지평선 너머로 지려고 조금씩 넘어가다. (ⓛⓞⓖⓡⓓ)

26. 양식을 절약하여 예정보다 더 오래 먹다. (ⓛⓡⓜⓓ)

27. 행동이 느리거나 게으른 사람. (ⓛⓡⓖⓞ)

28. 행동을 느릿느릿하게 꾸물거리는 태도. (ⓛⓙ)

29. 안개보다는 조금 굵고 이슬비보다는 가는 비. (ⓛⓖ)

30. 이삭의 모양이 네모진 보리. (ⓛⓑⓡ)

정답

1. 노른자위 **2.** 노릇 **3.** 노박하다 **4.** 노새 **5.** 녹녹하다 **6.** 녹록하다 **7.** 녹초 **8.** 논두렁 **9.** 놋쇠 **10.** 농땡이 **11.** 뇌까리다 **12.** 누더기 **13.** 누룽지 **14.** 누리 **15.** 누이 **16.** 눈가림 **17.** 눈금 **18.** 눈대중 **19.** 눈시울 **20.** 눈썰미 **21.** 눈엣가시 **22.** 눈총 **23.** 눈치 **24.** 눙치다 **25.** 뉘엿거리다 **26.** 느루먹다 **27.** 느리광이 **28.** 늑장 **29.** 는개 **30.** 늘보리

우리말 08

초성으로 찾아가는 재미있는 상식여행

1. 엉큼한 속마음을 감추고 시치미를 뚝 떼는 태도가 뚜렷하다. (㉡㉩㉤㉢)

2. 남보다 늦게 사리를 깨닫는 사람. 혹은 나이가 많이 들어 중이 된 사람. (㉡ㄲ㉧)

3. 철 늦게 농수산물을 거두어들이는 일. (㉡㉦㉣)

4. 앞으로 어떻게 될 것 같은 일의 조짐. 혹은 미리 보이는 조짐. (㉡)

5. 조각 따위를 마지막으로 매만져 다듬는 일. (㉢㉢㉨)

6. 부엌 위에 이 층처럼 만들어서 물건을 넣어 두는 곳. (㉢㉣)

7. 대, 싸리, 고리버들 따위로 결어서 바구니보다 아가리가 좁고 바닥이 넓게 만든 그릇 혹은 속눈썹의 뿌리에 균이 들어가 눈시울이 곪아서 생기는 작은 부스럼. (㉢㉣ㄲ)

8. 긴 통나무 같은 것을 운반할 때 그 통나무의 뒷부분을 얹어 끄는 작은 썰매. (㉢㉣㉧)

9. 가죽의 털을 안으로 가게 지은, 버선 같은 겨울 신. (㉢㉣㉠)

10. 대로 만들어 바닥이 넓고 깊으며 짚으로 엮어 어깨에 메는 물건. (㉢㉣ㄲ)

11. 냇둑이나 배에 건너질러 다리로 삼는 널빤지. (㉢㉣㉡)

12. 꽃, 푸성귀, 또는 돈 따위의 묶음. (㉢㉥)

13. 벅찬 일을 견디어 해내는 강단이 있다. (㉢㉥㉨㉢)

14. 낡은 집이나 헌 재물을 닦아서 깨끗이 하는 일. (㉢㉧㉨)

15. 늘 정해 놓고 물건을 사거나 파는 집. (㉢㉠)

16. 높은 열에 눌어서 나는 냄새. (ⓒⓛ)

17. 꼭 필요할 때 오는 비. (ⓒⓑ)

18. 곤히 깊게 자는 잠. (ⓒⓩ)

19. 배가 부르고 목이 짧은, 작은 항아리. (ⓒⓩ)

20. 서로 짝이 맞거나 손이 맞아 노상 함께 어울리는 동무. (ⓒ㉆)

21. 두 폭이나 두 짝을 한데 붙였다 떼었다 하기 위해 옷에 달아 끈 대신 물건. (ⓒ㉋)

22. 대궐 안의 용상 위나, 법당의 불좌 위에 만들어 다는 집의 모형. (ⓒⓩ)

23. 처마 끝에 잇대거나 챙을 달아 원채에서 늘여 지은 집. (ⓒㄱⓩ)

24. 소나 말이 끄는 짐수레. (ⓒㄱⓩ)

25. 달 언저리에 둥그렇게 둘린, 구름 같이 허연 기운. (ⓒⓜⓡ)

26. 급히 뛰어 달려가는 걸음. (ⓒⓞⓑⓩ)

27. 담이나 벽의 겉으로 드러난 쪽. (ⓒⓑⓡ)

28. 사람이나 사물이 한군데 많이 모여 있는 것. (ⓒ㉦ㄱ)

29. 말로 어찌하라고 단단히 하는 부탁. (ⓒⓑ)

30. 마을의 수호신으로 모셔 제사를 지내 주는 나무. (ⓒⓢⓛⓜ)

정답

1. 능청맞다 **2.** 늦깎이 **3.** 늦사리 **4.** 늪 **5.** 다듬질 **6.** 다락 **7.** 다래끼 **8.** 다랭이 **9.** 다로기 **10.** 다루깨 **11.** 다릿널 **12.** 다발 **13.** 다부지다 **14.** 닦이질 **15.** 단골 **16.** 단내 **17.** 단비 **18.** 단잠 **19.** 단지 **20.** 단짝 **21.** 단추 **22.** 닫집 **23.** 달개집 **24.** 달구지 **25.** 달무리 **26.** 달음박질 **27.** 담벼락 **28.** 답쌔기 **29.** 당부 **30.** 당산나무

1. 남자들이 한복 바지를 입은 뒤, 가랑이 끝쪽을 접어 발목을 졸라매는 끈. (ⓒⓛ)

2. 이것저것 헤아릴 것 없이 닥치자마자 그 자리에서 얼른. (ⓒⓣ)

3. 물을 담아서 얼굴, 손, 발 따위를 씻는 데 쓰는, 둥글넓적하게 생긴 그릇, (ⓒⓞ)

4. 국이나 물을 담는 데 쓰는, 위가 넓적하고 아래는 평평한 뚜껑 없는 그릇. (ⓒⓩ)

5. 어떠한 표준을 잡을 수가 없거나 미리 헤아릴 수가 없다. (ⓒⓩⓞⓒ)

6. 길게 땋은 여자의 머리끝에 드리는 헝겊이나 끈. (ⓒⓖ)

7. 지붕 밑과 천장 사이의 빈 공간. (ⓒⓖⓜ)

8. 원래의 양이나 길이에 조금씩 자꾸 더 보태지는 모양. (ⓒⓖⓒⓖ)

9. 마디발동물의 머리 부분에 있는, 후각과 촉각 따위를 맡아보는 감각 기관. (ⓒⓒⓞ)

10. 많은 물건이 한 데 모여 쌓인 큰 덩어리. (ⓒⓜ)

11. 더부룩하게 난 머리털 혹은 머리털이 더부룩한 아이. (ⓒⓑⓜⓡ)

12. 남의 집에서 먹고 자면서 상일을 해주고 삯을 받는 일. 또는 그 사람. (ⓒⓑⓢⓞ)

13. 성미가 스스럼이 없고 붙임성이 있어 꽁하지 않은 사람. (ⓒⓟⓡ)

14. 꼭뒤 아래로부터 목의 뒤와 등의 위에 걸친 부분. (ⓒⓜ)

15. 제 값어치의 물건 밖에 조금 더 얹어 주거나 받는 물건. (ⓒ)

16. 어수선하게 엉클어진 수풀. (ⓒⓑ)

17. 남에게 넘겨씌우거나 남에게서 넘겨받은 허물이나 걱정거리. (ⓒⓔⓖ)

18. 칠한 데에 겹쳐 하는 칠. (ⓒⓞ)

19. 길게 뻗어 다른 물건에 감기거나 땅바닥에 퍼지기도 하는 식물의 줄기. (ⓒⓖ)

20. 뭉쳐서 크게 이루어진 것. 혹은 여럿이 모이어 뭉쳐진 큰 떼. (ⓒⓞⓡ)

21. 짐승의 꾀어 잡는 기구. (ⓒ)

22. 이불, 처네, 홑이불 따위의 덮는 물건. (ⓒⓖ)

23. 괴상한 재주로 사람을 호리거나 짓궂은 장난을 하기도 하는 잡된 귀신. (ⓒⓚⓑ)

24. 자야 할 시간이 아닌 때에 남의 눈에 띄지 않도록 몰래 자는 잠. (ⓒⓒⓙ)

25. 물이 흐르도록 땅을 좁고 길게 판 작은 개울. (ⓒⓡ)

26. 무덤가에 죽 둘러선 소나무. (ⓒⓡⓢ)

27. 짚이나 띠 같은 풀로 안을 엮어, 비가 오면 어깨에 걸쳐 두르는 물건. (ⓒⓡⓞ)

28. 여러 사람이 추렴한 돈으로 음식을 마련하여 함께 나누어 먹는 일. (ⓒⓡⓖ)

29. 몹시 탐이 나거나 먹고 싶어서 저절로 삼키어지는 침. (ⓒⓡⓚⓞ)

30. 작고 짧게 잘린 덩어리. 혹은 그 물건을 세는 하나치. (ⓒⓜ)

정답

1. 대님 **2.** 대뜸 **3.** 대야 **4.** 대접 **5.** 대중없다 **6.** 댕기 **7.** 더그매 **8.** 더금더금 **9.** 더듬이 **10.** 더미 **11.** 더벅머리 **12.** 더부살이 **13.** 더펴리 **14.** 덜미 **15.** 덤 **16.** 덤불 **17.** 덤터기 **18.** 덧칠 **19.** 덩굴 **20.** 덩어리 **21.** 덫 **22.** 덮개 **23.** 도깨비 **24.** 도둑잠 **25.** 도랑 **26.** 도래솔 **27.** 도롱이 **28.** 도리기 **29.** 도리깨침 **30.** 도막

1. 돌이 매우 많이 쌓이어 깔린 땅. (ㄷㅁㅈ)

2. 거지나 수행하는 중이 쌀이나 돈, 먹을 것 등을 얻으려고 마을을 돌아다니는 일.(ㄷㄴ)

3. 낮은 언덕에 풍치 있게 꾸민 공원. 혹은 집이나 마을에 이웃해 있는 작은 산. (ㄷㅅ)

4. 같은 뜻을 가지고 모여서 한패를 이룬 무리. (ㄷㅇㄹ)

5. 굵고 튼튼하게 꼰 줄. (ㄷㅇㅈ)

6. 둥근 모양에 배가 부르고 아가리가 넓으며, 양옆에 손잡이가 달린 물을 긷는 데 쓰는 질그릇. (ㄷㅇ)

7. 부엌일을 하는 데 쓰이는 바가지. (ㄷㅈㅂ)

8. 한복의 저고리 깃 위에 조붓하게 덧 꾸미는 흰 헝겊오리. (ㄷㅈ)

9. 농민들이 힘을 모아 공동으로 일하려고 만든 모임. (ㄷㄹ)

10. 줄을 길게 매어 우물물을 긷는 바가지. (ㄷㄹㅂ)

11. 여러 사람이 둘러 앉아 먹을 수 있게 만든 큰 상. (ㄷㄹㅅ)

12. 옷자락이 무릎까지 내려오며 좁은 소매, 무, 섶, 깃들을 갖추어, 한복을 입고 나들이할 때 입는 웃옷. (ㄷㄹㅁㄱ)

13. 편지나 글을 쓸 때 풀어서 쓰는, 가로 길게 이러서 둥글게 둘둘 만 종이. (ㄷㄹㅁㅇ)

14. 조기 따위의 물고기를 짚으로 한 줄에 열 마리씩 두 줄로 엮은 것. (ㄷㄹ)

15. 물을 많이 담아 두고 쓰는 큰 가마나 독. (ⓒⓜ)

16. 도회지에서 멀리 떨어져 있는 깊은 산골. (ⓒⓜ)

17. 풀, 짚, 또는 가축들의 똥, 오줌 따위의 잡살뱅이를 썩힌 거름. (ⓒⓞ)

18. 물이 있는 곳의 가장자리. (ⓒⓩ)

19. 물체의 테두리, 또는 물체의 바깥 언저리를 한 바퀴 돈 길이. (ⓒⓡ)

20. 새끼를 낳지 못하는 암짐승. (ⓒⓩ)

21. 힘에 겨워서 일을 감당하지 못하고 쩔쩔매다. (ⓒⓖⓒ)

22. 껍데기를 벗긴 통나무. (ⓒⓖⓞ)

23. 짚이나 대, 싸리 따위로, 바구니 비슷하게 엮어 만든 그릇. (ⓒⓞⓡ)

24. 함부로 뒤섞여서 하나하나가 뚜렷하지 못한 상태. (ⓒⓑⓑ)

25. 훤히 뚫려 있는 큰 길이 아닌, 뒷골목에 어둡고 지저분하게 나 있는 길. (ⓒⓞⓖ)

26. 박을 쪼개지 않고 둥근 채로 꼭지 부분만 베어내고 그 속을 파낸 바가지. (ⓒⓞⓑ)

27. 나무로 궤짝 같이 만들어 쌀 따위를 담아 두는 세간. (ⓒⓙ)

28. 사물이 마구 뒤섞여 갈피를 잡을 수 없이 된 상태. (ⓒⓙⓑⓙ)

29. 어떠한 말이나 글 아래에 그 뜻을 잇대어서 풀이 비슷하게 노랫말 체로 지어 붙인 말. 혹은 본격적인 연희 뒤에 하는 마무리 과정. (ⓒⓟⓞ)

30. 검불, 잔 나뭇가지, 털, 깃 따위를 모아 둥그스름하게 만든 새의 집. (ⓒⓙ)

정답

1. 돌무지 **2.** 동냥 **3.** 동산 **4.** 동아리 **5.** 동아줄 **6.** 동이 **7.** 동자박 **8.** 동정 **9.** 두레 **10.** 두레박 **11.** 두렛상 **12.** 두루마기 **13.** 두루말이 **14.** 두름 **15.** 두멍 **16.** 두메 **17.** 두엄 **18.** 둔치 **19.** 둘레 **20.** 둘치 **21.** 둥개다 **22.** 둥굴이 **23.** 둥우리 **24.** 뒤범벅 **25.** 뒤안길 **26.** 뒤웅박 **27.** 뒤주 **28.** 뒤죽박죽 **29.** 뒤풀이 **30.** 둥지

우리말 11

초성으로 찾아가는 재미있는 상식여행

1. 벼를 베고 난 논에 보리나 남새 따위를 심는 일. (㉢㉠㉧)

2. 뒤에서 보살피며 사물을 주선하여 도와주는 일. (㉢㉥㉣㉨)

3. 뒤늦게 쓸데없이 수선을 떨다. (㉢㉥㉩㉢)

4. 어떤 일을 거의 마친 다음에 나머지 남은 부분들을 다듬어 마무리 하는 일. (㉢㉦㉨)

5. 빚을 못 갚은 사람의 가마, 솥 따위를 떼어가거나 그릇붙이를 가져가는 짓. 혹은 서로 머리나 멱살을 잡고 싸우는 짓. (㉢㉨㉧)

6. 집에 들어 있을 때에 주로 입는 옷이나 신는 신 따위. (㉢㉥)

7. 결혼식에서, 신랑이나 신부 곁에서 걸 따르는 노릇이나 돌보아주는 사람. (㉢㉣㉣)

8. 어떤 곳으로 들어가는 첫 부분. 혹은 밀물이 들기 시작할 때. (㉢㉤㉣)

9. 뒷바라지에 쓰이는 물건. 혹은 막일에 남을 힘차게 도움. (㉢㉤㉦)

10. 주인의 눈을 속여 잽싸게 물건을 훔쳐 내가는 좀도둑. 혹은 그런 짓. (㉢㉩㉠)

11. 베나 무명으로 깃이 없고 소매가 짧거나 없게 만들어 등만 덮게 걸쳐 입는 옷.(㉢㉠㉣)

12. 큰 줄기를 잘라내고 난 나무의 밑동. (㉢㉠)

13. 옷을 입은 채 덮개가 없이 아무 데서나 쓰러져서 편하지 못하게 자는 잠. (㉢㉠㉨)

14. 다른 사람의 그림이나 다른 데에 쓰던 그림을 그대로 본뜨는 일. (㉢㉠㉠)

15. 무엇을 등 뒤에 두어 기대거나, 남과 서로 어그러지다. (㉢㉨㉢)

16. 굵은 나무 한끝에 공이를 박고 다른 한끝을 발로 디디어 곡식을 찧는 기구.(ⓒⓒⓑⓞ)

17. 디디고 다닐 수 있게 드문드문 놓은 평평한 돌. (ⓒⓒⓒ)

18. 그 자리에서 일어나고 있는 일과 아주 관계가 없는 일이나 짓. (ⓒⓩ)

19. 뚫어지거나 금이 가거나 한 것을 깁거나 때우거나 하는 일. (ⓒⓩ)

20. 겉으로 드러나는 자태나 맵시. 혹은 때가 많이 섞여 더러운 물. (ⓒⓜ)

21. 주색이나 육식을 마음대로 하는 가짜 중. (ⓒⓒ)

22. 썩 굵고 짧은 나무토막의 끝에 자루가 가로 달려 떡이나 인절미들을 치는 메. (ⓒⓜ)

23. 머리 위에 얹어서 짐을 괴는, 풀이나 헝겊으로 만든 고리모양의 물건. (ⓒⓞⓡ)

24. 찌개나 지짐이 따위를 끓이는 데 쓰는, 아가리가 넓고 속이 깊은 작은 그릇. (ⓒⓑⓖ)

25. 말이나 행동이 엉뚱하거나 무뚝뚝하고 우둔한 사람을 가리키는 말. (ⓒⓒⓩ)

26. 옷, 목도리, 장갑 등을 실로 뜨는 일. (ⓒⓖⓩ)

27. 곡식을 씻어 낸 뿌예진 물. (ⓒⓜ)

28. 터무니없이 떠돌아다니는 소문. (ⓒⓢⓜ)

29. 병 아가리나 구멍 같은 데에 끼어 막는 물건. (ⓜⓖ)

30. 깃과 고름이 없고 섶을 여미지 않으며, 단추를 달아 저고리 위에 덧입는 옷. (ⓜⓖⓩ)

정답

1. 뒷갈이 **2.** 뒷바라지 **3.** 뒷북치다 **4.** 뒷손질 **5.** 드잡이 **6.** 든벌 **7.** 들러리 **8.** 들머리 **9.** 들무새 **10.** 들치기 **11.** 등거리 **12.** 등걸 **13.** 등걸잠 **14.** 등글기 **15.** 등지다 **16.** 디딜방아 **17.** 디딤돌 **18.** 딴전 **19.** 땜질 **20.** 땟물 **21.** 땡추 **22.** 떡메 **23.** 똬리 **24.** 뚝배기 **25.** 뚱딴지 **26.** 뜨개질 **27.** 뜨물 **28.** 뜬소문 **29.** 마개 **30.** 마고자

우리말 12

초성으로 찾아가는 재미있는 상식여행

1. 길쭉한 토막, 상자, 구덩이들의 양쪽 머리 면. (ㅁㄱㄹ)

2. 이것저것 생각하지 않고 닥치는 대로 하는 짓. (ㅁㄱㅈㅇ)

3. 집 안팎에 평평하게 닦아 놓은 땅. 혹은 어떤 일이 벌어지고 있는 곳. (ㅁㄷ)

4. 볼이 넓고 바닥이 평평하게 생긴 발. 또는 인간관계가 폭넓은 사람. (ㅁㄷㅂ)

5. 봄가을 두 차례 우리나라를 지나는 나그네새로서 도요새 가운데 가장 큰 새. (ㅁㄷㅇ)

6. 잔가지나 줄거리의 토막으로 된 땔나무. 혹은 해진 옷의 남은 솔기. (ㅁㄷㄱㄹ)

7. 제법 마음에 들 만하다. (ㅁㄸㅎㄷ)

8. 등성이를 이루는 지붕이나 산, 들의 꼭대기. 혹은 일의 한창인 고비. (ㅁㄹ)

9. 산마루나 지붕마루 따위의 두드러진 턱. (ㅁㄹㅌㄱ)

10. 옷감이나 재목 따위를 일정한 수치로 마르는 일. (ㅁㄹㅈ)

11. 일의 끝을 짓는 마지막 손질. (ㅁㅁㄹ)

12. 오는 사람을 나가서 맞음. (ㅁㅈ)

13. 메밀국수를 김칫국물이나 육수에 말아 먹는 강원도 향토음식. (ㅁㄱㅅ)

14. 청주를 떠내지 않고 걸러 짜낸 술로 빛깔이 흐리고 맛이 텁텁한 술. (ㅁㄱㄹ)

15. 여러 형제, 자매 가운데 맨 끝에 난 사람. (ㅁㄴ)

16. 가늘고 기름한 나무나 대의 토막. (ㅁㄷㄱ)

17. 처마 끝에 놓이는, 둥그런 마구리가 달린 기와. (ㅁㅅ)

18. 그 해의 맨 먼저 나온 나물. (ㅁㄴㅁ)

19. 말이나 짓이 거칠고 막된 젊은 여자. (ㅁㄱㄹㅇ)

20. 말의 안장 양쪽에 달아 늘어뜨리어 진땅의 흙이 튀는 것을 막아 내는 기구. (ㅁㄷㄹ)

21. 땅에 두들겨 박는 아래 끝이 뾰족한 몽둥이. (ㅁㄸ)

22. 자기가 한 말을 감당해 뒷수습하는 것. (ㅁㄱㅁ)

23. 일정한 일에 매인 사람이 다른 일로 말미암아 얻은 겨를. (ㅁㅁ)

24. 어떤 현상이나 사물이 원인이나 이유가 되다. (ㅁㅁㅇㄷ)

25. 연을 날릴 때 얼레의 줄을 남김없이 다 풀어줌. 또는 살림을 다 떨게 됨. (ㅁㄱ)

26. 말과 행동이 아주 막된 사람. 혹은 죄인의 목을 베는 형벌을 맡아보던 사람. (ㅁㄴㄴ)

27. 지붕의 양 옆면이 막 잘린 지붕. (ㅁㅂㅈㅂ)

28. 불이 나고 있는 곳의 맞은편에서 마주 놓는 불. (ㅁㅂ)

29. 천 년 묵은 여우가 변하여 된다는 이상한 짐승. (ㅁㄱ)

30. 반죽이나 진흙같이 질척한 것을 아무 데나 함부로 뒤바르는 짓. (ㅁㄷㄱ)

정답

1. 마구리 **2.** 마구잡이 **3.** 마당 **4.** 마당발 **5.** 마도요 **6.** 마들가리 **7.** 마뜩하다 **8.** 마루 **9.** 마루터기 **10.** 마름질 **11.** 마무리 **12.** 마중 **13.** 막국수 **14.** 막걸리 **15.** 막내 **16.** 막대기 **17.** 막새 **18.** 맏나물 **19.** 말괄량이 **20.** 말다래 **21.** 말뚝 **22.** 말갈망 **23.** 말미 **24.** 말미암다 **25.** 망고 **26.** 망나니 **27.** 맞배지붕 **28.** 맞불 **29.** 매구 **30.** 매대기

우 리 말

13

초성으로 찾아가는 재미있는 상식여행

1. 끈, 노, 실 따위를 잡아매어 마디를 이루는 것. (ㅁㄷ)

2. 매의 주둥이와 같이 끝이 삐죽하게 아래로 숙여진 코. (ㅁㅂㄹㅋ)

3. 남이 겁을 낼 만큼 매몰차고 날카롭다. (ㅁㅅㄷ)

4. 비를 머금은 검은 조각구름. (ㅁㅈㄱㄹ)

5. 아름답고 보기 좋은 모양새. (ㅁㅅ)

6. 찐 메밀을 약간 말리어 찧어 껍질을 벗긴 쌀. (ㅁㅆ)

7. 위아래에 두 개의 넓적한 돌을 포개어 곡식을 가는 데 쓰는 기구. (ㅁㄷ)

8. 매를 잘 견디어 버티는 몸집. (ㅁㅈ)

9. 음식 따위가 제맛이 나지 않고 싱겁다. 혹은 마음이 허전하고 싱겁다. (ㅁㅁㅎㄷ)

10. 입속에 넣어 씹거나 삼키지 않은 채로 가지다. (ㅁㄱㄷ)

11. 과실이나 생선 따위가 많은 가운데 가장 굵거나 큰 것들. (ㅁㄷㄹㄱ)

12. 농가에서 고용살이하는 사내. (ㅁㅅ)

13. 달구지나 쟁기 따위를 끌 때에 마소의 목에 가로 얹는, 'Λ' 꼴로 구부러진 막대. 혹은 사람의 마음이나 행동을 고통스럽게 억누르는 일을 비유하는 말. (ㅁㅇ)

14. 많은 사람이 모여서 벌이는 잔치. (ㅁㄱㅈ)

15. 날이 샐 무렵의 동쪽 하늘. (ㅁㄷ)

16. 주름을 잡은 듯이 보이는 멀리 있는 산들의 첩첩한 능선. (ⓜⓢⓙⓡ)

17. 가늘고 보드라운 티끌. (ⓜⓙ)

18. 차, 배, 비행기 따위를 탔을 때 그 흔들림을 받아서 어지럽고 메스꺼운 증세. (ⓜⓜ)

19. 새끼 날을 짚으로 싸서 결어 곡식을 너는 데 쓰는 큰 자리. (ⓜⓢ)

20. 살가죽이나 림프샘 따위에 둥글게 엉기어 뭉쳐진 굳은 덩이. (ⓜⓞ)

21. 목이 좀 두툼하게 올라와서 예쁘게 생기지 아니한 한 되들이 병. (ⓜⓣⓖⓡ)

22. 소리를 지를 때 마주 울리는 소리. (ⓜⓞⓡ)

23. 간장을 담그기 위해 콩을 무르게 삶아서 찧은 다음 덩이를 지어서 띄워 말린 것.(ⓜⓙ)

24. 산의 가장 높은 봉우리. (ⓜⓑⓡ)

25. 사람 몸에 급소의 하나로 가슴뼈 아래 한가운데의 오목하게 들어간 곳. (ⓜⓒ)

26. 모를 못자리에서 논으로 옮겨 심는 일. (ⓜⓝⓖ)

27. 바둑판 모양으로 일정한 간격을 두고 여러 개의 가로줄과 세로줄을 직각으로 교차시켜 그려 놓은 종이. (ⓜⓝⓙⓞ)

28. 검불이나 잎나무 따위를 더미 지어 태우는 불. 또는 그 불더미. (ⓜⓓⓑ)

29. 가지런히 같은 자리에 모아 붙인 두 발. (ⓜⓓⓑ)

30. 강이나 바다를 끼고 모래가 쌓여 있는 넓고 큰 벌판. (ⓜⓡⓣ)

정답

1. 매듭 **2.** 매부리코 **3.** 매섭다 **4.** 매지구름 **5.** 맵시 **6.** 맵쌀 **7.** 맷돌 **8.** 맷집 **9.** 맹맹하다 **10.** 머금다 **11.** 머드러기 **12.** 머슴 **13.** 멍에 **14.** 먹거지 **15.** 먼동 **16.** 먼산주름 **17.** 먼지 **18.** 멀미 **19.** 멍석 **20.** 멍울 **21.** 멍텅구리 **22.** 메아리 **23.** 메주 **24.** 멧부리 **25.** 명치 **26.** 모내기 **27.** 모눈종이 **28.** 모닥불 **29.** 모둠발 **30.** 모래톱

1. 산모퉁이의 휘어 둘린 곳. (ㅁㄹㅇ)

2. 아는 것이나 모르는 것이나 모두 모른다고만 하는 주의. (ㅁㄹㅅ)

3. 사리를 따져 보건대 마땅히. (ㅁㄹㅈㄱ)

4. 썩 잘고 고운 모래밭. (ㅁㅅㅂ)

5. 볍씨를 뿌려 모를 기르는 곳. (ㅁㅈㄹ)

6. 음흉하고 심술궂게 욕심부리는 성질. (ㅁㄴ)

7. 몹시 해져서 아주 짧아진 치마. (ㅁㄷㅊㅁ)

8. 짤막하고 단단한 몽둥이. (ㅁㅊ)

9. 한 태에 낳은 여러 마리의 새끼 가운데 맨 먼저 나온 새끼. (ㅁㄴㄹ)

10. 물건의 거죽에 어룽져 나타난 어떤 모양. (ㅁㄴ)

11. 정도가 어떤 기준에 거의 가깝거나, 마음씨가 순박하고 참되며 너그럽다. (ㅁㄷㅎㄷ)

12. 늦가을에 처음으로 묽게 내리는 서리. (ㅁㅅㄹ)

13. 썰물과 밀물의 차. (ㅁㅅㄱ)

14. 옛날, 궁중에서 나인의 세숫물 시중을 맡은 여자 종. (ㅁㅅㄹ)

15. 물을 높은 곳으로 퍼 올리는 기계. (ㅁㅈㅇ)

16. 대기 중에 떠 있는 작은 물방울들에 햇빛이 굴절되거나 반사되어서 해의 반대쪽에 반원 모양으로 길게 뻗쳐 나타나는 일곱 가지빛의 줄. (ⓜⓩⓖ)

17. 부녀자들이 명절이나 잔치 때에 치마 속에 입는 짧은 통치마의 하나. (ⓜⓩⓖ)

18. 아무것도 모르는 어리석은 사람. 혹은 헐어서 못쓰게 된 물건. (ⓜⓩⓡⓞ)

19. 뜯어다 두었다가 이듬해 봄에 먹는 산나물. (ⓜⓝⓜ)

20. 조기들이 알을 슬려고 연안 가까이 말려드는 일. 또는, 그때. (ⓜⓢⓡ)

21. 쌀 따위가 오래되거나 열이나 습기로 말미암아 뜨거나 하여 나는 냄새. (ⓜⓝ)

22. 술 취한 사람의 입에서 나는 냄새. (ⓜⓑⓝ)

23. 드나드는 문을 지키는 사람. (ⓜⓩⓖ)

24. 문 밑의, 문설주 사이에 가로 놓인 나무. (ⓜⓩⓑ)

25. 물에 사는 새나 짐승의 발가락 사이에 헤엄치기에 적당하게 발달된 막. (ⓜⓖⓚ)

26. 논에 물이 넘어들어오거나 넘어 나가게 한 목. (ⓜㄲ)

27. 물이 떨어지는 힘으로 도는 큰 나무 바퀴와 굴대에 공이를 장치하여, 바퀴가 돌 때마다 공이가 오르내리며 곡식을 찧는 방아. (ⓜⓡⓑⓞ)

28. 물에 적신 곡식을 맷돌로 가는 일. (ⓜⓜⓩ)

29. 비가 내리듯이 많이 끼는 안개. (ⓜⓞⓖ)

30. 납작한 돌멩이 따위를 던져 물 위를 튀기면서 멀리 가게 하는 일. (ⓜⓟⓜ)

정답

1. 모롱이 **2.** 모르쇠 **3.** 모름지기 **4.** 모새밭 **5.** 못자리 **6.** 몽니 **7.** 몽당치마 **8.** 몽치 **9.** 무녀리 **10.** 무늬 **11.** 무던하다 **12.** 무서리 **13.** 무수기 **14.** 무수리 **15.** 무자위 **16.** 무지개 **17.** 무지기 **18.** 무지렁이 **19.** 묵나물 **20.** 묵사리 **21.** 문내 **22.** 문뱃내 **23.** 문지기 **24.** 문지방 **25.** 물갈퀴 **26.** 물꼬 **27.** 물레방아 **28.** 물매질 **29.** 물안개 **30.** 물팔매

우 리 말

15

초성으로 찾아가는 재미있는 상식여행

1. 여럿이 한꺼번에 덤비어 때리는 매. (㉤㉤)

2. 꼭대기는 둥글고 밑은 편평한, 덩어리로 된 구름. (㉤㉠㉠㉣)

3. 둥글둥글하여진 덩어리. (㉤㉧㉣)

4. 뚤뚤 말리거나 엉키어서 이룬 덩이. (㉤㉩)

5. 지렁이나 새우 등 낚싯바늘에 끼워 물고기가 물게 하는 먹이. (㉤ㄲ)

6. 낚시 끝의 안쪽에 있는, 거스러미 모양의 작은 갈고리. (㉤㉡)

7. 은하수의 제주도 방언. (㉤㉣㉡)

8. 산속에서 풀뿌리나 나뭇잎이나 열매를 따 먹고 사는 자연의 사람. (㉤㉦㉣)

9. 찹쌀, 멥쌀, 보리쌀 따위를 볶거나 쪄서 말린 후 갈아서 체에 친가루. (㉤㉦㉠㉣)

10. 됨됨이나 하는 짓이 어리석고 미련하다. (㉤㉧㉭㉢)

11. 집을 짓거나 고칠 때 흙이나 시멘트 따위를 바르는 일을 업으로 하는 사람. (㉤㉨㉧)

12. 숨은 일까지 속속들이 캐는 꼴. (㉤㉨㉧ ㉠㉨㉧)

13. 날을 여섯 개로 하여 삼 껍질을 짚신처럼 삼은 신. (㉤㉫㉣)

14. 밀을 빻아서 체로 가루를 내고 남은 무거리. (㉤㉠㉧)

15. 그넷줄의 맨 아래에 걸쳐 놓아 발을 디디거나 앉도록 된 긴 물건. (㉤㉦㉠)

16. 무슨 일을 하는 데 드는 재물. 또는 기술이나 재주 따위. (㉤㉩)

17. 박을 쪼개거나 다른 재료로 만들어 액체를 푸거나 붓는 데 쓰는 그릇. (ㅂㄱㅈ)

18. 대나 싸리를 쪼개어 둥글게 결어 속을 깊숙하게 하고, 대나무로 테를 두른 그릇. (ㅂㄱㄴ)

19. 바늘에 실을 꿰어 옷 따위를 짓거나 깁는 일. (ㅂㄴㅈ)

20. 바느질할 때에, 더 쓸 수 없을 만큼 짧게 된 실 동강. (ㅂㄴㅂ)

21. 어린아이의 머리털을 조금씩 모숨을 지어 여러 갈래로 땋은 머리. (ㅂㄷㅁㄹ)

22. 바람의 방향을 알기 위한 장치 또는 바람을 일으키려고 돌아가게 만든 날개. (ㅂㄹㄱㅂ)

23. 중이 등에 지고 다니는 자루 같은 큰 주머니. (ㅂㄹ)

24. 피륙, 종이 따위를 물에 빨거나 약품을 써서 희게 하는 일. (ㅂㄹㄱ)

25. 서로 만나는 두 직선이 이루는 90도의 각. (ㅂㄹㅁ)

26. 빨랫줄을 받치는 장대. (ㅂㅈㄹㄷ)

27. 앞의 위쪽 절반이 문짝이 되어 아래로 열게 되어 있는 궤 모양의 가구. (ㅂㄷㅇ)

28. 긴 네모꼴 두 끝에 손잡이 막대기를 댄, 고기 잡는 그물의 한 가지. (ㅂㄷ)

29. 가루에 물을 조금 섞어서 되게 이겨 개어서 놓은 물건. (ㅂㅈ)

30. 간사한 꾀로 남을 속여 해롭게 하거나, 못된 일을 남에게 미리 알리는 것. (ㅂㄱㄹ)

정답

1. 뭇매 **2.** 뭉게구름 **3.** 뭉우리 **4.** 뭉치 **5.** 미끼 **6.** 미늘 **7.** 미리내 **8.** 미사리 **9.** 미숫가루 **10.** 미욱하다 **11.** 미장이 **12.** 미주알고주알 **13.** 미투리 **14.** 밀기울 **15.** 밑신개 **16.** 밑천 **17.** 바가지 **18.** 바구니 **19.** 바느질 **20.** 바늘밥 **21.** 바둑머리 **22.** 바람개비 **23.** 바랑 **24.** 바래기 **25.** 바른모 **26.** 바지랑대 **27.** 반닫이 **28.** 반두 **29.** 반죽 **30.** 발거리

1. 바닥이 울리도록 발을 들었다 놓았다 하는 동작. (ㅂㄱㄹ)

2. 키를 돋우느라고 발밑에 무엇을 괴거나 발끝만 디디고 서는 짓. (ㅂㄷㅇ)

3. 겉을 벗기거나 갈라 헤치고 속의 것을 추려서 내다. (ㅂㄹㄴㄷ)

4. 발로 밟은 흔적. 또는 지난날의 갖가지 사실. (ㅂㅈㅊ)

5. 싸리나 대오리로 조가비 모양으로 만들어 지레에 얹어서 짐을 싣는 제구. (ㅂㅊ)

6. 걸음을 걸어서 거리를 헤아리거나 팔을 펴서 길이를 재다. (ㅂㄷ)

7. 저녁을 먹은 뒤에 밤중에 또 먹는 음식. (ㅂㅊ)

8. 밥상의 한쪽 언저리. (ㅂㅅㅁㄹ)

9. 나무를 둥글게 깎아 만들어 무엇을 두드리거나 다듬는 데 쓰는 연모. (ㅂㅁㅇ)

10. 집게손가락으로 잡아당겨 탄알이 나가게 하는 총에 붙은 구부정한 쇠. (ㅂㅇㅅ)

11. 방아로 곡식을 찧거나 빻는 곳. (ㅂㅇㄱ)

12. 물의 침범을 막고자 쌓은 둑. 혹은 파거나 둑으로 둘러막은 못. (ㅂㅈ)

13. 썩 좋은 놋쇠를 부어 내어 다시 두드려서 만든 그릇. (ㅂㅉ)

14. 밭이랑 사이의 홈이 진 곳. (ㅂㄱㄹ)

15. 시집간 색시가 친정에 가서 어른들을 뵘. (ㅂㄴㄹ)

16. 마음속으로 다져 먹은 생각. 혹은 조금도 굽히지 않고 버티어 나가는 힘. (ㅂㅉ)

17. 기둥의 중간이 배가 부르고 아래위로 가면서 점점 가늘어지게 만든 것. (ⓑⓗⓡ)

18. 멥쌀가루에 밤, 대추, 잣 등을 섞고, 고물 대신 흰 종이를 깔아서 쪄낸 시루떡.(ⓑⓢⓖ)

19. 예절에 대한 교양. 또는 어른을 공경할 줄 아는 버릇. (ⓑⓑⓞ)

20. 작고 가늘게 뜨거나 째진 눈. (ⓑⓢⓝ)

21. 배를 부리는 일을 업으로 삼는 사람. (ⓑⓢⓖ)

22. 거리낌 없이 제 생각대로 버티어 내는 힘. 또는 마음속에 다지는 속셈. (ⓑⓢ)

23. 여러 번 되풀이함으로써 저절로 익고 굳어진 행동. (ⓑⓡ)

24. 파서 헤집어 놓다. 혹은 벌여서 어수선하게 늘어놓다. (ⓑⓡⓓ)

25. 늙고 병들거나 고생살이로 살이 빠지고 쭈그러진 늙은 여자. (ⓑⓚⓡ)

26. 장승을 일컫는 다른 말로, 마을 어귀나 다리 또는 길가에 수호신으로 세운 사람 모양의 형상. (ⓑⓢ)

27. 구름과 구름, 구름과 대지 사이에서 공중 전기의 방전으로 번쩍이는 불꽃. (ⓑⓖ)

28. 묵은 곡식은 거의 떨어지고 보리는 아직 여물지 않아 농가 생활이 가장 어려운 음력 4월에서 5월 사이. (ⓑⓡⓖⓖ)

29. 높고 둥근 갓모자에 평평한 전으로 되어 군인·하례들이 쓰는 털로 만든 모자.(ⓑⓖⓙ)

30. 베개를 벤 머리가 향하여 있는 위쪽 가까운 자리. (ⓑⓖⓜⓡ)

정답

1. 발구름 **2.** 발돋움 **3.** 발라내다 **4.** 발자취 **5.** 발채 **6.** 밝다 **7.** 밤참 **8.** 밥상머리 **9.** 방망이 **10.** 방아쇠 **11.** 방앗간 **12.** 방죽 **13.** 방짜 **14.** 밭고랑 **15.** 배내리 **16.** 배짱 **17.** 배흘림 **18.** 백설기 **19.** 뱀뱀이 **20.** 뱁새눈 **21.** 뱃사공 **22.** 뱃심 **23.** 버릇 **24.** 버릇다 **25.** 버커리 **26.** 벅수 **27.** 번개 **28.** 보릿고개 **29.** 벙거지 **30.** 베갯머리

우 리 말 17

초성으로 찾아가는 재미있는 상식여행

1. 베, 무명, 명주 따위의 피륙을 짜는 틀. (㉥㉫)

2. 험하고 가파른 비탈. (㉥㉣)

3. 먹을 가는 데 쓰는 돌로 만든 문방구. (㉥㉣)

4. 관청에 출근하며 나랏일을 맡아 다스리는 관직. (㉥㉦)

5. 다 자라지 않은 어린 닭. (㉥㉧㉣)

6. 작은 틈을 통하여 잠깐 비치는 햇볕. 혹은 그늘진 곳에 비치는 햇볕의 기운. (㉥㉡)

7. 보자기에 물건을 싸서 꾸린 뭉치. (㉥ㄸ㉣)

8. 솜이나 짐승의 털로 두껍게 속을 넣고 헝겊으로 만들어 앉는 자리에 늘 깔아 두는 요.(㉥㉣)

9. 보리가 누렇게 익는 철. (㉥㉣㉡㉣)

10. 옷을 죄다 벗은 알몸. 혹은 재물을 모조리 털어먹은 사람. (㉥㉠㉦㉧)

11. 웃을 때에 볼에 오목하게 들어가는 자국. (㉥㉨㉠)

12. 종이, 헝겊 따위의 거죽에서 부풀어 일어나는 가는 털. (㉥㉬)

13. 평평하게 생긴 물건 또는 바닥의 한가운데. (㉥㉬)

14. 어떠한 것임을 알게 하려고 보이는 한 부분이나 대상. (㉥㉥㉠)

15. 약속을 지키겠다는 증거로 잡혀 두는 물건이나 사람. (㉥㉤)

16. 아궁이 양쪽에 세우는 돌. 혹은 지붕 위를 덮은 널빤지를 눌러 놓는 돌. (㉥㉢)

17. 등에 지려고 물건을 보에 싼 짐. (ㅂㅈ)

18. 부엌 아궁이 위에 흙과 돌을 섞어 쌓아서 솥을 걸어 놓은, 솥 언저리의 평평한 자리. (ㅂㄸㅁ)

19. 대문 가까이 있어서 나그네들이 한데 모여 자는, 주막집의 가장 큰 방. (ㅂㄴㅂ)

20. 자기의 이익을 위해 물불을 가리지 않고 덤비는 사람. (ㅂㄹㅋ)

21. 음력 정월 보름날 새벽에 까서 먹는 밤, 잣, 호두, 땅콩 따위. (ㅂㄹ)

22. 물고기의 뱃속에 있는 공기주머니. (ㅂㄹ)

23. 털빛이 온통 흰 말. (ㅂㄹㅁ)

24. 새나 일부 짐승의 길고 뾰족한 주둥이. (ㅂㄹ)

25. 잘게 부스러진 물건. 또는 골라내고 남은 하찮은 물건. (ㅂㅅㄹㄱ)

26. 집안에서 밥을 짓거나 그 밖은 음식을 만드는 곳. (ㅂㅇ)

27. 아궁이에 불을 땔 때, 불을 헤치거나 끌어내는 데 쓰는 가느다란 막대기. (ㅂㅈㄲㅇ)

28. 넓이와 높이를 가진 물선이 차지하는 공간의 크기. (ㅂㅍ)

29. 야단스럽게 부산을 떨며 법석이는 형태. (ㅂㅅㅌ)

30. 분량이나 수가 많아지다. (ㅂㄷ)

정답

1. 베틀 **2.** 벼랑 **3.** 벼루 **4.** 벼슬 **5.** 병아리 **6.** 볕뉘 **7.** 보따리 **8.** 보료 **9.** 보리누름 **10.** 벌거숭이 **11.** 보조개 **12.** 보풀 **13.** 복판 **14.** 본보기 **15.** 볼모 **16.** 봇돌 **17.** 봇짐 **18.** 부뚜막 **19.** 봉놋방 **20.** 부라퀴 **21.** 부럼 **22.** 부레 **23.** 부루말 **24.** 부리 **25.** 부스러기 **26.** 부엌 **27.** 부지깽이 **28.** 부피 **29.** 북새통 **30.** 붇다

우 리 말

18

초성으로 찾아가는 재미있는 상식여행

1. 장작이나 숯에 불을 옮기어 붙이느라고 먼저 쓰는 잎나무나 관솔 따위. (ⓑⓢⓢⓖ)

2. 얼굴빛이 술기운을 띠거나 혈기가 좋아 불그레하다. (ⓑⓚⓗⓓ)

3. 꽉 정한 대로 바꾸지 아니하거나, 한군데에 박혀 있거나 붙어 있음. (ⓑⓑⓞ)

4. 물고기나 뱀 따위의 거죽을 덮고 있는, 얇고 단단하게 생긴 작은 조각. (ⓑⓝ)

5. 속이 메스껍고 아니꼬운 냄새. 또는 아직 성숙하지 못한 애티. (ⓑⓡⓝ)

6. 두부 될 물을 짜낸 찌꺼기. 또는 콩을 불려 갈아서 끓인 음식. (ⓑⓙ)

7. 두 개의 장대에 가로장을 질러 높은 곳에 곧장 디디고 오르도록 만든 기구. (ⓢⓓⓡ)

8. 어금니가 다 난 뒤, 성년기에 새로 맨 안쪽 끝에 나는 작은 어금니. (ⓢⓡⓝ)

9. 국수, 새끼, 실 따위를 사려서 감은 뭉치. 혹은 그것의 분량을 세는 단위. (ⓢⓡ)

10. 사립짝을 달아서 만든 문. (ⓢⓡⓜ)

11. 깊이 스며들거나 멀리 뻗치어 닿다. (ⓢⓜⓒⓓ)

12. 이곳에서 저곳까지, 이 물체에서 저 물체까지 벌어진 틈. (ⓢⓞ)

13. 값이 크게 오를 것을 내다보고 막 몰아 물건을 사들여 쟁이는 일. (ⓢⓙⓖ)

14. 어떠한 곳에서만 쓰이는 표준이 아닌 말. (ⓢⓣⓡ)

15. 살아있는 나무에 붙어 있는, 말라 죽은 가지. (ⓢⓙⓞ)

16. 품값으로 주는 물건이나 돈. 혹은 어떤 물건이나 시설을 이용한 세로 주는 돈. (ⓢ)

17. 집이나 세간 따위가 겉으로 보기보다는 너르다. 혹은 마음씨가 부드럽고 상냥하다. (ㅅㄱㄷ)

18. 한집안을 이루어 살아가는 일. 혹은 살아가는 형편. (ㅅㄹㅅㅇ)

19. 굳게 엉기지 못한 얇은 얼음. (ㅅㅇㅇ)

20. 두 땅의 경계선을 나타낸 표. 혹은 물건과 물건과의 사이를 구별 지은 표. (ㅅㅍ)

21. 관자놀이와 귀 사이에 난 머리털. (ㅅㅉ)

22. 말이나 행동을 꺼려 조심하거나 하지 않다. (ㅅㄱㄷ)

23. 대오리나 싸리로 엮어 흙이나 쓰레기 따위를 담아 나르는 데 쓰는 그릇. (ㅅㅌㄱ)

24. 대오리나 갈대로 거칠게 엮어 만들어서 비나 볕을 가리기 위하여 쓰는 갓. (ㅅㄱ)

25. 배를 떼거나 댈 때, 또는 물이 얕은 곳으로 밀어 나갈 때 쓰는 장대. (ㅅㅇㄷ)

26. 틈이 있는 곳마다, 빈틈없이 모조리. (ㅅㅅㅇ)

27. 씨름할 때에 허리와 다리를 둘러 묶어서 손잡이로 되는, 무명으로 된 끈. (ㅅㅂ)

28. 자기보다 나은 처지에 있는 이를 미워하는 일. 또는 그러한 마음. (ㅅㅇ)

29. 짚으로 꼰 줄. 또는 난 지 얼마 되지 아니한 어린 동물. (ㅅㄲ)

30. 계집아이가 예장할 때에 머리털을 두 갈래로 갈라서 땋은 머리. (ㅅㅇㅁㄹ)

정답

1. 불쏘시개 **2.** 불콰하다 **3.** 붙박이 **4.** 비늘 **5.** 비린내 **6.** 비지 **7.** 사다리 **8.** 사랑니 **9.** 사리 **10.** 사립문 **11.** 사무치다 **12.** 사이 **13.** 사재기 **14.** 사투리 **15.** 삭정이 **16.** 삯 **17.** 살갑다 **18.** 살림살이 **19.** 살얼음 **20.** 살피 **21.** 살쩍 **22.** 삼가다 **23.** 삼태기 **24.** 삿갓 **25.** 상앗대 **26.** 샅샅이 **27.**샅바 **28.** 새암 **29.** 새끼 **30.** 새앙머리

우리말 19

초성으로 찾아가는 재미있는 상식여행

1. 하는 일 밖에 때때로 다른 일을 하는 것. 또는 빈틈을 엿보아 남의 앞자리에 끼어드는 짓. (ㅅㅊㄱ)

2. 너무 얌전하고 고루한 사람을 놓으로 일컫는 '생원님'의 준말. (ㅅㄴ)

3. 가지 사이에 난 가지. (ㅅㄱㅈ)

4. 할퀴거나 긁히거나 해서 생긴 작은 상처. (ㅅㅊㄱ)

5. 마룻대에서 도리 또는 보에 걸쳐 지른 통나무. (ㅅㄲㄹ)

6. 책상, 문갑, 장롱, 경대 따위에 빼었다 끼웠다 하게 되어 있는 긴 네모꼴의 상자. (ㅅㄹ)

7. 떼를 지어 주인 모르게 훔치어다 먹는 장난. (ㅅㄹ)

8. 칼날 따위의 날카로운 부분. 혹은 날카로운 기세. (ㅅㅅ)

9. 절인 배추, 무, 오이 등을 넓적하게 썰고 버무려서 익힌 김치. (ㅅㅂㅈ)

10. 지금 서서 가는 그대로의 걸음. (ㅅㄱㅇ)

11. 석기시대에 큰 돌을 기둥 모양으로 한 개 또는 여러 개를 세워 놓은 기념비. (ㅅㄷ)

12. 차분하지 못하고 거칠게 덜렁거리는 아이. (ㅅㅁㅅ)

13. 물건을 얹어 놓기 위하여 널조각 따위의 밑을 받치어 놓은 것. (ㅅㅂ)

14. 장마철에 땅속으로 스며들었던 빗물이 다시 솟아 나오는 샘. (ㅅㅅ)

15. 술청 앞에 서서 술을 먹게 마련한 집. (ㅅㅅㅈ)

16. 음력으로 한 해의 마지막 달. (ⓢⓓ)

17. 음식을 먹고 난 뒤에 그릇을 씻어 치우는 일. (ⓢⓖⓙ)

18. 몹시 서두르며 부산하게 구는 짓. (ⓢⓡⓑ)

19. 곡식 따위를 담기 위하여 짚으로 엮어 만든 그릇. (ⓢ)

20. 나뭇개비 끝에 유황을 발라 문질러서 불을 일으키는 도구의 한 가지. (ⓢⓝ)

21. 추운 날 유리창이나 굴뚝, 벽 같은 곳에 수증기가 얼어붙어 겹쳐진 서릿발. (ⓢⓞ)

22. 집안 살림에 쓰는 온갖 제구. (ⓢⓖ)

23. 갑자기 세차게 쏟아지다가 곧 그치는 비. (ⓢⓝⓖ)

24. 멥쌀가루를 반죽하여 팥, 콩, 밤, 깨, 대추 따위로 소를 넣고, 모시조개 같이 빚어서 솔잎을 깔고 찐 떡. (ⓢⓟ)

25. 굽 없는 접시와 비슷한, 독의 뚜껑으로 쓰는 넓은 질그릇. (ⓢⓡⓖ)

26. 저고리나 두루마기 따위의 팔을 꿰는 부분. (ⓢⓜ)

27. 소의 등에 실어 나르는 짐. 혹은 소의 등에 짐을 실어 나르는 일. (ⓢⓑⓡ)

28. 깜짝 놀라 갑자기 몸을 떠는 듯이 움직이다. (ⓢⓢⓡⓒⓓ)

29. 바닥이 둘러 빠지는 꼴을 이루며 물이 돌아 흘러나가는 형상. (ⓢⓞⓓⓞ)

30. 테가 둥그런데 앞만 트이게 대나 싸리로 만든 그릇. (ⓢⓚⓡ)

정답

1. 새치기 **2.** 샌님 **3.** 샛가지 **4.** 생채기 **5.** 서까래 **6.** 서랍 **7.** 서리 **8.** 서슬 **9.** 섞박지 **10.** 선걸음 **11.** 선돌 **12.** 선머슴 **13.** 선반 **14.** 선샘 **15.** 선술집 **16.** 섣달 **17.** 설거지 **18.** 설레발 **19.** 섬 **20.** 성냥 **21.** 성에 **22.** 세간 **23.** 소나기 **24.** 송편 **25.** 소래기 **26.** 소매 **27.** 소바리 **28.** 소스라치다 **29.** 소용돌이 **30.** 소쿠리

우 리 말

20

초성으로 찾아가는 재미있는 상식여행

1. 가는 목소리로 정답게 가만가만히 하는 이야기. (ㅅㅅㅇ)

2. 어떤 말을 부인할 때 또는 조용하기를 요구할 적에 손을 펴서 휘젓는 일. (ㅅㅅㄹ)

3. 엄지손가락과 다른 네 손가락과의 사이. (ㅅㅇㄱ)

4. 솔개만큼 아주 작게 지는 그늘. (ㅅㄱㄱㄴ)

5. 옷이나 이부자리 따위의 두 폭을 맞대고 꿰맨 줄. (ㅅㄱ)

6. 손을 놀려서 무엇을 하는 재주. 혹은 일을 처리하는 수완. (ㅅㅆ)

7. 과거에 급제한 사람을 위하여 그 마을 어귀에 높이 세운 나무. (ㅅㄷ)

8. 나무나 쇠붙이 따위에 구멍을 뚫는 연장. (ㅅㄱ)

9. 열매나 꽃이 한데 모여 달린 덩어리. (ㅅㅇㄹ)

10. 쇠로 만든 고리를 여러 개 걸어 이은 줄. (ㅅㅅㅅ)

11. 쇠로 세 발의 갈퀴 형상으로 만들고 긴 나무자루를 박은 농사 기구. (ㅅㅅㄹ)

12. 쇠가죽에서 벗겨 낸 질긴 고기. (ㅅㄱㄹ)

13. 임금에게 올리는 밥. (ㅅㄹ)

14. 바퀴를 달아서 굴러가게 만든 기구. (ㅅㄹ)

15. 쌍무지개가 섰을 때에, 빛이 곱고 맑게 보이는 쪽의 무지개. (ㅅㅁㅈㄱ)

16. 어떤 사물을 알아맞히도록 비유적으로나 빗대어서 나타내는 물음말. (ㅅㅅㄲㄲ)

17. 밀가루를 맑은장국이나 미역국에 조금씩 떼어 넣어 익힌 음식. (ㅅㅈㅂ)

18. 숨어있는 다른 아이를 잡으러 쫓아다니는 아이. (ㅅㄹ)

19. 선술집에서 널빤지로 길고 높직하게 상처럼 만들어 술을 따라 놓는 곳. (ㅅㅊ)

20. 수줍어하지 아니하는 기색. (ㅅㄱ)

21. 칼이나 낫 따위의 연장을 갈아 날을 세우는 데 쓰는 돌. (ㅅㄷ)

22. 밥을 지운 솥에서 밥을 푸고 물을 부어서 데운 물. (ㅅㄴ)

23. 나무를 구워낸 검은 연료. (ㅅ)

24. 숯의 타다 남은 굵은 조각. (ㅅㄷㄱ)

25. 물이나 바람 따위의 액체나 기체가 틈으로 배어들거나 흘러들다. (ㅅㅁㄷ)

26. 모르는 사이에 조금씩 조금씩. (ㅅㄴㅂㄹ)

27. 푸른 무청을 새끼 등으로 엮어 겨우내 말린 것. (ㅅㄹㄱ)

28. 물건을 얹어 놓으려고 방이나 마루 벽에 건너지른 두 개의 나무. (ㅅㄹ)

29. 떡이나 쌀 따위를 질 때에 쓰는, 바닥에 예닐곱 개의 구멍이 있는 둥근 오지그릇.(ㅅㄹ)

30. 근심 걱정이 쌓여 어떠한 생각이나 맥이 없다. (ㅅㄹㅇㄷ)

정답

1. 속삭임 **2.** 손사래 **3.** 손아귀 **4.** 솔개그늘 **5.** 솔기 **6.** 솜씨 **7.** 솟대 **8.** 송곳 **9.** 송아리 **10.** 쇠사슬 **11.** 쇠스랑 **12.** 수구레 **13.** 수라 **14.** 수레 **15.** 수무지개 **16.** 수수께끼 **17.** 수제비 **18.** 술래 **19.** 술청 **20.** 숫기 **21.** 숫돌 **22.** 숭늉 **23.** 숯 **24.** 숯등걸 **25.** 스미다 **26.** 시나브로 **27.** 시래기 **28.** 시렁 **29.** 시루 **30.** 시름없다

1. 찬 것에 닿아서 느낌이 몹시 저린 듯이 괴롭다. (ㅅㄹㄷ)

2. 자기보다 잘 되거나 나은 사람을 공연히 미워하거나 싫어함. 또는 그런 마음. (ㅅㅅㅇ)

3. 자기가 하고도 짐짓 아니한 체, 알고도 모르는 체하는 태도. 또는 매의 주인을 밝히기 위하여 주소를 적어서 매 꽁지 위 털 속에 매어 둔 네모꼴의 뿔. (ㅅㅊㅁ)

4. 물리거나 지루하거나 하여 퍽 싫증이 난 기색이 있다. (ㅅㅌㅎㄷ)

5. 몸이 쇠약하여 덥지 않은데도 흐르는 땀. (ㅅㅇㄸ)

6. 신이 나서 우쭐우쭐해지는 기운. (ㅅㅂㄹ)

7. 심부름 값으로 주는 돈. (ㅅㅂㅊ)

8. 감았거나 헝클어진 실의 첫머리. 혹은 어떤 일의 첫머리. (ㅅㅁㄹ)

9. 사물이나 물건이 보기에 매우 튼튼하다. (ㅅㅍㅎㄷ)

10. 산삼을 캐는 일을 업으로 삼는 사람. (ㅅㅁㄴ)

11. 남이 시키는 일을 해다주는 일. (ㅅㅂㄹ)

12. 앞길이 잘 트일 낌새나 징조. 혹은 잘되거나 발전할 수 있는 성질. (ㅆㅅ)

13. 따뜻한 정이나 붙임성이 없어 성질이나 행동이 여지없이 차갑다. (ㅆㅆㅁㄷ)

14. 밥이나 고기 따위를 싸서 먹는 김, 취, 상치 따위. (ㅆ)

15. 종이나 헝겊, 가죽 따위로 만들어 담배 또는 부시 따위를 담는 주머니. (ㅆㅈ)

16. 갈아 놓은 논밭의 바닥을 고르는 데 쓰는 농사기구. (ⓢⓡ)

17. 있는 일 없는 일을 얽어서 가만히 일러바치어 방해하는 짓. (ⓢⓖⓙ)

18. 바다 밑바닥을 쓰는 것처럼 깊이 끌고 다니면서 깊은 데 사는 고기를 잡는, 긴 자루처럼 생긴 그물. (ⓢⓡⓖⓜ)

19. 마지못하여 웃는 웃음. (ⓢⓞⓞ)

20. 곡식이나 채소의 심을 씨. (ⓢⓞ)

21. 물속에 사는 동물, 특히 어류에 발달한 숨틀. (ⓞⓖⓜ)

22. 방이나 솥 같은 데에 불을 때는 구멍. (ⓞⓖⓞ)

23. 밤이나 상수리 따위가 충분히 익어서 저절로 떨어질 정도로 된 상태. (ⓞⓡ)

24. 온돌방에서 아궁이 쪽의 벽에 가까운 부분. (ⓞⓡⓜ)

25. 두 팔을 벌려 껴안은 둘레의 길이. (ⓞⓡ)

26. 부스럼이나 상처가 다 나아서 그 자리에 살갗이 맞붙다. (ⓞⓜⓓ)

27. 같은 항렬의 남자나 여자끼리에서 나이가 적은 이를 일컫는 말. (ⓞⓞ)

28. 여럿이 한꺼번에 기세를 올려 악을 쓰며 지르는 소리나 꼴. (ⓞⓞⓢ)

29. 맑은 봄날 멀리 땅 위에 아른거리는 공기 현상. (ⓞⓙⓡⓞ)

30. 일을 마무르는 끝 매듭. 혹은 일이나 정황 따위가 빈틈없이 들어맞음. (ⓞⓚ)

정답

1. 시리다 **2.** 시새움 **3.** 시치미 **4.** 시틋하다 **5.** 식은땀 **6.** 신바람 **7.** 신발차 **8.** 실마리 **9.** 실팍하다 **10.** 심마니 **11.** 심부름 **12.** 싹수 **13.** 쌀쌀맞다 **14.** 쌈 **15.** 쌈지 **16.** 써레 **17.** 쏘개질 **18.** 쓰레그물 **19.** 쓴웃음 **20.** 씨앗 **21.** 아가미 **22.** 아궁이 **23.** 아람 **24.** 아랫목 **25.** 아름 **26.** 아물다 **27.** 아우 **28.** 아우성 **29.** 아지랑이 **30.** 아퀴

우 리 말

22

초성으로 찾아가는 재미있는 상식여행

1. 소리를 지르며 서로 다투는 짓. 또는 그 소리. (㉧㉢㉠㉡)

2. 성미가 깔깔하고 영악스러운 사람. (㉧㉥㉣)

3. 남의 재물을 좀스럽게 빼앗아 내다. (㉧㉠㉡㉢)

4. 한 집 울타리 안에 있는 여러 채의 집들 가운데 북쪽 편에 있는 집을 이르는 제주도 말. (㉧㉡㉠㉣)

5. 물건의 속에 있는 씨. 혹은 사물의 중심이 되는 중요한 부분. (㉧㉤㉧)

6. 사람끼리 서로 알고 있는 것. 또는 서로 아는 관계. (㉧㉧㉧㉧)

7. 여럿 가운데 가장 요긴한 내용. (㉧ㅉ)

8. 위팔, 장딴지 따위에 근육이 단단하게 볼록 나온 부분. (㉧㉫)

9. 몸이 작아도 힘차고 다부지다. (㉧㉬㉨㉢)

10. 남이 자신에게 해를 주었을 때, 자기도 상대에게 해 주는 일. (㉧㉠㉧)

11. 음식 같은 것을 식지 않게 불 위에 놓거나 따뜻한 데에 묻다. (㉧㉠㉢)

12. 녹말 따위의 아주 잘고 부드러운 가루가 물에 가라앉아 이룬 층. (㉧㉠)

13. 작으면서도 갖출 것이 다 갖추어져 있어서 아주 깜찍하다. (㉧㉨㉤㉢)

14. 앳되게 점잔을 빼는 짓. 또는 '성질이 깐작깐작하고 암상스러운 사람'을 놀리는 말. (㉧ㅉ)

15. 시키는 말을 듣지 않고 꾀를 부림. 혹은 생떼를 쓰거나 불평을 늘어 놓음. (㉧㉫)

16. 자기에게 생기는 일을 감당하여 처리함. 혹은 몸의 앞을 가리는 일. (ⓞ㉠ⓜ)

17. 앞에 서서 인도하거나, 어떤 사람의 편이 되어 끄나풀 노릇을 하는사람. (ⓞⓩⓞ)

18. 아무런 잘못도 없이 횡액에 걸리어 억울하다. (ⓞ㉲ⓓ)

19. 애티가 있는 사람이나 물건. (ⓞⓢⓞ)

20. 유약을 바르지 않고 낮은 열로 구운 질그릇. 혹은 도자기에 유약을 바르지 않고 낮은 열로 굽는 일. (ⓞⓑ㉠ⓞ)

21. '겨우', 또는 '오로지'를 강조하는 예스런 말. (ⓞⓞⓡⓩ)

22. 애가 타거나 몹시 아깝고 섭섭하다. 또는 정답고 알뜰한 맛이 있다. (ⓞⓣⓗⓓ)

23. 대단찮은 사람이 제 딴에 가장 만족한 듯이 부리는 교만. (ⓞⓑⓓⓡ)

24. 야살스러운 짓을 하는 아이. (ⓞ㉠)

25. 맛을 돕기 위하여 음식물에 조금씩 넣는 소금, 간장, 마늘, 고추 따위. (ⓞⓝ)

26. 사이에 칸막이로 둔 물건. 혹은 '키나 몸집이 큰 사람'을 놀리는 말. (ⓞ㉠ⓩⓞ)

27. 못마땅한 태도로 순순히 따르지 아니하고 뻗대다. (ⓞ㉠ⓓⓓ)

28. 서로 어깨에 팔을 얹어 끼고 나란히 섬. 또는 그렇게 하고 노는 친한 친구. (ⓞ㉲ⓓⓜ)

29. 두 물건의 끝이 닿은 자리. 또는 물건과 물건 사이의 한가운데. (ⓞⓡ)

30. 병아리 같은 것을 가두어 기르기 위해 싸리 따위로 채를 엮어 둥글게 만든 물건. (ⓞⓡ)

정답

1. 악다구니 **2.** 악바리 **3.** 알겨내다 **4.** 알녀거리 **5.** 알맹이 **6.** 알음알음 **7.** 알짬 **8.** 알통 **9.** 암팡지다 **10.** 앙갚음 **11.** 앙구다 **12.** 앙금 **13.** 앙증맞다 **14.** 앙짜 **15.** 앙탈 **16.** 앞갈망 **17.** 앞잡이 **18.** 애꿎다 **19.** 애송이 **20.** 애벌구이 **21.** 애오라지 **22.** 애틋하다 **23.** 야비다리 **24.** 얄개 **25.** 양념 **26.** 어간재비 **27.** 어기대다 **28.** 어깨동무 **29.** 어름 **30.** 어리

23

초성으로 찾아가는 재미있는 상식여행

1. 어른에게 어리고 예쁜 태도로 버릇없이 구는 짓. (ⓞⓡⓖ)

2. 저녁이나 새벽의 어스레한 상태. 또는 그러한 때. (ⓞⓢⓡ)

3. 부인이 예장할 때 머리에 얹는, 다리로 만든 커다란 머리. (ⓞⓞⓜⓡ)

4. 행동이 당당하고 떳떳하다. (ⓞⓞⓗⓓ)

5. 형식만 꾸미고 실속이 없거나, 능력이 없어서 제 앞을 꾸리지 못하는 사람. (ⓞⓙⓙⓞ)

6. 말이나 행동을 어떻게 하면 좋을지 몰라 자유롭지 못하고 어색하다. (ⓞⓙⓓ)

7. 넘고 처져 쓸모없거나, 어느 쪽에도 속하지 아니하며 태도가 불분명한 사람. (ⓞⓙⓞ)

8. 각 방면에서 모여든, 탐탁지 못한 사람들을 통틀어 낮잡아 이르는 말.(ⓞⓙⓞⓓⓓⓙⓞ)

9. 상상 밖의 엄청나게 큰 물건이나 사람. 혹은 맷돌의 나무 손잡이. (ⓞⓒⓖⓝ)

10. 물을 퍼붓듯이 세차게 내리는 비. (ⓞⓢ)

11. 무리하게 내세우는 고집. (ⓞⓙ)

12. 모질고 끈덕지어 힘든 일이나 어려움도 굴하지 않고 이겨내 가는 짓이나 사람. (ⓞⓒ)

13. 다른 사람 때문에 당하는 해로움. (ⓞⓖ)

14. 땅이 비탈지고 조금 높은 곳. 혹은 보살펴 주고 이끌어 주는 미더운 대상을 비유하여 이르는 말. (ⓞⓓ)

15. 언덕의 꼭대기나 언덕이 가파르게 꺾인 곳. (ⓞⓓⓑⓖ)

16. 각 부분을 모아 짜 이룬 뼈대. (ⓞⓖ)

17. 다부지지 못하여 정신이 없어 보이다. (ⓞⓔⓓ)

18. 한 집의 각 채를 여러 가지 다른 양식으로 지은 집. (ⓞⓡⓙ)

19. 본바닥의 어떤 부분에 다른 빛의 점이나 줄이 뚜렷하게 섞인 자국. (ⓞⓡ)

20. 연실이나 낚싯줄 따위를 감는 데 쓰는 기구. (ⓞⓡ)

21. 군기를 바로잡기 위하여 상급자가 하급자에게 육체적인 고통을 주는 일. (ⓞⓒⓡ)

22. 어떤 일에 감히 손을 대고자 하는 마음. (ⓞⓓ)

23. 행동이나 태도가 남들과 다르게 제 마음대로 빗나가다. 혹은 일을감당하지 못하고 쩔쩔매다. (ⓞⓑⓛⓓ)

24. 아프거나 어려움을 거짓으로 꾸미거나 일부러 보태어 나타내는 것. (ⓞⓢ)

25. 업과 같이 들어온 아이라는 뜻으로 '자기 집 문 앞에 갖다 버린 아이를 줍거나, 우연히 얻거나 하여 기르는 아이'를 귀하게 여겨서 하는 말. (ⓞⓓⓞ)

26. 어린아이를 업어 주며 돌보는 계집아이. (ⓞⓙⓙ)

27. 뜻하지 아니한 순간. (ⓞⓖⓖ)

28. 진 흙바닥이 말라 터져서 넓게 벌어진 금. (ⓞⓖⓡ)

29. 남의 환심을 사기 위해 어벌쩡하게 서두르는 짓. (ⓞⓛⓡ)

30. 털썩 주저앉아 엉덩이로 바닥을 구르는 짓. (ⓞⓓⓑⓞ)

정답

1. 어리광 **2.** 어스름 **3.** 어여머리 **4.** 어엿하다 **5.** 어정잡이 **6.** 어줍다 **7.** 어중이 **8.** 어중이떠중이 **9.** 어처구니 **10.** 억수 **11.** 억지 **12.** 억척 **13.** 언걸 **14.** 언덕 **15.** 언덕배기 **16.** 얼개 **17.** 얼뜨다 **18.** 얼럭집 **19.** 얼룩 **20.** 얼레 **21.** 얼차려 **22.** 엄두 **23.** 엄발나다 **24.** 엄살 **25.** 업둥이 **26.** 업저지 **27.** 엉겁결 **28.** 엉그름 **29.** 엉너리 **30.** 엉덩방아

우 리 말

24

초성으로 찾아가는 재미있는 상식여행

1. 일이나 물건이 헝클어지고 뒤섞여서 갈키를 잡을 수 없을 만큼 난잡한 상태. (ⓞⓜ)

2. 꽉 짜이지 아니하여 어울리는 맛이 적다. (ⓞⓢⓗⓓ)

3. 대강의 윤곽. 혹은 터무니없는 말이나 행동. 또는 그런 말이나 행동을 하는 사람. (ⓞⓣⓡ)

4. 주고받을 물건이나 일 따위의 셈을 서로 비기어 없애다. (ⓞⓜⓓ)

5. 물건값을 받을 값보다 더 많이 부르거나, 값을 깎는 일. (ⓞⓝⓡ)

6. 선뜻 나가서 서두르지 않고 슬슬 피하여 근처에서 돌다. (ⓞⓓⓓ)

7. 상점 앞에 서서 손님을 끌어들이러 물건을 사게 하고, 삯을 받는 사람. (ⓞⓡⓜ)

8. 말이나 소를 먹이려고 말리어 썬 짚이나 풀 따위. (ⓞⓜ)

9. 옷깃이나 장막 따위를 바로잡아 합치다. (ⓞⓜⓓ)

10. 강이나 바다에 물살이 세게 흐르는 곳. (ⓞⓞ)

11. 아껴서 쓰고 그 나머지를 모아 두다. (ⓞⓣⓓ)

12. 지나가는 구름. (ⓞⓖⓡ)

13. 꽃이 정받이한 뒤에 그 씨방이 커져 생긴 물건. 혹은 힘을 써서 얻은 성과. (ⓞⓜ)

14. 햇볕이 난 날 잠깐 내리는 비. (ⓞⓞⓑ)

15. 겨우 날기 시작한 어린 새. 혹은 겁이 많고 나약한 사람을 비유하는 말. (ⓞⓙⓞ)

16. 엿가래를 부러뜨려서 구멍의 수효나 크기를 비교하는 내기. (ⓞⓒⓖ)

17. 책의 글 오른쪽이나 왼쪽에 따로 적어 놓은 주석. (ⓞⓩⓞ)

18. 죽은 듯이 몸을 웅크리고, 기습할 기회를 노리며 골똘히 적을 지켜보다. (ⓞⓞⓒ)

19. 박이나 호박 따위의 살을 길게 도려내거나 오리거나 하여 말린 것. (ⓞ㉠㉣)

20. 아가리에 돌려 꿴 줄로 오그렸다 벌렸다 하는 망태기. (ⓞ㉠㉣㉤㉧)

21. 무릎의 구부리는 안쪽. (ⓞ㉠)

22. 올차고 야무져서 허술한 데가 없이 실속이 있고 알차다. (ⓞ㉢㉨㉢)

23. 사람이 겨우 거처할 만큼 간단하고 작게 지은 막. 혹은 작고 초라한 집. (ⓞ㉢㉤)

24. 여자의 같은 항렬 되는 손위 남자. (ⓞ㉣㉥㉡)

25. 밑을 무겁게 하여 아무렇게나 굴려도 일어서는 어린아이의 장난감. (ⓞ㉸ⓞ)

26. 모자람이 없이 온전하다. (ⓞ㉣㉭㉢)

27. 낮은 곳에서 높은 곳으로 이어지는 비탈진 곳. (ⓞ㉣㉤)

28. 볼품없이 생긴 자그마한 자루. (ⓞ㉤㉨㉣)

29. 짚으로 엮어 만든 조그마한 섬. (ⓞ㉨ⓞ)

30. 오줌을 가누지 못하는 아이. 혹은 실수로 오줌을 싼 아이를 조롱하는 말. (ⓞ㉨㉾㉠)

정답

1. 엉망 **2.** 엉성하다 **3.** 엉터리 **4.** 에끼다 **5.** 에누리 **6.** 에돌다 **7.** 여리꾼 **8.** 여물 **9.** 여미다 **10.** 여울 **11.** 여투다 **12.** 열구름 **13.** 열매 **14.** 여우비 **15.** 열쭝이 **16.** 엿치기 **17.** 옆잡이 **18.** 예우다 **19.** 오가리 **20.** 오그랑망태 **21.** 오금 **22.** 오달지다 **23.** 오두막 **24.** 오라버니 **25.** 오뚝이 **26.** 오롯하다 **27.** 오르막 **28.** 오망자루 **29.** 오쟁이 **30.** 오줌싸개

25

1. 새끼나 노 따위로 고를 내어 짐승을 잡는 데 쓰는 물건. 혹은 자기 꾀에 넘어가 스스로 걸려들게 하는 수단이나 술책. (ⓞㄱⓜ)

2. 새나 짐승을 잡는 올가미. 혹은 사람을 유인하는 잔꾀. (ⓞⓜ)

3. 꼼짝할 만큼의 작은 움직임. (ⓞⓛⓞ)

4. 자질구레한 일에 대하여 좀스럽게 따지고 셈하거나 모양. 혹은 아주 자질구레한 것을 이르는 말. (ⓞⓛⓞⓛ)

5. 좋은 옷을 입어 몸치장을 하는 일. (ⓞⓒⓡ)

6. 한 해가 시작된 지 얼마 안 되어 태어난 경우의 나이. (ⓞㄱⓛⓞ)

7. 물건 따위가 조각나거나 축이 나거나 모자라지 않고 본디대로 있다. (ⓞㄱⓓ)

8. 작고 오목한 샘. (ⓞⓓⓢ)

9. 나무의 가지가 떨어진 자리나 상한 자리에 결이 맺히어 불퉁하여진 혹. (ⓞⓓⓡ)

10. 나무의 몸에 박힌 가지의 그루터기. 또는 그것이 난 자리. (ⓞⓞ)

11. 한 개의 통나무로 놓은 다리. (ⓞⓛⓜⓓⓡ)

12. 시뜻하여 마음이나 속이 토라지다. (ⓞⓓⓓ)

13. 매인 데도 없고 의지할 데도 없는 홀몸. 또는 다른 짝이 없이 홀로 있는 사물. (ⓞⓣⓞ)

14. 속이 메스꺼워 토하려고 하는 느낌. (ⓞⓙㄱ)

15. 초가의 지붕마루나 흙담을 덮기 위해 짚을 'ㅅ' 자형으로 엮은 이엉. (ⓞⓜⓡ)

16. 남을 시기하는 심술. (ⓞⓢ)

17. 용의 모양을 틀어 새긴 장식. 혹은 이리저리 비틀거나 꼬면서 움직임. (ⓞⓣⓞ)

18. 배추 따위의 푸성귀를 다듬을 때에 골라 놓은 겉대. 또는 김장이나 젓갈 따위의 맨 위에 덮여 있는 품질이 낮은 부분. (ⓞ㉠㉢)

19. 억지로 우겨서 남을 굴복시킴. 또는 그런 행위. (ⓞ㉠㉢㉢)

20. 억지를 부려 제 고집을 세우거나 어떤 일을 억지로 권하다. (ⓞ㉠㉢)

21. 어떤 물건의 맨 꼭대기. 혹은 어떤 일이나 단체에서 으뜸인 사람. (ⓞ㉢㉤㉣)

22. 정신없이 멀거니 서 있거나 앉아 있는 꼴. (ⓞ㉢㉪㉡)

23. 더운 볕이 들거나, 달빛이나 햇빛 따위가 희미하게 비치다. (ⓞ㉣㉢)

24. 땅을 파고 그 속에 물이 괴게 한 곳. 또는 그런 시설. (ⓞ㉤)

25. 남을 웃기려고 익살을 부리며 하는 말이나 짓. (ⓞⓢ㉠)

26. 참다못해 터뜨린 울음. (ⓞⓞ㉥)

27. 풀이나 나무 따위로 얽거나 엮어서 담 대신에 경계를 지어 막는 물건. (ⓞⓣ㉣)

28. 풀이나 나무에 새로 돋아 나오는 싹. 혹은 땅을 파고 거적 따위로 위를 덮어 비바람이나 추위를 막아 겨울에 화초나 채소를 넣어두는 곳. (ⓞ)

29. 몸을 오그려 작아지게 하다. 또는 겁을 먹어 몹시 기가 꺾이거나 풀이 죽다.(ⓞ㉧㉣㉢)

30. 본래의 값에 덧붙이거나, 물건을 바꿀 때 값이 적은 쪽이 더 보태어 주는 돈. (ⓞ㉢)

정답

1. 올가미 **2.** 올무 **3.** 옴나위 **4.** 옴니암니 **5.** 옷치레 **6.** 옹근나이 **7.** 옹글다 **8.** 옹달샘 9. 옹두리 **10.** 옹이 **11.** 외나무다리 **12.** 외돌다 **13.** 외톨이 **14.** 욕지기 **15.** 용마름 **16.** 용심 **17.** 용틀임 **18.** 우거지 **19.** 우격다짐 **20.** 우기다 **21.** 우두머리 **22.** 우두커니 **23.** 우리다 **24.** 우물 **25.** 우스개 **26.** 울음보 27. 울타리 **28.** 움 **29.** 움츠리다 **30.** 웃돈

1. 움푹하게 패어 물이 괴어 있는 곳. (ⓞⓒⓞ)

2. 마소의 턱 아래에 늘어뜨린 쇠고리. 또는 귀에서 턱밑으로 늘여 단 방울. (ⓞⓛ)

3. 오이, 참외, 수박, 호박 따위를 심은 밭을 지키기 위해 밭머리에 지은 막. (ⓞⓒⓜ)

4. 햇빛이나 달빛에 비치어 반짝이는 잔잔한 물결. (ⓞⓢ)

5. 내기나 경쟁에서 자꾸 지면서도 다시 하자고 계속 달려드는 사람. (ⓞⓩⓞⓑ)

6. 여럿 가운데 가장 뛰어나거나 첫째가는 것. 또는 기본이나 근본이 되는 뜻. (ⓞㄸ)

7. 햇빛이 잘 비치지 아니하는 곳. (ⓞⓒ)

8. 아이들이 어른에게, 귀여워해 주리라 믿고 버릇없이 구는 일. (ⓞⓢ)

9. 근육이 뭉쳐서 된 덩어리. 혹은 가슴속에 쌓여 있는 한이나 불만 따위의 감정. (ⓞⓞⓡ)

10. 겉보기에는 어리석은 것 같으나 속은 엉큼하다. (ⓞⓜⓗⓒ)

11. 고목이나 바위, 축축한 땅에서 자라며 잎과 줄기의 구분의 분명하지 않는 민꽃식물. (ⓞㄲ)

12. 안쪽에 여러 줄로 고랑이 지게 돌려 파서 만들어 쌀을 씻어 일 때 쓰는 함지박. (ⓞⓛⓑ)

13. 저녁나절에 멀리 보이는 푸르스름하고 흐릿한 기운. (ⓞⓛ)

14. 논이나 밭을 갈아 골을 타서 두둑하게 흙을 쌓아 만든 곳. (ⓞⓡ)

15. 용이 되려다 못 되고 물속에 산다는 여러 해 묵은 구렁이. (ⓞⓜⓖ)

16. 잘 때에 몸을 덮기 위하여 피륙 같은 것으로 넓게 지은 물건. (ⓞⓑ)

17. 곡식의 낟알이 달리는 부분. 혹은 농사지은 것을 거둔 뒤에 처진 나머지. (ⓞⓢ)

18. 수증기가 찬 공기 가운데에서 엉기어 된 물방울. (ⓞⓢ)

19. 이 세상에서 자는 잠이라는 뜻으로, 병중에 정신없이 계속해서 자는 잠. (ⓞⓢⓩ)

20. 두 사람 이상이 일정한 거리를 나누어 바통을 주고받으며 달리는 육상 경기. (ⓞⓞⓓⓡⓖ)

21. 나란하거나 가까이 있어 경계가 서로 붙어 있는 집. 또는 그런 사람. (ⓞⓞ)

22. 얼마 있다가. 혹은 얼마쯤 시간이 흐른 뒤에. (ⓞⓞⓖ)

23. 두 물체를 이은 자리. (ⓞⓞⓜ)

24. 밉살스럽게 지껄이며 빈정거리다. (ⓞⓩⓖⓡⓓ)

25. 일부러 멋지게 남을 웃기려고 하는 말이나 몸짓. (ⓞⓢ)

26. 어떤 말이나 글자의 본디 소리가 변하여 어법에 어긋남에도 굳어져 널리 쓰이는 소리. (ⓞⓞⓢⓡ)

27. 행실이나 바탕은 사람답지 못하고 겉으로만 갖춘 사람의 형상. (ⓞⓓⓖ)

28. 찹쌀을 시루에 쪄내어 떡메를 친 다음 네모지게 썰어 고물을 묻힌 떡. (ⓞⓩⓜ)

29. 논밭을 만들려고 땅의 흙을 파 일으키다. (ⓞⓖⓓ)

30. 어떤 일의 내용, 방법, 절차 따위의 중요한 줄거리. (ⓞⓜⓡ)

정답

1. 웅덩이 **2.** 워낭 **3.** 원두막 **4.** 윤슬 **5.** 윷진아비 **6.** 으뜸 **7.** 응달 **8.** 응석 **9.** 응어리 **10.** 의뭉하다 **11.** 이끼 **12.** 이남박 **13.** 이내 **14.** 이랑 **15.** 이무기 **16.** 이불 **17.** 이삭 **18.** 이슬 **19.** 이승잠 **20.** 이어달리기 **21.** 이웃 **22.** 이윽고 **23.** 이음매 **24.** 이죽거리다 **25.** 익살 **26.** 익은소리 **27.** 인두겁 **28.** 인절미 **29.** 일구다 **30.** 일머리

27

1. 물건이나 동물을 소유하고 통제할 수 있는 힘을 가진 사람. (㉧㉨)

2. 임신 초기에 입맛이 떨어지고 구역질이 나며 몸이 쇠하여지는 증세. (㉧㉢)

3. 쓸데없는 말을 함부로 지껄이는 짓. (㉧㉥㉧)

4. 물고기가 낚싯밥을 건드리는 짓. (㉧㉨)

5. 낱낱의 잎. 또는 잎의 날개. (㉧㉦㉠)

6. 전복 껍데기 따위를 썰어낸 조각으로 빛깔이 아름다워 여러 가지 꾸밈새로 쓰는 것. (㉨㉠)

7. 겨드랑이 또는 오금 양쪽의 오목한 곳. (㉨㉠㉤)

8. 어떤 물체에 다른 물건이 닿아서 생긴 자취. (㉨㉠)

9. 옷이나 피륙 따위의 아래로 드리운 넓은 부분. (㉨㉣)

10. 남에게 드러내어 뽐내거나 그렇게 할 만한 것. (㉨㉣)

11. 곡식이나 과일 따위를 담기 위해 헝겊 등으로 기다랗게 만든 주머니. (㉨㉣)

12. 다라울 정도로 인색한 사람을 꼬집어 낮잡아 이르는 말. (㉨㉣㉠㉥)

13. 여닫게 된 물건을 잠그는 장치. (㉨㉤㉦)

14. 물고기를 소금에 절여서 만든 반찬감. 또는 그것을 굽거나 쪄서 만든 반찬. (㉨㉥)

15. 실이나 새끼, 바 따위를 감거나 드리어 꼬는 데 쓰는 얼레. (㉨㉦)

16. 어떤 것이 남긴 표시나 자리. 혹은 일정한 성질을 가진 점이나 선이 그리는 도형.(㉨㉩)

17. 한 뼘 정도의 짤막한 나무토막을 다른 긴 막대기로 쳐서 그 거리의 멀고 가까움을 자질하여 승패를 겨루는 아이들 놀이의 한 가지. (ⓩⓒⓖ)

18. 팔거나 쓰거나 하다가 남을 피륙의 조각 따위. (ⓩⓣⓡ)

19. 주로 무엇을 버티는 데 쓰는 기름한 막대기. (ⓩⓓⓖ)

20. 기름하고 두툼한 나무토막 위에 긴 칼날을 달아 발로 디뎌 마소의 먹이를 써는 연장. (ⓩⓓ)

21. 작대기 끝에 삼지창을 달아 물고기를 찔러서 잡는 물건. (ⓩⓢ)

22. 빗기거나 감지 않아서 까치집 모양으로 헝클어진 머리. (ⓩⓢⓜⓡ)

23. 자질구레하게 여러 번 자주 하는 손질 (ⓩⓢⓩ)

24. 여럿 가운데서 가장 작고 품이 낮은 사람이나 물건. (ⓩⓒⓞ)

25. 잠을 자면서 자신도 모르게 하는 헛소리. (ⓩⓚⓓ)

26. 잘못되지 않도록 단단히 대책을 세우거나, 엄하게 단속하는 일. (ⓩⓓⓡ)

27. 여러 가지 잡다한 것들이 한데 뒤섞인 것. (ⓩⓓⓢⓝ)

28. 기다란 오동나무 통으로 만들었는데, 허리는 가늘고 잘록하며, 오른쪽은 말가죽을, 왼쪽에는 쇠가죽을 대고, 왼쪽은 손으로, 오른쪽은 채로 치는 국악기의 하나. (ⓩⓖ)

29. 아이들이 가지고 노는 여러 가지 물건. (ⓩⓝⓖ)

30. 마음속으로 기대하여 잔뜩 벼르다. (ⓩⓓⓓ)

정답

1. 임자 **2.** 입덧 **3.** 입방아 **4.** 입질 **5.** 잎사귀 **6.** 자개 **7.** 자개미 **8.** 자국 **9.** 자락 **10.** 자랑 **11.** 자루 **12.** 자린고비 **13.** 자물쇠 **14.** 자반 **15.** 자새 **16.** 자취 **17.** 자치기 **18.** 자투리 **19.** 작대기 **20.** 작두 **21.** 작살 **22.** 작소머리 **23.** 잔손질 **24.** 잔챙이 **25.** 잠꼬대 **26.** 잡도리 **27.** 잡동사니 **28.** 장구 29. 장난감 **30.** 장대다

우 리 말

28

초성으로 찾아가는 재미있는 상식여행

1. 한쪽은 못을 박고, 다른 한쪽은 못을 빼는 데 쓰는 연장. (㉨㉢㉣)

2. 여름철에 여러 날을 계속하여 비가 내리는 날씨. 또는 그 비. (㉨㉤)

3. 돌이나 나무에 사람의 얼굴을 새겨 마을 또는 절 어귀나 길가에 세운 푯말. (㉨㉦)

4. 오이, 무, 마늘 따위를 소금이나 간장, 고추장에 절여서 양념하여 먹는 음식. (㉨㉧ㅉ)

5. 시장에서 흥정을 붙이는 일로 업을 삼는 사람. (㉨㉨㉣)

6. 말을 부리려고 아가리에 가로 물리는 가느스름한 쇠토막. (㉨㉠)

7. 술을 거르고 남은 찌끼. (㉨㉠)

8. 산으로부터 내리 부는 바람. (㉨㉡㉧)

9. 아기자기하게 즐거운 기분이나 느낌. (㉨㉤)

10. 빨리 몰아치거나 재촉하다. (㉨㉧㉩㉢)

11. 무엇을 잘할 수 있는, 타고난 슬기와 능력. (㉨㉨)

12. 술, 성에, 한마루를 삼각으로 맞추어 소에 멍에를 걸어 논밭을 가는 농기구. (㉨㉠)

13. 운두가 얕고 동글납작하거나 네모난, 넓고 큰 그릇. (㉨㉥)

14. 물건을 차곡차곡 포개어 가리거나 쌓다. (㉨㉧㉢)

15. 놋쇠로 만들어 다섯, 일곱, 또는 아홉으로 한 벌을 이루는 반찬을 담는 작은 접시.(㉨㉩)

16. 잘난 체하고 거만을 부리거나, 가난에 쪼들려 마음이 좁고 괴벽한 사람. (㉨㉫㉧)

17. 길, 소매, 섶, 깃, 동정, 고름 등이 갖추어져 있는 한복 윗옷의 한 가지. (ㅈㄱㄹ)

18. 노인의 살갗에 생기는 거무스름한 얼룩, 즉 검버섯을 비유적으로 이르는 말. (ㅈㅅㄲ)

19. 물건의 무게를 다는 제구. (ㅈㅇ)

20. 나중에 참고하기 위하여 글로 간단히 적어두는 일. 또는 그런 기록. (ㅈㅂㄹ)

21. 동작을 진행하다가 힘을 더 내려고 한 번 쉬다. (ㅈㅈㄹㄷ)

22. 긴 간짓대 끝을 두 갈래 지게 만들어 그 사이에 감을 끼워 따는 기구. (ㅈㅈㄷ)

23. 곡식 따위를 놓고 공이로 찧거나 빻을 때 쓰는 통. (ㅈㄱㅌ)

24. 얼굴이나 몸에 큰 점이 있는 사람이나 짐승. (ㅈㅂㅇ)

25. 몸가짐이 묵중하고 높다. 또는 품결이 야하지 아니하고 고상하다. (ㅈㅈㄷ)

26. 운두가 썩 얕고, 반찬이나 과일, 떡 등을 담는 데 쓰는 납작한 그릇. (ㅈㅅ)

27. 다리 아랫마디의 앞쪽 뼈가 있는 부분. (ㅈㄱㅇ)

28. 어떤 사물에 대하여 애착을 느끼는 마음. (ㅈㄴㅁ)

29. 머리 위 숫구멍이 있는 자리. 혹은 사물의 맨 꼭대기를 비유적으로 이르는 말.(ㅈㅅㄹ)

30. 엽전이나 쇠붙이에 얇고 질긴 종이나 헝겊을 접어서 싼 다음, 끝을 여러 갈래로 찢어 너풀거리게 만들어 발로 차고 노는 장난감. (ㅈㄱ)

정답

1. 장도리 **2.** 장마 **3.** 장승 **4.** 장아찌 **5.** 장주릅 **6.** 재갈 **7.** 재강 **8.** 재넘이 **9.** 재미 **10.** 재우치다 **11.** 재주 **12.** 쟁기 **13.** 쟁반 **14.** 쟁이다 **15.** 쟁첩 **16.** 쟁퉁이 **17.** 저고리 **18.** 저승꽃 **19.** 저울 **20.** 적바림 **21.** 전주르다 **22.** 전짓대 **23.** 절구통 **24.** 점박이 **25.** 점잖다 **26.** 접시 **27.** 정강이 **28.** 정나미 **29.** 정수리 **30.** 제기

우 리 말

29

초성으로 찾아가는 재미있는 상식여행

1. 음력 정월 열 나흗날 길가에 버림으로써 액막이를 하기 위해 짚으로 만든 사람 형상의 물건. 혹은 아무 분수를 모르는 사람을 놓으로 일컫는 말. (㉨㉧)

2. 조개의 껍데기. (㉨㉠㉥)

3. 몸집이 작은 종자의 말. (㉨㉣㉤)

4. 어린아이들이 액막이로 주머니 끈이나 옷끈에 차는 밤톨만 한 호리병 모양의 물건.(㉨㉣)

5. 물건을 졸라매는 데 쓰는 가는 줄. 또는 사진기에서 햇살의 양을 조절하는 장치.(㉨㉣㉠)

6. 손가락이 없거나 오그라져서 펴지 못하는 손. (㉨㉤㉦)

7. 조마조마하게 졸이는 마음. 또는 그렇게 졸이는 마음. (㉨㉥㉦)

8. 추울 때, 여자가 머리에 쓰는 것으로 귀와 뺨을 덮을 수 있는 물건. (㉨㉥㉧)

9. 존경하거나 애원하느라 이마가 바닥에 닿을 정도로 머리를 자꾸 숙이다. (㉨㉧㉣㉢)

10. 동글동글하고 크기가 작은 돌. (㉨㉧㉢)

11. 너더분한 물건이 어지럽게 매달리거나 한데 묶이어진 것. (㉨㉨㉣)

12. 여자의 머리털을 소라딱지 비슷하게 틀어 만든 머리. (㉨㉨㉤㉣)

13. 규모가 큰 것을 줄이어 작게 만들다. 혹은 견디지 못하도록 매우 볶아치다. (㉨㉩㉢)

14. 자질구레한 물건을 훔쳐 가는 도둑. (㉨㉢㉢)

15. 규모가 보잘것없이 작다. 혹은 도량이 좁고 옹졸한 데가 있다. (㉨㉦㉣㉢)

16. 하는 짓이 좀스러운 늙은이. (ⓩⓢⓞⓖ)

17. 무릎과 발목 사이의 뒤쪽 근육 부분. (ⓩⓞⓡ)

18. 나무틀이나 대오리를 결어 만든 틀에 종이를 여러 겹 발라 만든 호랑이의 형상. 또는 허세를 부리는 사람을 비웃어 일컫는 말. (ⓩⓞⓗⓡⓞ)

19. 간장이나 고추장 따위를 담아서 상에 놓는, 종발보다 작은 그릇. (ⓩⓩ)

20. 위에 원뿔 모양의 벼리가 있고 아래에 추를 달아 던져 물고기를 잡는 그물. (ⓩⓞ)

21. 어떤 일에 크게 혼이 나서 다시는 하지 않을 만큼 정신을 차리게 됨. (ⓩⓓⓢ)

22. 발을 가까이 자주 떼며 급히 걷는 걸음. (ⓩⓩⓖⓞ)

23. 길고 끝이 밖으로 굽은 턱. (ⓩⓖⓣ)

24. 얼굴에 군데군데 생기는 검은깨 같은 작은 점. (ⓩⓖⓚ)

25. 기운을 제대로 펴지 못하고 움츠러들거나 부끄러운 줄 모르고 언죽번죽 하는 짓.(ⓩⓝ)

26. 살갗 따위가 쇠하여 생긴 잔 줄. 또는 옷 폭 등을 접어 줄이 가게 한 것. (ⓩⓡ)

27. 먹을 만큼 먹지 못하여 양이 곯거나, 욕구에 모자라 마음에 허기가 생기다. (ⓩⓡⓓ)

28. 자질구레한 물품을 넣고 아가리를 졸라매어 허리띠에 차거나 들도록 만든 물건.(ⓩⓜⓝ)

29. 다섯 손가락을 오그리어 쥔 손. (ⓩⓜ)

30. 뭉툭하고 볼품없이 크게 생긴 코. 또는 그런 코를 가진 사람을 일컫는 말. (ⓩⓜⓚ)

정답

1. 제웅 **2.** 조가비 **3.** 조랑말 **4.** 조롱 **5.** 조리개 **6.** 조막손 **7.** 조바심 **8.** 조바위 **9.** 조아리다 **10.** 조약돌 **11.** 조자리 **12.** 조짐머리 **13.** 족치다 **14.** 좀도둑 **15.** 좀스럽다 **16.** 좁쌀영감 **17.** 종아리 **18.** 종이호랑이 **19.** 종지 **20.** 쟁이 **21.** 정다심 **22.** 종종걸음 **23.** 주걱턱 **24.** 주근깨 **25.** 주눅 **26.** 주름 **27.** 주리다 **28.** 주머니 **29.** 주먹 **30.** 주먹코

1. 너더분한 물건이 어지럽게 매달리거나, 또는 한데 묶인 것을 일컫는 말. (ⓩⓩⓡ)

2. 때 없이 군음식을 자꾸 먹는 입버릇. 또는 점잖지 않게 군음식을 자꾸 먹음. 또는 그런 입버릇. (ⓩⓩⓑⓡ)

3. 일정한 요량이나 분수, 줏대 따위가 없다. (ⓩⓒⓞⓓ)

4. 여러 사람이 편을 갈라, 굵은 밧줄을 마주 잡고 당겨서, 서로 자기편으로 끌어가기를 하는 경기. (ⓩⓓⓡⓖ)

5. '도망'을 속되게 이르는 말. (ⓩⓗⓡ)

6. 활의 한가운데에 손으로 쥐는 부분. (ⓩⓣ)

7. 음식점이나 여관 따위에서 허드렛일은 하는 남자. (ⓩⓝⓜ)

8. 음력 정월 첫날에 쥐를 쫓는다 하여 논둑이나 밭둑에 놓는 불. (ⓩⓑ)

9. 아무런 보잘것없거나 규모가 작은 것을 비유적으로 이르는 말. (ⓩⓑⓑ)

10. 가지가 돋친 장나무 두 개를 위는 좁고 아래는 조금 벌어지게 나란히 세우고, 사이에 세장을 가로질러 사개를 맞추고, 아래위로 질빵을 걸어 짐을 얹어 등에 지는 운반 도구.(ⓩⓖ)

11. 술을 거르고 남은 찌꺼기. (ⓩⓖⓜ)

12. 물고기가 균형을 유지하거나 헤엄치는데 소용되는 기관. (ⓩⓝⓡⓜ)

13. 험한 산길에서 바위 같은 것에 등을 대고 겨우 돌아가게 된 곳. (ⓩⓓⓞ)

14. 무거운 물건을 쳐들어 움직이는 데 쓰는 막대기. (ⓩⓡⓓ)

15. 집의 위쪽을 덮어 가리는 부분. (ⓩⓑ)

16. 웃어른에게 자기 남편을 일컫는 말. 또는 남편의 예스런 말. (ⓩⓞⓑ)

17. 웃어른에게 자기 아내를 일컫는 말. (ⓩⓞⓜ)

18. 글씨를 지우는 데 쓰는 물건. 또는 연필 글씨를 지우는 고무. (ⓩⓞⓖ)

19. 비 온 뒤에 초가의 처마에서 떨어지는, 쇠지랑물 같은 빛깔의 낙숫물. (ⓩⓩⓡⓜ)

20. 사기 따위의 작은 그릇을 만들 때 안쪽을 고르는 나무쪽이나 바가지 조각. (ⓩⓩⓑ)

21. 걸을 때에 짚는 막대기. (ⓩⓟⓞ)

22. 비가 섞여 오는 눈. (ⓩⓝⓖⓑ)

23. 아이를 갓 낳은 그 자리. 또는 아이들이 똥오줌을 싸서 축축하게 된 자리. (ⓩⓩⓡ)

24. 오줌을 눌 때나 차가운 것이 살에 닿을 때에 몸이 저절로 떨리는 일. (ⓩⓩⓡ)

25. 검질긴 성미로 끈질기게 달라붙는 짓. 또는 그런 짓을 하는 사람. (ⓩⓟ)

26. 질흙으로만 구워 만들고 잿물을 덮지 아니한 그릇. (ⓩⓖⓡ)

27. 놀라거나 두려워서 기가 막히거나 풀이 꺾이거나 하다. (ⓩⓡⓓ)

28. 온몸에 털이 나고 네 발로 걸어 다니는 동물. (ⓩⓢ)

29. 어림쳐서 헤아림. (ⓩⓩ)

30. 마음에는 그렇지 않으나 일부러 그렇게. 혹은 과연, 틀림없이…. (ⓩⓩ)

정답

1. 주저리 **2.** 주전부리 **3.** 주책없다 **4.** 줄다리기 **5.** 줄행랑 **6.** 줌통 **7.** 중노미 **8.** 쥐불 **9.** 쥐뿔 **10.** 지게 **11.** 지게미 **12.** 지느러미 **13.** 지돌이 **14.** 지렛대 **15.** 지붕 **16.** 지아비 **17.** 지어미 **18.** 지우개 **19.** 지지랑물 **20.** 지질박 **21.** 지팡이 **22.** 진눈깨비 **23.** 진자리 **24.** 진저리 **25.** 진피 **26.** 질그릇 **27.** 질리다 **28.** 짐승 **29.** 짐작 **30.** 짐짓

우 리 말

31

초성으로 찾아가는 재미있는 상식여행

1. 새집으로 옮기어 듦. 또는 이사한 뒤 친구나 이웃을 불러 음식을 대접하는 일.(ㅈㄷㅇ)

2. 남이 새로 집을 지었거나 이사했을 때에 집 구경 겸 인사로 찾아보는 일. (ㅈㅇㅇ)

3. 자꾸 못마땅하게 굴어서 귀찮다. 혹은 별나거나 엉뚱하다. (ㅈㄱㄷ)

4. 개울이나 물이 괸 곳에 돌덩이나 흙더미를 드문드문 놓아 디디고 건너는 다리. (ㅈㄱㄷㄹ)

5. 옷이 해어지지 않게 듬성듬성 꿰매다. (ㅈㄱㄷ)

6. 비바람 따위로부터 벽을 보호하려고 집채 안팎의 벽 둘레에다 덧쌓은 부분. (ㅈㄷㄹ)

7. 엄지발가락과 나머지 발가락들이 따로 끼이게 된 버선. (ㅉㄱㅂㅅ)

8. 남녀 사이에 한쪽은 사랑하지 않는데 다른 한쪽에서만 사랑하는 일. (ㅉㅅㄹ)

9. 서로 다는 짝끼리 이루어진 것. (ㅉㅉㅇ)

10. 무를 통으로 썩 짜게 절여서 묵혀 두고 먹는 김치. (ㅉㅈ)

11. 채신없이 자꾸 이리저리 바삐 싸다니는 사람을 놀림조로 이르는 말. (ㅉㅉㅇ)

12. 한두 조각의 널을 가로 대어 만든 좁은 툇마루. (ㅉㅁㄹ)

13. 작은 바가지. 혹은 '거지가 됨'을 형용하여 이를 때 쓰는 말. (ㅉㅂ)

14. 껍질만 생기고 속에 알맹이는 들지 않은 벼나 보리 따위의 열매. (ㅉㅈㅇ)

15. 액체 속에 있다가 액체가 다 빠진 뒤에 바닥에 쳐져 남은 물건. (ㅉㄱ)

16. 마음이나 몸이 괴로울 적에 걸핏하면 짜증을 내는 짓. (ㅉㅂㄹ)

17. 가을철에 싸늘한 바람이 불기 시작할 때. (ⓒⓑⓡⓜⓡ)

18. 짐승이 밟으면 출렁쇠가 발목을 채우게 되는 덫. (ⓒⓚ)

19. 살이 썩 가늘고 촘촘한 대빗. (ⓒⓑ)

20. 싸릿개비나 버들가지 따위의 나뭇가지를 결어서 독처럼 만들고 안팎으로 종이를 바른 채그릇의 한 가지. (ⓒⓓ)

21. 말이나 행동이 경솔하여 위엄이나 신망이 없다. (ⓒⓢⓞⓓ)

22. 무 따위를 가늘고 길게 써는 일. (ⓒⓢⓢⓖ)

23. 책의 겉장이 헐지 않도록 덧입히는 종이, 헝겊, 비닐 같은 것. (ⓒⓖⓞ)

24. 책장과 책장의 사이. (ⓒⓖⓟ)

25. 덧덮는 얇고 작은 이불. 또는 어린아이를 업을 때 두르는 끈이 달린 작은 포대기.(ⓒⓝ)

26. 지붕이 도리 밖으로 내민 부분. (ⓒⓜ)

27. 번개가 친 다음에 하늘이 요란스럽게 울리는 현상. (ⓒⓓ)

28. 사리를 분별하여 판단하는 힘이 생기다. (ⓒⓓⓓ)

29. 부녀들이 예장할 때, 가리마 위에 대고 뒤로 잦혀 매는 메뚜기 꼴 장식품. (ⓒⓙ)

30. 여자아이의 귀밑머리를 땋은 아래 가락으로 귀를 덮어서 빗은 머리 (ⓒⓙⓜⓡ)

정답

1. 집들이 **2.** 집알이 **3.** 짓궂다 **4.** 징검다리 **5.** 징그다 **6.** 징두리 **7.** 짜개버선 **8.** 짝사랑 **9.** 짝짝이 **10.** 짠지 **11.** 짤짤이 **12.** 쪽마루 **13.** 쪽박 **14.** 쭉정이 **15.** 찌꺼기 **16.** 찜부럭 **17.** 찬바람머리 **18.** 찰코 **19.** 참빗 **20.** 채독 **21.** 채신없다 **22.** 채썰기 **23.** 책가위 **24.** 책갈피 **25.** 처네 **26.** 처마 **27.** 천둥 **28.** 철들다 **29.** 첩지 **30.** 첩지머리

우 리 말

32

초성으로 찾아가는 재미있는 상식여행

1. 새 며느리의 근행을 통해 사돈 사이에 처음으로 주고받는 선물. (ㅊㅍㅇ)

2. 궁기가 끼어 측은하게 보이는 태도나 행동. (ㅊㅅ)

3. 양반의 집 수청방에 있으면서 여러 잡일을 맡아보거나 시중을 드는 사람. (ㅊㅈㄱ)

4. 가루를 치거나 액체를 받아내는 데 쓰는 기구. (ㅊ)

5. 차림이나 모양이 보잘것없어 변변하지 못하거나 궁상스럽다. (ㅊㄹㅎㄷ)

6. 양철로 깊고 조금 크게 만들어 석유나 물 따위의 액체를 담는데 쓰는 그릇. (ㅊㄹ)

7. 물건의 가늘고 뾰족한 끝 부분. 혹은 갈퀴에서 갈큇발이 모여 합쳐진 부분. (ㅊㄹ)

8. 그 해에 처음으로 잡혀 시장에 들어오는 첫 조기. (ㅊㅅㄹ)

9. 초에 불을 붙여 꽂아 놓는 기구. (ㅊㄷ)

10. 적이 쏘는 총알을 막으려고 앞에 내세우는 사람이나 군대. (ㅊㅇㅂㅇ)

11. 섞여 있는 많은 것 속에서 한꺼번에 여럿을 가려내거나 뽑아내다. (ㅊㄹㄷ)

12. 병을 치른 뒤, 또는 몹시 지친 뒤에 건강이 차차로 회복되다. (ㅊㅅㄷ)

13. 가락에 맞추어 놀리는, 춤의 기본이 되는 낱낱의 몸짓. (ㅊㅅㅇ)

14. 머리털이 적은 남자가 상투를 짜는데, 본머리에 덧 둘러서 감는 딴 머리. (ㅊㅁㅁㄹ)

15. 치맛자락이 야단스럽게 움직이는 서슬. 혹은 '여자들의 극성스러운 사회활동'을 비유하는 말. (ㅊㅁㅂㄹ)

16. 자식의 부모에 대한 사랑. 또는 아랫사람의 윗사람에 대한 사랑. (㉫㉦㉣)

17. 지나치게 흠뻑 칠하여 바르거나, 그렇게 하여 이루어진 겉 더께. (㉫㉠)

18. 무엇이 보일락 말락 할 정도로 빛이 어둡거나 눈이 어둡다. (㉫㉫㉭㉢)

19. 몸이 불편하거나 마음이 못마땅하여 짜증을 내며 중얼거리거나 보채다.(㉫㉧㉠㉣㉢)

20. 신이나 양말, 버선, 방망이 따위의 두 개를 한 벌로 세는 단위. (㉬㉣)

21. 콩을 떨어낸 껍데기. (㉬ⓃⒿ㉨)

22. 키가 큰 사람을 놀림조로 이르는 말. (㉬㉢㉣)

23. 실, 노끈 따위를 사려서 뭉쳐 놓은 것. 또는 채소를 짚으로 엮어 놓은 것. (㉭㉣)

24. 허물이나 결함을 잡아 핀잔을 주거나 나무라는 말. (㉭㉥)

25. 사월 초파일에 절에서 밤새도록 탑을 돌며 부처의 공덕을 기리고 저마다의 소원을 비는 행사. (㉭㉢㉧)

26. 핑계나 구실로 삼아 나무라거나 원망하다. (㉭㉭㉢)

27. 터부룩하게 난 머리털. 또는 머리털이 터부룩한 사내. (㉭㉥㉤㉣)

28. 한 어머니에서 먼저 난 아이와 다음에 난 아이와의 나이 차. (㉭㉧)

29. '터주'의 높임말로 마을이나 단체에서 가장 오래되어 주인처럼 된 사람. (㉭㉨㉢㉠)

30. 묵은 털이 빠지고 새 털이 나는 일. (㉭㉠㉧)

정답

1. 첫풀이 **2.** 청승 **3.** 청지기 **4.** 체 **5.** 초라하다 **6.** 초롱 **7.** 초리 **8.** 초사리 **9.** 촛대 **10.** 총알받이 **11.** 추리다 **12.** 추서다 **13.** 춤사위 **14.** 치마머리 **15.** 치맛바람 **16.** 치사랑 **17.** 칠갑 **18.** 침침하다 **19.** 칭얼거리다 **20.** 켤레 **21.** 콩깍지 **22.** 키다리 **23.** 타래 **24.** 타박 **25.** 탑돌이 **26.** 탓하다 **27.** 터벅머리 **28.** 터울 **29.** 터줏대감 **30.** 털갈이

1. 짧고 더부룩한 수염이 많이 난 사람을 놀리는 말. (ⓔⓢⓑⓡ)

2. 먼저 자리를 잡은 사람이 뒤에 들어오는 사람에 대하여 가지는 특권 의식. (ⓔⓢ)

3. 죽 둘러서 친 둘레의 가장자리. 또는 어떤 한계나 범위. (ⓔⓓⓡ)

4. 깊이 잠들지 못하고 아무 데서나 잠깐 눈을 붙여 자는 일. (ⓔⓚⓙ)

5. 조금 크게 잘라낸 물체의 덩어리나 부분. (ⓔⓜ)

6. 저고리 소매처럼 생겨 한쪽은 좁고 다른 쪽은 넓은, 팔뚝에 끼는 방한 제구. (ⓔⓢ)

7. 둘레에 일정한 간격으로 톱니를 내어 만든 바퀴. (ⓔⓝⓑⓚ)

8. 쑥대나 뜸 따위로 새끼를 발처럼 엮어 둘러치고 그 안에 곡식을 채워 쌓은 더미. (ⓔⓖⓡ)

9. 켜거나 쪼개지 아니한 생긴 그대로의 둥근 나무. (ⓔⓝⓜ)

10. 샅샅이 더듬어 뒤지면서 찾다. (ⓔⓓ)

11. 마음에 들지 않아 물리침을 받다. (ⓔⓑⓜⓓ)

12. 원래의 간살 밖에 달아 낸 마루. (ⓔⓜⓡ)

13. 한 덩어리가 되어야 할 물건이나 일이 벌어진 틈. 또는 공연히 조그마한 흠점을 꼬집어 내면서 부리는 말썽이나 불평. (ⓔⓙ)

14. 벌어져 사이가 난 자리인 '틈'을 낮추어 부르는 말. (ⓔⓑⓖⓝ)

15. 서로 뜻이 맞지 아니하여 이러니저러니 시비하는 꼴. (ⓔⓖⓔⓖ)

16. 티나 먼지와 같이 몹시 작거나 적은 것을 통틀어 이르는 말. (ⓔⓘ)

17. 손이나 발에 생기는 사마귀 비슷한 굳은 살. (ⓔⓑ)

18. 아무 하는 일 없이 노는 꼴. (ⓟⓑ)

19. 배 안에 들어온 물을 퍼내는 바가지. (ⓟⓓⓕ)

20. 이것인지 저것인지를 판단하여 가리는 일. (ⓟⓐⓓ)

21. 그 판에서의 마지막 승리. (ⓟⓔⓖ)

22. 판에 박아 낸 물건. 또는 아주 닮은꼴이나 사람. (ⓟⓕⓖ)

23. 점치는 것을 업으로 삼는 소경. (ⓟⓢ)

24. 팔의 윗마디와 아랫마디가 붙은 관절의 바깥쪽. (ⓟⓜⓒ)

25. 빳빳한 종이나 색종이로 바람에 뱅뱅 돌게 만든 어린이 장난감의 하나. (ⓟⓓⓐⓕ)

26. 두 손을 각각 다른 쪽 소매 속에 마주 넣거나, 두 팔을 마주 끼어 손을 두 겨드랑이 밑으로 각각 두르는 일. (ⓟⓩ)

27. 생각이 어리석고 하는 짓이 야무지지 못한 사람. (ⓟⓟⓖ)

28. 댓개비로 엮어 만든, 신분이 낮은 사람이나 상제에 쓰던 갓. (ⓟⓓⓖ)

29. 어떤 일이나 물건을 짜증이 나거나 못마땅하여 내던지다. (ⓟⓐⓒⓒ)

30. 둥근 나무를 자려 한 끝을 뾰족하게 깎아 만들어 채로 쳐서 돌리는장난감. (ⓟⓖ)

정답

1. 텁석부리 **2.** 텃세 **3.** 테두리 **4.** 토끼잠 **5.** 토막 **6.** 토시 **7.** 톱니바퀴 **8.** 통가리 **9.** 통나무 **10.** 톺다 **11.** 퇴박맞다 **12.** 툇마루 **13.** 트집 **14.** 틈바구니 **15.** 티격태격 **16.** 티끌 **17.** 티눈 **18.** 파니 **19.** 파래박 **20.** 판가름 **21.** 판막음 **22.** 판박이 **23.** 판수 **24.** 팔꿈치 **25.** 팔랑개비 **26.** 팔짱 **27.** 팔푼이 **28.** 패랭이 **29.** 팽개치다 **30.** 팽이

1. 겉치레를 하지 않아 모양새가 사나운 사람. (ㅍㄲ)

2. 한 평의 곡식을 거두어 보고, 전체의 수확량을 산출하는 일. (ㅍㄸㄱ)

3. 뿌리를 단위로 하는 초목의 낱개를 세는 하나치. (ㅍㄱ)

4. 마음에 품은 불평을 함부로 퍼부어 말함. (ㅍㄴ)

5. 산과 들에 저절로 나서 자란 풀을 통틀어 일컫는 말. (ㅍㅅ)

6. 사람이 가꾸어 기르거나 저절로 난 온갖 나물들을 통틀어 일컫는 말. (ㅍㅅㄱ)

7. 많지 않은 몇 푼의 돈. 혹은 적은 액수로 나뉜 돈. (ㅍㄷ)

8. 잡곡의 가루로 풀처럼 쑨 죽. (ㅍㄸㄱ)

9. 불을 피우는 데 바람을 일으켜 넣는 제구. (ㅍㅁ)

10. 무슨 일에 드는 힘이나 수고의 대가로 주거나 받는 돈이나 물건. (ㅍㅅ)

11. 힘든 일을 서로 거들어 주면서 품을 지고 갚고 하는 일. (ㅍㅇㅇ)

12. 품삯을 받고 남의 일을 해 주는 일. 또는 그런 사람. (ㅍㅍㅇ)

13. 경험이 없어 일에 서투르거나, 차분하지 못하여 객기를 잘 부리는 사람. (ㅍㄴㄱ)

14. 몹시 슬프고 분통하여 나는 눈물. (ㅍㄴㅁ)

15. 선지피에서 풍기는 비린 냄새. 또는 전쟁이나 심한 살상 따위로 생기는 매우 살벌한 기운. (ㅍㅂㄹㄴ)

16. 남이 하는 일을 언짢게 꾸짖음. (ㅍㅈ)

17. 방패막이로, 또는 공연히 내세우는 이유나 근거. (ㅍㄱ)

18. 난 지 얼마 안 되는 어린 강아지. 경험이 없고 철없는 사람을 비유하는 말. (ㅎㄹㄱㅇㅈ)

19. 어찌할 도리가 없다. 또는 조금도 틀림이 없다. (ㅎㄹㅇㄷ)

20. 졸리거나 고단할 때에 저절로 입이 벌어지면서 나오는 깊은 호흡. (ㅎㅍ)

21. 음력 8월 보름, 즉 추석 명절을 이르는 우리 말. (ㅎㄱㅇ)

22. 처음이나 끝이 꼭 같다. (ㅎㄱㄱㄷ)

23. 보아야 할 곳은 보지 아니하고 다른 곳을 보다. (ㅎㄴㅍㄷ)

24. 시간이 상당히 지나는 동안. (ㅎㅊ)

25. 통나무를 파서 큰 바가지 같이 만든 전이 없는 그릇. (ㅎㅈㅂ)

26. 이가 빠져서 입술과 볼이 움푹 들어간 사람을 낮잡아 이르는 말. (ㅎㅈㅇ)

27. 솜을 두어 지은 바지. 혹은 시골 사람이나 어리석은 사람을 놀리는 말. (ㅎㅂㅈ)

28. 아가리가 좁고 배가 부른 질그릇. (ㅎㅇㄹ)

29. 해가 거의 넘어갈 무렵. (ㅎㄱㄹ)

30. 한 해를 거름. 혹은 과실나무가 한 해 걸러서 열매가 많이 열리는 일. (ㅎㄱㄹ)

정답

1. 펄군 **2.** 평뜨기 **3.** 포기 **4.** 푸념 **5.** 푸새 **6.** 푸성귀 **7.** 푼돈 **8.** 풀떼기 **9.** 풀무 **10.** 품삯 **11.** 품앗이 **12.** 품팔이 **13.** 풋내기 **14.** 피눈물 **15.** 피비린내 **16.** 핀잔 **17.** 핑계 **18.** 하룻강아지 **19.** 하릴없다 **20.** 하품 **21.** 한가위 **22.** 한결같다 **23.** 한눈팔다 **24.** 한참 **25.** 함지박 **26.** 합죽이 **27.** 핫바지 **28.** 항아리 **29.** 해거름 **30.** 해거리

1. 해가 막 넘어가는 때. (㉭㉡㉧)

2. 해가 막 돋아 오르는 때. (㉭㉢㉧)

3. 바다 위에 낀 하주 짙은 안개. (㉭㉤)

4. 해가 서쪽 지평선이나 산 너머로 넘어가는 곳. (㉭㉨㉠)

5. 남을 해치고자 하는 짓. (㉭㉪㉨)

6. 햇빛이 대기 속의 김에 비치어 해의 둘레에 동그랗게 보이는 테 모양의 빛. (㉭㉤㉣)

7. 그 해에 새로 깐 병아리. 혹은 신출내기나 풋내기를 비유하는 말. (㉭㉥㉧㉣)

8. 부엌일을 할 적에 치마를 더럽히지 않으려고 덧입는 작은 치마. (㉭㉨㉩㉤)

9. 마음이 허하여 착각이 생겨서 무슨 물건이 다른 물건으로 보이는 현상. (㉭ㄲ㉥)

10. 허리가 달린 옷의 그 허리를 접어 여민 윗부분. (㉭㉣㉩)

11. 저지른 잘못. 또는 살가죽에 저절로 일어나는 꺼풀. (㉭㉤)

12. 땅바닥에 구덩이를 파고 그 위에 약한 너스레를 치고 흙을 덮어 땅바닥처럼 만든 자리. (㉭㉥㉢㉣)

13. 허벅다리의 안쪽 살 깊은 자리. (㉭㉥㉨)

14. 곡식을 해치는 새, 짐승 따위를 막으려고 논밭에 세우는 사람 모양의 물건. (㉭㉦㉧㉥)

15. 겉모양이 좋은 몸집. (㉭㉧㉢)

16. 아무렇게나 되는 대로. (ⓗⓔⓡ)

17. 실속이 없는, 함부로 지껄이는 말. (ⓗⓔⓢⓡ)

18. 헛수고만 하고 가거나 오거나 하는 걸음. (ⓗⓖⓞ)

19. 꼭 되리라 믿고 애쓴 일이 보람 없이 헛일로 돌아간 것. (ⓗⓜ)

20. 앓는 사람이 정신없이 손을 휘젓는 일. 혹은 쓸데없이 손을 대어 만지는 일. (ⓗⓢⓙ)

21. 아무 보람도 없이 애쓰는 짓. (ⓗⓢⓖ)

22. 물속에 들어가서 몸을 뜨게 하고 손과 발을 놀리며 다니는 짓. (ⓗⓞ)

23. 씻은 물건을 다시 맑은 물에 넣어 흔들다. (ⓗⓖⓓ)

24. 여러 사람이 한 사람의 네 활개를 번쩍 들어 자꾸 쳐들었다 내렸다 하는 짓. (ⓗⓖⓡ)

25. 열이 심할 때 혓바닥에 좁쌀알 같이 돋아 오르는 붉은 살. (ⓗⓑⓝ)

26. 경망스럽고 야단스러운 말이나 행동. (ⓗⓓⓖ)

27. 남의 힘을 빌지 않고 혼자 힘으로 농사짓는 일. (ⓗⓡⓙ)

28. 버틸 힘이 없고 만만하여 다루기가 쉽다. (ⓗⓡⓗⓡⓗⓓ)

29. 사기나 유리, 양철 따위로 만들어 석유 등의 기름을 담는 그릇. (ⓗⓡ)

30. 호각이나 우레 따위를 두루 일컫는 말. (ⓗⓡⓡⓖ)

정답

1. 해님이 **2.** 해돋이 **3.** 해미 **4.** 해지개 **5.** 해코지 **6.** 햇무리 **7.** 햇병아리 **8.** 행주치마 **9.** 허깨비 **10.** 허리춤 **11.** 허물 **12.** 허방다리 **13.** 허벅지 **14.** 허수아비 **15.** 허우대 **16.** 허투루 **17.** 허튼소리 **18.** 헛걸음 **19.** 헛물 **20.** 헛손질 **21.** 헛수고 **22.** 헤엄 **23.** 헹구다 **24.** 헹가래 **25.** 혓바늘 **26.** 호들갑 **27.** 호락질 **28.** 호락호락하다 **29.** 호롱 **30.** 호루라기

우 리 말

36

초성으로 찾아가는 재미있는 상식여행

1. 쇠 날의 앞이 뾰족하고 위는 넓적하며 한쪽에 가느다란 목이 휘어 꼬부라지고 그 끝에 둥근 나무토막의 자루를 박아 김을 매는 데 쓰는 농기구. (ⓗⓜ)

2. 무엇을 타거나 할 때 즐겁고 짜릿한 느낌이 있다. (ⓗⓢⓓ)

3. 때나 곳이 후미져서 아주 고요하다. 혹은 외롭고 쓸쓸하다. (ⓗⓙⓗⓓ)

4. 옷의 한 부분에 헝겊을 덧대어 물건이나 손을 넣도록 만든 주머니. (ⓗⓙⓜⓝ)

5. 몹시 성이 나거나 겁을 주기 위하여 큰소리로 하는 꾸짖음. (ⓗⓣ)

6. 얼굴에 혹이 있는 사람을 가리키는 말. (ⓗⓑⓡ)

7. 단단히 혼이 남. 또는 그런 일. (ⓗㄸⓖ)

8. 민꽃식물에서 모체를 떠나 번식을 맡은 세포. (ⓗㅆ)

9. 아내를 잃고 혼자 지내는 사내. (ⓗⓞⓑ)

10. 남편을 잃고 혼자 지내는 여자. (ⓗⓞⓜ)

11. 술을 홀짝거리며 조금 마신다는 뜻으로, 아주 적은 주량을 이르는 말. (ⓗㅉⓢ)

12. 옷감을 감아서 다듬잇돌 위에 얹어 놓고 반드럽게 다듬는 방망이. (ⓗⓓㄲ)

13. 재물이 자꾸 생겨서 아무리 써도 줄지 아니함을 이르는 말. (ⓗⓢⓑ)

14. 한곳에 장작 따위를 모으고 질러 놓은 불. (ⓗⓣⓑ)

15. 새 따위가 날개를 벌리고 탁탁 치다. (ⓗⓒⓓ)

16. 여럿 가운데에서 맨 끝 또는 맨 나중에 돌아오는 차례. (ⓗⓒⓡ)

17. 바람이 한곳에서 뱅뱅 돌아 물이나 검불 따위가 몰려 깔때기 모양으로 하늘 높이 오르는 현상. 또는 그런 상태를 비유하는 말. (ⓗⓞⓡ)

18. 바닷가나 물가가 뭍으로 휘어서 굽어든 곳. (ⓗⓜ)

19. 입술을 오므리고 혀끝으로 입김을 불어서 맑게 소리를 내는 짓. (ⓗⓟⓡ)

20. 남이 하는 말이나 짓을 그대로 옮겨서 하는 짓. (ⓗⓝ)

21. 무언가를 몹시 그리워하며 동경하다. (ⓗⓝⓒ)

22. 지나치게 가벼운 태도로 소란하게 떠벌리는 짓. (ⓗⓒⓖ)

23. 흙이 많이 쌓여 만들어진 무더기. (ⓗⓜⓙ)

24. 한도에 한껏 차고도 남도록 아주 넉넉히. (ⓗⓢⓢ)

25. 물건을 파는 이와 사는 이의 사이에 들어서 매매가 이루어지도록 주선하는 일. (ⓗⓙ)

26. 채 마르지 아니하고 날나무로 있는 장작. (ⓗⓝⓡ)

27. 속은 텅텅 비어 있어도 겉으로는 호화롭다. (ⓗⓓⓒ)

28. 너무 시장하거나 애를 써서 움직이기가 힘들어지다. (ⓗⓙⓒ)

29. 터무니없이 자기 힘을 뽐내는 것. (ⓗⓜ)

30. 물이 맑고 깨끗한 여울. (ⓗⓞⓞ)

정답

1. 호미 **2.** 호습다 **3.** 호젓하다 **4.** 호주머니 **5.** 호통 **6.** 혹부리 **7.** 혼뜨검 **8.** 홀씨 **9.** 홀아비 **10.** 홀어미 **11.** 홀짝술 **12.** 홍두깨 **13.** 화수분 **14.** 화톳불 **15.** 홰치다 **16.** 회두리 **17.** 회오리 **18.** 후미 **19.** 휘파람 **20.** 흉내 **21.** 흐놀다 **22.** 흐들갑 **23.** 흙무지 **24.** 흠씬 **25.** 흥정 **26.** 희나리 **27.** 희떱다 **28.** 희지다 **29.** 흰목 **30.** 흰여울

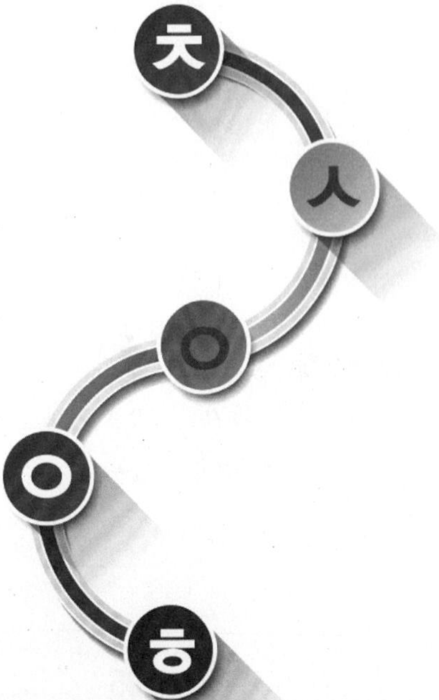
ㅊ
ㅅ
ㅇ
ㅇ
ㅎ

사자성어

사자성어 01

초성으로 찾아가는 재미있는 상식여행

1. 세금을 가혹하게 거두어들이고, 폭정으로 인해 백성들이 살기 어려움._ **苛斂誅求** (㉠㉣㉨㉠)

2. 여자의 용모가 아름다우면 운명이 짧거나 삶이 기구하다는 뜻._ **佳人薄命** (㉠㉧㉥㉤)

3. 뼛속에 새겨 잊을 수 없음._ **刻骨難忘** (㉠㉠㉡㉤)

4. 판단력이 둔해 현실에 어둡고 어리석음._ **刻舟求劍** (㉠㉨㉠㉠)

5. 서로가 마음속을 툭 털어놓고 숨김없이 친하게 사귐._ **肝膽相照** (㉠㉢㉦㉨)

6. 달면 삼키고 쓰면 내뱉듯이 신의를 돌보지 않고 개인의 욕심을 꾀함._ **甘呑苦吐** (㉠㉫㉠㉫)

7. 평범한 사람들._ **甲男乙女** (㉠㉡㉧㉡)

8. 허물을 고치고 착하게 됨._ **改過遷善** (㉠㉠㉩㉦)

9. 머리를 없애고, 꼬리를 자르듯 앞뒤의 사설을 빼놓고 요점만을 말함._ **去頭截尾** (㉠㉢㉨㉤)

10. 흥망을 걸고 온 힘을 다 기울여 마지막 승부를 겨룸._ **乾坤一擲** (㉠㉠㉧㉩)

11. 이익을 얻었으면 그것이 의로움에 맞는가를 먼저 생각함._ **見利思義** (㉠㉣㉦㉧)

12. 자기 자신의 노력을 낮추어 겸손하게 이르는 말_ **犬馬之勞** (㉠㉤㉨㉣)

13. 모기를 보고 칼을 빼는 격으로 하찮은 일을 크게 봄._ **見蚊拔劍** (㉠㉤㉥㉠)

14. 물건을 보면 욕심이 생김._ **見物生心** (㉠㉤㉦㉦)

15. 사이가 매우 나쁜 두 사람의 관계를 비유적으로 일컫는 말._ **犬猿之間** (ㄱㅇㅈㄱ)

16. 맺은 사람이 푼다는 뜻으로, 자기가 저지른 일은 자기가 해결해야 한다는 뜻._ **結者解之** (ㄱㅈㅎㅈ)

17. 죽어서도 은혜를 잊지 않고 갚음._ **結草報恩** (ㄱㅊㅂㅇ)

18. 남의 도움을 받지 않고 벅찬 일을 잘해 나감._ **孤軍奮鬪** (ㄱㄱㅂㅌ)

19. 혼자 고립되어 의지할 데가 없음._ **孤立無援** (ㄱㄹㅁㅇ)

20. 우선 당장 편한 것만을 택하는 꾀나 방법._ **姑息之計** (ㄱㅅㅈㄱ)

21. 적을 속이기 위해 자신을 희생하면서 꾸미는 계획._ **苦肉之計** (ㄱㅇㅈㄱ)

22. 손바닥 하나만으로는 소리가 나지 않는다는 뜻으로, 혼자서는 일을 이루기가 어렵거나, 맞서는 이가 없으면 싸움이 되지 않음._ **孤掌難鳴** (ㄱㅈㄴㅁ)

23. 고생 끝에 즐거움이 온다는 말._ **苦盡甘來** (ㄱㅈㄱㄹ)

24. 올바른 길에서 벗어난 학문으로 세상 사람에게 아첨하는 것._ **曲學阿世** (ㄱㅎㅇㅅ)

25. 자기의 능력이나 용모, 지위 등을 과대평가하여 사실인 것처럼 믿음._ **誇大妄想** (ㄱㄷㅁㅅ)

정답

1. 가렴주구 **2.** 가인박명 **3.** 각골난망 **4.** 각주구검 **5.** 간담상조 **6.** 감탄고토 **7.** 갑남을녀 **8.** 개과천선 **9.** 거두절미 **10.** 건곤일척 **11.** 견리사의 **12.** 견마지로 **13.** 견문발검 **14.** 견물생심 **15.** 견원지간 **16.** 결자해지 **17.** 결초보은 **18.** 고군분투 **19.** 고립무원 **20.** 고식지계 **21.** 고육지계 **22.** 고장난명 **23.** 고진감래 **24.** 곡학아세 **25.** 과대망상

사자성어 02

초성으로 찾아가는 재미있는 상식여행

1. 정도를 지나침은 미치지 못하는 것과 같음._ **過猶不及** (㉠㉧㉥㉠)

2. 옛날 중국의 관중과 포숙처럼 친구사이가 다정하고 허물없음._ **管鮑之交** (㉠㉬㉨㉠)

3. 눈을 비벼 다시 본다는 의미로, 다른 사람의 학문이나 덕망, 기술 등이 크게 발전함.
_ **刮目相對** (㉠㉤㉦㉢)

4. 뿔을 고치려다 소를 죽이는 것처럼 작은 일에 힘쓰다가 큰일을 망침._ **矯角殺牛** (㉠㉠㉦㉧)

5. 교묘한 말과 얼굴빛으로 남의 환심을 사려 함._ **巧言令色** (㉠㉧㉧㉦)

6. 말로는 친한 듯하나 속으로는 해칠 생각을 갖고 있음._ **口蜜腹劍** (㉠㉤㉥㉠)

7. 입에서 아직 젖내가 난다는 뜻으로 말과 행동이 어리고 유치함._ **口尙乳臭** (㉠㉦㉧㉩)

8. 많은 것 가운데 극히 적음._ **九牛一毛** (㉠㉧㉧㉤)

9. 변변치 못한 사람 중에 홀로 뛰어난 사람._ **群鷄一鶴** (㉠㉠㉧㉭)

10. 궁박한 나머지 생각하다 못하여 짜낸 꾀._ **窮餘之策** (㉠㉧㉨㉩)

11. 목적 달성을 위하여 수단과 방법을 가리지 않고 남을 속이는 온갖 꾀._ **權謀術數** (㉠㉤㉦㉦)

12. 착한 행실을 권장하고 나쁜 행실을 징계함._ **勸善懲惡** (㉠㉦㉨㉧)

13. 한 번 패하였던 자가 세력을 회복하여 다시 쳐들어옴._ **捲土重來** (㉠㉫㉨㉣)

14. 옳지 못한 사람과 가까이하면 나쁜 일에 물들게 됨._ 近墨者黑 (㉠㉤㉧㉭)

15. 좋은 일에 더 좋은 일이 더하여짐._ 錦上添花 (㉠㉦㉨㉭)

16. 호랑이를 타고 달리듯 중도에 그만둘 수 없는 형세._ 騎虎之勢 (㉠㉭㉧㉦)

17. 떨어지는 꽃과 흐르는 물처럼 세력이나 살림이 보잘것없어짐. 혹은 남녀 사이에는 서로 그리워하는 정이 있음을 뜻함_ 落花流水 (㉡㉭㉨㉦)

18. 형과 아우를 분간하기 어렵듯이 우열이 없음._ 難兄難弟 (㉡㉭㉡㉧)

19. 꿈과 같이 헛된 한 때의 부귀영화를 일컫는 말로, 인생의 덧없음을 비유하는 말. _ 南柯一夢 (㉡㉠㉨㉤)

20. 주머니 속에 든 송곳과 같이 재주가 뛰어난 사람은 숨어 있어도 저절로 사람들이 알게 됨._ 囊中之錐 (㉡㉧㉧㉨)

21. 계란을 쌓아 놓은 것처럼 매우 위태로움._ 累卵之勢 (㉡㉣㉧㉦)

22. 말은 느리고 신중하게 하고 행동은 민첩하게 함._ 訥言敏行 (㉡㉨㉤㉭)

23. 몹시 마음을 졸이고 애태우며 걱정함._ 勞心焦思 (㉡㉦㉨㉦)

24. 공로의 크고 작음을 가려 상을 줌._ 論功行賞 (㉡㉠㉭㉦)

25. 많으면 많을수록 좋음._ 多多益善 (㉢㉢㉨㉦)

정답

1. 과유불급 **2.** 관포지교 **3.** 괄목상대 **4.** 교각살우 **5.** 교언영색 **6.** 구밀복검 **7.** 구상유취 **8.** 구우일모 **9.** 군계일학 **10.** 궁여지책 **11.** 권모술수 **12.** 권선징악 **13.** 권토중래 **14.** 근묵자흑 **15.** 금상첨화 **16.** 기호지세 **17.** 낙화유수 **18.** 난형난제 **19.** 남가일몽 **20.** 낭중지추 **21.** 누란지세 **22.** 눌언민행 **23.** 노심초사 **24.** 논공행상 **25.** 다다익선

사자성어 03

초성으로 찾아가는 재미있는 상식여행

1. 무식한 사람도 유식한 사람과 함께 있으면 배우고 감화를 받음._ **堂狗風月** (㉢㉠㉫㉧)

2. 옳고 그름과는 무관하게 같은 편끼리 뭉쳐 다른 편을 배척함_ **黨同伐異** (㉢㉢㉥㉧)

3. 자기의 역량은 생각하지 않고 강한 상대나 되지 않을 일에 덤벼드는 무모한 행동을 비유적으로 이르는 말_ **螳螂拒轍** (㉢㉣㉠㉩)

4. 큰 그릇을 만드는 데는 시간이 오래 걸리듯, 크게 될 사람은 늦게 이루어짐_ **大器晩成** (㉢㉠㉤㉦)

5. 소를 앞에 두고 가야금을 탄다는 뜻으로, 어리석은 자에게 도리를 설명하나 깨닫지 못함을 비유적으로 이르는 말._ **對牛彈琴** (㉢㉧㉪㉠)

6. 쓰라림을 당하는 백성의 고생스러움._ **塗炭之苦** (㉢㉪㉨㉠)

7. 남들이 모두 절개를 꺾는 상황에서도 홀로 굳게 절개를 지킴._ **獨也靑靑** (㉢㉧㉩㉩)

8. ' 같은 값이면 다홍치마' 라는 뜻으로, 같은 조건이라면 좀 더 낫고 편리한 것을 선택함. _ **同價紅裳** (㉢㉠㉭㉦)

9. 처지가 비슷한 사람끼리 서로 동정함._ **同病相憐** (㉢㉥㉦㉣)

10. 몸은 비록 같이 있으나, 생각은 서로 다름._ **同床異夢** (㉢㉦㉧㉤)

11. 세상과 인연을 끊고 출입을 하지 아니함._ **杜門不出** (㉢㉤㉥㉩)

12. 모든 일은 차례를 밟아서 해야 함._ **登高自卑** (㉢㉠㉨㉥)

13. 등잔 밑이 어둡듯이 가까이 있는 것이 오히려 찾아내기 어려움을 이르는 말._ **燈下不明** (ⓒⓗⓑⓜ)

14. 가을이 되어 서늘하면 밤에 불은 가까이하여 책 읽기에 좋음._ **燈火可親** (ⓒⓗⓖⓒ)

15. 남의 말을 귀담아듣지 않음._ **馬耳東風** (ⓜⓞⓒⓟ)

16. 실력이 낫고 못함이 없이 비슷함._ **莫上莫下** (ⓜⓢⓜⓗ)

17. 기회를 잃고 뒤늦게 후회하고 한탄함._ **晩時之歎** (ⓜⓢⓙⓣ)

18. 겉으로는 복종하는 체하며 속으로는 배반함._ **面從腹背** (ⓜⓙⓑⓑ)

19. 맑은 거울처럼 깨끗한 물과 같이 허욕이 없는 마음._ **明鏡止水** (ⓜⓖⓙⓢ)

20. 불은 보듯 명확함._ **明若觀火** (ⓜⓞⓖⓗ)

21. 낫 놓고 기역자도 모르듯 무식함._ **目不識丁** (ⓜⓑⓢⓙ)

22. 현실 세계와는 다른 별천지._ **武陵桃源** (ⓜⓡⓒⓞ)

23. 문인의 서재에 꼭 있어야 할 네 가지 벗, 즉 종이, 붓, 벼루, 먹을 말함._ **文房四友** (ⓜⓑⓢⓞ)

24. 권세가 있거나 부자가 되어 집 문 앞이 찾아오는 손님들로 시장을 이룸._ **門前成市** (ⓜⓙⓢⓢ)

25. 손바닥을 치면서 크게 웃음._ **拍掌大笑** (ⓑⓙⓒⓢ)

정답

1. 당구풍월 **2.** 당동벌이 **3.** 당랑거철 **4.** 대기만성 **5.** 대우탄금 **6.** 도탄지고 **7.** 독야청청 **8.** 동가홍상 **9.** 동병상련 **10.** 동상이몽 **11.** 두문불출 **12.** 등고자비 **13.** 등하불명 **14.** 등화가친 **15.** 마이동풍 **16.** 막상막하 **17.** 만시지탄 **18.** 면종복배 **19.** 명경지수 **20.** 명약관화 **21.** 목불식정 **22.** 무릉도원 **23.** 문방사우 **24.** 문전성시 **25.** 박장대소

1. 다른 사람이나 사물의 부정적인 측면에서 가르침을 얻음을 이르는 말._ **反面教師** (㉥㉤㉠㉦)

2. 까마귀 새끼가 자라서 어미에게 먹이를 먹여 주듯이 자식이 부모의 은혜에 보답함._ **反哺之孝** (㉥㉬㉨㉭)

3. 폐단의 근원을 뽑고 막아 없앰._ **拔本塞源** (㉥㉥㉦㉧)

4. 은혜를 잊고 도리어 배반함._ **背恩忘德** (㉥㉧㉤㉢)

5. 아무리 기다려도 성공을 기대하기 어려움._ **百年河淸** (㉥㉡㉭㉩)

6. 글만 읽고 세상 물정은 모르는 사람._ **白面書生** (㉥㉤㉦㉦)

7. 자기를 알아주는 진정한 벗의 죽음을 슬퍼함._ **伯牙絶絃** (㉥㉧㉨㉭)

8. 흰옷을 숭상하고 즐겨 입은 우리 한민족을 일컫는 말._ **白衣民族** (㉥㉧㉤㉨)

9. 주관이 없이 남이 하는 대로 무턱대고 따라 함._ **附和雷同** (㉥㉭㉡㉢)

10. 묻지 않아도 충분히 알 수 있음._ **不問可知** (㉥㉤㉠㉨)

11. 아랫사람이나 자기보다 못한 사람에게 묻는 것을 부끄러워하지 않음._ **不恥下問** (㉥㉩㉭㉤)

12. 뼈가 가루가 되고 몸이 부서지도록 노력함._ **粉骨碎身** (㉥㉠㉦㉦)

13. 꿈인지 생시인지 알 수 없을 정도로 어렴풋함._ **非夢似夢** (㉥㉤㉦㉤)

14. 뜻을 펴보지도 못하고 허송세월을 보냄._ **髀肉之嘆** (㉥㉧㉨㉫)

15. 같은 일이 한두 번이 아님._ 非一非再 (ⓑⓞⓑⓙ)

16. 사방이 모두 적군에게 둘러싸여 고립됨._ 四面楚歌 (ⓢⓜⓒⓖ)

17. 도로나 교통망이 사방으로 통함._ 四通八達 (ⓢⓣⓟⓓ)

18. 모래 위에 지은 누각처럼 기초가 튼튼하지 못하여 오래 견디지 못할 일이나 물건.
_ 砂上樓閣 (ⓢⓢⓝⓖ)

19. 무슨 일이든 결국에는 옳은 데로 돌아감._ 事必歸正 (ⓢⓟⓖⓙ)

20. 인재를 맞아들이기 위하여 참을성 있게 노력함._ 三顧草廬 (ⓢⓖⓒⓡ)

21. 한 달에 아홉 번 밥을 먹는다는 뜻으로, 집안이 가난하여 먹을 것이 없어 굶주림.
_ 三旬九食 (ⓢⓢⓖⓢ)

22. 맹자의 어머니가 아들의 교육을 위해 세 번 이사하였다는 고사로 교육에 있어 생활환경이 중요함을 의미하는 말._ 三遷之敎 (ⓢⓒⓙⓖ)

23. 뽕나무 밭이 변하여 푸른 바다가 되듯이 세상일의 변천이 심하여 사물이 바뀜.
_ 桑田碧海 (ⓢⓙⓑⓗ)

24. 불은 위로 오르려 하고, 물은 아래로 흐르려 하는 경향처럼 서로 분열함._ 上火下澤
(ⓢⓗⓗⓣ)

25. 새옹의 말, 즉 변방 노인의 말처럼 복이 화가 되기도 하고, 화가 복이 될 수도 있음.
_ 塞翁之馬 (ⓢⓞⓙⓜ)

정답

1. 반면교사 **2.** 반포지효 **3.** 발본색원 **4.** 배은망덕 **5.** 백년하청 **6.** 백면서생 **7.** 백아절현 **8.** 백의민족 **9.** 부화뇌동 **10.** 불문가지 **11.** 불치하문 **12.** 분골쇄신 **13.** 비몽사몽 **14.** 비육지탄 **15.** 비일비재 **16.** 사면초가 **17.** 사통팔달 **18.** 사상누각 **19.** 사필귀정 **20.** 삼고초려 **21.** 삼순구식 **22.** 삼천지교 **23.** 상전벽해 **24.** 상화하택 **25.** 새옹지마

사자성어 05

초성으로 찾아가는 재미있는 상식여행

1. 불행한 일이 거듭 겹쳐 일어남._ **雪上加霜** (㉦㉦㉠㉦)

2. 싸움을 오래 끌지 않고 빨리 끝냄._ **速戰速決** (㉦㉨㉦㉠)

3. 손을 묶인 듯이 어찌할 방책이 없어 꼼짝 못하게 됨._ **束手無策** (㉦㉦㉤㉩)

4. 작은 것을 탐하다가 큰 것을 잃음._ **小貪大失** (㉦㉫㉢㉦)

5. 손에서 책을 떼지 않고 독서에 열중함._ **手不釋卷** (㉦㉥㉦㉠)

6. 일은 하지 않고 그냥 옆에서 보고만 있음._ **袖手傍觀** (㉦㉦㉥㉠)

7. 입술이 없으면 이가 시리듯, 가까운 사이에서 하나가 망하면 다른 하나도 곧장 위험에 직면함._ **脣亡齒寒** (㉦㉤㉩㉭)

8. 싸움에서 이긴 여세를 몰아 계속 몰아붙임._ **乘勝長驅** (㉦㉦㉨㉠)

9. 옳고 그름을 가릴 줄 아는 마음._ **是非之心** (㉦㉥㉨㉦)

10. 학식이 있는 것이 도리어 우환을 가져옴._ **識字憂患** (㉦㉨㉧㉭)

11. 있는 그대로의 사실 즉, 실제에 근거하여 그 일의 진상을 찾고 구함._ **實事求是** (㉦㉦㉠㉦)

12. 깊이 생각하고 자세하게 살펴봄._ **深思熟考** (㉦㉦㉦㉠)

13. 자기 논에 물 대기 즉, 자신에게 유리하도록 행동함._ **我田引水** (㉧㉨㉧㉦)

14. 태도가 몹시 거만하여 마치 눈앞에 사람이 없는 듯이 말하고 행동함._ **眼下無人** (㉧㉭㉤㉧)

15. 질서가 없고 시끌벅적함._ **野壇法席** (ⓞⓒⓑⓢ)

16. 겉으로 보기에는 훌륭하나 실속은 변변치 못함._ **羊頭狗肉** (ⓞⓒⓖⓞ)

17. 말이 조금도 이치에 맞지 아니함._ **語不成說** (ⓞⓑⓢⓢ)

18. 둘이 다투는 사이에 제삼자가 이득을 봄._ **漁父之利** (ⓞⓑⓙⓡ)

19. 말 속에 뼈가 있다는 뜻으로, 예사로운 말 같으나 그 속에 단단한 속뜻이 들어 있음을 일컫는 말._ **言中有骨** (ⓞⓙⓞⓖ)

20. 상대편의 처지나 입장에서 먼저 생각해보고 이해함._ **易地思之** (ⓞⓙⓢⓙ)

21. 나무에 올라 고기를 얻으려고 한다는 뜻으로, 목적과 수단이 맞지 않아 불가능한 일을 굳이 하려 함을 비유하는 말._ **緣木求魚** (ⓞⓜⓖⓞ)

22. 뜨거웠다가 차가워지는 세태라는 뜻으로, 권세가 있을 때에는 아첨하여 좇고 권세가 떨어지면 푸대접하는 세상 인심을 비유하는 말._ **炎凉世態** (ⓞⓡⓢⓣ)

23. '자나 깨나 잊지 못하다'라는 뜻으로, 사랑하는 사람을 그리워하여 잠 못 들거나 근심이나 생각이 많아 잠 못 드는 것을 비유하는 말._ **寤寐不忘** (ⓞⓜⓑⓜ)

24. 내 코가 석 자라는 뜻으로, 자기 사정이 급하여 남을 돌볼 겨를이 없음을 이르는 말. _ **吾鼻三尺** (ⓞⓑⓢⓒ)

25. 오십 보 도망간 것이나 백 보 도망간 것이나 같다는 뜻으로, 정도의 차이는 있을지언정 본질적으로 같은 의미._ **五十步百步** (ⓞⓢⓑⓑⓑ)

정답

1. 설상가상 **2.** 속전속결 **3.** 속수무책 **4.** 소탐대실 **5.** 수불석권 **6.** 수수방관 **7.** 순망치한 **8.** 승승장구 **9.** 시비지심 **10.** 식자우환 **11.** 실사구시 **12.** 심사숙고 **13.** 아전인수 **14.** 안하무인 **15.** 야단법석 **16.** 양두구육 **17.** 어불성설 **18.** 어부지리 **19.** 언중유골 **20.** 역지사지 **21.** 연목구어 **22.** 염량세태 **23.** 오매불망 **24.** 오비삼척 **25.** 오십보백보

사자성어 06

초성으로 찾아가는 재미있는 상식여행

1. 서로 미워하면서도 공통의 어려움이나 이해에 대해서는 협력하는 경우를 비유하는 말. **_ 吳越同舟** (㉧㉧㉢㉨)

2. 섶에 누워 쓸개를 씹는다는 뜻으로, 원수를 갚으려고 온갖 괴로움을 참고 견딤. **_ 臥薪嘗膽** (㉧㉦㉦㉢)

3. 속은 부드러우나 겉은 강하고 굳셈. **_ 外柔內剛** (㉧㉧㉡㉠)

4. 겉은 화려하나 속은 빈곤함. **_ 外華內貧** (㉧㉭㉡㉥)

5. '산을 좋아하고 물을 좋아하다'라는 뜻으로, 산수의 경치를 좋아하는 것을 비유하는 말. **_ 樂山樂水** (㉧㉦㉧㉦)

6. 용의 맛과 봉황의 탕국이란 뜻으로, 매우 좋은 음식을 이르는 말. **_ 龍尾鳳湯** (㉧㉤㉥㉫)

7. 공자가 주역을 즐겨 읽어 책의 가죽끈이 세 번이나 끊어졌다는 뜻으로, 책을 열심히 읽음을 이르는 말. **_ 韋編三絶** (㉧㉬㉦㉨)

8. 입은 있으나 말이 없다는 뜻으로, 변명할 말이 없음. **_ 有口無言** (㉧㉠㉤㉧)

9. 평소에 준비가 철저하면 후에 근심이 없음을 뜻하는 말. **_ 有備無患** (㉧㉥㉤㉭)

10. 아무 근거 없이 널리 퍼진 좋지 못한 소문. **_ 流言蜚語** (㉧㉧㉥㉧)

11. 밖으로 드러내지 아니하고 참고 감추어 몸가짐을 신중히 함. **_ 隱忍自重** (㉧㉧㉨㉨)

12. 눈물을 흘리며 마속의 목을 벤다는 뜻으로, 큰일을 위해 사사로운 정을 물리친다는 말. **_ 泣斬馬謖** (㉧㉩㉤㉦)

13. 의기가 드높아 매우 자랑스럽게 행동하는 모양._ **意氣揚揚** (ⓞ㉠ⓞⓞ)

14. 입은 다르지만 하는 말은 같다는 뜻으로, 여러 사람의 말이 한결같음을 이르는 말. _ **異口同聲** (ⓞ㉠㉢㉦)

15. 좋은 일에는 좋은 결과가, 나쁜 일에는 나쁜 결과가 따름._ **因果應報** (ⓞ㉠ⓞ㉥)

16. 마음과 마음이 서로 통함._ **以心傳心** (ⓞ㉦㉨㉦)

17. 일각이 삼 년과 같다는 뜻으로, 몹시 기다려지거나 지루한 느낌을 이르는 말._ **一刻如三秋** (ⓞ㉠ⓞ㉦㉩)

18. 한번 보고도 분명히 알 수 있다는 말로, 잠깐 보고도 환하게 알 수 있음을 이르는 말. _ **一目瞭然** (ⓞ㉤ⓞⓞ)

19. 나날이 발전하고 다달이 진보함._ **日就月將** (ⓞ㉩ⓞ㉨)

20. 하나의 물결이 많은 물결을 일으킨다는 뜻으로, 한 사건으로 인해 연속해서 많은 사건이나 파문이 일어남._ **一波萬波** (ⓞ㉬㉤㉬)

21. 일을 당해 그때그때 맞도록 처리함._ **臨機應變** (ⓞ㉠ⓞ㉥)

22. 자기의 언행이 앞뒤가 모순되어 맞지 아니함._ **自家撞着** (㉨㉠㉢㉩)

23. 자기 스스로 자신의 일을 망치게 함._ **自繩自縛** (㉨㉦㉨㉥)

24. 자기가 저지른 일의 결과를 자기가 받음._ **自業自得** (㉨ⓞ㉨㉢)

25. 자기가 한 일을 자기 스스로 칭찬함._ **自畵自讚** (㉨㉭㉨㉩)

정답

1. 오월동주 **2.** 와신상담 **3.** 외유내강 **4.** 외화내빈 **5.** 요산요수 **6.** 용미봉탕 **7.** 위편삼절 **8.** 유구무언 **9.** 유비무환 **10.** 유언비어 **11.** 은인자중 **12.** 읍참마속 **13.** 의기양양 **14.** 이구동성 **15.** 인과응보 **16.** 이심전심 **17.** 일각여삼추 **18.** 일목요연 **19.** 일취월장 **20.** 일파만파 **21.** 임기응변 **22.** 자가당착 **23.** 자승자박 **24.** 자업자득 **25.** 자화자찬

사자성어 07

초성으로 찾아가는 재미있는 상식여행

1. 마음먹은 것이 삼일밖에 가지 못하듯, 결심이 오래 계속되지 못함._ **作心三日** (㉨㉦㉦㉧)

2. 이름이나 신분이 특별하지 않고 평범한 사람들._ **張三李四** (㉨㉦㉧㉦)

3. 도둑이 도리어 매를 들듯이, 잘 못한 자가 오히려 화를 내고 뻣뻣하게 행동함._ **賊反荷杖** (㉨㉥㉭㉨)

4. 재앙과 화가 바뀌어 오히려 복이 됨._ **轉禍爲福** (㉨㉭㉧㉥)

5. 가면 갈수록 경치가 더해진다는 뜻으로, 일이 점점 더 재미있는 지경으로 돌아가는 상황을 이르는 말._ **漸入佳境** (㉨㉧㉠㉠)

6. 따끔한 충고나 교훈을 이르는 말._ **頂門一鍼** (㉨㉤㉧㉩)

7. 우물 안의 개구리처럼 견문이 좁은 사람을 이르는 말._ **井底之蛙** (㉨㉨㉨㉧)

8. 법령을 자꾸 고쳐 신뢰할 수 없음._ **朝令暮改** (㉨㉣㉤㉠)

9. 간교스러운 꾀로 남을 희롱해 속이는 일._ **朝三暮四** (㉨㉦㉤㉦)

10. 자리가 편하지 않음._ **坐不安席** (㉨㉥㉧㉦)

11. 주인과 손님의 위치가 바뀌듯, 사물의 경중과 선후, 완급 따위가 서로 뒤바뀜._ **主客顚倒** (㉨㉠㉨㉢)

12. 낮에는 농사짓고 밤에는 공부한다는 뜻으로, 어려운 여건 속에서도 꿋꿋이 공부함. _ **晝耕夜讀** (㉨㉠㉧㉢)

13. 달리는 말에 채찍을 더한다는 뜻으로, 잘하는 사람에게 더 잘하도록 격려함을 이르는

말._ 走馬加鞭 (ⓩⓜⓖⓟ)

14. 달리는 말 위에서 산천을 구경한다는 뜻으로, 사물을 지나가는 길에 흘낏 또는 대충 훑어보고 지나치는 모습._ 走馬看山 (ⓩⓜⓖⓢ)

15. 어릴 때부터 같이 놀며 자란 친구._ 竹馬故友 (ⓩⓜⓖⓞ)

16. 적은 수의 사람으로는 많은 수의 사람을 대적하지 못한다는 뜻._ 衆寡不敵(ⓩⓖⓑⓩ)

17. 적을 알고 나를 알아야 한다는 뜻으로, 적의 형편과 나의 형편을 자세히 알아야 한다는 의미._ 知彼知己 (ⓩⓟⓩⓖ)

18. 사람으로서 할 수 있는 일을 다 한 후에 하늘을 뜻을 기다림._ 盡人事待天命 (ⓩⓞⓢⓓⓒⓜ)

19. 앞으로 나아갈 수도, 뒤로 물러설 수도 없이 꼼짝할 수 없는 궁지에 빠짐._ 進退兩難 (ⓩⓣⓞⓝ)

20. 큰 바다에 던져진 좁쌀 한 톨이라는 뜻으로, 지극히 작거나 보잘 것 없는 존재를 이르는 말._ 滄海一粟 (ⓒⓗⓞⓢ)

21. 가을 하늘이 높으니 말이 살찐다는 뜻으로, 가을은 기후가 매우 좋은 계절 혹은 활동하기 좋은 계절을 이르는 말._ 天高馬肥 (ⓒⓖⓜⓑ)

22. 천 가지 생각 중의 한 가지 실수라는 뜻으로, 아무리 지혜로운 사람도 한 번쯤은 실수가 있다는 것을 비유하는 말._ 千慮一失 (ⓒⓡⓞⓢ)

23. 좀처럼 만나기 어려운 기회._ 千載一遇 (ⓒⓩⓞⓞ)

24. 푸른색은 쪽빛(남색)에서 나왔지만, 쪽빛보다 더 푸르다는 뜻으로, 제자가 스승보다 더 나음을 비유하는 말._ 靑出於藍 (ⓒⓒⓞⓡ)

25. 한 치밖에 안 되는 칼로 사람을 죽인다는 뜻으로, 간단한 경구나 단어로 사람을 감동시키거나, 사물의 급소를 찌름._ 寸鐵殺人 (ⓒⓒⓢⓞ)

정답

1. 작심삼일 **2.** 장삼이사 **3.** 적반하장 **4.** 전화위복 **5.** 점입가경 **6.** 정문일침 **7.** 정저지와 **8.** 조령모개 **9.** 조삼모사 **10.** 좌불안석 **11.** 주객전도 **12.** 주경야독 **13.** 주마가편 **14.** 주마간산 **15.** 죽마고우 **16.** 중과부적 **17.** 지피지기 **18.** 진인사대천명 **19.** 진퇴양난 **20.** 창해일속 **21.** 천고마비 **22.** 천려일실 **23.** 천재일우 **24.** 청출어람 **25.** 촌철살인

MEMO

1. 바늘을 보고 몽둥이라고 하듯 과장해서 말함._ 針小棒大 (ⓒⓢⓑⓓ)

2. 어렵게 뒤얽힌 일들을 시원하게 처리함._ 快刀亂麻 (ⓚⓓⓝⓜ)

3. 다른 산의 돌이라는 뜻으로, 다른 사람의 하찮은 언행이라도 자기의 지덕을 닦는 데 도움이 됨을 비유해 이르는 말._ 他山之石 (ⓣⓢⓙⓢ)

4. 탁자 위에서만 펼치는 헛된 논설이란 뜻으로, 실현성이 없는 허황된 이론을 일컫는 말._ 卓上空論 (ⓣⓢⓖⓡ)

5. 태산과 북두칠성처럼 여러 사람이 우러르며 존경하는 뛰어난 사람._ 泰山北斗(ⓣⓢⓑⓓ)

6. 필요할 때는 쓰고 필요 없을 때는 버림._ 兎死狗烹 (ⓣⓢⓖⓟ)

7. 파도의 물결치는 것이 만장의 길이나 된다는 뜻으로, 일의 진행에 변화가 매우 심함._ 波瀾萬丈 (ⓟⓡⓜⓙ)

8. 즐거운 마음으로 한바탕 크게 웃음._ 破顔大笑 (ⓟⓞⓓⓢ)

9. 거잡을 수 없이 나아가는 당당한 기세._ 破竹之勢 (ⓟⓙⓙⓢ)

10. 마음이 음흉하여 겉과 속이 다르거나 말과 행동이 다름을 가리키는 말._ 表裏不同 (ⓟⓡⓑⓓ)

11. 부모님이 돌아가신 뒤에 생전에 충분히 효도를 못 해 드린 것을 후회함._ 風樹之嘆 (ⓟⓢⓙⓣ)

12. 바람 앞의 등불이라는 뜻으로, 매우 위급한 처지를 비유하는 말._ 風前燈火(ⓟⓙⓓⓗ)

13. 심부름 간 사람이 돌아오지 않거나 아무 소식이 없음을 비유함._ **咸興差使**(㉬㉬㉧㉦)

14. 가난한 사람이 반딧불과 눈빛으로 글을 읽어가며 고생 속에서 공부함을 일컫는 말._ **螢雪之功** (㉭㉦㉨㉠)

15. 좋은 일에는 방해되는 것이 많다는 말._ **好事多魔** (㉭㉦㉢㉤)

16. 거침없이 넓고 기개가 크다는 뜻._ **浩然之氣** (㉭㉧㉨㉠)

17. 저녁에는 잠자리를 보아 드리고, 아침에는 문안을 드린다는 뜻으로,자식이 아침저녁으로 부모의 안부를 물어서 살핌을 이르는 말._ **昏定晨省** (㉭㉨㉦㉦)

18. 어떤 일에 있어 가장 중요한 부분을 끝내어 완성함._ **畵龍點睛** (㉭㉣㉨㉨)

19. 그림 속의 떡처럼 바라만 보았지 소용없음을 비유하여 이르는 말._ **畵中之餠**(㉭㉨㉨㉥)

20. 용모가 환하고 아름다워 딴 사람처럼 됨._ **換骨奪胎** (㉭㉠㉫㉫)

21. 만나면 언젠가는 헤어지게 되어 있다는 뜻으로, 인생의 무상함을 이르는 말._ **會者定離** (㉭㉨㉨㉣)

22. 얼굴이 두꺼워 수치스러움을 모르고 뻔뻔함._ **厚顔無恥** (㉭㉧㉤㉩)

23. 즐거운 일이 지나가면 슬픈 일이 닥쳐온다는 뜻으로, 세상일이 순환 됨을 가리키는 말._ **興盡悲來** (㉭㉨㉥㉣)

24. 흥하고 망하고 성하고 쇠하는 일._ **興亡盛衰** (㉭㉤㉦㉦)

25. 말에 조리가 없고 함부로 지껄임._ **橫說竪說** (㉭㉦㉦㉦)

정답

1. 침소봉대 **2.** 쾌도난마 **3.** 타산지석 **4.** 탁상공론 **5.** 태산북두 **6.** 토사구팽 **7.** 파란만장 **8.** 파안대소 **9.** 파죽지세 **10.** 표리부동 **11.** 풍수지탄 **12.** 풍전등화 **13.** 함흥차사 **14.** 형설지공 **15.** 호사다마 **16.** 호연지기 **17.** 혼정신성 **18.** 화룡점정 **19.** 화중지병 **20.** 환골탈태 **21.** 회자정리 **22.** 후안무치 **23.** 흥진비래 **24.** 흥망성쇠 **25.** 횡설수설

한자어

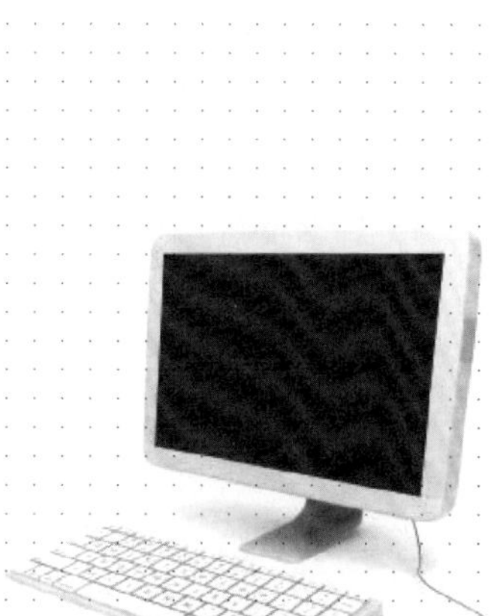

한자어

01

초성으로 찾아가는 재미있는 상식여행

1. 가련하고 불쌍함._ 可憐 (ㄱㄹ)

2. 어떤 일에 대한 마음가짐이나 자세 따위가 유달리 특별함._ 恪別 (ㄱㅂ)

3. 서로 이기려고 다투는 일._ 角逐 (ㄱㅊ)

4. 예사로 보아 넘김._ 看過 (ㄱㄱ)

5. 모양, 상태, 성질 따위가 그와 같다고 봄._ 看做 (ㄱㅈ)

6. 얼마 동안의 시간 간격을 두고 되풀이하여 일어났다 쉬었다 함._ 間歇 (ㄱㅎ)

7. 중요한 내용이나 줄거리를 대강 추려냄._ 概括 (ㄱㄱ)

8. 행실이나 태도의 잘못을 뉘우치고 마음을 바르게 고쳐먹음._ 改悛 (ㄱㅈ)

9. 광산에서, 갱 안에 뚫어 놓은 길._ 坑道 (ㄱㄷ)

10. 거의 죽을 지경에서 다시 살아남._ 更生 (ㄱㅅ)

11. 이미 있던 것을 고쳐 새롭게 함._ 更新 (ㄱㅅ)

12. 같은 목적을 위해 여러 사람이 금품을 추렴함._ 醵出 (ㄱㅊ)

13. 수레와 말을 타는 비용이라는 뜻으로, '교통비'를 이르는 말._ 車馬費 (ㄱㅁㅂ)

14. 여러 사람에게 알릴 내용을 내붙이거나 내걸어 두루 보게 붙이는 판._ 揭示板(ㄱㅅㅍ)

15. 결정할 권한이 있는 상관이 부하가 제출한 안건을 검토하여 허가하거나 승인함._ 決裁 (ㄱㅈ)

16. 어떤 직위에 있는 사람을 다른 사람으로 바꿈._ 更迭 (㉠㉢)

17. 다른 생각을 할 여유도 없이 한 가지 일에만 파묻힘._ 汨沒 (㉠㉡)

18. 예정한 수량이나 필요한 수량보다 많음._ 過剩 (㉠㉧)

19. 눈을 비비고 볼 정도로 놀람._ 刮目 (㉠㉡)

20. 조직이나 체계 따위가 모조리 파괴되어 멸망함._ 壞滅 (㉠㉡)

21. 입 안쪽을 이름._ 口腔 (㉠㉠)

22. 구속받거나 속박을 받음._ 拘碍 (㉠㉧)

23. 이치에 맞지 않은 것을 억지로 꾸며대는 말._ 詭辯 (㉠㉥)

24. 거북의 등과 거울이라는 뜻으로, 사물의 본보기가 됨._ 龜鑑 (㉠㉠)

25. 거문고와 비파를 뜻하는데, 사이가 아주 좋은 부부를 일컬어 부르기도 함._ 琴瑟(㉠㉦)

26. 현재 걱정하지 않아도 될 일을 몹시 걱정함._ 杞憂 (㉠㉧)

27. 즐기고 좋아함._ 嗜好 (㉠㉭)

28. 담배를 즐겨 피움._ 喫煙 (㉲㉧)

29. 의지가 굳세지 못함._ 懦弱 (㉡㉧)

30. 고려나 조선 시대에, 궁궐 안에서 왕과 왕비를 가까이 모시는 내명부를 통틀어 이르는 말._ 內人 (㉡㉧)

정답

1. 가련(가린:×) **2.** 각별(격별:×) **3.** 각축(각수:×) **4.** 간과(간화:×) **5.** 간주(간고:×) **6.** 간헐(간흘:×) **7.** 개괄(개활:×) **8.** 개전(개준:×) **9.** 갱도(항고:×) **10.** 갱생(경생:×) **11.** 갱신(경신:○) **12.** 갹출(거출:×) 13. 거마비(차마비:×) **14.** 게시판(계시판:×) **15.** 결재(결제:×) **16.** 경질(갱질:×) **17.** 골몰(일몰:×) **18.** 과잉(화잉:×) **19.** 괄목(활목:×) **20.** 괴멸(회멸:×) **21.** 구강(구공:×) **22.** 구애(구득:×) **23.** 궤변(위변:×) **24.** 귀감(구감:×) **25.** 금슬(금실:×) **26.** 기우(파우:×) **27.** 기호(노호:×) **28.** 끽연(계연:×) **29.** 나약(유약:×) **30.** 나인(내인:×)

한자어 02

초성으로 찾아가는 재미있는 상식여행

1. 행동이나 성격 따위가 느리고 게으름._ **懶怠** (㉡㉬)

2. 죄인을 붙잡거나 사람 또는 배, 비행기 등을 사로잡음._ **拿捕** (㉡㉭)

3. 불에 달구어 찍는 쇠붙이로 만든 도장._ **烙印** (㉡㉧)

4. 도장을 찍음._ **捺印** (㉡㉧)

5. 어떤 일을 허위로 조작함._ **捏造** (㉡㉨)

6. 새로 돋은 사슴의 연한 뿔._ **鹿茸** (㉡㉧)

7. 어떤 직위에 있는 사람을 매수하여 사사로운 일에 이용하기 위하여 넌지시 건네는 부정한 돈이나 물건._ **賂物** (㉡㉤)

8. 비밀이 새어 나감._ **漏泄** (㉡㉥)

9. 더듬거리는 말._ **訥言** (㉡㉧)

10. 차와 과자를 아울러 이르는 말._ **茶菓** (㉢㉠)

11. 한 가족의 생활이 원만하고 즐거움, 또는 여럿이 함께 즐겁고 화목함._ **團欒** (㉢㉣)

12. 훌륭한 사람이 되도록 몸과 마음을 닦아 기름을 비유적으로 이르는 말._ **陶冶** (㉢㉧)

13. 몸을 위로 솟구쳐 뛰는 일. 또는 더 높은 단계로 발전하는 것을 비유적으로 이르는 말._ **跳躍** (㉢㉧)

14. 여럿 중 필요하지 않은 것을 줄여 없앰._ **淘汰** (㉢㉬)

15. 성질이 둔하고 혼탁함._ **鈍濁** (㉢ ㉫)

16. 연료가 탈 때 나오는, 그을음이 섞인 연기._ **煤煙** (㉤ ㉧)

17. 생각이나 판단력이 분명하고 똑똑함._ **明晳** (㉤ ㉦)

18. 늦봄에 붉고 큰 꽃이 피는 작약과의 활엽 관목._ **牡丹** (㉤ ㉣)

19. 잠을 자면서 꿈을 꿈. 또는 그 꿈._ **夢寐** (㉤ ㉤)

20. 그윽하고 멀어서 눈에 아물거림._ **杳然** (㉤ ㉧)

21. 직접 말이나 행동으로 드러내지 않고 은연중에 뜻을 나타내 보임._ **黙示** (㉤ ㉦)

22. 잘못을 캐묻고 꾸짖음._ **問責** (㉤ ㉩)

23. 실패나 결점을 일시적인 눈가림으로 넘김._ **彌縫** (㉤ ㉥)

24. 지금까지 한 번도 있어 본 적이 없는 것._ **未曾有** (㉤ ㉨ ㉧)

25. 아직 흡족하지 못하거나 만족스럽지 않음._ **未洽** (㉤ ㉭)

26. 모조리 잡아 없앰._ **撲滅** (㉥ ㉤)

27. 어떤 의견이나 주장, 논설 따위에 반대하여 말함._ **反駁** (㉥ ㉥)

28. 책, 글 따위에서 필요하거나 중요한 부분을 가려 뽑아냄._ **拔萃** (㉥ ㉩)

29. 여러 사람 가운데서 쓸 사람을 뽑음._ **拔擢** (㉥ ㉫)

30. 지위가 높거나 존경하는 사람을 찾아가서 뵘._ **拜謁** (㉥ ㉧)

정답

1. 나태(뇌태:×) **2.** 나포(장포:×) **3.** 낙인(각인:×) **4.** 날인(나인:×) **5.** 날조(열조:×) **6.** 녹용(녹이:×) **7.** 뇌물(각물:×) **8.** 누설(누세:×) **9.** 눌언(내언:×) **10.** 다과(차과:×) **11.** 단란(단락:×) **12.** 도야(도치:×) **13.** 도약(조약:×) **14.** 도태(도치:×) **15.** 둔탁(순탁:×) **16.** 매연(모연:×) **17.** 명석(명철:×) **18.** 모란(목단:×) **19.** 몽매(몽미:×) **20.** 묘연(향연:×) **21.** 묵시(흑시:×) **22.** 문책(간책:×) **23.** 미봉(이봉:×) **24.** 미증유(미회유:×) **25.** 미흡(미합:×) **26.** 박멸(업멸:×) **27.** 반박(반효:×) **28.** 발췌(발졸:×) **29.** 발탁(발요:×) **30.** 배알(배갈:×)

한자어 03

초성으로 찾아가는 재미있는 상식여행

1. 실력이나 기술 따위가 서로 비슷하여 우열을 가리기 어려움._ 伯仲 (ㅂㅈ)

2. 일을 한 대가로 주는 돈이나 물품._ 報酬 (ㅂㅅ)

3. 깨끗한 마음으로 남을 위해 돈이나 금품을 베푸는 것._ 布施 (ㅂㅅ)

4. 부족한 부분을 보태어 채움._ 補塡 (ㅂㅈ)

5. 어떤 처지나 상태에 부닥침._ 逢着 (ㅂㅊ)

6. 상가에 부조로 보내는 돈이나 물품 또는 그런 일._ 賻儀 (ㅂㅇ)

7. 죽었다가 다시 살아남._ 復活 (ㅂㅎ)

8. 샘세포의 작용에 의하여 만든 액즙을 배출관으로 보내는 일._ 分泌 (ㅂㅂ)

9. 단단한 물체를 가루처럼 잘게 부스러뜨림._ 粉碎 (ㅂㅅ)

10. 나누어 쪼갬._ 分割 (ㅂㅎ)

11. 썩지 않고 영원히 없어지지 아니함._ 不朽 (ㅂㅎ)

12. 남의 힘을 빌려서 의지하거나, 말막음을 위하여 핑계로 내세움._ 憑藉 (ㅂㅈ)

13. 필요 이상의 돈이나 물건을 쓰거나 분수에 지나친 생활을 함._ 奢侈 (ㅅㅊ)

14. 쓸쓸하고 막막함._ 索莫 (ㅅㅁ)

15. 액체나 가루 따위를 흩어 뿌림. 또는 금품이나 전단 따위를 여러 사람에게 나누어 줌._ 撒布 (ㅅㅍ)

16. 상반되는 것이 서로 영향을 주어 효과가 없어지는 일._ **相殺** (㉦ ㉦)

17. 간단하게 줄이거나 뺌._ **省略** (㉦ ㉣)

18. 순간적으로 번쩍이는 강렬한 빛._ **閃光** (㉦ ㉠)

19. 깨끗이 씻음._ **洗滌** (㉦ ㉧)

20. 과거에까지 거슬러 올라가서 그 효과를 미치게 함._ **遡及** (㉦ ㉠)

21. 사라져 없어짐._ **削減** (㉦ ㉤)

22. 여럿이 떠들썩하게 들고일어남. 또는 그런 술렁거림과 소란._ **騷擾** (㉦ ㉧)

23. 남보다 앞장서서 함._ **率先** (㉦ ㉦)

24. 전화, 주문 따위가 한꺼번에 세차게 몰려들거나 달려듦._ **殺到** (㉦ ㉢)

25. 돈이나 물건 따위를 거두어들임._ **收斂** (㉦ ㉣)

26. 잠을 자는 일. 또는 활동을 쉬는 상태를 비유적으로 이르는 말._ **睡眠** (㉦ ㉤)

27. 익은 농작물을 거두어들임. 또는 어떤 일을 하여 얻은 성과._ **收穫** (㉦ ㉭)

28. 잠을 자고 머무름._ **宿泊** (㉦ ㉥)

29. 다른 지역에 옮겨진 생물이 점차 그 환경에 적응하는 체질로 변함._ **純化** (㉦ ㉭)

30. 무릎 아래라는 뜻으로 어버이 곁을 의미함._ **膝下** (㉦ ㉭)

정답

1. 백중(박중:×) **2.** 보수(보주:×) **3.** 보시(포시:×) **4.** 보전(보진:×) **5.** 봉착(달착:×) **6.** 부의(전의:×) **7.** 부활(복활:×) **8.** 분비(분필:×) **9.** 분쇄(분졸:×) **10.** 분할(분활:×) **11.** 불후(불교:×) **12.** 빙자(빙적:×) **13.** 사치(사다:×) **14.** 삭막(삭모:×) **15.** 살포(산포:×) **16.** 상쇄(상살:×) **17.** 생략(성략:×) **18.** 섬광(한광:×) **19.** 세척(선조:×) **20.** 소급(삭급:×) **21.** 소멸(초멸:×) **22.** 소요(소우:×) **23.** 솔선(율선:×) **24.** 쇄도(살도:×) **25.** 수렴(수험:×) **26.** 수면(수민:×) **27.** 수확(수획:×) **28.** 숙박(숙백:×) **29.** 순화(둔화:×) **30.** 슬하(칠하:×)

한자어 04

초성으로 찾아가는 재미있는 상식여행

1. 학문이나 기술 따위를 배워서 자기 것으로 함._ 拾得 (ㅅㄷ)

2. 어떤 것을 미리 간접적으로 표현해 줌._ 示唆 (ㅅㅅ)

3. 매우 날쌔고 빠름._ 迅速 (ㅅㅅ)

4. 남의 일을 잘되도록 주선하여 줌._ 斡旋 (ㅇㅅ)

5. 지체가 높고 귀한 사람을 찾아뵙는 일._ 謁見 (ㅇㅎ)

6. 좁고 험한 길. 또는 일의 진행을 방해하는 장애._ 隘路 (ㅇㄹ)

7. 일이나 사건 따위를 끌어 일으킴._ 惹起 (ㅇㄱ)

8. 동물이나 물품 따위를 좋아하여 가까이 두고 귀여워하거나 즐거워함._ 愛玩 (ㅇㅇ)

9. 폭력을 써서 남의 것을 억지로 빼앗음._ 掠奪 (ㅇㅌ)

10. 예리하고 민감함._ 銳敏 (ㅇㅁ)

11. 몸이 오슬오슬 춥고 떨리는 증상._ 惡寒 (ㅇㅎ)

12. 그릇되어 이치에 어긋남._ 誤謬 (ㅇㄹ)

13. 사실과 다르게 전함._ 訛傳 (ㅇㅈ)

14. 사실과 다르게 해석하거나 그릇되게 함._ 歪曲 (ㅇㄱ)

15. 어렵지 아니하고 매우 쉬움._ 容易 (ㅇㅇ)

16. 자기 의견 또는 자기 소속 정당의 주장을 선전하며 돌아다님._ 遊說 (ㅇㅅ)

17. 망설여 일을 결행하지 아니함._ 猶豫 (ⓞ ⓞ)

18. 시가를 읊조리며 그 맛을 감상함. 또는 어떤 사물이나 개념의 속 내용을 새겨서 느끼거나 생각함._ 吟味 (ⓞ ⓜ)

19. 장사하여 남은 돈._ 利潤 (ⓞ ⓞ)

20. 물에 빠져 죽음._ 溺死 (ⓞ ⓢ)

21. 모든 것. 또는 '전부'나 '완전히'의 뜻을 나타내는 말._ 一切 (ⓞ ⓒ)

22. 다 쓰고 난 나머지._ 剩餘 (ⓞ ⓞ)

23. 스스로에게 긍지를 가짐._ 自矜 (ⓙ ⓖ)

24. 암컷과 수컷을 뜻하지만, 승부나 우열 등을 이르는 말._ 雌雄 (ⓙ ⓞ)

25. 군사를 거느리는 우두머리._ 將帥 (ⓙ ⓢ)

26. 막아서 못하게 함._ 沮止 (ⓙ ⓙ)

27. 전하여 널리 퍼뜨림._ 傳播 (ⓙ ⓟ)

28. 과녁의 한 가운뎃점으로 목표 또는 핵심을 뜻하는 말._ 正鵠 (ⓙ ⓖ)

29. 학문이나 예술 등의 수양이 깊은 지경에 나아간 정도._ 造詣 (ⓙ ⓞ)

30. 벌어지는 사태를 잘 살펴서 필요한 대책을 세워 행함._ 措置 (ⓙ ⓒ)

정답

1. 습득(합득:×) **2.** 시사(시준:×) **3.** 신속(빈속:×) **4.** 알선(간선:×) **5.** 알현(갈견:×) **6.** 애로(익로:×) **7.** 야기(약기:×) **8.** 애완(애원:×) **9.** 약탈(경탈:×) **10.** 예민(설민:×) **11.** 오한(악한:×) **12.** 오류(오진:×) **13.** 와전(화전:×) **14.** 왜곡(정곡:×) **15.** 용이(용역:×) **16.** 유세(유설:×) **17.** 유예(유상:×) **18.** 음미(금미:×) **19.** 이윤(이문:×) **20.** 익사(약사:×) **21.** 일체(일절:×) **22.** 잉여(승여:×) **23.** 자긍(자금:×) **24.** 자웅(비웅:×) **25.** 장수(장사:×) **26.** 저지(차지:×) **27.** 전파(전번:×) **28.** 정곡(정조:×) **29.** 조예(조지:×) **30.** 조치(차치:×)

한자어 05

초성으로 찾아가는 재미있는 상식여행

1. 아주 사무치게 미워하거나 그런 마음._ **憎惡** (㉨㉦)

2. 더 높은 단계를 이루기 위하여 어떤 것을 하지 않는 것._ **止揚** (㉨㉦)

3. 참되고 착실한 마음가짐._ **眞摯** (㉨㉨)

4. 꾸짖어 나무람._ **叱責** (㉨㉩)

5. 고집스럽고 끈질김._ **執拗** (㉨㉦)

6. 명절날이나 조상의 생일 또는 기일에 지내는 제사._ **茶禮** (㉩㉣)

7. 극히 짧은 시간._ **刹那** (㉩㉡)

8. 모임이나 회의 따위의 자리에 참여함._ **參席** (㉩㉥)

9. 새롭고 산뜻함._ **斬新** (㉩㉥)

10. 의견, 주장, 견해 따위를 거리낌이나 막힘 없이 자유롭게 표현하고 전달함._ **暢達** (㉩㉢)

11. 살을 긁어내고 뼈를 발라냄._ **剔抉** (㉩㉠)

12. 진리나 사실, 입장 따위를 들어내 밝힘._ **闡明** (㉩㉤)

13. 물체의 뾰족한 끝 또는 학문, 유행 따위의 맨 앞장._ **尖端** (㉩㉢)

14. 희망을 버리고 아주 단념함._ **諦念** (㉩㉡)

15. 화약의 연기._ **硝煙** (㉩㉦)

16. 자신은 변화하지 않으면서 다른 물질의 화학 반응을 매개하여 반응속도를 빠르게 하거

나 늦추는 물질._ 觸媒 (ㅊ ㅁ)

17. 남달리 귀여워하고 사랑함._ 寵愛 (ㅊ ㅇ)

18. 죽은 사람을 생각하여 슬퍼함._ 追悼 (ㅊ ㄷ)

19. 여러 사람이 돈이나 물건 따위를 얼마씩 나누어 냄._ 出斂 (ㅊ ㄹ)

20. 더럽고 지저분한 태도나 짓._ 醜態 (ㅊ ㅌ)

21. 가을철의 가늘어진 짐승의 털로 매우 적음을 비유하는 말._ 秋毫 (ㅊ ㅎ)

22. 금품을 내어 도와주는 것._ 出捐 (ㅊ ㅇ)

23. 마음속에서 우러나오는 참된 마음._ 衷心 (ㅊ ㅅ)

24. 물속에 가라앉음._ 沈沒 (ㅊ ㅁ)

25. 행동이 들뜨지 않고 찬찬함._ 沈着 (ㅊ ㅊ)

26. 비석, 기와, 기물 따위에 새겨진 무늬를 종이에 그대로 떠냄._ 拓本 (ㅌ ㅂ)

27. 숨긴 일을 드러냄._ 綻露 (ㅌ ㄹ)

28. 죄상을 조사하여 꾸짖음._ 彈劾 (ㅌ ㅎ)

29. 어떤 일을 몹시 즐겨서 거기에 빠짐._ 耽溺 (ㅌ ㄴ)

30. 무리를 거느려 다스림._ 統率 (ㅌ ㅅ)

정답

1. 증오(증악:×) **2.** 자양(지장:×) **3.** 진지(진격:×) **4.** 질책(힐책:×) **5.** 집요(집유:×) **6.** 차례(다례:×) **7.** 찰나(찰형:×) **8.** 참석(삼석:×) **9.** 참신(점신:×) **10.** 창달(장달:×) **11.** 척결(석결:×) **12.** 천명(단명:×) **13.** 첨단(예단:×) **14.** 체념(제념:×) **15.** 초연(소연:×) **16.** 촉매(독매:×) **17.** 총애(용애:×) **18.** 추도(추탁:×) **19.** 추렴(출험:×) **20.** 추태(귀태:×) **21.** 추호(추모:×) **22.** 출연(출원:×) **23.** 충심(상심:×) **24.** 침몰(심몰:×) **25.** 침착(심착:×) **26.** 탁본(석본:×) **27.** 탄로(정로:×) **28.** 탄핵(탄해:×) **29.** 탐닉(탐약:×) **30.** 통솔(통률:×)

한자어

06

초성으로 찾아가는 재미있는 상식여행

1. 예리한 관찰력으로 사물을 꿰뚫어 봄._ 洞察 (ㄷㅊ)

2. 일정한 임무를 주어 사람을 보냄._ 派遣 (ㅍㄱ)

3. 노동자가 노동조건을 개선하기 위해 단결하여 노동을 하지 않음._ 罷業 (ㅍㅇ)

4. 일이나 계획 따위가 원만하게 진행되지 못하고 중도에서 잘못됨._ 破綻 (ㅍㅌ)

5. 일이나 계획 따위가 순조롭지 못하고 이상하게 진행됨을 비유적으로 이름._ 跛行 (ㅍㅎ)

6. 여러 가지 방법으로 수요를 자극하여 판매가 늘도록 유도함._ 販促 (ㅍㅊ)

7. 싸움에서 짐._ 敗北 (ㅍㅂ)

8. 기세나 사조 따위가 세차게 일어 넘침._ 澎湃 (ㅍㅂ)

9. 부풀어서 부피가 커짐._ 膨脹 (ㅍㅊ)

10. 칭찬하고 장려하여 상을 줌._ 褒賞 (ㅍㅅ)

11. 꼭 붙잡음. 또는 어떤 기회나 정세를 알아차리고, 요점이나 요령을 얻음._ 捕捉 (ㅍㅊ)

12. 옥의 얼룩진 흔적으로, 흠이나 결점을 이름._ 瑕疵 (ㅎㅈ)

13. 일정한 값에서 얼마를 뺌._ 割引 (ㅎㅇ)

14. 혈족의 방계에 대한 대수 관계를 나타내는 말._ 行列 (ㅎㄹ)

15. 전쟁이나 싸움, 경기 등에서 힘에 눌려서 적에게 굴복함._ 降伏 (ㅎㅂ)

16. 부부가 한평생 같이 살며 늙음._ 偕老 (ㅎㄹ)

17. 쾌락을 누림._ **享樂** (㉭ ㉣)

18. 뜻하지 아니하게 갑자기._ **忽然** (㉭ ㉧)

19. 퍼져서 흩어짐. 또는 어떤 물질 속에 다른 물질이 점차 섞여들어가는 현상._ **擴散**(㉭ ㉦)

20. 눈이 부시어 어릿어릿할 정도로 찬란하거나 화려함._ **恍惚** (㉭ ㉭)

21. 널리 사람들의 입에 오르내림._ **膾炙** (㉭ ㉨)

22. 제멋대로 굴며 몹시 난폭함._ **橫暴** (㉭ ㉬)

23. 사물이 비롯한 맨 처음._ **嚆矢** (㉭ ㉦)

24. 냄새를 맡는 감각._ **嗅覺** (㉭ ㉠)

25. 헐어서 못쓰게 함._ **毁損** (㉭ ㉦)

26. 어떤 일을 하다가 잠깐 쉼._ **休憩** (㉭ ㉠)

27. 손에 들거나 몸에 지님._ **携帶** (㉭ ㉢)

28. 거의 같을 정도로 비슷한 모양._ **恰似** (㉭ ㉦)

29. 조금도 모자람이 없을 정도로 넉넉하여 만족함._ **洽足** (㉭ ㉨)

30. 트집을 잡아 거북할 만큼 따지고 듦._ **詰難** (㉭ ㉡)

정답

1. 통찰(동찰:×) **2.** 파견(파유:×) **3.** 파업(능업:×) **4.** 파탄(파정:×) **5.** 파행(피행:×) **6.** 판촉(반족:×) **7.** 패배(패북:×) **8.** 팽배(팽죄:×) **9.** 팽창(팽장:×) **10.** 포상(보상:×) **11.** 포착(포촉:×) **12.** 하자(가차:×) **13.** 할인(활인:×) **14.** 항렬(행렬:×) **15.** 항복(강복:×) **16.** 해로(개노:×) **17.** 향락(형락:×) **18.** 홀연(몰연:×) **19.** 확산(광산:×) **20.** 황홀(광몰:×) **21.** 회자(회염:×) **22.** 횡포(황폭:×) **23.** 효시(고시:×) **24.** 후각(취각:×) **25.** 훼손(훼연:×) **26.** 휴게(휴계:×) **27.** 휴대(휴체:×) **28.** 흡사(합이:×) **29.** 흡족(합족:×) **30.** 힐난(길난:×)

INDEX

ㅂ

ㅇ